지적 대화를 위한
넓고 얕은 지식 0

지적 대화를 위한 넓고 얕은 지식: 제로

초판 1쇄 발행 2019년 12월 24일
초판 177쇄 발행 2024년 12월 1일

지은이 채사장
펴낸이 권미경
마케팅 심지훈, 강소연, 김재이
디자인 [★]규
펴낸곳 ㈜웨일북
등록 2015년 10월 12일 제2015-000316호
주소 서울시 마포구 토정로 47, 서일빌딩 701호
전화 02-322-7187 **팩스** 02-337-8187
메일 sea@whalebook.co.kr **인스타그램** instagram.com/whalebooks

ⓒ 채사장, 2019
ISBN 979-11-90313-13-1 03100

소중한 원고를 보내주세요.
좋은 저자에게서 좋은 책이 나온다는 믿음으로, 항상 진심을 다해 구하겠습니다.

이 도서의 국립중앙도서관 출판예정도서목록(CIP)은
서지정보유통지원시스템 홈페이지(http://seoji.nl.go.kr)와
국가자료공동목록시스템(http://www.nl.go.kr/kolisnet)에서 이용하실 수 있습니다.
(CIP제어번호: CIP2019048800)

지적 대화를 위한 넓고 얕은 지식 0

지혜를 찾아 138억 년을 달리는 시간 여행소

채사장 지음

whale books

프롤로그

파잔(phajaan)은 코끼리의 영혼을 파괴하는 의식이다. 야생에서 잡은 아기 코끼리를 움직이지 못하게 묶어둔 뒤 저항이 완전히 사라질 때까지 몇 날을 굶기고 구타하는 의식. 절반의 코끼리가 이를 견디지 못하고 죽음에 이르지만, 강인한 코끼리는 살아남아 관광객을 등에 태우고 돈벌이의 수단이 된다. 코끼리는 생각이란 것을 할 수 없을 테지만, 그들의 영혼은 산산이 부서지고 본능의 심연에서 어렴풋하게 냉혹한 세계를 이해하게 되었을 것이다. 이제 엄마를 찾아선 안 된다는 것과, 몽둥이의 고통을 이길 수 없다는 것을. 코끼리가 생존할 수 있는 방법은 단순하다. 자유를 향한 자기 안의 목소리가 들리지 않는 척하고, 세상이 혼란스럽지 않은 척하는 것이다.

　우리는 악에 대해 생각해보게 된다. 파잔 의식을 시행하는 몽둥이를 든 가난한 자들에게 분노하게 된다. 하지만 분노에서 멈추지 않고 그들의 삶을 들여다보면 모든 문제가 그러하듯 이것이 단순히 선악의 문제를 넘어선다는 것을 알 수 있다. 어쩌면 파산 의식을 시행하는 자들도 피해자일지 모른다. 그들의 영혼도 이미 산산이 부서진 것일지도 말이다. 그들이 처음 아기 코끼리를 구타하는 것을 주저할 때, 그의 가정과 사회는 그에게 친절하게 말했을 것이다. 질문을 멈추라. 그것은 먹고사는 데 아무런 도움도 되지 않는다. 네가 지켜야 할 사랑하는 이들의 생존을 위해 어른스럽게 행동하라. 결국 그는 자기 안의 목소리가 들리지 않는 척했을 것이고, 세상이 혼란스럽지 않은 척했을 것이다.

이 이야기는 당신의 이야기다. 당신은 어느 곳에서는 매 맞는 코끼리였고, 다른 곳에서는 몽둥이를 든 자였다. 우리가 고민해야 하는 것은 내가 피해자였는지 가해자였는지가 아니라, 우리의 영혼이 이미 파괴된 것은 아닌가 하는 점이다.

기원전의 머나먼 과거를 살아가던 고대의 인류도 오늘날의 현대인과 크게 다르지 않았다. 그들도 우리만큼이나 세상이 불안하고 혼란스러웠다. 문명이 발생하고 도시가 건설됨에 따라 사람들은 자연의 질서에서 벗어나 사회라는 상징적 질서로 이주했다. 사람들 간의 물리적 거리는 가까워졌고 재화는 부족했으며 이에 따른 갈등과 대립은 심화되었다. 사람들은 서로에게 몽둥이를 든 자였고, 동시에 매 맞는 코끼리였다.

그러던 어느 날, 이 혼돈 속에서 현명한 자가 나타났다. 그는 길을 헤매는 이들을 멈춰 세웠고, 자기 자신을 때리던 몽둥이를 내려놓게 했다.

사람들을 가르쳐 인간을 인간답게 했으며, 그들로 하여금 자기 안에서 빛나는 질문들을 다시 꺼내들게 했다. 사람들은 그를 위대한 스승이라 불렀다.

21세기의 첨단을 살아가는 현대인이 오래된 고전을 펼쳐야 하는 이유가 여기에 있다. 위대한 스승을 만나기 위해. 그들의 지혜를 참고함으로써 오늘 내 안의 혼란을 멈추기 위해. 빛나는 고전을 남긴 위대한 스승들은 서로 다른 시공간에서 태어났음에도 공통적으로 우리가 다시 내면의 목소리에 귀 기울여야 함을 알려주었다. 그리고 그 안에서 잊고 있던 빛나는 질문들과 대면하게 했다. 나는 무엇인가, 세계란 무엇인가, 이 둘은 어떤 관계를 맺고 있는가. 우리는 지금부터 위대한 스승들을 만나볼 것이다. 그들의 가르침이 무엇인지, 그것이 오늘날 나에게 어떤 길을 제시하는지 생각해볼 것이다. 그럴 때, 가려져 있던 오솔길이 드러나고 우리는 내 안의 아기 코끼리와 함께 집으로 돌아가게 될 것이다.

이 책이 다루는 것

이 책에서 여러 고전을 다루기는 하겠지만, 당신이 외워야 하는 단어가 많이 나오는 것은 아니다. 커다란 구조를 이해하기 위한 책이니, 마음 편히 흐름을 따라가면 된다. 다만 전체를 관통하는 중요한 단어 두 개 정도는 기억해두는 것이 좋겠다. 어려운 단어는 아니다. '위대한 스승들'과 '거대 사상'. 이것이 이 책의 핵심이다.

이 책의 핵심

┌ 위대한 스승들

└ 거대 사상

    우선 위대한 스승들은 인류 역사 이래 여러 시대와 장소에서 탄생한 현명한 사람들을 말한다. 그들은 다양한 사상을 말했고, 철학과 종교를 일어서게 했다. 인류에게 올바름이 무엇인지 말해주었고, 어떻게 살아야 하는지 가르쳐주었다. 그들의 가르침은 과학과 기술의 첨단을 살아가는 오늘날의 현대인에게까지도 광범위한 영향을 미치고 있다. 인류의 역사가 오래된 만큼 위대한 스승들도 수없이 탄생했지만, 이 책은 그중에서 '축의 시대'라 일컬어지는 기원전 5세기를 전후해서 활동한 현자들을 중심으로 전개된다. 그들의 말과 행동을 따라가며 그들이 살았던 역사를 알아보고, 그들과 함께 걸으며 그들의 가르침이 오늘날 우리에게 주는 의미를 탐구할 것이다.

    다음으로 당신이 기억해야 하는 단어는 거대 사상이다. 이것은 위대한 스승들이 공통적으로 말하고 있는 내용이다. 왜인지는 알 수 없지만, 그들은 신기하게도 인류에게 비슷한 이야기를 들려주었다. 결론부터 말하면 이 신비한 사상은 일원론이다. 자아와 세계라는 전혀 달라 보이는 두 존재가 실제로는 하나이며, 근원에서 분리되지 않는다는 것이 위대한 스승들의 가르침이다. 지금은 이게 무슨 말인가 하고 어떠한 감흥도 없을 것이다. 하지만 이 책이 끝날 즈음에는 이 결론이 왜 그토록 중요한지 당신은 이해하게 될 것이다. 이 책의 목표는 뚜렷하다. 그것은 인류 사상사의 밑바탕을 이루는 거대 사상을 당신의 마음속에서 깊게 체험하게 하는 것이다.

거대 사상

일원론 : 자아 = 세계

지금은 어떤 감흥도 없겠으나, 이 책이 끝날 때쯤엔
엄청난 개념이었음을 알게 될
이 책의 결론

이 책의 등장인물은 위대한 스승들이고, 중심 소재는 거대 사상이며, 결론은 세계와 자아의 통합으로서의 일원론이다. 결론에 이르는 과정은 일곱 주제로 구분되어 있다. 우주, 인류, 베다, 도가, 불교, 철학, 기독교. 이는 크게 세 부분으로 나뉜다. 우선 1장 [우주]와 2장 [인류]는 '세계'를 다룬다. 여기서는 138억 년에 이르는 우주와 인류의 역사를 빠르게 여행할 것이다. 이를 통해 세계에 대한 과학적이고 객관적인 관점을 갖게 될 것이다. 여기서의 글의 흐름은 시간적 구성을 따른다.

다음으로 3장부터 7장까지는 세계에 대한 이해를 토대로 '세계와 자아의 관계'를 다룬다. 3장 [베다], 4장 [도가], 5장 [불교]에서는 동양의 관점을, 6장 [철학]과 7장 [기독교]에서는 서양의 관점을 알아볼 것이다. 여기서의 글의 흐름은 공간적 구성을 따른다.

이 책의 구성

```
┌──   세계             : 1, 2 장
│     (시간적 구성)
│
└── 세계와 자아의   ┌── 동양 : 3, 4, 5 장
      관계          │
      (공간적 구성)  └── 서양 : 6, 7 장
```

이 과정을 통해 우리는 시간과 공간을 아우르는 거대 사상의 윤곽을 더듬어볼 수 있을 것이다. 현대인은 인류 사상의 역사가 파편적인 정보의 무더기일 것이라고 상상하지만, 실제로는 놀라운 정합성과 일관성으로 이어져 있다. 하나의 철학, 종교, 사상 속에서는 찾아낼 수 없지만, 마음을 열고 위대한 스승들의 이야기에 귀를 기울이면 우리는 시대와 장소를 초월하는 거대 사상의 맥락을 발견하게 된다. 이 책은 그 보편적 사고가 무엇인지를 일관되게 서술한다. 책의 끝에 닿았을 때, 당신은 인류라는 거대한 집단이 흥미롭게도 하나의 주제, 하나의 담론, 하나의 질문에 끈질기게 매달리고 탐구해왔음을 알게 될 것이다.

하나의 진리를 두고, 여러 현명한 자들이

여러 가지 방법으로 설명을 하도다.

- 〈리그 베다〉

하나의 고전 안에서는 보이지 않지만, 여러 고전을 동시에 펼칠 때 숨겨져 있던 길은 비로소 모습을 드러낸다. 개별적인 고전이나 철학서만으로는 수많은 정보 속에서 무엇이 중요한지 길어 올릴 수 없지만, 전체의 맥락 속에서는 무엇이 중요한지 선명히 드러나는 것이다. 이것은 흥미롭고 신비한 경험이다. 이 경험을 많은 사람과 빨리 공유하고 싶었지만, 생각을 정리하고 편안한 문장으로 다듬어 지면 위에 펼쳐내는 과정이 쉽지 않았다. 이제야 준비가 되어 당신과 이야기할 수 있게 되었음을 기쁘게 생각한다. 과학과 역사, 철학과 종교, 동양과 서양을 관통하는 거대한 사유를 준비했다. 이 책은 당신의 삶 중간 어딘가에서 당신을 찾아왔지만, 이 책이 인류의 가장 거대한 지혜를 다룬다고 할 때, 순서상 이 책은 당신 삶의 가장 앞에 위치해야 한다. 이 책은 모든 지식의 목차에 해당한다.

이 책은 다음과 같은 이들을 위해 씌어졌다. 고전을 읽어보고자 하지만 실패를 반복하는 사람들, 수많은 정보 속에서 스스로 뿌리가 없다고 느끼는 사람들, 세계에 대한 거대한 맥락이 궁금한 사람들, 철학이나 종교 같은 건 다 쓸데없다고 생각하는 사람들, 자신이 갖고 있는 믿음만이

사실이라고 믿는 사람들, 나의 선입견을 떠나 제대로 된 공부를 해보고
자 하는 사람들, 자기 내면의 깊은 질문에 답하기 위해 미지의 세계로 떠
날 준비가 된 용감한 사람들. 이 책은 이런 모두를 위해 씌어졌다.

2019년 12월

채사장

이 책을
읽는 방법

1. 읽는 순서

일반적으로 인문학, 교양 서적은 파트마다 독립되어 있기에 어떤 부분을 먼저 읽든 상관이 없는 경우가 많다. 정치 파트를 먼저 읽든, 예술 파트를 먼저 읽든 전체 내용을 이해하기에 특별히 문제가 없는 것이다.

반면 이 책은 순서대로 읽는 것을 권한다. 이 책은 다양한 지식을 백화점의 상품 카탈로그처럼 소개하는 책이 아니라, 하나로 연결된 거대 골격을 제시하기 위해 쓰였다. 하나의 장은 앞서 논의된 개념을 바탕으로 내용이 전개된다.

2. 책의 난이도

이 책은 다른 《지적 대화를 위한 넓고 얕은 지식》 시리즈와 마찬가지로 해당 분야의 핵심 개념을 선별하고, 단순화했으며, 쉽게 읽힐 수 있도록 정성을 기울였다. 다만 다루는 주제 자체가 오늘날의 한국인에게 그다지 친숙하지 않은 것이 사실이다. 대체로 편안하게 술술 넘어가며 읽히겠지만 어떤 부분에서는 잠시 멈춰 공부한다는 마음으로 읽어야 할지 모른다. 물론 그럴 만한 가치가 있음은 분명하다. 이 책이 다루는 주제 일원론은 고대의 지혜를 잃어버린 현대인에게는 낯선 주제지만, 인류 사상사의 절반에 해당하는 거대하고 중요한 주제다. 한국인이라는 특수한 사상적 지평을 넘어 당신을 인류 보편의 지혜로 도약하게 만들어주는 수단으로서 이 책보다 더 쉬운 책은, 단언컨대 없다. 책에 등장하는 낯선 용어에 겁먹지 말고 편안하게 전체 맥락을 파악하자.

3. 지대넓얕 시리즈

이 책은《지적 대화를 위한 넓고 얕은 지식》시리즈의 세 번째 책이다. 시리즈 안에서 이 책이 갖는 의미를 살펴보는 것도 책을 읽는 데 도움이 될 것이다. 앞서 출간된 1권 〈현실〉 편과 2권 〈현실 너머〉 편은 고대부터 현대에 이르는 시대를 다뤘다. 이 시대는 잘 알려진 것처럼 이원론이 지배하는 시간이었다. 이를 고려해 책의 구성도 이원론의 구조를 따랐다. 즉, 1권은 소수의 지배자와 다수의 피지배자로 세계를 양분해서 이들의 계급갈등이 현실을 어떻게 변화시켰는지를 역사, 경제, 정치, 사회, 윤리의 측면에서 살펴보았다. 2권은 절대주의와 상대주의로 세계를 구분하고 이러한 진리에 대한 관점이 철학, 과학, 종교, 예술의 분야를 어떻게 이끌었는지 확인했다.

세 번째 시리즈인 이 책 〈제로〉 편은 모든 시리즈에 앞선 시대를 다룬다. 고대 이전의 시대는 잘 알려지지 않은 일원론의 시대였다. 이를 고려해 책의 구성도 일원론의 구조를 따랐다. 즉, 베다, 도가, 불교, 철학, 기독교의 개별 분야를 관통하는 일원론적 사유를 일관되게 서술한 것이다. 이 책이 세 번째로 출간된 시리즈임에도 불구하고 3권이 아니라 0권이라는 순서로 표기된 이유가 여기에 있다. 고대 이전을 다룬다는 시간의 순서, 다루는 개념의 규모에 따라 이 책은 모든 책의 앞에 위치한다.

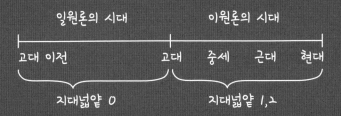

이로써 두 가지 거대 세계관인 일원론과 이원론은 시리즈 안에서 균형 있게 다루어졌다. 인류 지식의 큰 틀을 갖게 된 것이다.

베다: 우주와 자아

도가: 도리와 덕성

불교: 자아의 실체

철학: 분열된 세계

기독교 : 교리와 신비

준비
운동

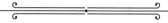

세계의 구조화와 판단중지

위대한 스승들의 이야기를 듣기 위해서는 먼저 알아두어야 할 개념이 있다. 준비 운동이라고 생각하면 된다. 바다 수영을 하기 위해서는 굳은 몸을 풀어주고 가득 찬 배 속도 좀 비워줘야 하는 것처럼, 거대 사상의 바다로 뛰어들기 위해서는 굳어 있는 머릿속을 유연하게 하고 비워둘 필요가 있다. 이러한 준비 운동을 지금부터 '세계의 구조화'와 '판단중지'라고 부를 것이다. 하나씩 살펴보자.

우선 세계의 구조화란, 말 그대로 눈앞에 펼쳐진 세계를 구조적으로 파악하는 방법으로, 세계를 추상화해서 단순하게 바라보는 과정을 말한다. 하나하나의 사물에 세부적으로 집중하는 것이 아니라, 가장 근본적인 구조에 따라 수많은 개체를 분류하는 것이다. 당신이 세상을 꿰뚫어 보는 스승이라고 해보자. 제자가 와서 묻는다.

"세계의 근본 구조는 무엇입니까?"

당신은 뭐라고 답하겠는가? 먹는 것을 중요하게 여기는 스승이라면 이렇게 답할지 모른다. "세상은 먹을 수 있는 것과 먹을 수 없는 것으로 나뉜다." 단순하고 명료한 구조화다. 생물학에 관심이 많은 스승이라면 "세상은 생물과 무생물로 나뉜다"라고 답할 수도 있겠다. 이것도 그럴싸하다. 혹은 "세상은 남자와 여자로 나뉜다"라고 할 수도 있다. 이념을 중요하게 여기는 스승이라면 세상을 "보수와 진보"로 나눌 수도 있겠고, 종교적인 스승이라면 "천국과 지옥"으로 나눌 수도 있겠다. 당신은 이중에서 어떤 구분이 가장 마음에 드는가? 어떤 구조화가 가장 근원적이라고 생각하는가? 사실 이 중에 마음에 드는 게 없다. 조금 더 근원적인 구분이 필요하다.

"자아와 세계."

이런 구분은 어떤가? 사람마다 평가가 다를 수는 있지만, 이 구분은 모든 것을 통틀어 가장 질적으로 다른 두 존재를 구분한다는 점에서 괜찮아 보인다. 그렇지 않은가? 세계를 경험하는 주체로서의 '자아'와 그 자아가 경험하는 '세계'. 그것은 가장 근원적인 차이를 갖는다. 실제로 고대의 현자들은 자아가 무엇이고, 세계가 무엇인지를 깊게 탐구했다. 위대한 스승들의 거대 사상을 이해하기 위한 첫 번째 준비 운동은 세계를 두 개의 근본 구조로 구분하는 것에 익숙해지기다. 자아와 세계. 이러한 구조화는 두 개의 근본 구조로 세계를 나눈다는 측면에서 이원론(二元論)이라 할 수 있다.

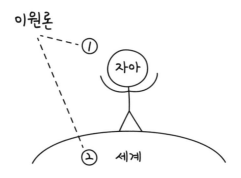

다음으로 판단중지란, 세계에 대한 우리의 믿음과 선입견을 멈추는 태도를 말한다. 우리는 눈앞에 드러나는 세계를 객관적으로, 있는 그대로 바라보지 못한다. 언제나 색안경을 쓰고 바라본다. 실제로 당신은 태어나서 한 번도 그 색안경을 벗은 적이 없다. 사람들은 저마다 선호하는 색안경의 브랜드가 있다. 한국 사람들이 특히 좋아하는 브랜드의 이름은 기독교, 불교, 과학, 자본주의, 유물론, 공리주의, 불가지론 등이다. 이슬람교, 힌두교, 공산주의 등의 브랜드는 별로 좋아하지 않는다. 재미있는 점은, 모든 이가 취향에 맞게 색안경을 선택하지만 이와는 무관하게 자신의 것은 색안경이 아니라고 주장한다는 것이다. 그들은 자신의 색안경이 '사실'이라고 굳게 믿는다.

물론 인간이라는 태생적 한계를 가진 존재로서 갑자기 기존의 믿음에 대한 판단을 중지하고 세계를 있는 그대로 본다는 것은 쉽지 않다. 어쩐지 그런 사람이 진짜 있을 것 같지도 않다. 하지만 차이는 있다. 자신의 세계관이 하나의 편견이나 선입견일 수 있음을 의심하는 이와 자신의 세계관이 진리일 것이라 굳게 믿고 의심하지 않는 이에는 커다란 간극이 있다. 만약 당신이 믿음을 공유하는 사람들과 사는 것만으로도 충분하다면, 판단중지의 노력은 필요하지 않다. 지금의 만족스러운 삶을 유지하고자 한다면, 이 책은 당신에게 필요하지 않을 것이다. 다만 당신이 그것만으로는 만족하지 못하는 사람이라면, 자아와 세계의 진실에 다가가고자 한다면, 위대한 스승들이 찾아낸 인류의 거대 사상에 닿고자 한다면 판단중지가 필요하다. 당신은 애지중지하던 당신의 색안경을 잠시 벗어야만 한다.

색 안경 이야기를 조금 더 해보자. 당신은 만약 진리라는 것이 존재한다면 그것에 도달하기 위해서 무엇이 필요하다고 생각하는가? 많은 사람이 진리에 도달하는 조건으로 방대한 지식을 꼽는다. 많이 알고 있어야 진리에 도달할 수 있다고 생각한다. 하지만 사실은 그렇지 않다. 진리에 도달하는 데 가장 중요한 조건은 용기다. 여기서 말하는 용기란 내가 쥐고 있던 세계관을 내려놓을 용기를 말한다. 내가 믿는 진리가 거짓일 수도 있음을 인정하는 용기 말이다.

색안경 좀
벗거라

말이 쉽지, 이것은 실로 어려운 일이다. 내가 평생 믿어온 종교, 내가 평생 공부해온 학문, 내가 평생 추구해온 정치적 입장을 부정하는 것은 거의 불가능에 가깝다. 그것은 과거와 미래를 모두 포기해야 함을 의미한다. 과거에 내가 쏟아부은 시간과 노력과 비용을 상실하는 것이고, 동시에 아무런 대안도 없는 불확실한 미래에 나를 내던지는 것이다. 우리는 불편한 진실을 대면하는 것보다 편안한 거짓을 진실이라 말하는 데서 차라리 안도감을 느낀다.

내가 믿는 분야에 대한 지식이 아니라 용기가 진리에 도달하는 가장 중요한 조건인 것은 바로 이 때문이다. 과거의 상실과 미래의 불안으로 나아갈 용기, 작열하는 진실의 태양 아래에서 색안경을 벗어낼 용기, 그것이 인류의 거대 사상과 만나기 위한 최소한의 조건이다.

판단중지라는 개념을 처음 제안한 독일의 철학자 에드문트 후설은 판단중지를 괄호 치기로 비유한다. 세계에 대한 우리의 가정, 과학적 가정과 인습적 가정에 일단 괄호를 치고 판단을 중지해보자는 것이다. 그때에야 우리는 비로소 눈앞에 펼쳐진 세계를 있는 그대로 바라볼 수 있고, 거기에서 제대로 된 학문을 시작할 수 있다. 사실 후설의 판단중지는 단순히 편견과 선입견을 멈춘다는 것 이상의 의미가 있지만, 우리는 이 정도로 기억해두어도 된다. 후설은 6장 [철학] 파트에서 다시 만나게 될 테니 그때 제대로 된 의미를 알아보자.

지금까지 준비 운동으로 세계의 구조화와 판단중지를 알아보았다. 이 두 개념은 서로 의지한다. 즉, 세계를 단순하고 명료하게 구조화하기 위해서는 내가 가진 기존의 세계관에 대한 판단중지가 필요하다. 그리고 나의 세계관을 판단중지 하기 위해서는 세계를 단순하고 명료하게 구조화하려는 노력이 요구된다.

왜 준비 운동을 했는가? 세계를 투명하게 바라보기 위해서였다. 세계는 두 개의 근원으로 나뉜다. 그것은 바로 자아와 세계다. 위대한 스승들은 자아의 내면으로 깊이 침잠했고, 동시에 세계의 외연으로 초월해 나아갔다. 그리고 상반된 두 방향의 끝에 도달하여 놀라운 결론을 만났다.

그것은 전혀 달라 보였던 두 존재, 자아와 세계가 그 근원에서 하나라는 것이다. 이원론의 분열된 세계는 이제 일원론(一元論)의 통합적 세계로 나아간다.

일원론

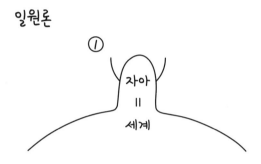

자아
=
세계

　아직 일원론에 대한 이야기는 시작도 안 했지만, 우선 당신에게 묻고자 한다. 지금 단계에서 당신이 이러한 결론에 대해 느끼는 감정은 어떠한가? 쉽게 이해되는가? 많은 사람이 이러한 통합적 결론을 마음에 들어하지 않는다. 그냥 하나라고 주장한다고 해서 하나가 되는 것이 아니기 때문이다. '보수와 진보가 하나다!'라고 주장하면 둘이 하나가 되는가? '부르주아와 프롤레타리아는 하나다!' '아름다움과 추함은 하나다!' 쉽게 고개를 끄덕일 수 있겠는가? 어떤 이들은 이처럼 모순되거나 상반되는 가치를 쉽고 단순하게 통합하고, 다른 이들은 이것이 가벼운 태도라며 분노한다. 우리도 일원론을 다루기 전에 주의해야 한다. 일원론은 여러 사상, 종교, 학문에서 중요하게 다뤄지는 것이 사실이지만, 동시에 비상식적이고 초월적인 결론으로 토론과 논쟁의 가치를 훼손할 수도 있다.

"자아와 세계는 하나다."

우리는 이 궁극의 결론을 신중하게 다루어야 한다. 그리고 이 논리적 도약을 이해하기 위한 첫걸음을 이제 막 떼려고 한다. 이야기는 '세계'로 시작한다. 우리가 갈 수 있는 가장 먼 세계의 끝, 우주의 탄생에서부터 이야기를 풀어보자.

우주
세계의 탄생

우주의
탄생

왜 인간은 우주를 이해하려 하는가

"빛이 있으라."

그리고 세계가 탄생했다. 사실 이렇게 단순하지는 않다.《구약》성서의 〈창세기〉는 우주의 탄생을 조금 더 자세히 기록하고 있다.

"태초에 하느님께서 하늘과 땅을 지어내셨다. 땅은 아직 모양을 갖추지 않고 아무것도 생기지 않았는데, 어둠이 깊은 물 위에 뒤덮여 있었고 그 물 위에 하느님의 기운이 휘돌고 있었다. 하느님께서 '빛이 있으라!' 하시자 빛이 생겨났다. 그 빛이 하느님 보시기에 좋았다. 하느님께서는 빛과 어둠을 나누시고 빛을 낮이라, 어둠을 밤이라 부르셨다. 이렇게 첫날이 밤, 낮 하루가 지났다."

— 공동번역 성서 〈창세기〉 1:1~5

당신이 이러한 우주 탄생의 기록에 대해 어떻게 생각하는지 모르겠지만, 생각보다 많은 사람이 이 기록을 신뢰한다.《구약》성서에 기반하고 있는 아브라함 계열의 종교인 기독교, 이슬람교, 유대교의 인구가 전체 인류의 54% 정도가 되니 말이다.

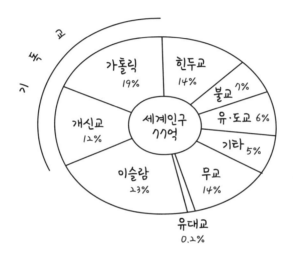

종교적 설명에 거부감이 큰 사람들, 혹은 정규 교육을 통해 과학을 접한 사람들은 〈창세기〉보다는 빅뱅 이론에 더 친숙하다. 빅뱅 이론은 우주가 먼지보다도 작은 매우 압축된 상태에서 대폭발과 함께 지금의 크기로 팽창했다는 설명이다. 지금은 과학자뿐만 아니라 대중도 빅뱅 이론에 꽤 친숙하고, 이것이 우주의 탄생에 대한 매우 과학적인 설명이라고 생각한다. 하지만 처음 빅뱅 이론이 등장했을 때는 이런 분위기가 아니었다.

1927년 벨기에의 천문학자 조르주 르메트르가 대폭발 이론을 제안했을 때 과학계의 반응은 싸늘했다. 그가 로마 가톨릭 사제였던 동시에, 그의 이론이 근대 이후 과학이 그토록 몰아내고자 했던 기독교의 그림자를 다시 불러낸 것만 같았기 때문이다. "빛이 있으라." 빅뱅 이론은 어쩐지 〈창세기〉를 연상시킨다.

　　빅뱅 이론이 특별한 갈등 없이 대중에게 쉽게 받아들여질 수 있었던 것은 어쩌면 그것이 과학적이어서가 아니라 익숙한 종교적 세계관과 암묵적으로 유사해서였는지도 모른다. 인류의 절반 이상이《구약》을 신뢰하는 상황에서, 우주가 빛의 폭발과 함께 시작되었다는 이론은 대중의 패러다임 안에서 수용될 수 있을 만한 설명이었던 것이다. 당신은 어떤가? 과학의 발견이 오래된 종교의 설명과 유사하다는 점에서 마음의 위안을 얻는가? 아니면 과학의 발견을 종교라는 비과학과 연결하는 점에서 불편함을 느끼는가?

　　당신의 느낌과는 무관하게,《구약》을 믿는 이들은 빅뱅 이론 뒤로 숨고자 했다. 종교인들은 안심했다. 왜냐하면 불안이 해소되었기 때문이다. 종교인들은 은근한 불안감을 갖는다. 그것은 초월적인 신이 현실 세계에서 발견되지 않는다는 치명적인 문제에서 비롯된다. 그런데 빅뱅 이론은 이러한 불안을 해소해주었다. 이제 신은 현실에 존재할 필요가 없다. 신은 빅뱅 이전에 존재하며, 빅뱅을 일으킨 최초의 원인자로서 충분히 기능한다.

기독교가 빅뱅 이론을 종교적으로 이해함으로써 거부감 없이 받아들이는 모습에 불만인 사람들이 있었다. 물리학자 스티븐 호킹도 그들 중 하나였다. 이에 대한 흥미로운 일화가 있다. 호킹 박사가 1981년 바티칸 예수회에서 주최한 우주론에 대한 회의에 참석했을 때의 일이다. 가톨릭교회는 중세 시대에 과학을 배척함으로써 스스로 문제를 일으켰음을 잘 알고 있었다. 이러한 문제가 반복되는 것을 피하기 위해 우주론과 관련한 자문 기구를 꾸리고 전문가들을 초빙해 주기적으로 견해를 들었다. 호킹 박사는 강연에 초청되었고, '우주의 시간과 공간이 유한하지만, 경계는 없을 수 있다'라는 내용의 강연을 했다. ……뭐라고? 당신이 지금 느끼는 감정을 강연장에 있던 사람들도 동일하게 느꼈던 것 같다. 강연이 끝나고, 호킹 박사는 교황 요한 바오로 2세를 알현할 기회를 얻었다. 교황은 그에게 이렇게 말했다. "빅뱅 이후의 우주 진화 과정을 연구하는 것은 좋은 일입니다. 하지만 빅뱅 그 자체에 대해서 물음을 제기해서는 안 됩니다. 그것은 빅뱅이 창조의 순간이고, 따라서 신의 작품이기 때문입니다." 이 말을 들은 호킹 박사는 차라리 안도했다고 한다. 왜냐하면 교황이 앞서 자신이 강연한 내용을 이해하지 못했다는 것을 알게 되었기 때문이다.

호킹 박사의 강연은 '시간과 공간의 출발점이 없을 수 있다, 즉 신을 그 뒤로 숨겨줄 만한 창조의 순간 같은 건 우주의 역사에서 없을 수도 있다'라는 내용이었다. 호킹 박사는 '빅뱅 이전'을 말할 수는 없다고 생각했다. 이는 마치 우리가 북극을 하나의 끝 지점인 것처럼 말하지만 실제로는 그렇지 않은 것과 같다. 지구 위의 한 점에서 출발해 북극을 향해 직선으로 걸어간다고 생각해보자.

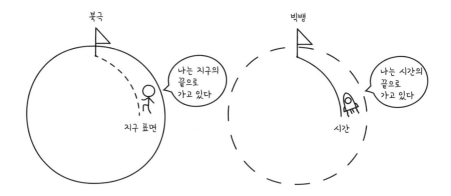

극점에 점차 가까워질수록 우리는 어떤 끝 혹은 어떤 처음, 0에 수렴하는 곳으로 간다고 느낄 것이다. 하지만 마침내 북극에 도착했을 때, 우리는 알게 된다. 북극이 사실은 지구 표면의 수많은 다른 지점과 다를 것 없는 하나의 지점일 뿐이라는 사실을 말이다. 호킹 박사는 수학적으로 허수 시간을 도입함으로써 처음과 끝이라는 특이점을 갖지 않는 완만한 우주의 시간을 생각해볼 수 있다고 말한 것이다.

스티븐 호킹의 사례가 아니더라도 종교가 특유의 선입견과 편견을 토대로 과학의 성과를 왜곡하고 억압한다는 혐의를 지우기 힘들다. 하지만 동시에 조르주 르메트르의 사례에서 볼 수 있듯이 과학 역시 종교에 대한 히스테리가 있는 것처럼 보인다. 이 두 가지 일화를 통해 말하고자 하는 것은 과학도 종교도 모두 다 문제라는 단순한 양비론이 아니다. 다만 인간이라는 존재의 일반적인 특성에 대해 말하려는 것이다. 인간은 누구나 우주의 시작에 대해 말하고자 한다. 과학자든 종교인이든, 혹은 이와는 무관한 보통의 사람들이든, 우리는 한 평 남짓의 공간에 앉아 우주의 탄생과 종말, 팽창과 수축을 상상한다. 도대체 왜일까? 왜 우리는 자신의 내면에 무한한 우주를 담아내려 하고, 우주의 의미를 이해하려고 하는 것일까?

이 물음에 대한 답은 단순하고 말초적인 것부터 심오하고 초월적인 것까지 넓은 스펙트럼을 가진다. 아마도 가장 단순하고 말초적인 답은 이 정도가 될 것이다. "그냥 배부르고 할 일 없으니 탁상공론하는 것이다."

가장 심오하고 초월적인 답은 이 정도일 것이다. "그것은 우주의 자기반성 과정이다." 여기서의 자기반성이란 자신이 무엇을 잘못했는지를 생각해본다는 의미가 아니다. 자기반성은 스스로와 대면하는 사유 과정을 말한다. 마치 거울을 통해 자신을 바라보는 것처럼. 이것은 진정한 의미의 사유의 출발점이자, 최소 조건이 된다. 당신이 사유한다는 것은 스스로를 객관적 대상으로 마주할 수 있음을 의미한다.

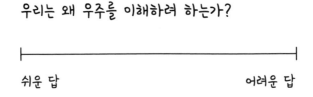

우리는 왜 우주를 이해하려 하는가?

쉬운 답   어려운 답

그렇다면 우주는 어떨까? 우주도 사유를 시작할 수 있을까? 우주는 존재 그 자체로서 그저 존재하고만 있을 뿐, 결코 스스로의 존재를 마주할 수 없기에 그것은 가능하지 않다. 그렇게 우주는 138억 년의 시간 동안 깊은 침묵 속에 있었다. 하지만 어느 때에 변화가 일어났다. 그 변화는 우주가 자기 안에 우주에 대해 사유하는 존재, 즉 인간을 잉태함으로써 비로소 시작되었다. 밤의 들판에 서서 어두컴컴한 하늘의 심연을 올려다보며 더 넓은 세계에 대한 질문을 마음에 품은 이름 모를 존재로부터 우주는 오랜 침묵을 깨고 비로소 자기반성의 사유를 시작할 수 있었던 것이다. 우리가 한 평 남짓의 공간에 앉아 우주의 탄생과 종말, 팽창과 수축을 상상하는 이유, 자신의 내면 안에 무한한 우주를 담아내려 하고 우주의 의미를 이해하려 하는 진정한 이유는 어쩌면 '우주적'인 것일지도 모른다.

　당신은 어떻게 생각하는가? 당신의 답변은 이 두 가지 답변의 스펙트럼 중에서 어디에 가까운가? 이 책은 후자에 대해 논하는 위대한 스승들의 답변을 듣고자 한다. 자아의 존재 속에서 우주적인 의미를 찾으려는 답변 말이다. 흥미로운 것은 최근의 우주론에서도 후자의 대답을 내놓는 사람들이 있다는 것이다. 이를 '강한 인간 원리'라고 하는데, 이번 장의 끝에서 우리가 알아볼 개념이다.

　이왕 우주의 시작에 대해 말을 꺼냈으니, 끝까지 가보는 것도 괜찮을 듯하다. 지금부터 인간의 사유가 도달한 시간의 극단에서부터 이야기를 풀어보려 한다. 시간의 극단이라면 앞서 말한 빅뱅을 말하는 것인가? 우리는 그것보다 더 이전을 이야기해볼 것이다. 빅뱅 이전의 시간, '시간 이전의 시간'에 대해 말이다. 최신의 물리학 이론들은 도저히 논리적으로 가능해 보이지 않는 시간 이전의 시간을 다루고 있다.

다음이 지금부터 우리가 다루려는 시간의 범위다.

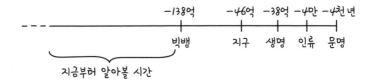

지적 대화를 위한 넓고 얕은 지식

시간 이전의
시간

다중 우주와 평행 우주

어릴 적, 많은 아이가 그러하듯 나도 우주를 좋아했다. 도대체 무엇이 그렇게도 마음을 사로잡았는지 지금은 기억나지 않는다. 하지만 생각해보면 어린 시절에 우리는 누구나 천문학자였다. 책과 TV에 나오는 토성의 고리와 말머리성운과 블랙홀의 이미지는 하늘 밖 세상에 대한 호기심을 자극하기에 충분했다. 내가 빅뱅이라는 단어에 대해 처음 듣게 된 시기가 언제였는지는 모르겠다. 다만 어른들을 귀찮게 했던 것만은 확실하다. 만나는 어른마다 빅뱅 이전에 무엇이 있었는지를 물었고, 당시 취업을 준비하던 삼촌에게도 끈질기게 물어보았다. 삼촌은 이런 질문을 하는 아이들이 갈 지옥이 있다고 말해주었는데, 이 대답이 그나마 내가 어른들에게서 이끌어낸 가장 시원한 대답이었다.

나이가 들어가며 만난 지혜로운 사람들이 질문 자체에 문제가 있었음을 지적해주었다. 빅뱅 이전에 무엇이 있었는지에 대한 물음은 빅뱅

이 시간의 시작이라 할 때 논리적으로 모순된다는 것이다. 그 말은 매우 그럴싸했다. 논리적이지 않은가? 빅뱅이 시간의 시작이라면 시간 이전에 대해 물을 수는 없다.

하지만 최신의 물리학은 논리적 모순 같은 건 개의치 않는 모양이다. 이제 현대 물리학은 근대 과학의 합리성과 명쾌함을 넘어 인간들의 개념이 모여 있다는 안드로메다까지 날아갈 기세다. 결론부터 말하면, 우주는 상상했던 것보다 더 이상하고 더 거대한 무엇인 것으로 보인다. 최근까지의 과학적 성과에 따르면 아무래도 우주는 시간적으로 빅뱅을 앞서 있고, 공간적으로 여러 우주와 중첩해서 존재하는 것 같다. 이러한 낯선 우주론을 다중 우주론이라 한다. 아직은 정상과학의 패러다임으로 자리 잡지 않았지만, 다중 우주론에 대한 탐구는 최근에 이르러 심층적으로 진행되고 있다.

우리는 지금부터 다중 우주론을 살펴보려 한다. 먼저 다중 우주론의 개념에 대해 알아본 후, 다중 우주론의 모형 그리고 다중 우주를 이해하기 위한 '차원'의 정의를 알아볼 것이다.

다만 기억해야 할 것이 있다. 우리가 여기서 다중 우주론을 다루는 목적은 이에 대한 객관적인 지식을 얻는 데 한정되지 않는다는 것이다. 부수적으로 얻게 되는 지식이 있겠지만, 그보다는 앞으로의 논의를 위해 '세계'에 대한 큰 그림을 그리는 것이 더 중요한 목적이다. 세계가 무엇인지에 대한 큰 맥락과 합리적 기준을 스스로 가지고 있을 때, 우리는 고대의 위대한 스승들의 권위에 휘둘리지 않고 그들이 세계를 이해했던 사유 방식을 비판적으로 수용할 수 있을 것이다. 그러니 낯설고 모르는 용어가 나온다고 주저하거나 머뭇거릴 필요는 없다. 세계에 대한 큰 그림을 그리겠다는 마음으로 편안하게, 수많은 우주를 여행해보자.

다중 우주란 무엇인가

다중 우주론은 우리 우주가 유일하고 독립적인 하나의 우주인 유니버스 (Universe)가 아니라, 다양한 가능성의 다수 우주인 멀티버스(Multiverse) 로 존재한다는 우주관이다.

시간적, 공간적 측면으로 다중 우주론의 이미지를 그려보자. 시간적 측면에서 다중 우주는 줄줄이 연결되어 있는 비엔나소시지를 닮았다. 우주는 팽창과 수축을 무한히 반복하며 이어진다. 이러한 형태의 다중 우주를 특히 주기적 다중 우주라 한다. 공간적 측면에서의 다중 우주의 모습은 이 비엔나소시지를 다 떼어내서 꼬치에 끼운 모습을 생각하면 되겠다. 특정 시간에 무수히 많은 우주가 동시에 존재하는 것이다. 이 우주들은 서로 완벽히 독립되어 있거나, 혹은 무수히 중첩되어 존재하는 것으로 해석된다.

다중 우주

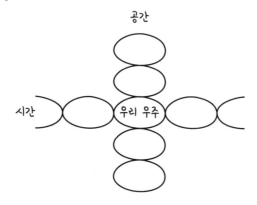

공간

시간   우리 우주

하지만 다중 우주를 시간적, 공간적 측면으로 구분해본 것은 우리가 이런 방식에 친숙하기 때문이지, 실제 모습이 그러해서가 아니다. 현대 물리학은 시간과 공간을 따로 구분하지 않고 '시공간'으로 통합해서 다룬다. 서양 철학의 전통에서도 시간과 공간이 실제 우주의 모습인지, 아니면 인간 인식 방식의 특성일 뿐인지에 대해 지금까지 논쟁을 이어가고 있다. 우리는 일단, 다중 우주가 시공간의 팽창과 분열 속에서 무수히 탄생과 소멸을 반복하고 있다고 상상하기로 하자.

다중 우주의 개념은 생각보다 현대인에게 친숙하다. 그것은 미디어의 영향이 크다. 우리는 영화나 드라마를 통해 이와 비슷한 아이디어를 쉽게 접할 수 있었다. 예를 들어 차원의 통로를 거쳐 먼 우주로 나아갔더니 그곳에 또 다른 내가 미묘하게 다른 방식으로 살고 있었다는 식의 이야기 말이다. 엄밀히 말하면 이런 소재는 다중 우주론이라기보다는 평행 우주론에 가깝다. 이 두 용어는 아직 엄밀하게 정의된 것이 아니고 과학자마다 사용하는 방식이 조금씩 다른 까닭에, 사전적 정의처럼 정리하는 건 쉽지 않다. 대략적으로만 말하면 보통은 평행 우주론을 다중 우주론의 하위 개념으로 본다.

우선 다중 우주론은 무수히 많은 독립적인 우주가 서로 다른 물리적 구조로 존재한다는 개념이다. 여러 시간과 여러 공간에 걸쳐 A, B, C, D, E 등의 우주가 끊임없이 탄생하고 소멸하길 반복한다는 것이다. 반면에 평행 우주론은 원래 존재하고 있던 우주에서 확률에 따른 가능성에 의해 우주가 무수히 분화되는 방식으로 존재한다는 개념이다. A라는 우주가 특정한 사건에 의해서 A-1, A-2, A-3, A-4 등의 우주로 갈라져 나아간다는 것이다.

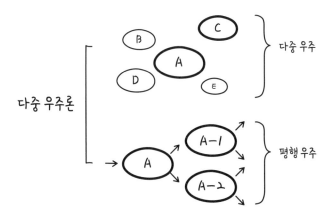

우리가 살고 있는 하나의 우주를 이해하는 것만으로도 버거운데, 과학자들이 우리의 피 같은 세금을 써가며 당장 써먹을 수도 없는 수많은 우주를 연구하는 이유는 무엇일까? 그것은 다중 우주론이 오늘날의 과학이 넘어서지 못하고 있는 문턱을 넘을 아이디어를 제공하기 때문이다. 다중 우주론은 막다른 길에 봉착한 현대 물리학의 많은 문제를 해결해줄 것으로 기대되고 있다. 예를 들어 상대성 이론과 양자역학의 통합 문제, 우주상수와 미세 조정의 문제, 양자 얽힘의 문제, 인플레이션 문제, 끈이론과 M이론 등 인간의 이성 안에서 모순을 일으키는 문제들을 설명하기 위한 큰 그림을 제공해준다. 우리는 이 중 몇 가지 개념만 살펴볼 것이다. 우선은 다중 우주론의 구체적 모형들에 대해 알아보자.

우주 너머의
우주

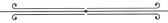

우주가 여러 개라는 몇 가지 모델

다중 우주론은 1957년 프린스턴대학 연구원이었던 휴 에버렛 3세의 다세계 해석에 대한 박사학위 논문에서 시작되었다. 양자역학의 역설을 해결하기 위해 제안된 이 개념은 너무나 급진적인 해석으로 과학계로부터 크게 비판받았다. 그로부터 10여 년이 흐른 후에야 그의 이론이 진지하게 연구되기 시작했고, 오늘날에 이르러 우주론의 거대 담론 중 하나로 다뤄지게 되었다. 대중적으로 잘 알려진 다중 우주론 연구자로는 컬럼비아대학의 브라이언 그린, 하버드대학의 리사 랜들, 뉴욕시립대학의 미치오 카쿠, MIT의 맥스 테그마크 등이 있다. 이 중 스웨덴 출신의 물리학자인 맥스 테그마크는 과학자들이 다중 우주라는 단어를 서로 다르게 사용한다는 사실을 알게 되었고, 이를 종합해서 레벨 1부터 4까지의 네 가지 모형으로 정리했다. 각각의 모형은 다음과 같다. 생각보다 우리는 이상한 세계에 살고 있는 듯하다. 한번 살펴보자.

Level 1
: 우리 우주의 지평선 너머의 영역

말 그대로다. 첫 번째 다중 우주론 모델은 우리 우주를 넘어선 영역을 또 다른 우주로 인정하는 입장이다.

우리 우주를 상상해보자. 잘 알려진 것처럼 우주는 빅뱅과 함께 시작되었다. 빅뱅 직후, 1초도 되지 않는 짧은 시간 동안 우주는 매우 빠르게 팽창했는데, 어느 정도로 빨랐냐면 '급팽창'했다. 자동차를 운전할 때 가속 페달을 힘껏 밟으면 머리가 뒤로 젖혀지며 아드레날린이 분출되는 것처럼 팽창했다. 팽창의 속도 자체가 증가하면서 가속 팽창한 것이다. 우주 초기에 대한 이러한 설명을 인플레이션 이론이라고 한다. 인플레이션이라고 하면 대부분은 경제 분야의 통화 팽창이나 물가 상승을 생각하는데, 무언가 커진다는 의미 면에서는 비슷한 개념인 것 같기도 하다. 우주론에서 인플레이션 이론은 빅뱅 이론을 보완해주는 가장 타당한 설명으로 받아들여지고 있다. 빅뱅 이론은 우주가 왜 평탄해 보이는지에 대한 평탄성 문제, 우주의 정반대 지점에서 관측되는 물질들의 상태가 어떻게 같을 수 있는지에 대한 지평선 문제 등을 해결해야 하는데, 우주가 초기에 매우 빠르게 급팽창했다는 설명이 이를 해결해준 것이다. 그래서 오늘날의 과학자들은 일반적으로 빅뱅 다음에 인플레이션이 있었음을 의심하지 않는다.

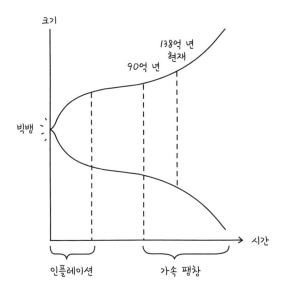

크기

138억 년
현재

90억 년

빅뱅

시간

인플레이션

가속 팽창

　　그런데 당황스러운 건 우주의 팽창 속도가 지금까지도 계속 증가하고 있다는 점이다. 어쩐지 심리적으로는 우리 우주가 지금쯤은 팽창을 서서히 멈추고 안정되어 있어야 할 것 같은데, 실제 관측에서는 점점 더 빨리 팽창하고 있는 것이다. 눈을 감고 잠시 머릿속으로 상상해보자. 점점 가속되며 무한하게 팽창하고 있는 공간을. 많은 사람이 정지해 있거나 혹은 팽창 속도가 점차 느려지고 있는 우주의 상태가 정상일 것이라고 생각한다. 하지만 어쩌면 이것은 편견이다. 변화의 상태, 즉 팽창 속도가 가속되는 상태가 우주의 기본 값일 수도 있다. 그리고 실제로 우리 우주는 영원히 가속 팽창하는 기본 값을 갖는 것처럼 보인다. 그렇다면 별들은 점점 멀어질 것이다. 아마도 아주 먼 훗날, 천체들 간의 거리가 충분히 먼 우리 우주에서 탄생할 지적 존재들은 별빛 하나 없는 밤하늘을 올려다보며 이 우주에는 정말로 자신들뿐이라고 생각하게 될 것이다.

그런데 이러한 끝없는 가속 팽창은 논리적으로 문제를 일으킨다. 결국 팽창 속도가 빛의 속도를 넘어서게 되기 때문이다. 이것은 물리학에서 문제가 된다. 아인슈타인의 특수 상대성 이론에 따르면, 그 어떤 물질도 빛의 속도인 초속 30만km를 결코 넘어설 수 없다. 빛의 속도는 우주의 제한 속도 같은 것이라고 생각하면 된다. 그런데 우주의 팽창 속도가 점차 가속된다면 결국 우주의 제한 속도까지도 넘어설 수 있는 게 아닌가? 그렇다면 특수 상대성 이론에 위배될 수도 있다. 하지만 사실은 그렇지는 않다. 공간은 물질이 아니기 때문이다. 특수 상대성 이론에서의 속도 제한은 물질에만 한정되고 공간 자체에는 적용되지 않으므로, 우주의 팽창 속도가 빛의 속도를 넘는다 해도 문제될 것은 없다.

머릿속 상상을 이어가 보자. 처음 빅뱅이 있었고, 시공간과 물질이 모든 방향으로 퍼져나갔다. 그런데 우주의 팽창 속도가 점차 가속되었고, 마침내 빛의 속도를 초월해서 커져갔다. 우리 우주의 나이가 대략 138억 살 정도가 되었으니, 그동안 빛이 퍼져나가 우리가 볼 수 있는 우주의 영역은 반지름이 대략 400억 광년인 거대한 구 모양이다. 이를 '허블 부피'라고 부른다. 여기까지가 우리가 관측 가능한 영역이다. 모든 것 중에 가장 빠른 빛은 여기까지 도착했다. 하지만 실제 우주의 크기는 이를 아득히 넘어선다. 시공간은 속도 제한 없이 더 빠르게 팽창하고 있으니 말이다. 그렇다면 어느 지점부터 우주의 공간은 단 하나의 빛 알갱이나 전자도 없이 말 그대로 완벽히 텅 비어 있을 것이다. 이 비어 있는 공간, 빛과 물질은 아직 도달하지 못했지만 시공간의 영역으로 확장된 이 영역이 레벨 1의 다중 우주의 모습이다. 이는 우리가 결코 관측할 수는 없지만 논리적으로 존재한다고 볼 수밖에 없는 영역이다. 이러한 의미에서의 다중 우주를 강하게 부정할 과학자는 거의 없다고 보아야 한다.

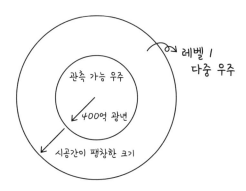

Level 2
: 급팽창 이후의 다른 거품들

두 번째 다중 우주론 모델은 다중 우주를 떠올릴 때 우리가 일반적으로 생각하는 바로 그 우주다. 거품 우주라고도 하는데, 비눗물에 빨대를 꽂고 숨을 불어넣으면 비눗방울이 보글보글 올라오는 모습과 유사할 것이라 상상해서 붙여진 이름이다. 비눗방울 하나는 독립되어 있는 개별 우주로, 탄생과 소멸을 무한히 반복한다. 레벨 1에서의 우주가 여기서의 비눗방울 하나라고 생각하면 되겠다. 그렇다면 레벨 2의 다중 우주 크기는 우리의 상상을 초월한다. 우리가 속한 비눗방울을 벗어나 다른 비눗방울에 닿을 가능성은 결코 없다. 맥스 테그마크는 이렇게 말한다. "우리가 빛의 속도로 영원히 여행한다고 해도 절대 도달할 수 없다는 의미에서 그것들은 무한대보다도 더 멀리 있다."

여기서 질문이 생긴다. 이러한 다수의 우주는 도대체 어디서 어떻게 탄생하는 것인가? 이에 대해서는 '양자 요동'이라 불리는 개념이 설명해준다. 양자 요동은 말 그대로 물질과 에너지의 최소 단위로서의 양자가 요동치고 있는 상태라고 생각하면 된다. 양자 요동은 인간이 상상할 수 있는 가장 작은 공간에서 발생하는 현상이다.

인간이 유의미하게 말할 수 있는 최소한의 공간의 크기를 플랑크 길이(1.616199×10^{-35}m)라고 하는데, 이 말할 수 없이 작은 공간에서 흥미로운 일이 일어나고 있다. 아무것도 없는 공간의 표면 자체가 부글부글 끓는 것처럼 보이는 것이다. 이러한 에너지의 일시적인 변화를 양자 요동 혹은 양자 거품이라고 하는데, 이는 아무것도 없다고 믿어왔던 진공이 사실은 완벽하게 비어 있는 게 아님을 의미한다. 작고 작은 세계인 미시적 차원에서는 비어 있는 공간 자체가 요동치는 것으로 보인다. 이곳에서 물질과 반물질의 쌍입자들이 순간적으로 생성되었다가 사라지기를 반복한다.

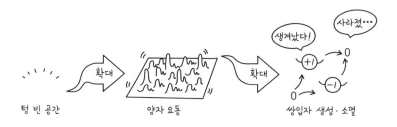

생겨났다!
사라졌···
확대
확대
텅 빈 공간
양자 요동
쌍입자 생성·소멸

이를 쉽게 이해하기 위해 텅 빈 시공간을 0이라고 표현해보자. 멀리서 보았을 때는 아무것도 없는 그냥 0이다. 그런데 0을 점점 확대하고 확대해서 정말 어마어마하게 확대해보았더니 그곳에서는 수많은 1과 −1이 순간적으로 생겼다가 다시 합쳐지며 0이 되고, 다시 1과 −1로 쪼개졌다가 0이 되기를 반복하고 있는 것이다. 이렇게 작은 공간에서 1과 −1이 무수히 생겼다가 사라지며 난리법석을 피우고 있다 해도, 아주 멀리서 보면 시공간의 0은 매우 고요해 보일 것이다. 이것이 비어 있는 시공간의 실제 상태다. 잠시 당신 눈앞에 펼쳐진 비어 있는 공간 한 곳을 응시하자. 물론 그곳은 산소나 질소 혹은 전자기파로 가득하겠지만, 어쨌거나 우리가 도화지처럼 텅 빈 배경이라고 생각해왔던 시공간은 부글부글 끓으며 생성과 소멸을 반복하고 있다.

하지만 양자 요동은 그 무엇에도 별다른 영향을 미치지 않는다. 물질과 반물질의 생성과 소멸은 균형을 이루고 있기 때문이다. 그런데 이러한 균형이 무너지며 양자 요동이 고착되는 경우가 발생할 수 있다. 이는 시공간의 급팽창 때문이다. 즉, 인플레이션으로 물질과 반물질의 쌍소멸의 균형이 어긋나며 물질이 탄생한다. 미시 공간에서 1과 −1이 0으로 돌아가야 하는데 뭔가 어긋나며 0.000000001 정도의 차이가 남은 것이다. 실제로 우리 우주도 반물질 입자 10억 개에 물질 입자 한 개 정도가 살아남음으로써 발생한 것으로 보인다.

이 설명이 흥미로운 것은 철학의 오랜 질문인 '무(無)에서 유(有)가 발생할 수 있는가?'에 대해 과학이 답하고 있는 것처럼 보이기 때문이다. 아무래도 '유'는 '무'에서 온 것으로 보인다. 이 신기한 현상을 동양적으로 표현해보면, 고요한 '무'의 공간이 사실은 '음(陰)'과 '양(陽)'의 생성과 소멸로 들끓고 있는 잠재적 '유'의 공간이었던 것이다.

균형이 어긋남으로써 '유'의 탄생과 더불어 이 비어 있던 공간에서는 새로운 우주가 탄생을 맞이하게 된다. 즉, 또 다른 빅뱅이 발생한다. 인플레이션은 계속되고, 이 우주는 하나의 독립된 우주로 팽창을 계속해나간다. 우리는 이제 순서를 바꿔야 하는지도 모른다. 빅뱅 이후에 인플레이션이 있는 것이 아니라, 인플레이션이 세계의 기본 값이고 그 가운데 부분적으로 수많은 우주가 탄생하고 있는 것인지 모른다. 이를 '영원한 인플레이션'이라고 한다.

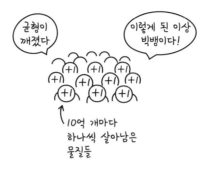

　정리해보자. 우리의 질문은 이것이었다. 다수의 우주는 도대체 어디서 어떻게 탄생하는가? 이야기는 레벨 1의 우주에서 시작한다. 빛의 속도를 넘어서 더 빠르게 가속 팽창하고 있는 시공간이 있다. 여기서의 완벽히 비어 있는 시공간의 아주 작은 영역에서는 양자 요동이 발생하고 있다. 이때 우주의 기본 값인 영원한 인플레이션은 물질과 반물질의 쌍입자 소멸의 균형을 어긋나게 하고 물질을 탄생시킨다. 인플레이션은 멈추지 않고 이 물질과 공간을 계속 팽창시킨다. 제2의 우주가 탄생한 것이다. 이 미니 우주는 팽창해가며 레벨 1의 우주가 된다. 그리고 다시 반복. 우주의 시공간은 빛의 속도를 넘어서 더욱 빠르게 팽창함으로써 완벽히 비어 있는 공간을 발생시키고, 이곳에서의 양자 요동이 인플레이션으로 제3의 미니 우주를 탄생시킨다. 다시 제4의 미니 우주가 탄생하고, 제5의 미니 우주가 탄생하고, 이 과정은 무한의 시간과 무한의 공간에서 끝없이 이루어진다. 우리 우주는 이러한 과정을 통해 탄생한 무한히 많은 우주 중 하나다.

러시아 태생의 물리학자 안드레이 린데는 이렇게 말한다.

"영원한 인플레이션이 존재한다는 것은 우주가 완전히 사라지는 일이 없음을 의미한다. 그중 일부가 붕괴하고, 우리가 사는 우주가 멸망할지도 모르지만, 우주의 다른 부분에서는 생명이 가능한 모든 형태로 계속해서 다시 탄생하는 우주가 있을 것이다. 특정 부분에서는 인플레이션이 멈출지도 모르지만, 우주 전체로 볼 때는 이러한 진화가 결코 끝나지 않을 것이다."

영원한 인플레이션 이론에 따르면 인플레이션이 빅뱅보다 더 앞서 있고 더 근본적인 우주의 구조다. 맹렬하게 가속 팽창하고 있는 그 상태 자체가 우주의 가장 기본적인 모습인 것이다. 영원한 인플레이션의 다중 우주 모습을 안드레이 린데는 포도송이 모양으로 묘사한다. 맥스 테그마크는 빵 속의 기포로 설명하고, 뉴욕시립대학 물리학과 석좌교수 미치오 카쿠는 이렇게 표현한다.

"우리 우주는 거대한 바닷속을 표류하는 물방울에 비유될 수 있다. 현대의 우주론에 의하면 우주는 끓는 물에서 생성된 작은 물방울이며, 이런 물방울은 11차원의 초공간으로 서술되는 열반의 세계에서 지금도 끊임없이 생성되어 사방을 표류하고 있다."

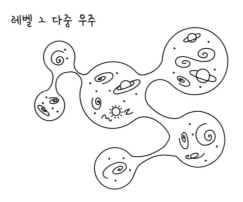

레벨 2 다중 우주

Level 3
: 양자 물리학의 많은 세계

세 번째 다중 우주론 모델은 양자역학의 유명한 사유 실험인 슈뢰딩거의 고양이에서 논리적으로 파생되는 모델이다. 오늘날 슈뢰딩거의 고양이는 양자역학의 특성을 설명하는 대표적인 사례로 언급되고 있지만, 사실 처음 등장했을 때는 양자역학이 얼마나 우스꽝스러운 이론인지를 보여주기 위해 에르빈 슈뢰딩거가 고안한 사고 실험이었다.

20세기에 들어서며 양자역학은 비약적인 발전을 이뤘다. 원자, 전자, 소립자 등의 미시적 대상에 적용되는 물리학을 탐구하는 이 학문은 기존의 근대 과학과 상반된 결론을 도출하며 논란의 중심에 섰다. 뉴턴과 아인슈타인으로 대표되는 근대 물리학자들은 양자역학의 결론을 매우 못마땅하게 생각했다. 특히 양자역학이 자연 현상에 '관찰자'를 끌어들이는 점을 인정하지 못했다. 쉽게 말해서, 양자역학에 따르면 아주 작은 미시 세계의 대상들은 우리가 보는지, 보지 않는지에 따라 다른 결과를 도출한다. 그것이 말이 되는가? 예를 들어 소립자가 우리가 관측하지 않을 때는 물결과 같은 '파동'으로 존재하다가 우리가 관측하기 시작하면 야구공 같은 '입자'인 것처럼 행동한다는 것이다. 근대 물리학자들은 이것이 말도 안 되는 소리라고 생각했다. 그건 그저 너무 작은 대상들을 측정하려다 보니 발생한 측정 장비의 문제일 뿐이라고 여겼다.

하지만 결과는 양자역학자들의 승리였다. 이후에 이루어진 실제 실험 결과들은 양자역학의 예측에 정확히 부합했다. 기세등등해진 양자역학자들은 한자리에 모여 아예 선언을 했다. 이것이 근대 물리학이 막을 내리고 현대 물리학으로 전환하게 한 '코펜하겐 해석'이다. 양자물리학자들은 덴마크 코펜하겐에 모여 이렇게 선언했다. "소립자들은 여러 상태가 확률적으로 겹쳐 있는 파동함수로 존재하고 있다가, 관찰자가 측정을 시작하면 파동함수의 붕괴가 일어나면서 하나의 상태로 결정된다."

분쟁은 일단 소강되었다. 그럴 수 있었던 건 근대 물리학자들과 현대 양자역학자들이 서로 다른 영역을 다루고 있었기 때문이다. 근대 물리학이 다루는 세계는 거시 세계였고, 양자역학이 다루는 세계는 미시 세계였다. 이들은 중간에 모종의 높은 턱 같은 것이 있다고 생각했다. 거시 세계와 미시 세계는 서로 다른 물리학의 지배를 받는다.

미시 세계
(양자역학 영역)

거시 세계
(고전역학 영역)

하지만 평화는 오래가지 않았다. 이 평화를 흔든 사람이 슈뢰딩거였다. 그는 슈뢰딩거의 고양이라는 사유 실험을 통해, 중간에 놓인 높은 턱 같은 것은 없으며, 미시 세계의 문제가 거시 세계에까지 영향을 미칠 수 있음을 보여주었다. 실험은 이렇게 진행된다.

뚜껑을 닫을 수 있는 적절한 크기의 박스를 준비한다. 여기에 다음의 준비물들을 넣는다. 얌전한 고양이, 독가스가 담긴 유리병, 알파 입자 가속기. 이들을 적절한 위치에 배치해야 하는데, 우선 알파 입자 가속기 앞에 독가스 유리병을 놓는다. 고양이는 그 옆에 식빵 자세로 앉아 있게 한다. 그리고 뚜껑을 덮으면 실험 준비 끝.

알파 입자 가속기는 정확히 1시간 후에 50퍼센트의 확률로 알파 입자를 방출한다. 즉, 경우의 수는 두 가지다. 첫째, 1시간 후에 알파 입자가 방출되고 독가스 유리병이 깨진다. 그러면 고양이는 죽을 것이다. 둘째, 1시간 후에 알파 입자가 방출되지 않고 독가스 유리병은 깨지지 않는다. 그러면 고양이는 죽지 않을 것이다.

당신은 1시간 후에 천천히 뚜껑을 열어볼 예정이다.

슈뢰딩거의 고양이 실험

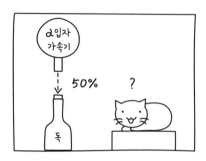

문제는 뚜껑을 열어보기 바로 직전이다. 고양이는 어떤 상태일까? 근대 물리학자들은 이렇게 대답할 것이다. "그걸 말이라고 하는 거냐. 고양이는 죽어 있거나, 혹은 살아 있을 것이다." 관찰자가 확인을 하든 하지 않든 고양이의 운명은 바뀌지 않는다. 기대되는 건 양자역학자들의 대답이다. 그들은 혼란스럽다. 왜냐하면 알파 입자 때문이다. 코펜하겐 해석에 따르면 알파 입자는 미시적 존재이고, 미시적 존재는 관찰자의 관측 여부에 따라서 상태가 결정된다. 관측하기 전까지는 확률적으로 중첩되어 있는 파동함수로 존재할 뿐이다. 양자역학자들은 이렇게 대답해야 한다. "고… 고양이는 죽은 것도 아니고 살아 있는 것도 아닌 중첩된 상태로 존재한다."

양자역학자들의 대답이 바보 같아 보이지만, 앞서 말했듯 오늘날의 과학은 양자역학의 손을 들어주었다. 양자역학은 역사상 가장 성공적인 물리 이론이고, 양자역학의 여러 방정식에서 도출되는 예측들은 놀랍도록 정확한 값으로 들어맞는다. 오늘날 우리는 양자역학 이외의 다른 가능성을 상상할 수가 없다. 그렇기에 납득이 안 되더라도 어쩔 수 없다. 이러한 상황을 잘 보여주는 멋진 말이 있다. 코넬대학의 응집물질물리학자 데이비드 머민의 말이다. "입 닥치고 그냥 계산해!"

잠시 양자역학에 대해 알아보았다. 이제 원래 이야기로 돌아오자. 레벨 3의 다중 우주는 바로 이 지점, 슈뢰딩거의 고양이로부터 도출된다. 다중 우주론의 창시자 휴 에버렛 3세는 코펜하겐 해석을 거부하고 다른 방식으로 슈뢰딩거의 고양이를 해석한다. 그는 고양이가 삶과 죽음이 중첩된 상태로 존재한다는 양자역학자들의 비상식적인 답변을 탐탁지 않게 생각했다. 이를 해소하기 위해 그는 더 비상식적인 대안을 가져왔다. 그는 이렇게 말했다. 알파 입자가 50%의 확률로 결정되는 그 순간 우주가 갈라진다. 즉, 고양이가 살아 있는 세계와 고양이가 죽은 세계로 우주 자체가 나눠진다는 것이다. 다만 여기서 우리의 의식은 이 갈라진 우주 중에서 하나의 세계만을 따라가기 때문에 다른 세계는 우리에게 드러나지 않는다. 갈라진 두 우주는 이후 독립해서 나름의 역사적 흐름을 따라 나아가고, 결코 서로 영향을 미치지 않는다.

이 해석에 따르면 지금까지 살아오면서 내가 선택이라는 행위를 했던 무수히 많은 경우마다 우주는 분화되었을 것이고, 앞으로도 그러할 것이다.

물론 이것은 조금 과장된 해석이다. 우주를 분화시키는 데 중요한 역할을 하는 것은 아메리카노를 마실까, 라테를 마실까 같은 거시 세계에서의 나의 의지적 선택이라기보다는 양자적 미시 세계에서의 유의미한 사건이다. 어쨌거나 만약 실제 우주가 이렇다면 우주의 분화는 매 순간 거의 무한하게 발생할 것이고, 그렇다면 우주의 개수를 센다는 건 처음부터 불가능한 일이 된다. 우주는 상상했던 것보다 더 괴상한 무엇이 되는 것이다. 이러한 레벨 3의 다중 우주를 특히 평행 우주라고 부른다.

레벨 3 다중 우주(평행 우주)

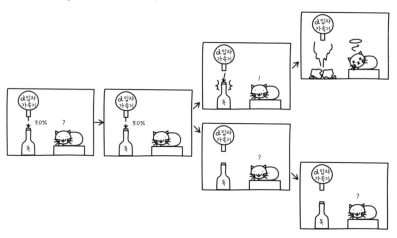

하지만 평행 우주론이 코펜하겐 해석의 비합리성을 해소한다고 해도 신비는 남는다. 우리가 궁금해해야 하는 부분은 이것이다. 우리의 관찰

행위, 다시 말해서 우리의 의식이 어떻게 우주의 분화에 기여할 수 있었다는 말인가? 존재가 의식을 규정하는 것이 아니라, 어떻게 의식이 존재를 결정하는가? 전통적으로 과학은 관찰자의 특별한 지위를 인정하지 않았다. 관찰하는 존재가 있건 없건, 물리적 세계에 어떠한 영향도 미치지 않는다고 여겨왔다. 하지만 현대 물리학에 이르러 관찰자는 진지한 고려 대상이 되고 있다. 우리가 물질의 본질에 더 가깝게 다가갈수록 우리는 그것을 관찰하는 의식적 존재가 무엇인지를 생각해보아야만 하는 것이다. 안드레이 린데는 이렇게 말한다.

> "우리 모두는 의식을 가진 인간이므로, 이 우주가 관측자 없이도 존재할 수 있다고 주장할 만한 근거는 없다."

Level 4
: 다른 수학적 구조들

레벨 1부터 3까지의 모형이 일반적으로 논의되고 있는 다중 우주론이다. 레벨 4는 이 모형을 정리한 맥스 테그마크의 견해다. 그는 우주가 거대한 수학적 존재라는 '수학적 우주 가설'을 주장한다. 우주의 실체가 궁극적으로 수학이며, 이것이 물리적 실체로서 우리에게 인식된다는 것이다. 이는 고대 그리스의 철학자이자 수학자인 피타고라스를 생각나게 한다. 피타고라스도 만물의 근원이 수라고 여기고, 신비주의적인 사상 속에서 수를 신적인 무언가로 생각했다. 맥스 테그마크는 수학적으로 가능하다면 우주가 시공간적으로 무한하므로, 결국 이에 대응하는 실제 우주가 존재할 것으로 본다.

또 다른 다중 우주 모델
: 브레인 우주론

다른 다중 우주 모델들도 있다. 앞서 언급했던 주기적 다중 우주도 당연히 하나의 다중 우주 모델이다. 무한의 시간 속에서 팽창과 수축을 반복하는 줄줄이 비엔나소시지를 닮았다는 그 우주 말이다. 또, 이 책에서는 자세히 다루지 않겠지만 최근 논의되고 있는 시뮬레이션 우주론과 홀로그램 우주론도 우리 우주 너머 다른 차원의 우주를 전제한다는 측면에서 넓은 의미의 다중 우주 모델이라고 할 수 있다.

그리고 마지막으로 알아보려는 브레인 우주론이 있다. 브레인 충돌 가설, 브레인 월드 가설 등으로도 불리는 이 우주론은 모든 것의 이론(ToE)의 강력한 후보인 끈이론과 M이론으로부터 파생된 우주론이다. 브레인 우주론은 우리의 상식을 넘어서는 거대하고 근원적인 세계를 상정한다. 이 근원의 세계는 무한대 크기로 거대하게 넘실대는 커튼처럼 생겼고, 초공간을 떠다니고 있다. 이 거대한 5차원의 막(幕)을 브레인

(Brane)이라고 한다. 브레인은 차갑고 평평하며 텅 비어 있는 최저에너지의 상태에 있다. 여러 브레인들은 일정한 간격을 두고 평행하게 존재한다. 브레인과 다른 브레인은 중력에 의해 서로를 서서히 끌어당기게 되고, 결국 부분적으로 충돌하게 된다. 바로 이 부분적인 충돌 지점에서 우주가 대폭발과 함께 탄생한다. 브레인의 방대한 운동에너지가 물질과 에너지로 전환되며 빅뱅처럼 보이는 현상을 만들어내는 것이다. 과학자들은 이러한 폭발 현상을 빅뱅이라는 용어 대신 철퍼덕 부딪쳤다는 의미에서 빅 스플랫(big splat)이라고 부른다.

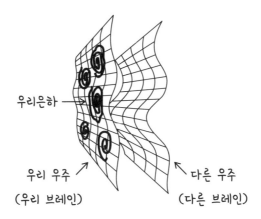

우리은하

우리 우주
(우리 브레인)

다른 우주
(다른 브레인)

충돌 이후에 두 브레인은 다시 서로를 밀어내고, 각각의 브레인은 급격하게 식어가며 처음의 최저에너지 상태로 되돌아간다. 이것은 수조 년의 시간이 흘러 다시 브레인의 온도가 절대온도인 0K에 이를 때까지 이어진다. 그리고 중력은 두 브레인을 다시 끌어당길 것이고, 또다시 충돌하여 새로운 우주를 탄생시킬 것이다. 이 과정은 상상을 초월하는 긴 주기를 갖고 반복된다. 그래서 어떤 면에서 브레인 충돌 가설은 주기적 다중 우주의 한 모습이라고도 할 수 있겠다. 혹은 주기적 다중 우주의 발생 원리를 설명한다거나.

미국의 이론 물리학자이자 브레인 우주론의 선구자인 리사 랜들은 사람들에게 브레인 우주론을 쉽게 이해시키기 위해 이런 비유를 든다.

"우리가 살고 있는 3차원의 우주의 모습은 5차원의 샤워커튼에 매달린 물방울과 같다."

중간 정리

지금까지 우리는 다중 우주의 개념과 여러 모형에 대해 알아보았다. 다중 우주론은 우리 우주 외에 다른 우주의 존재를 인정하는 이론이고, 그 모형으로 레벨 1부터 4까지 그리고 서너 가지의 모형이 더 있음을 확인했다.

기억을 더듬어보면, 레벨 1은 우리 우주 너머의 텅 빈 영역을 또 다른 우주로 이해하는 입장이었다. 우주의 기본 상태는 급팽창의 상태이며, 이를 영원한 인플레이션이라고 부른다. 이 인플레이션의 속도는 점차 가속되고, 결국 시공간의 팽창은 빛과 물질의 팽창 속도를 넘어서서 우리가 결코 도달할 수 없는 영역을 만들어낸다. 이 영역이 레벨 1의 다중 우주다.

레벨 2는 영원한 인플레이션이 만들어내는 수많은 거품 우주였다. 레벨 1의 완벽히 텅 빈 시공간의 표면에서 양자 요동이 발생하고, 순간적으로 물질과 반물질의 쌍이 생성되었다가 소멸된다. 이때 영원한 인플레이션이 이 균형을 어긋나게 하면서 물질이 발생한다. 수많은 우주가 이런 방식으로 생성되는 것이 레벨 2의 다중 우주다.

레벨 3은 슈뢰딩거의 고양이 가설에서 파생되는 우주론으로, 관찰자의 의식이 미시 세계의 유의미한 사건에 영향을 미쳐 수많은 우주로 분화되는 다중 우주 모형이었다.

레벨 4는 수학적 우주 가설로, 우주의 실체가 수학이며 수학적으로 가능한 모든 상태의 우주가 존재할 것이라고 보는 입장이었다.

이외에도 우리는 브레인 우주론을 살펴보았다. 초공간을 떠다니는 거대한 5차원의 막인 브레인들이 충돌하는 지점에서 빅 스플랫이 발생해 수많은 우주가 탄생하고 소멸한다는 설명이었다.

이 중 당신이 기억해두어도 좋을 모델은 레벨 2의 영원한 인플레이션과 레벨 3의 평행 우주 그리고 브레인 우주론이다. 이 세 우주론이 오늘날 가장 진지하게 다뤄지고 있는 다중 우주론인 동시에, 이 책에서는 충분히 다루지 못했지만 모든 것의 이론에 도달하기 위한 현대 물리학의 치열한 성과가 집약된 이론들이기 때문이다. 세 우주론 모델에 어느 정도 익숙해진다면 작게는 과학 관련 서적이나 다큐멘터리를 볼 때 도움이 될 것이고, 크게는 우리 내면의 우주를 더 광활하고 다채롭게 만드는 데 도움이 될 것이다. 실제 우주는 결국 당신의 상상 안에 있는 것이니 말이다.

아무래도 세계는 생각보다 신비한 무엇인 듯하다. 그것은 시간적으로나 공간적으로 무한하고 중첩되어 있으며 탄생과 소멸을 반복하고 있다. 인간이라는 존재는 그 기이한 세계의 매우 일부분만을 단순하게 이해하도록 태어났다. 지금부터는 이 기이한 세계를 조금 더 선명히 바라보기 위해 차원에 대해 알아보고, 인간이라는 단순한 존재가 우주에서 어떤 특별한 의미를 갖는지 살펴볼 것이다.

차원에
대하여

0차원에 대한 상상

당신은 다중 우주의 이미지가 머릿속에 잘 그려지는가? 예를 들어 레벨 3의 슈뢰딩거의 고양이 실험에서 특정 사건을 분기점으로 우주가 갈라진다는 식의 이야기 말이다. 우주가 갈라졌다는데, 그럼 갈라진 다른 우주는 도대체 어디에 있는 걸까? 우리 머리 위에 있는가, 아니면 발 아래에 있는가? 혹은 앞이나 뒤, 왼쪽이나 오른쪽에 있는가? 그 어디를 둘러봐도 갈라져나간 세계는 보이지 않는다. 그렇다면 세계가 갈라져나간다는 것은 무엇을 의미하는 걸까? 이에 답하기 위해서 우리는 어쩔 수 없이 차원을 고려해야만 한다.

질문을 이어가 보자. 브레인 우주론에서는 우리 우주의 심연에 흐르는 5차원의 거대한 막을 상정한다. 그런데 여기서 5차원이라는 말이 의미하는 것은 무엇인가? 게다가 브레인 우주론이 기반으로 하는 끈이론과 M이론에서는 우주의 실체를 10차원이나 11차원의 시공간으로 정의

하고 있다. 10차원과 11차원이라는 말은 도대체 무엇을 의미하는가?

　우리에게 현대 물리학의 이야기들이 너무나 멀게 느껴지고, 다중 우주론의 모델이 머릿속에 잘 그려지지 않는 여러 이유 중 하나는 우리가 차원의 개념에 익숙하지 않다는 것이다. 반면에 차원에 대해 익숙해지면 현대 물리학이 우리에게 말해주는 이야기에 조금 더 귀 기울일 수 있게 되고, 더 나아가 현실 이면의 보이지 않는 세계를 마음의 눈으로 가늠해볼 수도 있게 된다. 추가된 차원을 상상해보는 것은 인문학적인 영감을 일으키는 흥미로운 경험이다. 지금부터 차원에 대해 알아보자.

　차원이란 무엇인가? 사전적 의미는 '위치를 말하는 데 필요한 좌표의 수'를 말한다. 이게 도대체 무슨 말인가? 예를 들어보자. 사과의 크기를 말하기 위해서는 세 개의 좌표가 필요하다. 가로, 세로, 높이. 사과는 X축, Y축, Z축 3개의 좌표축이면 크기나 위치를 말하기에 충분하다. 그래서 사과는 3차원의 존재다.

　그런데 사과의 색깔이 변해간다고 해보자. 처음에는 초록색이었는데 점차 빨간색으로 익어간다. 이런 변화는 어떻게 표현해야 할까? 하나의 좌표가 더 필요하다. '시간'이라는 좌표축이다. 그래서 실제 세계 속에 존재하는 사과는 4차원에 위치한다고 할 수 있다. 공간의 3차원과 시간의 1차원으로 말이다. 이를 합해서 4차원의 시공간이라 부른다. 고양이도, 나무도, 빌딩도, 지하철도, 남산도, 지구도, 태양도, 당신도 4차원의 시공간에 존재한다.

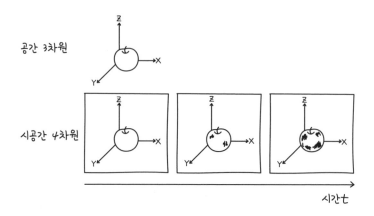

공간 3차원

시공간 4차원

시간 t

각각의 차원에 대해 자세히 알아보자. 우선 1차원의 세계. 1차원은 '선'의 세계다. 따라서 이 세계에는 길이만 존재한다. X축만 있는 것이다. 만약 이곳에 살고 있는 존재가 있다면, 그는 그저 선 위에서 앞으로 이동하거나 뒤로 이동하는 존재일 것이다. 만약 그가 생각을 할 수 있다면, 아마도 이런 생각을 할 것이다. '세계는 두 가지 극으로 존재한다' 혹은 '세계는 두 가지 방향이다'라고 말이다. 그는 A라는 극으로 방향을 선택하거나 A가 아닌 극으로 방향을 선택하는 것이 존재의 운명이라고 생각할 것이다. 그에게 A와 A가 아닌 것은 결코 만날 수 없는 완벽하게 다른 극단이다.

만약 이곳에 또 다른 존재가 살고 있다면, 그들은 서로를 '점'으로 볼 것이다. 왜냐하면 타자의 끝단만이 보이기 때문이다. 앞으로 반복적으로 살펴볼 테지만, 특정 차원의 존재는 자신의 세계를 한 차원 낮은 단계로 경험한다. 1차원의 존재는 자신의 세계를 0차원의 점으로 경험한다.

다음은 2차원이다. 2차원은 '면'의 세계다. 여기에는 길이와 폭이 존재한다. X축과 Y축이 있는 것이다. 수학 시간에 배운 좌표평면은 2차원의 세계가 무엇인지를 정확히 보여준다. 이곳에는 삼각형, 사각형, 원을 비롯한 수많은 2차원 도형이 존재한다. 이곳에 살고 있는 존재들은 면 위에서 앞과 뒤로, 혹은 좌와 우로 움직일 수 있다. 이들은 이곳에 함께 살고 있는 다른 존재들을 뛰어넘어 갈 수는 없지만 돌아갈 수는 있다.

2차원의 존재가 자기 세계의 다른 존재를 본다면, 그를 '선'으로 볼 것이다. 왜냐하면 자신의 시야 안에 들어오는 것이 다른 존재의 가장자리 양 끝점일 것이기 때문이다. 2차원의 존재는 자신의 세계를 1차원으로 경험한다.

3차원은 '입체'의 세계다. 여기에는 길이, 폭, 높이가 존재한다. X, Y, Z축이 있는 것이다. 우리에게 가장 익숙한 세계다. 이곳에는 정사면체, 정육면체, 구와 같은 3차원의 존재들이 살고 있다. 사과도, 나무도, 건물도, 인간도 3차원의 공간에 존재한다.

3차원의 존재가 자기 세계의 다른 존재를 본다면, 그를 '면'으로 인식할 것이다. 이게 무슨 소리인가? 그렇다면 우리가 이 세계를 입체가 아니라 면으로 본다는 것인가? 사실 그렇다. 우리는 세계를 입체로 경험한다고 느끼지만, 실은 사진을 보듯 2차원의 평면으로 본다. 지금 눈에 들어오는 아무 물건이나 집어 들어보자. 예를 들어 컵이라고 할 때, 우리가 앞면을 보면 뒷면은 시야에서 사라지고, 뒤로 돌려서 뒷면을 보면 앞면은 시야에서 사라진다. 그럼에도 우리가 컵을 3차원의 입체라고 느끼는 것은 우리의 뇌가 세계를 그렇게 해석해주기 때문이다. 3차원의 존재는 자신의 세계를 2차원으로 경험한다.

사실 여기까지는 이해하는 데 큰 무리가 없다. 문제는 4차원부터다. 자기가 속한 세계보다 높은 차원을 상상하기란 쉬운 일이 아니다. 이를 이해하기 위해서는 3차원에 더해진 차원을 시간의 차원과 공간의 차원으로 구분해서 생각해볼 필요가 있다. 차근차근 알아보자. 우선 추가 차원이 시간일 때다. 즉, 공간 3차원+시간 1차원의 4차원 시공간이다. 3차원의 공간이 하나의 선형적 시간 흐름 속에 놓여 있는 상태, 이것이 시공간의 4차원 세계이고, 바로 지금 우리가 살고 있는 세계의 모습이다. 우리 세계의 존재들은 입체로 존재하고, 동시에 시간의 흐름에 따라 늙고 낡아간다.

4차원 ┌ 공간 3차원 + 시간 1차원

└ 공간 3차원 + 공간 1차원

다음은 추가 차원이 공간일 때다. 즉, 공간 3차원+공간 1차원의 4차원 공간이다. 사실 이 공간은 3차원의 공간에서 태어난 우리의 뇌 구조로는 파악하기 어렵다. 인간의 정신은 3차원의 공간을 인식하는 방식으로 진화했고, 그 틀 안에서 작동한다. 하지만 추측해볼 수는 있다. 공간이 4차원인 세계에 살고 있는 존재를 상상해보자. 그는 어쩐지 매우 복잡하게 생겼을 것만 같은데, 그가 세계를 본다면 그에게 세계는 3차원의 입체로 드러날 것이다. 즉, 4차원 세계에 살고 있는 존재가 3차원 공간의 인간에게 관심이 있다면, 그는 인간에게 드러나지 않는 추가 차원에 숨어서 인간을 볼 수 있을 것이다. 그리고 그는 눈앞에 있는 인간의 얼굴을 보는 동시에 뒤통수를 볼 것이고, 이 인간이 점심에 무엇을 먹었고 얼마나 소화했는지를 훤히 들여다볼 수 있을 것이다.

1차원 : 선
2차원 : 면
3차원 : 입체
4차원 ┌ +시간 : 우리 세계
       └ +공간 : 상상하기 어려움

한 차원을 더 올라가 보자. 5차원의 세계는 어떤 모습일까? 이 세계도 추가된 차원이 시간인지 공간인지에 따라 달라진다. 공간에 공간을 계속 추가하는 것은 비슷한 패턴을 가지니 각자 머릿속으로 그려보기로 하고, 여기서는 공간의 3차원에 시간이 2차원인 세계를 상상해보자. 시간의 2차원이란 무엇일까? 우리는 1차원의 시간을 살아가지만 엄밀하게는 0.5차원의 시간을 살아간다고 할 수 있다. 왜냐하면 시간이 하나의 방향으로만 흐르기 때문이다. 시간은 과거로부터 현재를 거쳐 미래로만 향한다. 그 역은 성립하지 않는다. 하지만 1차원의 시간은 과거로도 미래로도 흐를 수 있어야 한다. 그래서 시간을 0.5차원이 아닌 1차원으로 다루는 현대 물리학에서는 실제로 과거, 현재, 미래의 차이를 고려하지 않는다. 시간은 수식 안에서의 변수 t로만 존재할 뿐, 여기에 어떤 수치를 넣느냐에 따라 결과 값만이 도출된다. 즉, 물리학의 시간에서는 우리에게 강렬하게 체험되는 '현재'라는 시간은 존재하지 않는다.

5차원 : 공간 3차원 + 시간 2차원

우리의 시간을 1차원이라 가정하고, 여기에 하나의 시간 차원을 덧붙여보자. 시간의 2차원. 그러한 세계를 살고 있는 존재는 세계를 어떻게 경험할까? 그의 시간은 선의 시간이 아니라 면의 시간이다. 그는 우리가 걸어서 언덕을 넘어가듯 시간의 언덕을 자유롭게 넘어서 과거나 미래를 접할 것이다. 우리가 인터넷에서 영상을 보듯 그는 우리를 볼 것이다. 우리를 앞으로 빨리 감거나 잠깐 멈추거나 과거 어느 순간으로 되돌릴 것이다. 그렇다면 시간의 3차원을 사는 존재는 어떨까? 시간을 입체로 경험한다는 것은 무엇을 의미할까? 그에게는 시작과 끝이 동시에 존재할 것이고, 시간의 좌와 우를 말하는 것이 헛소리로 들리지 않을 것이다.

차원에 대한 생각은 신비하고 흥미롭다. 우리는 사유를 계속 확장해 나갈 수 있다. 6차원의 시공간을 살아가는 존재는 어떤 모습일까? 세계를 9차원으로 경험한다는 것은 무엇을 의미할까? 추가 차원이라는 더 높은 단계의 세계를 경험하는 존재는 낮은 차원에서 분리되어 있는 존재들을 미분리의 통합적인 존재로 볼 것이고, 3차원의 우리에게 서로 다른 것으로 보이는 사물들이 그 근원에서는 하나임을 쉽게 직관할지 모른다. 2차원의 존재에게는 동전의 앞면과 뒷면이 다른 것으로 경험될 테지만, 우리에게는 한 동전의 다른 측면으로 이해되는 것처럼 말이다.

이야기를 마무리하기 전에, 마지막으로 우리가 언급하지 않은 0차원에 대해서 생각해보려 한다. 0차원. 이 세계는 어떤 세계일까? 좌표축의 개수가 0인 세계. 여기에는 가로, 세로, 높이가 없고 시간의 차원도 없다. 이 세계는 시간과 무관한 그저 '점'의 세계다. 점의 수학적 정의는 '크기를 갖지 않는 최소의 단위'다. 이 모순되어 보이는 정의처럼, 0차원은 공간을 점유하지 않고 크기도 갖지 않지만 존재하는 세계다. 시간, 공간과 무관하게 존재한다는 것은 무엇을 의미할까? 만약 이 세계에 살고 있는 존재가 있다면 그는 어떤 존재일까? 그는 아마도 세계 그 자체일 것이고, 그가 생각을 할 수 있다면 아마도 이런 생각을 할 것이다. '세계는 나다. 나는 세계다.' 하지만 이런 생각은 하지 못할 것이다. '세계는 세계이고, 나는 나다.' 그는 세계와 자신을 분리하는 것에 무척이나 어색함을 느낄 것이기 때문이다. 그는 또 이런 생각을 할 것이다. '존재하지 않는 것은 존재하는 것이다. 존재하는 것은 존재하지 않는 것이다.' 하지만 이런 생각은 하지 못할 것이다. '존재하는 것은 존재하고, 존재하지 않는 것은 존재하지 않는다.' 그에게 존재와 부재는 구분의 대상이 아닌 것이다.

여기서 0차원의 세계가 매우 작을 것이라고 오해하면 안 된다. 우리는 숫자가 주는 습관 때문에 1차원보다 2차원이 큰 세계이고, 2차원보다 3차원이 더 거대한 세계일 것이라고 쉽게 착각하게 된다. 하지만 차원의 숫자는 크기가 아니다. 0차원의 세계도 마찬가지다. 시간과 공간을 벗어나 있다는 것은 시간이 0이고 공간이 0인 동시에, 영원한 시간과 무한한 공간을 의미하는 것일 수도 있다. 먼 미래에 우리 후손들이 차원의 문제를 완전히 해결하고 수많은 우주와 차원을 오가는 가운데 0차원에 존재하는 무언가와 조우하게 된다면, 그를 '신'이라고 혹은 '자아'라고 불러야 할지도 모른다. 왜냐하면 그는 모든 것이자, 모든 것을 보는 자이기 때문이다. 그는 진정한 의미의 일원론적 존재일 것이다.

차원에 대해 간단히 알아보았다. 추가된 차원이라는 개념은 수학적으로만 존재하는 가상의 무엇이라고 생각되어왔으나, 최신 물리학에서는 우주의 존재 방식으로서의 추가 차원을 진지하게 고려한다. 우주의 기본 입자가 구가 아니라 선이라고 보는 끈이론은 우리에게 드러나지 않지만 실제 우주가 10차원이라 가정하고, 끈이론을 토대로 전개된 M이론은 실제 우주를 11차원의 시공간으로 본다. 우리가 살아 있는 동안에는 우주의 실체가 밝혀지지 않을지 모른다. 하지만 확실한 것은 적어도 우리가 상상하는 것보다 우주가 더 복잡하고 심오할 수 있다는 것이다.

다중 우주론이
해결하는 문제

우주가 하필 지금의 모습인 이유

다차원의 다중 우주는 실제로 관측되지 않는다. 그럼에도 불구하고 오늘날의 과학자들이 다중 우주론을 진지하게 탐구하는 이유는 무엇일까? 그것은 다중 우주론을 전제할 때 우리가 얻을 수 있는 이점 때문이다. 인류가 현재까지 답하지 못한 우주에 대한 수많은 질문이 다중 우주를 가정할 때 강력한 정합성으로 설명되는 것이다. 대표적인 질문은 이것이다.

"왜 우주는 다른 모습이 아니라 하필이면 지금의 모습을 하고 있는가?"

이 질문은 물리학자들에게 매우 난처한 질문이다. 그것은 우리 우주의 모습이 매우 임의적이기 때문이다. 예를 들어 진공에서의 빛의 속도 c는 정확하게 초속 299,792,458m이다. 앞에서 말했던 우주 제한 속도가 이것이다. 중력상수 G는 $6.67384 \times 10^{-11} \text{m}^3\text{kg}^{-1}\text{s}^{-1}$이고, 전자의 질량은 $9.1095 \times 10^{-31} \text{kg}$이다. 이외에도 플랑크 상수 h, 볼츠만 상수 k 등 우주에는 절대적으로 변하지 않지만 왜 하필이면 그러한 값을 갖고 있는지 도저히 알 수 없는 상수, 즉 고정된 값들이 있다. 이런 상수를 이해하려 노력할 필요는 없다. 상수는 그저 실험을 통해 얻어낸 객관적 수치일 뿐이다. '입 닥치고 그냥 계산'하면 된다.

하지만 어쩐지 이해해보고 싶다. 그리고 이해를 위해 의심을 시작하면 이것은 정말 이상하다. 왜 하필이면 빛의 속도는 초속 299,792,45'8'm인 것일까? 왜 끝자리가 '7'이나 '9'가 아닐까? 다른 상수 값들도 마찬가지다. 현대 물리학은 이에 대해 아무런 대답도 내놓지 못한다. 그냥 그렇게 측정될 뿐이라고 목소리를 줄이는 수밖에 없다.

이 질문과 관련해서 현대 물리학이 봉착한 더 난감한 문제는 이러한 상수 값이 그저 우연처럼 보이지 않는다는 점이다. 이들은 아주 미세하게 조정되어 있는 것처럼 보인다. 만약 지금의 수치와 달리 아주 작은 차이만 있었더라도 우리 우주는 지금과 전혀 다른 모습을 하고 있을 것이다. 예를 들어 원자핵을 구성하는 양성자와 중성자는 그 질량이 이미 정확하게 밝혀져 있는데, 중성자가 양성자보다 조금 더 무겁다. 하지만 그 차이는 매우 미세해서 고작 전자 2개 정도의 질량에 불과하다. 이 정도의 차이는 사실 너무도 미미하다. 그런데 이 미세한 차이가 결과적으로는 거대한 차이를 만들었다. 더 무거운 중성자가 붕괴하며 양성자가 되는 방식으로 우리 우주의 모든 물질을 구성한 것이다. 만약 반대였다면, 양성자가 약간 더 무거웠다면 양성자가 붕괴하여 중성자가 되는 방식으로 원자가 형성되었을 것이다. 그랬다면 우리가 알고 있는 종류의 물질도 존재하지 못했을 것이고, 지금과 같은 은하계와 태양계도 존재하지 못했을 것이며, 우주의 구조도 유지되지 못했을 것이다. 생명과 인간의 탄생이 불가능한 건 말할 것도 없다.

말하자면, 우리 우주의 상수 값들은 그저 우연이라고 말하기에는 너무나 세밀하게 조율되어 있다는 것이다. 이를 미세 조정 문제라고 한다. 이 거대한 우주는 마치 인간이 탄생할 수 있도록 미세하게 조정되어 있는 것처럼 보인다.

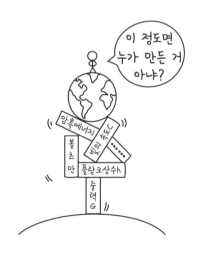

미세 조정 문제는 과학자들을 불편하게 했다. 왜 하필 우주가 그러한 물리량을 갖는지, 왜 그렇게 정교하게도 인간이 탄생할 수 있는 우주로 존재하는지 설명할 방법이 없었기 때문이다.

예상 가능한 일이지만, 창조론을 옹호하는 종교인들에게 미세 조정 문제는 환영할 만한 논쟁점이었다. 그들은 이것이 신이 우주에 개입한 결정적인 증거라고 생각했다. 실제로 많은 이가 지금까지도 미세 조정 문제를 신 존재 증명에 활용하고 있다. 당신은 어떻게 생각하는가? 미세하게 조정되어 있는 우주를 어떻게 이해해야 하는 걸까? 이것을 그저 '우연'으로 치부하는 것은 전혀 과학적이지 않다.

다행인 것은 다중 우주론이 과학을 구원할 구세주로 등장했다는 것이다. 다중 우주론에 따르면 미세 조정은 신에 의한 조율도, 단순한 우연도 아니다. 이것은 우주가 무수히 많기 때문에 발생하게 되는 필연이다. 다중 우주론은 저마다 물리량의 값이 다른 무한히 많은 우주가 존재할 것이라고 말한다. 모든 가능한 우주가 있다. 그 수많은 우주는 저마다의 상수 값과, 저마다의 힘의 종류와 세기, 그에 따른 형태, 그에 따른 역사를 가진다. 이러한 다채로운 우주들은 무한한 시간 동안 생성과 소멸을 반복한다. 우리 우주는 그저 수많은 가능성 중 다만 한 가지 형태를 가진 우주일 뿐이다. 지금과 같은 물리량을 가진 까닭에 우리가 알고 있는 물질과 생명이 탄생했고, 지능을 가진 존재가 태어나 자기 우주에 대해 질문하고 있을 뿐이다. 이러한 설명 방식을 인간 중심 원리라고 한다. 조금 더 자세히 알아보자.

인간 중심
원리

우주의 존재 이유와 인간

인간 중심 원리는 우리가 하필이면 왜 이러한 상태의 우주에 존재하고 있는지를 인간의 존재로부터 역으로 추론하는 설명 방식이다. 미국의 물리학자 스티븐 와인버그는 1990년 무렵 관측된 암흑 에너지의 밀도가 왜 하필 70%가량이 되는지 설명하기 위해 인간 중심 원리를 제안했다. 인간 중심 원리는 다음과 같이 답한다. 만일 암흑 에너지의 밀도가 현재 값보다 크다면 우주는 팽창을 가속하여 우주의 물질들이 한곳에 모이기 어려웠을 것이다. 그렇다면 은하와 천체들이 형성되지 못했을 것이다. 반대로 암흑 에너지의 밀도가 현재 값보다 현저히 작다면 우주의 물질들은 급격히 압축되었을 것이다. 그렇다면 마찬가지로 현재의 은하와 태양계, 그것을 기반으로 하는 지구와 생태계는 형성되지 못했을 것이다. 따라서 우리는 다음과 같이 생각해야 한다. 수많은 우주가 있다. 수많은 우주는 각각 무한한 가능성 안에서 서로 다른 상수 값을 갖는다. 그중 천체와 생명체가 발생하기 적합한 정도의 암흑 에너지의 밀도를 갖는 우주가 수없이 있을 것이고, 그중에서 우리 정도 수준의 지능을 가진 생명체가 발생할 수 있는 우주가 있을 것이며, 그러한 우주에서 생명체가 우주를 탐구하는 과정 중에 왜 자신들이 관측하는 우주가 하필이면 이러한 상수 값을 갖는지 궁금해했을 것이다.

우리의 질문은 이것이었다. '왜 우주는 다른 모습이 아니라 하필이면 지금의 모습을 하고 있는가?' 이 질문은 다음의 질문을 함의한다. '왜 오직 우리 우주만이 존재하는가?' '왜 극도의 우연적인 확률로 인류가 탄생했는가?' 다중 우주론에 기반을 둔 인간 중심 원리는 다음과 같이 답한다. 신의 개입 혹은 우연으로 우리 우주와 인류의 탄생을 설명하는 것은 과학적이지 않다. 우리 우주 외에 다른 우주 전체를 포함하는 '대우주'를 고려할 때, 이 질문은 쉽게 해소된다.

이러한 결론이 어떻게 느껴지는가? 상식적이고 타당하다고 생각되는가? 인간 중심 원리와 다중 우주론의 결합은 인류에게 우주와 인간에 대한 새로운 통찰을 제시한다. 하지만 동시에 이것이 정말 과학인가 하는 의심을 품게 만들기도 한다. 영국의 과학철학자 칼 포퍼는 과학과 유사 과학을 나누는 기준을 제시한 것으로 유명하다. 그는 반증가능성이라는 기준을 제시한다. 어떤 이론이 과학의 범위 안에 들어오기 위해서는 반드시 그 이론이 스스로 틀릴 가능성, 즉 반증될 가능성을 내포하고 있어야 한다는 것이다. 그리고 반증가능성을 가진 이론이 여러 번의 검증을 거쳐서도 살아남았을 때, 그 이론은 좋은 과학 이론이라고 평가할 수 있다는 것이다.

반증가능성은 과학과 유사 과학을 구분하는 좋은 기준처럼 보인다. 예를 들어 어떤 이들은 점성술이나 사주, 손금 등도 과학의 일종이라고 생각한다. 나름대로 많은 부분을 예측하고 또 맞히기 때문이다. 우리는 어떻게 이러한 것이 과학이 아님을 설명할 수 있을까? 그때 필요한 것이 반증가능성이다. 반증가능성을 기준으로 할 때, 점성술이나 사주 등이 왜 과학이 아닌지가 명확해진다. 과학과 유사 과학의 차이는 그 이론이 많은 것을 맞히느냐가 아니라 반대로 그 이론이 틀릴 가능성을 갖느냐, 즉 반증될 가능성을 갖고 있느냐에 있다. 점성술과 사주가 과학이 될 수 없는 것은 그것이 틀릴 가능성 자체가 없어서다. 점성술사가 이렇게 말했다고 가정해보자. "8월에는 물을 조심해야 한다." 그리고 8월이 되었다. 논리적 가능성은 두 가지다.

A : 물과 관련된 사건이 발생한다.
B : 물과 관련된 사건이 발생하지 않는다.

만약 실제로 A가 되었다면 점성술사의 예측은 옳은 예측이 된다. 그는 참으로 신통하다. 반대로 B가 되었다면 어떨까? 그렇다 하더라도 점성술사는 참으로 신통한 사람이 된다. 왜냐하면 그는 당신이 자신의 말을 듣고 조심해서 사고가 일어나지 않은 것이라고 말할 수 있기 때문이다. 점성술사의 예측은 결코 틀릴 수가 없다. 언제나 참이다. 반대로 그렇기 때문에 점성술과 사주 등은 과학일 수 없다. 여기서 오해하지는 말아야 한다. 점성술과 사주가 과학의 범주 안에 포함되지 않지만, 그것 자체가 무의미하고 불필요하다는 것은 아니다. 철학, 정치, 예술, 종교 등 대부분의 분야도 반증가능성을 갖지 않기에 과학이라고 말할 수는 없지만, 인류에게 빛나는 가치를 갖는 것처럼 말이다. 칼 포퍼는 모든 이론이 과학이라는 이름을 붙이려 하는 과학 만능주의적인 분위기 속에서 과학과 과학 아닌 것의 기준을 제시했을 뿐이다. 과학의 범주에 들기 위해서는 그 이론이 반증가능성을 가져야만 한다. 그래야만 우리는 참과 거짓을 검증하고 좋은 이론과 좋지 않은 이론을 구별함으로써 과학을 발전시킬 수 있을 것이다.

그렇다면 다중 우주론에 근거한 인간 중심 원리는 반증가능성을 갖는가? 문제는 그렇지 않다는 데 있다. 인간 중심 원리는 증명도, 반증도 되지 않는다. 이것은 과학적 증명이라기보다는 철학적 해설에 가깝다. 하지만 어쩌면 그렇기에 인간 중심 원리가 우주와 인간이 무엇인지에 대한 깊은 통찰을 가능하게 하는 것인지도 모른다. 특히 인간 중심 원리의 하나인 강한 인간 원리는 과학이 말할 수 없는 인간과 우주의 존재 의미에 대해 사유하게 한다. 한 걸음 더 나아가 강한 인간 원리의 주장을 들어보자.

인간 중심 원리

```
┌─ 약한 인간 원리
│
├─ 강한 인간 원리
│
└─ 참여 인간 원리
```

강한 인간 원리는 약한 인간 원리와 구분되는 견해로, 인간 중심 원리를 조금 더 극단으로 밀어붙인다. 우선 약한 인간 원리는 지금까지 우리가 이야기한 인간 중심 원리를 말한다. 무한히 많은 우주가 나름의 물리 상수를 갖고, 이 중 생명의 탄생을 포함하는 우주가 존재한다는 견해 말이다. 강한 인간 원리는 이 주장을 더 깊게 해석한다. 그들은 이렇게 질문한다. 다중 우주의 개념에 따라 수많은 다중 우주가 완벽하게 독립되어 있다면, 우리는 우리 우주와 어떠한 정보도 주고받지 않고 그 안에서 생명을 탄생시키지 못하는 우주를 과연 존재한다고 말할 수 있을까? 당신은 어떻게 생각하는가? 만약 누군가 그렇다고 말한다면 그 대답을 할 수 있는 존재는 도대체 누구인가? 우리는 엄밀하게 말해야 한다. 외부와 완벽히 독립되고, 그 안에 생명을 포함하지 않는 우주를 존재한다고 말할 수는 없다. 이러한 결론으로부터 강한 인간 원리는 다음과 같이 주장한다. '우주는 어느 단계에서 그 안에 관찰자의 탄생을 허용해야 한다.' 미국의 물리학자 존 휠러는 이 결론을 딛고 한발 더 나아간다. 그는 참여 인간 원리를 말한다. 그것은 '우주가 존재하기 위해서는 관찰자가 필요하다'는 주장으로까지 나아간다. 약한 인간 원리에서 참여 인간 원리로 나아가며, 우주의 존재 기반은 우주 자체에서 점차 그 안의 관찰자로 옮겨 가고 있는 것이다.

이렇듯 다중 우주론과 인간 중심 원리는 세계가 발현된 주요 요인으로 관찰자를 등장시켰다. 그리고 이 관찰자는 놀랍게도 동양과 서양의 거대 사상으로 이어진다.

최종 정리

첫 번째 장이 끝났다. 우리가 무엇을 하고 있는지 큰 그림을 잊지 않는 게 중요하다. 지금까지의 내용을 간략히 정리해보자. 우리의 최종 목적지는 위대한 스승들의 거대 사상이다. 그들은 세계와 자아의 관계를 밝히고자 했다.

여기서 세계와 자아의 관계라는 주제에는 사실 인문학이라는 거대한 사유가 다루는 세 가지 범주가 모두 함축되어 있다. 인문학은 전통적으로 세 가지 근본 주제를 다뤄왔다. '세계란 무엇인가?' '자아란 무엇인가?' '세계와 자아는 어떤 관계를 맺고 있는가?' 위대한 스승들이 세 번째 주제를 탐구했다는 것은 실제로는 모든 주제를 아우르고 있음을 의미한다. 우리는 순서대로 따라가고 있다. 우선 세계가 무엇인지를 알아보는 중이다.

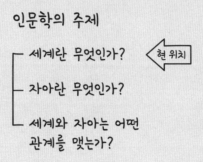

인문학의 주제

── 세계란 무엇인가? ◁ 현 위치

── 자아란 무엇인가?

── 세계와 자아는 어떤
   관계를 맺는가?

이를 위해 우주의 시작에서 출발했다. 오랜 시간 우리는 우주가 유일무이하고, 그 시작은 빅뱅이라고 생각해왔다. 하지만 최근의 연구는 시간 이전의 시간까지 거슬러 올라가 다중 우주의 가능성을 말하고 있다. 그것은 시간적으로 생성과 소멸을 반복하고 공간적으로 중첩되어 있는, 거대하고 무한한 다차원의 집합이었다.

이어서 이 상상하기 어려운 우주를 그나마 머릿속에 그려보고자 차원에 대해 알아보았다. 차원은 특정 물체의 위치를 말하기 위해 필요한 좌표의 수로, 우리의 세계는 공간의 3차원과 시간의 1차원으로 설명될 수 있었다. 하지만 이것은 우리가 시공간을 이러한 방식으로 인식하기 때문이지, 실제 우주가 그렇기 때문은 아니다. 우리는 우리에게 드러나지 않는 추가 차원에 대해 상상해보았다. 추가적인 공간 차원과 추가적인 시간 차원에 존재하는 의식이 있다면, 그는 4차원의 시공간에 거주하는 우리를 다른 방식으로 이해할 것이다. 그에게는 우리의 탄생과 죽음이 동시에 드러날 것이고, 우리의 내면과 외면이 동시에 보일 테니 말이다. 이에 더해 우리는 가장 낮은 차원인 0차원의 존재가 인식하는 세계와 자아의 관계도 살펴보았다. 이것은 흥미롭게도 세계와 자아의 통합을 말하는 위대한 스승들의 거대 사상을 떠올리게 했다.

다중 우주에 대한 탐구는 어떤 면에서 인간을 초라하게 만든다. 16세기 코페르니쿠스에 의해 태양계의 중심에서 외곽으로 쫓겨난 것으로 시작해서, 근현대 우주론의 발전은 인간의 탈중심화라는 일관된 방향으로 발전해왔다. 다중 우주론에 이르러서는 우리 우주마저 초차원을 떠도는 티끌인 마당에 인간의 절대적 지위와 가치를 말하기는 민망해졌다. 하지만 왜 우리 우주가 다른 모습이 아니라 지금의 모습인지를 설명하기 위해 제시된 인간 중심 원리는 다중 우주론과 결합하며 인간의 존재론적 의미를 다시 고민하게 했다. 의식적 존재에게 결코 발견될 수 없고 내부에 의식적 존재를 잉태할 수 없는 우주라면 그 우주가 존재한다고 말하기 어렵다. 바꿔 말하면 어떤 우주가 우주로서 존재하려면 그 안에 의식적 존재를 포함해야만 한다. 우리는 앞서 이렇게 질문했다. '우리는 왜 우주를 이해하려 하는가?' 그에 대한 심오한 답은 이것이었다. "그것은 우주의 자기반성 과정이다." 어쩌면 우리 우주는 우리가 이곳에서 눈떴기에 비로소 존재론적 의미를 획득하게 된 것인지도 모른다.

다음 장에서는 우리 우주의 시작, 그리고 그 안에서 눈뜬 관찰자로서의 인류의 탄생을 추적하려고 한다.

인류
인간과 문명

우리 우주의
시작

어떻게 빅뱅 이론을 증명했을까

어린 시절, 책이나 다큐멘터리에서 빅뱅 이론에 대해 접하면, 나는 빅뱅 이론 그 자체보다도 과학자들이 도대체 그 사실을 어떻게 알아냈는지가 더 궁금했다. 직접 눈으로 본 것도 아닐 텐데 까마득히 먼 과거의 사건을 그들은 어떻게 알게 된 것일까? 답부터 말하면 그것은 관측 장비의 발달과, 이로 인해 얻게 된 다양한 자료들, 이를 바탕으로 한 논리적 추론에 의해 가능했다.

그 시작은 1929년 미국의 천문학자 에드윈 허블이 천체들을 관측하며 얻게 된 정보였다. 그는 밤하늘을 올려다보며 우리 시야에 들어오는 모든 천체가 적색편이 현상을 보인다는 것을 알게 되었다. 적색편이 현상이란 생각보다 단순한 개념인데, 관측자를 기준으로 멀어지는 물체의 색깔이 조금 더 붉게 보이는 현상을 말한다. 그것은 멀어지는 속도만큼 방출되는 빛의 파장이 길어지기 때문이다. 그렇다면 반대로 관측자에게 빠르게 다가오는 물체는 푸르게 보이는가? 맞다. 다가오는 속도만큼 빛의 파장이 짧아질 것이므로 관측자에게 더 푸르스름하게 보인다. 이러한 현상은 청색편이라고 부른다. 더 쉽게 설명하면 빠르게 다가와서 나를 지나 빠르게 멀어지는 구급차의 소리를 생각하면 된다. 가까이 다가올 때는 파장이 짧아지며 점차 높은 소리가 나고, 멀어질 때는 파장이 늘어지며 점차 낮은 소리가 난다. 빛의 파장도 이와 동일하다.

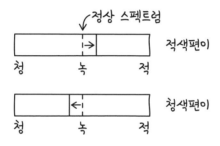

물체의 적색편이와 청색편이 현상은 '도플러 효과'라는 이름으로 과학계에 이미 잘 알려져 있었다. 물론 허블도 이를 알고 있었다. 그래서 그는 실제로 우주를 관측하기 전에도 천체들이 도플러 효과를 나타낼 것임을 예측하고 있었다. 다만 적색편이와 청색편이는 무작위로 관측될 것이라고 생각했다. 왜냐하면 당시의 다른 과학자들과 마찬가지로 허블도 우주가 정적인 공간이라 믿었고, 천체들은 이 정적인 공간 속을 이리저리 떠다닐 것이라고 생각했기 때문이다. 어떤 천체는 다가오고 다른 천체는 멀어지며 무작위로 보일 것이다.

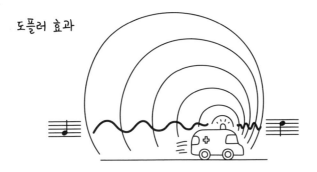

도플러 효과

하지만 실제 관측 결과는 상식적인 예상을 빗나갔다. 수많은 천체는 어떤 예외도 없이 모두 적색편이만 보이고 있었다. 게다가 지구에서 멀리 떨어져 있는 천체일수록 적색편이는 더 강하게 나타났다. 이러한 결과가 의미하는 것은 무엇일까? 당신이라면 어떻게 생각하겠는가? 당신이 우주를 관측했더니 눈에 보이는 모든 천체가 예외 없이 나로부터 멀어지고 있음을 의미하는 적색편이 현상을 나타내고 있다면 말이다.

대답은 둘 중에 하나다. 첫째, 알고 보니 지구가 정말 우주의 중심이고 다른 모든 천체가 중심인 지구로부터 멀어지고 있다. 둘째, 어떠한 중심도 없는 우주 전체가 빠르게 팽창하고 있다. 답은 당연히 후자일 것이다. 지구가 우주의 중심이 아니라는 사고는 코페르니쿠스 이후 400년 동안 과학이 종교로부터 힘겹게 지켜낸 우주관이 아니던가.

허블의 발견은 우리 우주가 건포도를 넣은 밀가루 반죽 같은 것임을 시사했다. 오븐 속에서 시간이 흐를수록 이 밀가루 반죽은 팽창한다. 그렇다면 건포도들은 어떻게 될 것인가? 모든 건포도는 팽창하는 식빵 속에서 서로 멀어지고 있을 것이다. 허블이 천체들의 적색편이 현상을 발견함으로써 기존의 정적인 우주관은 무너졌고, 팽창하는 동적인 우주관이 사람들의 머릿속에 새롭게 정착하게 되었다.

우주의 팽창

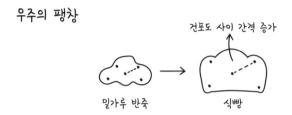

밀가루 반죽 → 식빵 / 건포도 사이 간격 증가

허블의 상상은 여기서 한발 더 나아갔다. 우주가 시간의 흐름에 따라 팽창하고 있다면, 만약 그 시간을 뒤로 돌리면 어떻게 될까? 천체들의 거리는 과거로 갈수록 점차 가까워질 것이다. 아주 먼 과거로 거슬러 올라가면 모든 물질의 거리는 매우 가까워지고, 결국 뜨겁게 뭉쳐질 것이다. 그리고 더 이상 거슬러 올라갈 수 없는 0의 시간에 이르면 우리 우주 전체는 아주 작은 공간 안에 극도로 압축되어 있어야 할 것이다.

1948년, 미국의 물리학자 조지 가모프는 허블의 관측과 그 이후에 이루어진 천체 물리학의 연구 결과를 바탕으로 다음과 같이 우주의 초기 상태를 설명했다. 초기 우주는 밀도와 온도가 매우 높은 상태였다. 이후 대폭발과 함께 급격히 팽창을 시작했고, 밀도가 낮아짐에 따라 점차 식어 현재의 모습에 이르게 되었다. 조지 가모프는 만약 실제로 거대한 폭발이 있었다면 이것이 만들어낸 엄청난 양의 열과 복사선이 우주 전체에 흔적으로 남았을 것이라고 예측했다. 아직 발견되지 않은 이 우주의 흔적은 '우주배경복사'로 불리게 되었다. 우주배경복사는 쉽게 생각하면 밥솥을 여는 순간 주변으로 확 퍼져나가는 뜨거운 김 같은 것이다. 우주 초기의 뜨거운 열기는 우주의 급격한 팽창과 함께 전체 공간으로 빠르고 고르게 확산되었을 것이다. 이제 이것만 찾아내면 된다. 그렇게 되면 우주가 고밀도의 상태에서 폭발과 함께 시작되었다는 빅뱅 이론의 증거를 찾게 된다. 과학자들은 이 흔적을 찾고자 노력했다. 그리고 예상치 못한 곳에서 이를 발견하게 되었다.

1964년, 미국 뉴저지 벨연구소의 연구원이었던 천문학자 아노 펜지어스와 로버트 윌슨은 안테나를 통해 인공위성의 신호를 받는 일을 하고 있었다. 그들은 이 예민한 기계가 계속해서 잡아내는 전파 잡음으로 골머리를 썩고 있었는데, 어떤 방법을 써도 잡음을 해결할 수가 없었다. 그들은 안테나에 쌓인 비둘기 똥이 원인이 아닐까 하는 생각에 안테나를 광이 나도록 닦아보기까지 했다. 하지만 전파 잡음은 무슨 수를 써도 끝내 잡히지 않았다. 그리고 독특하게도 이 잡음이 안테나의 방향을 바꾸어도, 날씨가 변하거나 계절이 바뀌어도 언제나 일정하게 잡힌다는 것을 알게 되었다. 이상했다. 이는 잡음을 일으키는 에너지가 모든 곳에 고르게 퍼져 있음을 뜻하기 때문이다.

펜지어스와 윌슨은 모르고 있었지만, 그들이 발견한 잡음은 과학자들이 그토록 찾고자 했던 빅뱅의 증거인 우주배경복사였다. 그들의 사연이 기사에 나온 것을 우연히 본 물리학자들은 이것이 우주배경복사일 것이라고 확신했다. 그리고 펜지어스와 윌슨은 이 발견으로 1978년에 노벨상을 받았다. 이로써 가설로만 여겨졌던 빅뱅 이론은 정상과학의 패러다임을 차지하게 되었다. 오랜 기간 인류에게 상식적인 우주관으로 받아들여졌던 정적인 우주론은 폐기되었고, 우주가 뜨거운 대폭발과 함께 시작되었다는 빅뱅 이론이 인류의 우주관으로 자리 잡은 것이다.

이제야 이곳에서 눈뜬 당신과 내가 살고 있는 우리 우주의 시작, 빅뱅을 말할 수 있게 되었다. 지금으로부터 138억 년 전, 매우 압축되어 있던 시공간의 에너지와 물질이 거대한 폭발과 함께 팽창하며 현재의 우주가 되었다고 알려진 이 사건은 어떤 면에서는 매우 철학적이다. 그것은 이 사건이 시간적으로는 '0초'에 시작되었고, 공간적으로는 크기를 갖지 않는 '점'에서 출발했기 때문이다. 다시 말해 오늘날 우리 주변을 가득 채우고 있는 물질들은 아무것도 없는 것에서부터 출발했다. 물론 다중 우주론은 그 이전에도 우주가 존재했다고 말하고 있지만, 아직까지 우리가 확실히 말할 수 있는 시간과 공간의 시작은 빅뱅인 것이 사실이다.

이번 장에서는 0의 시간인 빅뱅부터 문명 탄생 전까지, 138억 년 동안의 시간을 다룬다. 다만 문명이 탄생한 이후부터 최근까지 4000년 정도의 시간은 여기서 다루지 않는다. 138억 년의 0.000043% 정도 되는 이 짧은 문명의 시간은 3장부터 7장에 걸쳐 다룬다. 이번 장은 매우 빠르게 여행하게 될 것이다.

다음이 지금부터 우리가 다루려는 시간의 범위다.

빅뱅 이후의
역사

0초부터 138억 년까지

2012년에 측정된 자료에 의하면 대폭발 이후 우주의 역사는 정확히 137.72±0.59억 년 정도로, 대략 138억 년이라 할 수 있다. 언어로 표현되는 '수'는 신비해서 언어적 표현이 주는 느낌과 실제 크기는 비대칭적이다. 138억 년이라는 시간을 우리는 쉽게 쓰고 말하지만, 실제 그 기간은 체감되지 않는다. 10년도 길다고 느끼는 인간이라는 종은 138억 년이라는 기나긴 시간을 표현하는 방식을 고안해낼 정도로 이성적이지만 그 기간의 의미를 제대로 이해할 만큼 지혜롭지는 못하다. 하지만 상상할 수 없는 이 우주의 시간도 출발이 있었을 것이다. 그 출발 점으로 함께 가보자.

이제 좁쌀보다도 작았던 초기 우주부터 이야기를 시작할 것이므로 현재 우주의 모든 것을 여기에 욱여 넣어야 한다. 좀 난감하기는 한데, 뭐든 잘 안 들어갈 때는 쪼개서 넣는 것이 도움이 된다. 일단 우리 우주를 믹서에 갈아보자. 은하나, 태양이나, 인간이나, 사과나 큰 덩어리를 하고 있는 물질들을 곱게 갈면 분자가 된다. 하지만 이걸로는 부족하다. 더 잘게 나눠보자. 분자를 쪼개면 원자가 되고, 원자는 원자핵과 전자로 나뉘어진다. 전자는 더 이상 쪼갤 수 있는 것이 아니니, 원자핵을 더 쪼개보자. 원자핵을 쪼개면 양성자와 중성자가 된다. 이들을 더 쪼개면 쿼크가 된다. 쿼크는 여섯 종류가 있는 것으로 알려져 있는데, 현재까지 인류가 알고 있는, 더 이상 나눌 수 없는 물질이다.

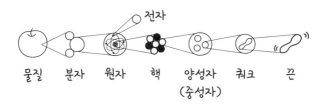

다만 일부 물리학자들은 쿼크와 전자의 본질이 0차원의 입자가 아니라 1차원의 끈의 진동이라는 끈이론을 주장하기도 하지만 아직은 뭔가 확실하게 말할 수 있는 단계는 아니다. 일단은 최소 단위가 쿼크라고 생각하기로 하자.

하지만 이 정도로 쪼개고 갈아내어도, 거의 0에 가까운 공간 안에 이 모든 걸 욱여 넣기란 쉽지 않다. 이제 우리는 철학적인 도약을 해야 한다. 그것은 바로 물질이 에너지와 다르지 않다는 아인슈타인의 이론을 적용하는 것이다. $E=mc^2$이라는 어디선가 많이 본 듯한 이 공식은 '질량-에너지 등가 원리'로, 물질의 질량 m이 에너지 E와 본질적으로 다르지 않음을 수학적으로 정리한 것이다. 참고로 여기서 c는 앞서 언급했던 우주 제한 속도이자 고정되어 있는 상수 값인 빛의 속도다.

드디어 우주 초기 공간에 모든 것을 넣을 수 있게 되었다. 이 작은 최초의 공간에는 극도로 압축된 에너지가 담겨 있었던 것이다. 우리 우주의 역사는 여기서 시작해서 우리가 방금 쪼개온 방향의 반대로 진행된다. 우주가 팽창하고, 그에 따라 밀도가 낮아질수록 우주의 온도는 점차 낮아지고, 그때마다 쿼크, 전자, 양성자와 중성자, 원자핵, 원자, 분자, 덩어리 물질들, 태양, 은하, 인간이 만들어졌다.

자, 그럼 본격적으로 우주 탄생의 역사를 시간순으로 따라가 보자.

1초

우선 0이었던 시공간이 1초 동안 팽창한 기간이다. 이 짧은 시간 동안 매우 많은 사건이 있었던 까닭에 좀 더 쪼개어서 세 부분으로 구분해 살펴보려 한다.

/
───
100000000000000000000000000000000000000000

↳ 세어볼 필요 없음. 이미 여러 번 세어봄.

0부터 10^{-43}초. 10^{-43}이라는 숫자가 친숙하지 않으니 분수로 표현하면 위와 같다. 1 뒤에 0이 43개 붙는다. 왜 하필 이 시간을 우주의 첫 번째 시기로 말하는지 궁금할 수 있겠다. 이 시간은 플랑크 시간이라고 하는데, 물리학적으로 의미가 있는 최소의 시간 단위다. 더 이상 쪼갤 수 없는 극단의 시간이라고 생각하면 된다. 그래서 우주가 탄생한 이후 플랑크 시간만큼 흐른 이 영역을 플랑크 시대라고 한다. 사실 이름을 붙이긴 했지만 이 시기에 대해 우리가 아는 것은 거의 없다. 다만 우주의 네 가지 힘인 강력, 약력, 전자기력, 중력이 모두 통합되어 존재했을 것으로 추측된다. 인류가 언젠가 모든 것의 이론을 갖게 된다면, 아마도 이 시기에 대해 기술할 수 있을 것이다. 이때의 우주 크기는 10^{-33}cm 정도였다. 모든 것이 이 한 점에 뜨겁게 압축되어 있었다. 여기에 당신도, 나도, 이 책도, 의자도, 나무도, 그랜드캐니언도, 우주정거장도, 인간의 사유와 언어와 문화와 역사도 모두 함께 뭉쳐 있었다.

다음으로는 10^{-32}초까지의 시간이다. 이 기간을 급팽창 시대라고 한다. 네 가지 힘 중에서 중력은 플랑크 시대가 끝나갈 무렵에 분리되어 나왔고, 이후 우주는 급격한 팽창을 맞이했다. 어느 정도냐면 지름은 1,043배, 부피는 10,129배로 팽창했다. 팽창과 더불어 우주의 온도는 점차 낮아졌고, 강력이 분리되어 나왔다.

이제 1초까지의 시간이다. 이 기간은 쿼크 시대로 부른다. 마지막으로 통합되어 있던 전자기력과 약력이 분리되어 나왔다. 우주에는 지금처럼 네 가지 힘이 각각 존재하게 되었다. 이때 우주에 존재하는 모든 존재가 질량을 갖게 되었다. 모든 입자를 이루는 쿼크와 전자 등이 질량을 얻은 것이다. 이 신비한 과정을 '힉스 메커니즘'이라고 한다. 이어서 쿼크가 양성자와 중성자를 형성했다. 이 1초까지의 시간 동안 우주의 크기는 이미 수 광년에 이르렀다. 1초가 끝났다.

3분

이후 우주는 3분까지 대폭발 핵합성이 진행됐다. 시공간의 팽창이 계속되는 동안에 우주의 온도는 100억℃에서 1억℃ 수준으로 낮아졌다. 1억℃ 정도면 상대적으로 매우 낮은 온도인데, 지구에서 수소폭탄을 터뜨렸을 때의 중심 온도가 이 정도다. 바꿔 말하면 우주 전체가 수소폭탄이 터지고 있는 상태의 온도였다는 것이다. 따라서 여기서 양성자와 중성자에 의한 수소 핵융합이 일어났다. 결과적으로 수소와 헬륨이 우주 전체에서 대량으로 생산되었다. 우리 우주에서 가장 많은 물질이 수소와 헬륨인 이유가 여기에 있다. 하지만 아직은 모든 원자핵이 전자와 결합하지 못하고 이온화되어 있었다. 원자핵과 결합되지 않은 자유전자에 의한 산란 때문에 빛은 자유롭게 움직일 수 없었다.

38만 년

우주 탄생 이후 38만 년이 될 때까지 우주는 팽창을 계속했다. 온도는 지속적으로 낮아져 3,000℃까지 내려갔다. 이때 물질의 역사에서 매우 중요한 일이 일어났다. 분리되어 있던 원자핵과 전자가 안정적으로 결합하며 수소, 헬륨, 리튬 등의 중성 원소를 다량으로 만들어낸 것이다. 자유전자가 사라지자 드디어 광자가 우주 공간을 자유롭게 날아다닐 수 있게 되었다. 즉, 우주가 투명해지고 무엇인가를 볼 가능성이 생겼다. '빛이 있으라'에 가장 적합한 시기를 군이 찾아본다면 대략 이쯤으로 볼 수도 있겠다. 물론 무언가를 볼 가능성이 생겼다는 것이지, 아직 무언가를 볼 수 있는 존재는 없다. 이때 자유로워지며 마지막으로 방출된 빛에너지는 우주 전체에 광범위한 흔적을 남겼다. 그리고 이 흔적은 대략 138억 년이 지나 지구라는 먼지 같은 행성에서 안테나에 묻은 비둘기 똥을 닦아내고 있던 펜지어스와 윌슨에 의해 우주배경복사라는 이름으로 발견되어 이 시기가 존재했음을 인류가 되돌아보게 했다.

4억 년

4억 년까지는 암흑 시대가 이어졌다. 우주배경복사가 퍼져나간 후 아직 별, 즉 항성이 만들어지지 않았기 때문에 빛을 내는 천체는 없었고 우주는 매우 어두웠다. 이후 암흑물질의 밀도 요동으로 서서히 우주의 거대 구조가 나타났다. 암흑물질의 중력은 물질들을 모으고 뭉쳐서 초기 은하를 형성하게 했다. 이 과정에서 항성이 태어났다.

우리 태양보다 작은 것부터 수백 배 큰 것까지 다양한 항성은 빛을 내었고, 동시에 내부에서 핵융합을 일으켜 무거운 원소들을 생성해냈다. 탄소, 산소, 네온, 마그네슘, 규소, 철 등이 이때 만들어졌다. 태양보다 수백 배 거대한 항성들은 100만 년 정도의 짧은 수명을 다하고 마지막 순간에 초신성 폭발을 일으키며 우주 공간에 무거운 원소들을 흩뿌렸다.

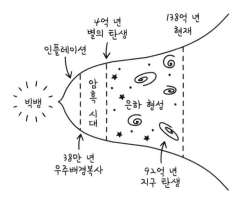

그 무거운 원소들은 오랜 시간 동안 우주를 돌아다니며 뭉치고 흩어지기를 반복했다. 그리고 지구라는 행성을 이루기도 하고 생명들과 인간의 몸을 이루기도 했다. 우리 몸을 이루는 무거운 원소들 대부분은 모두 거대한 별 안에서 생성된 것이다.

138억 년

4억 년부터는 우주에 극적인 변화가 나타나지 않았다. 천천히 오랜 시간 동안 우리에게 잘 알려진 천체들이 발달했다. 수많은 항성과 수많은 은하가 생성되고 소멸했다. 은하가 모여 은하단을 이루고 은하단이 모여 초은하단을 이루었다. 80억 년 무렵에 우리은하 안에 태양계가 형성되었다. 92억 년 무렵에는 태양계 안에서 원시 지구가 태어났다. 지구는 46억 년 동안 천천히 안정되며 생명을 잉태하고 이들을 길러냈다. 그리고 우주의 나이가 대략 138억 년 무렵이 된 어느 날, 당신이 태어났고 이 책을 읽으며 우주의 탄생과 성장을 되돌아보게 되었다.

우리 우주의
크기

너무도 큰 공간 속 너무도 작은 존재

우리 우주를 시간적 측면에서 알아보았으니, 이제 공간적 측면에서 살펴보자. 138억 년이라는 우주의 시간이 멀게만 느껴지는 것처럼, 우주의 공간도 그저 막연히 크다고만 알지, 가늠하기란 쉽지 않다. 그냥 무작정 수치를 말하는 것으로는 감을 잡기 어려우니, 현재 우주의 크기를 10^{10} 배만큼 줄인 모형으로 생각해보자. 그러면 태양은 귤 크기 정도가 된다. 이 귤을 광화문 광장 한가운데 내려놓자. 그리고 15m 정도를 걸어가자. 스무 걸음 정도가 된다. 거기에 모래알 한 톨을 내려놓으면, 그게 지구다. 거기서부터 다시 80m 정도를 더 걸어가서 체리 씨를 놓으면 그게 목성이다. 지금은 태양계에서 퇴출된 명왕성까지는 600m 떨어져 있다. 사실 이 정도 거리면 이미 귤은 보이지 않는다. 태양에서 가장 가까운 항성은 센타우루스 자리의 프록시마다. 여기까지는 4,000km 떨어져 있는 셈이다. 광화문에서 인도 동부 도시 콜카타까지 일직선으로 걸어가서 거기에 다른 귤을 내려놓자. 이게 프록시마다. 그렇다면 태양과 프록시마가 함께 속해 있는 우리은하의 중심까지는 얼마나 떨어져 있을까? 여기까지는 26,000,000km를 가야 한다. 더 이상은 생각하지 않는 것이 좋겠다. 10^{10}배만큼 줄여서 생각하나 원래의 거리로 생각하나, 무한한 우주의 크기를 가늠할 수 없다는 점에서 큰 차이가 없는 듯하다.

우리은하 이야기를 계속 해보자. 우리은하가 달걀 프라이처럼 생겼다는 것은 이미 잘 알려져 있다. 조금 더 자세하게 말하자면 소용돌이 모양의 얇고 평평한 나선형이다. 이미 책이나 미디어에서 심심치 않게 봐 왔을 것이다. 그런데 최근의 따끈따끈한 관측 자료에 의하면 우리 기대와는 조금 다른 모습인 것으로 보인다. 2019년에 호주 매쿼리대학과 중국과학원이 분석해보니, 우리은하는 옆에서 보았을 때 판판하지 않고 S 모양으로 휘어 있는 것으로 확인되었다.

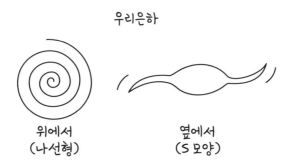

우리은하

위에서
(나선형)

옆에서
(S 모양)

이렇게 비틀린 우리은하의 크기는 대략 13만 광년으로 추정된다. 빛의 속도로 날아 13만 년을 가야 한다니 상상하기가 어렵다. 우리은하의 변두리에 위치한 태양계가 은하 중심을 기준으로 한 바퀴 도는 데 2억5천만 년 정도가 걸린다. 우리는 별로 관심 없겠지만, 태양은 자기가 2억 5천만 년마다 한 살씩 나이를 먹는다고 생각하고 있을지 모를 일이다. 일반적으로 하나의 은하 안에는 태양과 같은 항성이 1천만 개에서 100 조 개 정도 모여 있다.

우리은하의 크기만 해도 이렇게 어마어마한데, 우리은하는 수천 개의 은하들이 모인 은하단의 구성원이다. 그리고 은하단은 다시 100여 개가 모여 초은하단을 이룬다. 초은하단은 아직까지 인류가 찾아낸 우주의 가장 거대한 구조물이다. 초은하단은 빈대떡 모양으로, 지름이 약 1억5천만 광년이고 두께는 약 1천만 광년에 이른다. 이러한 초은하단은 우리 우주에 대략 1000만 개 정도가 있을 것이라고 추정된다.

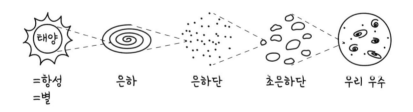

아직 선명히 밝혀지지 않았지만 초은하단 역시 거대한 구조 속의 작은 구성 요소에 지나지 않을 수도 있다. 미국의 천문학자 존 허크라에 따

르면, 우리가 말하는 우주의 가장 큰 구조라는 것은 단지 관측 규모에 제약을 받는 범위일 뿐이다. 지금까지 인류가 제대로 관측한 우주의 범위는 우리가 볼 수 있는 가시 우주의 10만분의 1에 불과하다. 우리는 우주를 쉽게 말하지만, 우주는 공포스러울 정도로 거대하고 텅 비어 있다. 문제는 이렇게 가늠할 수 없는 거대한 우주도 앞서 다루었던 것처럼 단 하나가 아니라는 것이다. 우주는 유일무이한 유니버스가 아니라 초월적 시공간에 무수히 존재하는 멀티버스의 일부분일 뿐이다.

우주의 크기를 들여다볼 때마다 우리는 인간이라는 존재의 지위를 생각하지 않을 수 없다. 초월적 거대함 앞에서 내 일상의 사소함은 너무도 하찮게 느껴진다. 현대에 이르러서도 인류가 '신'을 놓지 못하는 철학적인 이유는 무엇인가? 바로 인간의 가치 때문이다. 이 거대한 세계를 창조한 신이 인간의 기원일 것이라는 상상은 나의 존재론적 하찮음을 해소해 준다.

하지만 이러한 위안도 우주의 크기를 가늠할 때면 쉽게 무너지고 만다. 만약 모든 존재가 실제로 신의 창조로부터 비롯되었다면, 그가 초공간의 다중 우주를 창조했고 영원의 시간과 무한의 공간 속에서 수없이 점멸하는 미니 우주들의 탄생과 소멸을 지켜봤다면, 그리고 그중 하나의 미니 우주에서 수천억 개의 은하가 탄생하고 죽는 것을 지켜보고, 그중 하나의 작은 은하 변두리에 위치한 먼지보다 작은 태양계의 세 번째 행성에서 수많은 생명이 탄생하는 것을 본 이후에, 그 지구 위에 잠깐 존재하고 사라지는 인간의 삶에 그토록 개입해야 하는 이유는 무엇일까? 그래야 하는 이유가 있기나 한 것일까? 어떤 이들은 그럴 이유가 전혀 없다며 무신론을 말할 것이고, 어떤 이들은 그럼에도 불구하고 그가 개입하는 것이 진정한 신비라며 유신론을 말할 것이다. 당신은 어떻게 생각하는가?

확실한 것은 역사상의 모든 인간이 자기가 살고 있는 시간과 공간이 우주에서 가장 중요하다고 믿어왔다는 것이다. 고대의 그리스인도, 중세의 유럽인도, 근대의 동양인도, 21세기의 한국인도 당연히 그렇게 생각해왔다. 인간은 자신이 발 딛고 있는 세계가 곧 기준이라고 생각하는 경향이 있다. 우리는 우주에 대해서도 동일한 관점을 갖는다. 우주의 존재 목적이 우리에게 있고, 우주가 창조된 것이라면 그 창조자의 관심도 우리에게 있을 것이라고 생각한다.

나는 이러한 인간중심주의를 철 지난 사고라며 무작정 비판하고 싶지는 않다. 그것은 어떤 면에서 참일 수도 있는 생각이기 때문이다. 우주 창조의 목적이 인간에게, 특히 나에게 있다는 생각 말이다. 다만 이때의 창조자는 외부의 그 무엇일 수는 없다. 우주와 나에게 가치를 부여하는 존재가 빅뱅 뒤에 숨은 초월적 신일 수는 없다. 차라리 그것은 '나'라는 존재, 그 자신이어야 한다. 나의 세계와 나의 우주가 나의 의식에 의해 창조된 것이라면, 당신의 세계와 당신의 우주가 당신의 의식에 의해 발현된 것이라면, 우리는 세계 창조의 모든 이유와 목적이 자기 자신에게 있다고 합리적으로 선언할 수 있다. 이것은 강한 인간 원리나, 앞으로 살펴볼 동서양의 거대 사상을 차치하고도 모든 의식적 존재에게는 참일 수밖에 없는 결론이다. 정신의학 분야의 개척자 카를 구스타프 융은 이에 대해 정확히 이해하고 있었다. 그는 다음과 같이 말했다.

"어쩌면 우리 대부분은 세상을 자신의 마음이 창조했다고 보기가 결코 쉽지 않을 것이다. 그러기 위해서는 무엇보다도 관점의 대전환이 필요하며, 여기에는 많은 희생이 뒤따르기 때문이다. (…) 인간이 가진 동물적 본능은 환경의 창조자로서 자신을 보기를 거부하게 만든다."

우리가 만약 너무나도 거대한 우주 속에서 너무나도 작은 인간의 진정한 가치를 발견하고자 한다면, 그것은 오직 우리 안에 거대한 우주가 담겨 있고 그것을 담아낸 자가 바로 우리였음을 정확히 이해하는 것에서 출발할 수 있다.

그런 면에서 인류의 존재는 생각보다 하찮지 않다. 인류의 탄생은 존재론적 지위를 갖는다. 특히 일반적으로 받아들여지는 것처럼 우리가 우주에서 유일한 의식적 존재라면 더욱 그러하다. 그것은 인류가 자신의 머릿속에서 우주의 역사를 상상함으로써 우주는 138억 년이라는 침묵의 시간을 보내고 비로소 자기 자신을 돌아보게 된 것이기 때문이다. 우주가 처음으로 스스로의 존재를 인지하게 된 것은 오직 인간의 의식과 사유 때문이었다. 기억해야 한다. 텅 빈 우주를 지켜보고 가치를 부여하는 존재는 외부의 무엇이 아니라, 바로 당신이다.

그렇게 우주에 가치를 부여하는 인간이라는 종이 특별할 것 하나 없는 먼지 같은 지구 위에서 탄생하게 되었다. 지금부터 이 이야기를 해볼까 한다. 우리는 세 가지를 추적한다. 지구의 탄생, 생명의 발생, 그리고 인류의 등장이다.

지구의 탄생

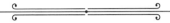

충돌과 동반자 그리고 지질 시대

우주가 탄생하고 90억 년이 흐른 어느 날 태양계가 탄생했다. 태양계는 먼지와 기체가 모여 회전하는 거대한 구름 안에서 생겨났다. 이 거대한 구름은 중력 때문에 중심으로 수축하며 빠르게 회전했다. 회전축을 기준으로 납작해지며 원시 태양계 원반을 형성했다. 중력은 물질을 끌어당겼고, 끌어당겨진 물질들로 중력은 더 커져갔다. 중심부의 물질들이 압축되며 온도가 올라갔다. 결국 수소가 헬륨으로 핵융합을 할 수 있는 온도에 도달했다. 끝없이 타오르는 태양이 탄생한 것이다.

적절한 거리를 유지하고 있었던 까닭에 중심부로 끌어당겨지지 않은 주변부의 성운에서는 상대적으로 커다란 물질을 중심으로 물질들이 뭉쳐지면서 행성이 탄생했다. 그중 태양으로부터 세 번째 행성이 지구가 되었다. 이때가 우주가 탄생한 지 92억 년이 지난 후였고, 지금으로부터 46억 년 전이었다. 그러니까 오늘날까지의 우주 역사 전체 중 3분의

2 지점에서 지구가 탄생한 것이다. 지구의 나이를 기준으로 생각해보면 어떤 면에서는 우주의 역사가 그리 길어 보이지 않기도 하다.

초기의 원시 지구는 매우 뜨거웠고, 물질이 끓고 있었으며, 대류가 활발하게 일어났다. 규산염 광물보다 무거운 금속 등의 물질은 지구의 중심부로 가라앉았고, 규산염 광물은 지각의 95%를 이루며 토양이 되었다. 이 과정은 1천만 년 동안 이어지며 맨틀과 내핵을 형성했다.

현재 지구 내부 구조

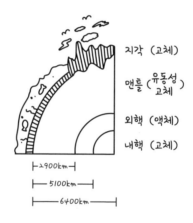

지구가 탄생한 지 1억 년이 흘렀을 무렵, 거대한 미행성이 빠르게 날아와 원시 지구와 충돌했다. 지름이 지구 지름의 절반에 이르렀을 것으로 추정되는 이 거대한 미행성을 과학자들은 테이아라고 명명했다. 충돌 직전 테이아의 속력은 초속 4km였고, 각도는 대략 45도였다. 이 충돌로 지구의 자전축이 기울어졌고, 지구 물질의 일부는 뜯겨 나갔으며,

테이아는 산산이 부서졌다. 주변으로 흩어지며 회전하던 지구와 테이아의 잔해가 혼합되어 철과 같은 무거운 물질들은 지구 안으로 빨려 들어갔고, 상대적으로 가벼운 규산염 광물들은 일정한 거리에서 뭉쳐져 달이 되었다. 달 탄생에 대한 이러한 설명을 거대 충돌설이라고 한다. 이 충돌로 지구는 동반자를 갖게 되었다. 이후 지구와 달은 식어가며 점차 안정되어갔다.

지질 시대

지구가 안정된 이후의 역사를 지질 시대라고 한다. 지구 탄생 8억 년 후부터 인류가 등장하기 전까지의 38억 년에 해당하는 기간이다. 이 기나긴 시대를 이해하려면 '누대'라는 용어를 알아둘 필요가 있다. 누대는 지질 시대를 구분하는 단위 중에서 가장 큰 단위인데, 보통 은생누대와 현생누대로 나눈다. 이름이 복잡해 보이지만 두 시대를 구분하는 기준은 단순하다. 화석이 발견되느냐의 여부다.

　은생누대는 38억 년 전부터 5억7천만 년 전까지 지구 역사의 대부분에 해당하는 기나긴 시기다. 이 기간에는 생물 자체가 매우 적었고 뼈나 단단한 조직을 가진 개체도 드물어 화석이 거의 발견되지 않는다. 지질학자나 고생물학자가 이 지층을 조사하면서 '생물들은 다 어디에 숨은 거야?'라고 생각했나 보다. 이 아무것도 없는 시대는 '숨을 은(隱)' 자를 사용해 은생누대라고 명명되었다. 반면 현생누대 지층에서는 화석들이 대량으로 발견되었다. 이 시기에 생물의 양이 폭발적으로 증가한 것이다. 그래서 이 시대는 '나타날 현(顯)' 자를 사용해 현생누대라고 명명되었다. 은생누대와 현생누대는 발견되는 화석의 양에서 급격한 차이를 보이므로, 두 시기를 구분하는 데는 별다른 어려움이 없다.

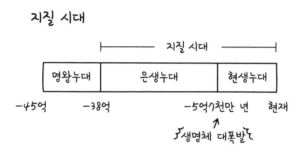

은생누대와 현생누대로 지질 시대를 구분하는 것이 일반적이지만 여기에 명왕누대를 포함하기도 한다. 명왕누대는 가장 앞서 있는 시기로, 지구 탄생 직후부터 은생누대 이전의 시기를 말한다. 여기서의 명왕은 '어두울 명(冥)'에 '임금 왕(王)'을 사용해 '어둠의 왕'이라는 뜻이다. 어둠의 왕? 이 이름이 즉각적으로 이해되지 않는 건 이 시대의 영문 명칭인 'Hadean Eon'을 직역했기 때문이다. 'Hadean'은 그리스 신화에 등장하는 지하 세계의 신 하데스를 말한다. 이름에서 추측할 수 있듯 생명체는 고사하고 돌과 화석 등 어떠한 지질학적 증거도 발견되지 않는, 이론상으로만 존재하는 시대다. 그런 면에서 적절한 이름이라는 생각이 든다.

이 세 시대를 순서대로 더 자세히 살펴보자.

우선 명왕누대는 지구 탄생 직후인 45억 년 전부터 38억 년 전까지의 시대다. 원시 지구와 미지의 행성 테이아의 충돌 이후를 상상하면 되겠다. 만약 이 초기 지구에 여행을 온 외계인이 있었다면 이곳이 지옥이라고 생각했을 것이다. 불타는 것들 외에 아무것도 없었다. 여기에 더해 대략 38억 년 전 무렵에 수많은 운석이 지구로 쏟아졌다. 이 시기를 후기 융단폭격이라 한다. 지구는 뜨거웠고 화산 활동이 활발했다. 시간이 흘러 안정되자 맨틀과 지각이 형성되었다. 하지만 맨틀은 1600℃에 달했고 빠르게 대류했기에 지각은 불안정했다. 물은 대부분 기체로 존재했지만, 지형에 따라 지대가 낮고 온도가 낮은 지역에서는 액체 상태로 고이는 곳도 있었다. 이 뜨거운 행성에 점차 강과 바다가 형성되고 있었던 것이다.

은생누대는 38억 년 전부터 5억7천만 년 전까지의 시대다. 오늘날 이 시대의 암석은 발견되지만, 그 안에서 생물의 흔적은 거의 찾아볼 수 없다. 지구 역사의 70%에 해당하는 이 기나긴 시대는 거의 텅 비어 있는 시간이었다. 초기의 대기는 수소와 헬륨 등 가벼운 기체로 채워져 있었지만, 태양풍과 지구의 열로 대부분 날아가 버렸다. 이후 지구 내부에서 새어 나온 무거운 휘발성 기체가 대기를 채워갔다. 그리고 이 가스가 지구에 온실 효과를 일으켰다. 아직 산소와 오존층은 없었고 생명체도 존재하기 어려웠다.

하지만 생명체가 아예 없었던 것은 아니다. 원시적인 형태의 생명체는 은생누대 거의 초기부터 발생했던 것으로 보인다. 28억 년 전에는 원시 박테리아가 번성하며 산소를 생산했고 점차 지구의 대기를 산소로 채웠다. 지구의 열기는 차츰 식어갔고 대기에는 구름이 형성되었다. 비가 내리고 거대한 바다가 만들어졌다. 이 바닷속에서 생명체는 원핵생물에서 진핵생물로, 다시 다세포 생물로 점차 진화했다. 몇 차례의 빙하기가 지나갔다. 생명체에게는 혹독한 시간이었다. 지금으로부터 6억 년 전, 은생누대의 마지막 빙하기가 끝나고 안정적으로 온화한 기후가 이어졌다. 이러한 환경에서 생명체의 진화는 가속되었다. 명왕누대와 은생누대가 끝나고 이제 생명들이 번성하는 현생누대가 찾아온 것이다.

생명의
탄생

생명은 어떻게 시작되었나

잠깐, 현생누대로 넘어가기 전에 짚어볼 것이 있다. 바로 은생누대의 초기 어딘가에서 시작된 생명의 탄생이다. 대략 지금으로부터 38억 년 전, 우주가 탄생하고 100억 년 정도가 지난 어느 날의 일이다. 당시 지구는 너무나 뜨겁고 독성 기체로 가득 찬 상태였다. 하지만 이 척박한 환경을 기반으로 최초의 생명이 탄생했다.

우리는 이 신비한 존재에 대해 아는 것이 전혀 없다. 다만 생명이 다른 생명으로부터 온다는 경험적 사실에 근거해서 시간을 역추적할 때, 그저 최초의 생명이 있을 수밖에 없다고 추측하는 것뿐이다. 아마도 원시의 바닷속에서, 혹은 파도와 바위가 만들어내는 거품 속에서, 아니면 점토 광물 속에서 세포의 원시적이고 불완전한 형태가 만들어졌다가 사라지기를 반복했을 것이다. 그러던 어느 날, 어제와 다를 것 없는 평범한 어느 날에, 단 한 번의 거대한 도약이 있었다. 자신의 정보를 다음 세대에게 전달하는 최초의 생명이 나타난 것이다. 이 최초의 생명은 '자신의 정보를 다음 세대에게 전달한다'라는 정보까지도 다음 세대에 전달하는 놀라운 존재였다. 그렇게 이 최초의 정보 전달자는 모든 생물의 공통 조상이 되었다. 우리는 이 논리적 필연으로 그 존재를 인정할 수밖에 없는 최초의 공통 조상을 루아(LUA, Last Universal Ancestor) 또는 루카(LUCA, Last Universal Common Ancestor)라고 부른다.

원시 지구에서 어떻게 생명이 탄생했는가에 대해서는 수많은 가설이 있지만 아직까지 확실한 것은 없다. 그것은 생명의 시작에 대한 논의가 단순히 '근거'의 문제를 넘어서, 무엇이 생명인가라는 '철학'의 문제까지 내포하기 때문이다. 생명의 시작. 이에 대해 말하는 것은 너무나 복잡한 일이다. 실제로 우리는 최초의 생명에 대한 문제는 고사하고, 지금 눈앞에서 태어나는 새로운 생명이 어떻게 생명을 얻게 되었는지에 대해서도 말하기 곤란하다. 우리는 생명과 생물에 대해 너무 많은 질문을 갖고 있는 것이다. 어디까지를 생물이라 말하고 어디까지를 무생물이라고 말해야 하는지, 생명은 자연 발생적으로 생겨날 수 있는지 아니면 반드시 부모를 가져야만 하는지, 부모를 가져야 한다면 생명의 시작은 수정 전부터인지 아니면 수정 후의 사건인지, 생명이란 도대체 무엇인지, 우리가 말할 수 있는 것은 턱없이 부족하다.

물론 이 어려운 문제에 답하려는 노력이 없었던 것은 아니다. 많은 과학자가 관심을 가져왔고, 특히 유기물로부터 생명의 실마리를 찾으려는 견해가 널리 받아들여져왔다. 이를 화학적 진화론이라고 한다. 이것은 모든 생명체가 단백질, 핵산과 같은 유기물을 필요로 하고, 동시에 생명 활동의 과정에서 유기물을 만들어낸다는 점에 근거했다. 많은 생물학자는 최초의 유기물이 어떻게 발생하는지를 밝혀내는 일이 최초의 생명에 대한 비밀을 밝혀줄 열쇠라고 믿었다.

화학적 진화론

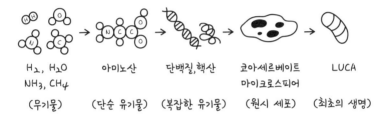

H_2, H_2O NH_3, CH_4	아미노산	단백질, 핵산	코아세르베이트 마이크로스피어	LUCA
(무기물)	(단순 유기물)	(복잡한 유기물)	(원시 세포)	(최초의 생명)

소련의 생화학자 알렉산드로 오파린은 화학적 진화론의 선구자였다. 그는 1936년에《생명의 기원》에서 화학적 진화의 메커니즘을 설명했다. 이에 따르면 생명은 단순한 분자로부터 시작한다. 단순한 분자들이 화학적 단계를 거쳐 복잡한 화합물을 만들어내고, 이 화합물들이 유기물로 변화되며, 결국 이러한 유기물이 단순한 물질대사를 수행하는 원시 세포로 조립되었다는 것이다.

이 가설은 1953년에 이르러 미국의 생화학자 스탠리 밀러에 의해 실제로 재현되었다. 그는 유리-밀러 실험이라고 알려진 재현 실험을 통해 원시 지구에서 어떻게 유기물이 탄생할 수 있는지를 밝혀냈다. 그는 플라스크 안에 끓고 있는 원시 바다를 재현했다. 그리고 원시 지구의 대기를 재현하기 위해 산소 대신 수소, 메탄, 암모니아로 기체를 채웠다. 마지막으로 그는 플라스크 안에 6만 볼트의 전기 스파크를 일으켰다. 그것은 번개가 화학적 합성에 필요한 에너지 공급원이라고 판단했기 때문이다. 결과는 성공이었다. 플라스크 안에는 단백질의 주요 구성 요소인 아미노산이 생성되었다.

이 실험으로 많은 이가 안도했다. 신비의 베일 뒤에 숨겨져 마치 종교만이 답해줄 수 있을 것 같았던 생명의 비밀을 영혼, 마음, 의식 등의 형이상학적인 설명에 기대지 않고 화학적 과정만으로도 설명할 수 있게 된 것이다. 이제 생명은 물질과 다른 그 무엇이 아니다. 그것은 단지 단순한 분자들로부터 탄생하는 복잡한 구조물일 뿐이다.

당신은 이 설명이 어떻게 느껴지는가? 합리적인 설명이라고 생각하는가, 아니면 문제가 있다고 생각하는가? 매우 상식적인 설명으로 보이기는 하지만, 이러한 설명 방식에는 치명적인 문제점이 있다. 그것은 두 가지 측면에서 살펴볼 수 있는데, 첫째는 과도한 논리적 도약을 내포해야 한다는 점이고, 둘째는 생명을 물질에 종속된 무엇으로 전제하고 있다는 점이다. 하나씩 살펴보자.

화학적 진화론의 첫 번째 문제는 과도한 논리적 도약에 대한 것이다.

화학적 진화론은 물질부터 생명까지의 진화 단계가 자연스러운 것처럼 설명하지만, 실제로는 중간 어딘가에서 질적인 도약을 해야만 한다. 우선 유기물이 무엇인지부터 알아보자. 오늘날 유기물의 정의는 '탄소(C)를 포함하고 있는 물질'이다. 여기서 유기(organic)라는 단어는 18세기 무렵에 만들어진 단어다. 당시의 화학자들은 세상에 존재하는 물질들을 분류하고 있었고, 그 기준으로 '생명'을 사용했다. 즉, 모든 물질을 '생명과 관계없는 물질'과 '생명에 의해 만들어지는 물질'로 구분한 것이다. 스웨덴의 화학자 베르셀리우스는 후자에 이름을 붙였다. 이 물질은 생명체의 기관(organ)에서 나왔으니 'Organic'이라 명명했다.

베르셀리우스를 비롯한 당시의 화학자들은 이렇게 생명이 깃들어 있는 유기물은 생명 작용에 의해서만 생산될 뿐, 결코 인공적으로 만들 수는 없다고 믿었다. 하지만 이러한 믿음은 곧 깨어졌다. 베르셀리우스의 제자였던 뷜러가 무기물로부터 유기물을 만들어낸 것이다. 뷜러는 무기 화합물인 시안산암모늄(NH_4OCN)을 가열하여 포유류의 소변 속에 들어있는 유기화합물인 요소(CH_4N_2O)를 인공적으로 합성했다. 이로 인해 오랜 시간 동안 당시의 화학자들을 사로잡고 있었던 유기물을 생명의 힘과 연결하는 세계관은 무너졌다. 이후 1860년 무렵, 독일의 화학자 케쿨레가 유기물을 새롭게 정의했다. 유기물은 단지 탄소를 포함하고 있는 물질이다. 정의는 달라졌지만 'Organic'이라는 이름은 계속 사용되었다. 이 때문에 유기물이라는 단어가 어쩐지 생명과 관련이 있을 것만 같은 느낌을 준다. 그렇게 믿었던 18세기 화학자들에 의해 붙여진 이름이니까. 하지만 실제 유기물은 일반적인 합성물과 질적으로 다르지 않고, 무기물로부터 쉽게 합성된다.

원시 지구를 재현한 플라스크에서 전기 스파크로 유기물을 얻는 유리–밀러 실험이 최초의 생명을 설명하는 실험이라고 할 수 없는 이유가 여기에 있다. 이 실험은 말 그대로 원시 지구의 무기물들 속에서 유기물을 만들어낸 실험일 뿐이다. 우리가 궁금한 것은 복잡한 무기물에서 복잡한 유기물이 합성될 수 있는가가 아니라, 어떻게 복잡한 유기물에서 질적으로 너무나 다른 생명으로의 커다란 도약이 발생할 수 있는가다. 화학적 진화론은 아쉽게도 우리의 본질적인 질문인 '어떻게 생명이 발생했는가?'에 대해서 어떠한 대답도 내놓지 못한다.

화학적 진화론의 두 번째 문제는 생명을 물질에 종속된 무엇으로 전제한다는 것이다. 사실 이러한 물질 중심 사고방식은 화학적 진화론을 주장하는 사람들뿐만 아니라 대중적으로도 널리 퍼져 있다. 많은 사람이 생명을 유기물이나 단백질 혹은 세포 같은 물질적인 대상과 동일한 것으로 다룬다. 하지만 이러한 생각은 최근의 정보통신 기술을 경험한 현대인에게는 만족스러운 답변이 되지 못한다.

예쁜꼬마선충에 대한 연구가 적절한 예가 될 것이다. 지렁이처럼 단순한 구조에 몸길이가 1mm밖에 되지 않는 이 작은 생물은 현재까지 인류가 가장 완벽하게 파악하고 있는 동물이다. 세포는 정확히 959개이고, 신경세포인 뉴런은 302개, 감각기관과 근육의 연결 상태까지 모두 알려져 있다.

흥미로운 것은 이렇게 잘 알려진 뉴런 정보를 바탕으로 최근에 이 작은 생물을 프로그램화했다는 것이다. 물리엔진 소프트웨어를 이용해 선충의 신경과 근육을 재현했고, 얕은 물속에 담가둔 상태를 묘사했다. 그러자 특별한 알고리즘을 입력하지 않았는데도 이 프로그램 선충은 실제의 예쁜꼬마선충처럼 움직이고 이동했으며 막힌 곳에서는 스스로 방향을 바꿨다. 이것이 무엇을 의미하는지 이해하기 위해서 인류는 앞으로 철학적 논쟁을 이어가야 하겠지만, 어떤 면에서 이 프로그램 선충은 인간이 창조한 최초의 생명체인지도 모른다. 유기물이나 단백질 혹은 세포 같은 물질적 기반 없이 창조한 다른 차원의 첫 번째 생명 말이다.

예쁜꼬마선충

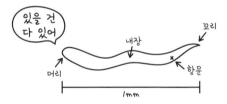

예쁜꼬마선충의 프로그램화는 인간의 프로그램화에 대한 생각으로 쉽게 확장된다. 물론 인간의 뉴런은 대략 100억 개로, 302개뿐인 예쁜꼬마선충과는 비교할 수 없을 만큼 많고 복잡하다. 하지만 이것은 질적인 차이가 아니라 양적인 차이다. 만약 가까운 시일에 인간의 뉴런 정보가 선명히 밝혀지고 이에 대한 정보를 프로그램화한다면, 우리는 프로그램 안에서 인간처럼 반응하고 말하는 그 무엇인가를 대면하게 될 것이다. 그리고 마찬가지로 이 프로그램 인간이 무엇을 의미하는지 이해하기 위해서 우리는 철학적 논쟁을 진행해야 할 것이다. 만약 우리가 준비되어 있지 않다면 프로그램 인간이 질문을 던지는 날에 우리는 혼란에 빠질 것이다. 그는 우리에게 이렇게 물을지 모른다. "생명이란 무엇인가?"

프로그램화된 예쁜꼬마선충의 사례는 생명을 물질에 종속된 무엇으로 전제하는 화학적 진화론과 환원론적 유물론의 한계를 보여주는 동시에, 생명에 대해 우리가 가지고 있던 상상력의 한계를 반성하게 한다.

이쯤에서 생명에 대한 논의를 마무리하고 우리의 본래 이야기로 돌아오자. 우리는 지구의 역사를 따라가며 명왕누대와 은생누대에 대해 알아보았다. 그리고 생물의 화석이 대규모로 발견되는 현생누대를 알아보기에 앞서 생명의 탄생과 그 의미에 대해 이야기했다.

생명 기원의 메커니즘이 선명히 밝혀지지 않은 것은 사실이다. 하지만 확실한 것은 그와는 무관하게 38억 년 전의 어느 날, 모든 생명의 공통 조상이 지구에 등장했다는 것이다. 물론 이 최초의 조상은 매우 보잘것없고 단순한 원시 세포의 모습이었을 것이다. 하지만 생명의 탄생은 지구뿐 아니라 이 우주에서도 매우 중요한 이벤트였다. 비로소 우주는 거대한 전환기를 맞이한 것이다. 물질뿐이던 우주의 한 지점에서 처음으로 물질로 완벽히 환원할 수 없는 매우 특이한 무언가가 탄생했다. 그리고 이 특이한 무언가가 진화해가며, 우주의 역사는 우주를 인식하는 생명의 관점으로 다시 쓰이게 되었다.

이제 이러한 생명들이 폭발적으로 증가했던 현생누대에 대해 알아볼 차례다.

현생누대

현생누대는 5억7천만 년 전부터 현재까지의 시대다. 세부적으로는 고생대, 중생대, 신생대로 구분한다. 이 중 고생대의 초기 시대를 캄브리아기라고 부르는데, 이 단어 정도는 익숙해질 필요가 있다. 왜냐하면 '캄브리아기 대폭발'이라 불리는, 지구 역사에서 매우 중요한 사건이 이때 발생하기 때문이다. 이것은 다양한 종류의 동물 화석이 대량으로 출현한 지질학적 사건이다.

이 사건이 도대체 왜 중요한가? 앞서 말했듯 명왕누대와 은생누대에서는 특별한 화석이 발견되지 않았기 때문이다. 즉, 캄브리아기 생물들의 선조가 되는 생물을 찾을 수가 없다. 도대체 이 많은 개체는 어디서 갑자기 나타난 것일까? 하늘에서 우수수 떨어진 것인가? 찰스 다윈도 이 문제를 잘 알고 있었다. 그는 캄브리아기 대폭발이 진화론의 반대 근거가 될 수 있겠다고 생각할 정도였다. 그것은 생물이 갑작스럽게 폭발적으로 등장한 것이 점진적인 진화를 말하는 진화론보다 신의 개입으로 하루아침에 만들어지는 창조론의 설명에 더 들어맞기 때문이었다. 이에 맞서 과학적 설명을 위한 여러 가설들이 나오고는 있지만, 아직까지는 확실하게 말할 수 있는 것은 없다.

이처럼 캄브리아기가 지질학적으로 선명한 기준점이 되는 까닭에, 지질 시대의 명칭을 캄브리아기를 중심으로 구분하기도 한다. 명왕누대와 은생누대를 합해 선캄브리아기라고 부르는 것이다. 여기서의 '선(先)'은 '앞, 전'의 뜻으로 캄브리아기에 앞서 있다는 뜻이다. 쉽게 말해서 지질학자들이 캄브리아기 이후는 알겠는데, 그 이전에는 별다른 화석이 없으니 그저 '시대 이전의 시대'의 느낌으로 이름을 붙인 것이다. 하지만 특별한 자료가 없는 이 시대 이전의 시대는 지구 역사의 88%를 차지한다. 생물들에 의해 점령된 캄브리아기 이후의 시대는 지구 역사에서 겨우 12%밖에 되지 않는다. 이 12%의 현생누대에 대해 조금 더 자세히 알아보자.

현생누대

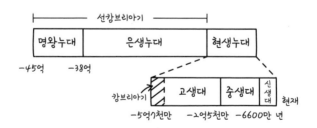

고생대는 현생누대의 첫 번째이자 가장 긴 시대로, 5억7천만 년 전부터 2억5천만 년 전까지에 이르는 3억 년 정도의 기간이다. 거대한 바다는 뜨거운 햇볕과 자외선을 막아주었고, 이 안전한 바다 속에서 캄브리아기 대폭발이 가능할 수 있었다. 껍데기와 골격 등 단단한 부위를 가진 동물들이 무수히 등장했다. 이 초기 시대를 대표하는 생물은 우리에게 잘 알려진 삼엽충이다. 이어서 척추동물이 출현했고, 어류가 나타났다. 이들은 점차 바다를 가득 채워갔다.

판게아

유라시아

북아메리카

아프리카

남아메리카

인도

남극 대륙

호주

바다 위로 모습을 드러낸 대륙은 오랜 시간에 걸쳐 뭉치고 나뉘기를 반복했다. 고생대 말기에 이르러 거대한 초대륙을 형성했다. 판게아라 불리는 이 초대륙 위로 바다의 생명체들이 올라왔다. 육지 동물과 식물이 영토를 넓히며 땅 위에 번성했다. 판게아 위로 생물이 번성할 수 있었던 건 오존층 때문이었다. 대기권에 오존층이 만들어지며 태양으로부터 오는 자외선을 흡수하여 생물을 보호한 것이다. 가장 오래된 식물과 동물의 화석은 이 시기에 발견되었다. 식물의 화석은 4억8천만 년 전, 동물의 화석은 4억5천만 년 전 지층에서 확인되었다. 하지만 폭발적으로 번성하던 생물들은 고생대 말기인 페름기에 이르러 급격히 멸종되었다. 이 대멸종의 사건을 '페름기-트라이아스기 대멸종'이라 부른다.

대멸종

고생대	캄브리아기 오르도비스기 실루리아기 데본기 석탄기 페름기	← 1차 (4억3000만 년 전) ← 2차 (3억7000만 년 전) ← **3차 (2억4500만 년 전)**
중생대	트라이아스기 쥐라기 백악기	← 4차 (2억1500만 년 전) ← **5차 (6600만 년 전)**
신생대	고제3기 신제3기 제4기	

 지구에 대멸종 사건은 다섯 차례가 있었는데 3번째에 속하는 이 사건이 가장 큰 규모였다. 2억4천5백만 년 전에 발생한 이 사건으로 전체 생명체의 96%가 멸종되었다. 그 원인에 대해 명확히 밝혀진 것은 없으나, 화산 활동, 수산화메탄의 기화, 해수면 상승 등 여러 요인이 복합적으로 작용했을 것으로 추측된다.

중생대는 페름기-트라이아스기 대멸종 이후의 시대를 말한다. 2억 4천5백만 년 전부터 6천6백만 년 전까지의 시기다. 트라이아스기, 쥐라기, 백악기로 구분한다. 이름에서 눈치챘을 것이다. 이 시기는 공룡의 시대다. 공룡은 대멸종 이후 살아남은 소수의 파충류로부터 진화했다. 이때도 포유류는 있었으나, 현재의 쥐 모습과 유사했고 별다른 존재감은 없었다. 식물과 곤충도 다양하게 번성했다. 1억8천만 년 전 무렵에는 판게아가 나누어졌다. 북반구에는 현재의 유럽과 러시아, 아시아 대륙에 해당하는 로라시아 대륙이, 남반구에는 현재의 아프리카, 남아메리카, 인도반도, 호주, 남극에 해당하는 곤드와나 대륙이 자리 잡았다.

6천6백만 년 전, 중생대의 마지막 시기에는 지구에 커다란 사건이 발생했다. 현재의 멕시코 유카탄 부근에 거대한 운석이 떨어진 것이다. 이 충돌의 흔적은 지금까지 남아 있는데, 이를 '칙술루브 크레이터'라고 한다. 이 크레이터의 직경은 180km로, 이를 토대로 했을 때 운석의 크기는 지름이 10~15km에 달했을 것으로 보인다. 충돌 직후에 대량의 입자와 수증기가 부유하며 태양을 가렸다. 지구는 급격히 어두워졌다. 광합성을 해야 하는 식물과 미생물부터 죽어갔다. 이들로부터 영양분을 획득했던 초식 공룡이, 다음으로 육식 공룡이 차례로 죽음에 이르렀다. 이 충돌의 영향으로 지구 전체 생물의 75%가 멸종되었다. 이것은 다섯 번째이자 마지막 대멸종 사건으로, '백악기-팔레오기 대멸종'이라 부른다.

운석 충돌의 영향에서 조금씩 벗어나며 지구는 새로운 시대로 들어섰다. 신생대가 시작된 것이다. 6천6백만 년 전부터 현재에 이르는 이 시기는 대멸종에서 살아남은 포유류와 조류의 시대였다. 중생대의 존재감 없던 포유류가 공룡이 사라진 지구 위로 빠르게 퍼져나갔다. 기후는 건조했고 초목 지대가 발달했다. 소, 말, 코끼리, 코뿔소 등의 동물이 등장했고, 포유류 중 일부는 바다로 돌아가 고래가 되었다. 그리고 포유류의 또 다른 일부가 유인원으로 진화하며 인류의 조상이 되었다. 지구는 유래 없이 독특하고 급진적인 생명체의 탄생을 눈앞에 두고 있었다.

중간 정리

우리는 방금 138억 년의 시간을 빠르게 여행했다. 큰 사건을 기준으로 하면 우리 우주의 탄생, 지구의 탄생, 생명의 탄생을 살펴보았다.

우리 우주의 탄생은 138억 년 전의 대폭발과 함께 시작됐다. 빅뱅 이론은 20세기 초 허블이 천체들의 적색편이 현상을 관측함으로써 예측되었고, 펜지어스와 윌슨이 빅뱅의 흔적인 우주배경복사를 발견함으로써 오늘날의 정상과학으로 자리 잡게 되었다. 이어서 우리는 우주를 시간적 측면과 공간적 측면으로 살펴보았다. 시간적 측면에서는 모든 물질과 에너지가 통합되어 있던 탄생의 순간부터 시작해, 우주가 팽창함에 따라 물질과 천체가 형성되는 과정을 알아보았다. 공간적 측면에서는 우주의 기본 천체인 은하를 중심으로 은하단과 초은하단의 규모를 확인함으로써 압도적인 우주의 크기를 상상해보았다.

다음으로 지구의 탄생과 역사를 살펴보았다. 빅뱅 이후 92억 년이 지났을 무렵, 우리은하의 변두리에 위치한 태양계의 세 번째 행성으로 지구가 탄생했다. 지구는 46억 년의 역사를 가지며, 명왕누대, 은생누대, 현생누대의 세 가지 지질 시대로 구분할 수 있었다. 명왕누대는 암석이나 화석이 발견되지는 않지만 지구 탄생 직후에 존재했을 것으로 추정되는 이론상의 시대다. 은생누대는 33억 년에 이르는 가장 긴 시대로, 암석은 발견되었지만 생물의 흔적은 거의 찾을 수 없었다. 현생누대는 5억7천만 년 전부터 지금까지의 시대로, 바다와 육지 위로 생명체가 번성했다. 현생누대는 고생대, 중생대, 신생대로 구분하고 각 시대로의 전환기마다 몇 번의 대멸종이 있었다. 대멸종은 급진적인 환경의 변화를 가져왔고, 이에 따라 생물 종의 변화를 동반했다.

지질 시대를 살펴보는 중에 우리는 최초의 생명 탄생을 지켜보았다. 지금으로부터 38억 년 전, 모든 생물의 공통 조상이 등장한 것이다. 자신의 정보를 다음 세대에게 전달하는 이 기이한 존재의 발생 기원을 설명하기 위해 화학적 진화론이 제시되었다. 이에 따르면 원시 지구의 환경에서 무기물이 유기물로 합성되었고, 이 유기물로부터 원시 세포가 단계적으로 발생하며 생명이 탄생했다. 이러한 설명 방식은 매우 상식적이고 탈신비적이라는 장점을 가졌으나, 엄밀한 의미에서는 한계가 있었다. 그것은 화학적 진화론이 무기물에서 복잡한 유기물이 합성될 수 있음만을 보여줄 뿐, 유기물에서 어떻게 생명으로의 도약이 가능한지를 설명하지는 못한다는 점, 그리고 생명을 물질적 현상으로 환원함으로써 생명에 대한 논의를 너무도 단순화했다는 점에 있었다.

생명 발생의 메커니즘에 대한 탐구와 생명의 의미에 대한 철학적 논의는 계속될 것이다. 하지만 우리가 이것을 밝혀낼 수 있는지의 여부와는 무관하게 원시 지구의 어딘가에서 최초의 생명이 탄생한 것만은 확실하다. 이 신비한 존재는 38억 년의 시간 동안 점진적인 진화 과정을 밟은 끝에 지금으로부터 600만 년 전, 인류의 조상을 탄생시켰다. 인류의 공통 조상은 그 당시의 다른 유인원과 별다른 차이가 없어 보였다. 하지만 많은 시간이 흐른 뒤 그에게서 분리된 진화의 가지는 수많은 개체를 탄생시키며 결국 매우 독특하고 문제적인 후손을 등장하게 했다. 그의 후손들은 조상으로부터 물려받은 불완전하고 나약한 신체를 가지고 있었지만, 자신들의 최초 조상을 상상할 수 있었고, 생명의 기원을 상상할 수 있었으며, 더 나아가 지구의 탄생과 우주의 시작 너머를 상상할 수 있는 존재였다.

이제 이 독특한 존재인 인류를 만나볼 차례다.

진화에
대하여

진화론에 대한 오해와 진실

인류의 탄생을 알아보기 전에 우선 진화에 대해 살펴보는 것이 좋을 듯하다. 진화론은 오늘날 대중적으로 친숙한 개념이다. 과학에 익숙한 사람이든 과학에 익숙하지 않은 사람이든, 진화론이 창조론에 비해 더 합리적이고 사실에 가깝다고 생각한다. 신앙이 두터운 사람도 마찬가지다. 오늘날 진화론에 반대하기란 쉽지 않다. 다양한 생물들이 환경에 적응하고 변화함으로써 지금의 다양한 모습이 되었다는 진화론의 세계관은 지역, 문화, 종교를 넘어 널리 받아들여지고 있다. 하지만 막상 사람들에게 물어보면 대다수가 진화론에 대해 오해하고 있음을 알게 된다. 그래서 지금부터는 진화론에 대한 대표적인 두 가지 오해를 풀고 가려고 한다. 그래야 우리는 "동물원의 원숭이도 언젠가 인간이 되느냐?" 같은 질문은 하지 않게 될 것이고, 진화의 한 갈래인 인류에 대해서도 심도 있게 이해하게 될 것이다. 진화에 대한 대표적인 두 가지 오해는 다음과 같다. 첫째는 환경에 적응하면서 획득한 형질이 후손에게 유전된다고 생각하는 오해, 둘째는 진화가 선형적으로 이루어진다고 생각하는 오해다.

진화론에 대한 오해 1
: 획득 형질의 유전

진화론에 대해 설명해달라고 하면 생각보다 많은 이가 이렇게 답한다. "예를 들어 기린의 목이 긴 것은 높이 있는 먹이를 먹으려고 오랜 시간 노력했기 때문이야. 이것이 진화가 이루어지는 방식이지." 하지만 이런 설명은 진화론에 대한 가장 큰 오해다. 물론 넓은 범위에서는 진화론에 포함할 수 있지만, 우리가 말하고자 하는 다윈의 진화론은 아니다. 대신 이러한 진화론은 '용불용설(用不用說)'이라고 하는데, 이는 프랑스의 동물학자 라마르크가 주장한 진화론이다. 그는 다윈보다 앞서 진화론을 주장했다는 점에서 진화론의 선구자라고 할 수 있다. 진화에 대한 두 가지 설명 방식인 라마르크의 용불용설과 다윈의 자연선택설 간의 차이를 알아보자.

우선 용불용설은 라마르크주의라고도 한다. 라마르크는 1809년에 저술한 《동물 철학》에서 진화를 다음과 같이 설명했다. "동물들은 살아가면서 자신에게 필요한 특정 형질을 발달시키고, 이렇게 획득한 형질은 자손에게 이어진다." 이 생각은 매우 상식적이지만 실제로는 그렇지 않다. 개별 개체가 획득한 형질은 다음 세대에 유전되지 않는다. 예를 들어 평생 오른팔로 창던지기를 해서 오른팔만 발달한 사람이 있다고 해보자. 그가 아이를 낳았다면 아이의 오른팔이 발달된 상태로 태어날 것인가? 그렇지는 않다. 개체가 환경에 적응하며 획득한 형질이 다음 세대에게 전해지는 것이 아니다. 라마르크의 진화론은 신에 의한 창조를 믿는 시대에 혁명적이고 과학적인 이론이었던 것은 사실이지만, '많이 사용한 부분이 점차 발달한 것'이라는 생각에 기초했다는 점에서 사실과는 차이가 있다.

이후 50년이 지난 1859년, 영국의 생물학자 찰스 다윈은 《종의 기원》에서 자연선택설을 제시함으로써 생명과 인간의 진화에 대한 통찰을 보여주었다. 자연선택설은 환경에 적합한 생물이 생존과 번식에서 우위를 점할 수 있기에 점차 그의 형질을 다음 세대로 퍼뜨리게 된다는 이론이다. 다윈은 이를 쉽게 이해시키기 위해 자연선택과 인공선택을 비교했다. 예를 들어 육질이 좋은 소는 인공선택의 결과다. 인간은 가축을 처음 사육한 이후부터 지금까지 육질이 좋은 소는 계속 번식시키고, 육질이 좋지 않은 소는 번식 기회를 주지 않고 잡아먹었다. 그 결과 지금의 소는 신석기 시대의 소보다 육질이 개선되고 맛이 좋아졌다. 소가 인간의 선택에 의해 좋은 육질의 방향으로 개량된 것이다. 이것은 인간이라는 환경이 소의 진화 방향을 결정한 것이라 하겠다.

반면 자연선택은 특정 지역의 자연환경이 그 환경에 적합한 방향으로 종의 진화를 촉진한다는 것이다. 예를 들어 과거 목이 짧은 기린의 선조가 있었다고 해보자. 이들은 아카시아 잎을 주식으로 하고 있었다. 그런데 기후가 변하고 아카시아 잎이 부족해지는 현상이 발생했다. 대부분의 목 짧은 동물들은 굶주림에 시달렸고, 그로 인해 번식의 기회를 놓쳤다. 하지만 이들 중에는 돌연변이로 목이 상대적으로 긴 후손도 있었다. 목이 긴 개체는 경쟁이 적은 높은 곳의 나뭇잎을 먹을 수 있었기에 상대적으로 영양 상태가 좋았고, 번식의 기회를 얻었다. 이 개체의 후손들 역시 마찬가지였다. 이들은 종 전체에서 점차 높은 비율을 차지하게 되었다. 그리고 계속된 환경의 변화는 이 종의 변화에 지속적인 영향을 미쳤고, 지금의 기린이 탄생한 배경이 되었다. 이것은 자연환경이 기린의 진화 방향을 결정한 것이라 하겠다.

여기서 주의할 점이 있다. 자연이 종의 진화 방향을 선택했다는 표현은 오해의 소지가 있다. 실제로 어떤 사람들은 자연의 손을 빌려 신이 진화에 손을 댄다거나, 혹은 자연이 뛰어난 존재의 탄생을 궁극적인 목표로 삼고 종을 발전시킨다고 생각한다. 하지만 그렇지 않다. 인공선택과 자연선택의 가장 중요한 차이점은 목적의 유무다. 인간은 이익에 대한 분명한 목적을 가지고 생물의 번식에 개입하지만, 자연선택의 주체로서의 자연은 어떠한 목적도 갖지 않는다. 자연은 그 자체로 펼쳐진 환경일 뿐이다. 진화는 목적 없이 이루어진다.

진화론에 대한 오해 2
: 진화에 대한 선형적 이미지

진화론에 대한 두 번째 오해는 진화를 선형적인 발전의 모형으로 상상한다는 것이다. 예를 들어 원시적인 박테리아가 어류와 양서류가 되었고, 이후에 파충류와 포유류가 생겨났고, 마지막에 이르러 유인원과 현대 인류가 진화했다고 생각하는 것이다.

이러한 이미지를 갖고 있을 때, 우리는 자연스럽게 다음과 같은 질문을 하게 된다. "그렇다면 많은 시간이 흐르면 원숭이도 언젠가는 사람이 되지 않겠는가?" 이는 진화를 선형적인 진보라고 오해할 때 발생한다.

진화의 선형적 이미지

하지만 진화는 이렇게 선형적으로 발전하는 것이 아니라 차라리 방사형으로 확산되는 것에 가깝다. 지금으로부터 38억 년 전, 은생누대의 어느 시기에 발생한 모든 생물의 공통 조상인 LUCA를 상상해보자. 너무나도 오래 전의 조상이라 우리의 꿈에 찾아온다고 해도 알아보지 못할 이 할아버지의 할아버지의 할아버지는 단세포 생물이었다. 이 단세포 할아버지는 최초로 다른 단세포 생물을 낳았을 것이다. 그리고 이러한 번식은 지금도 계속되고 있고, 아메바나 대장균 같은 지구상에서 가장 성공적인 생명체가 되어 지금까지 지구를 점령하고 있다.

진화의 방사형 이미지

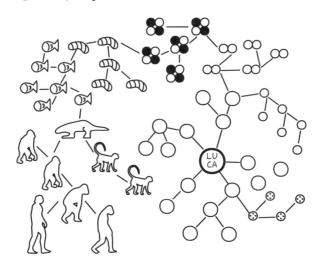

그러던 어느 날, 지금으로부터 10억 년 전에 이 단세포 생물들 중 한 개체에서 최초의 다세포 생물이 탄생했다. 이들은 지구상의 생물 전체 중 일부분을 차지하며 발전해갔고, 버섯이나 곰팡이 같은 성공적인 생명체가 되어 지금까지 존재하고 있다. 그리고 5억 년 전에는 이 다세포 생물들 중에서 최초의 척추를 가진 동물인 피카이아가 등장했다. 이어서 여러 척추동물 중에서 어류가 등장했고, 수많은 어류가 진화의 가지로 나뉘며 뻗어나가 지금까지 바다를 점령하고 있다. 어류 가운데 하나의 가지에서 파충류와 양서류가 등장했다. 파충류의 일부가 조류가 되었고, 포유류 일부는 유인원이 되었다. 유인원 중 일부는 원숭이나 침팬지가 되어 지금까지 숲에 완벽히 적응해 살고 있고, 다른 유인원의 가지는 나름의 방향으로 진화하며 인류를 포함하는 영장류로 나아갔다.

단세포 생물과 곰팡이와 어류와 파충류와 유인원은 지금도 번성하며 자신들만의 진화 과정을 밟아가고 있다. 인류도 그중 하나의 가지로 분화해 나름의 방향으로 진화 과정을 따라가고 있을 뿐이다. 아메바나 대장균은 원시적인 종이고 인류는 진화의 끝에 도달한 가장 완성된 존재라고 생각하는 것은 진화에 대한 오해다. 원숭이가 사람이 되는 일도, 사람이 원숭이가 되는 일도 없다. 각각의 종은 가지를 뻗어나가며 각자의 진화 과정을 밟을 것이다. 그리고 진화한 원숭이도, 진화한 인간도 모두 지구에서 사라지는 먼 미래가 되면, 그때도 진화한 단세포 생물들이 여전히 지구를 점령하고 있을 것이다.

우리는 진화론에 대한 두 가지 오해를 알아보았다. 그것은 용불용설과 선형적 진화 이미지였다. 현대의 진화학은 이러한 오해를 극복하며 발전하고 있다. 용불용설은 자연선택설로 대체되었고, 선형적 진화 이미지는 방사형 진화 이미지로 대체되었다. 여기에 더해 유전학과 생물학의 발전은 진화론의 메커니즘을 더 세밀하고 세련되게 묘사하고 있다. 이 외에도 기존의 진화학이 물질적 측면에 집중했던 것과는 달리, 인간과 동물의 심리를 진화적 관점에서 이해하려는 진화심리학이 등장하기도 했다.

인간의 진화는 이제 하나의 가설이라기보다는 사실에 가깝다. 이러한 이해를 바탕으로 지금부터 인류의 탄생과 진화에 대해 살펴보려 한다.

인류의
탄생

각지로 퍼져나간 현생인류

지금으로부터 600만 년 전, 모든 인류의 조상이 탄생했다. 지구가 탄생한 지 45억 년이 지났고, 빅뱅 이후로는 138억 년이 지났을 무렵이었다. 아프리카를 떠돌던 보통의 유인원 무리 중에 다른 유인원들과 그다지 달라 보이지 않는 한 개체가 있었다. 이 개체는 스스로는 상상조차 하지 못했겠지만 먼 미래에 인간과 침팬지의 공통 조상이 될 존재였다. 실제로 침팬지와 인간은 깊은 유사성을 갖는다. DNA 염기서열의 97%가 일치한다는 것은 이미 잘 알려져 있고, 성향 면에서도 집단 생활을 하거나 커뮤니케이션을 중요시하는 등 비슷한 행동 양식과 사회성을 갖고 있다. 이러한 성향은 인류의 것도, 침팬지의 것도 아니라 바로 이 공통 조상의 특징이었을 것이다.

인류는 이 공통 조상으로부터 진화의 가지를 분리해 나왔다. 초기 인류는 공통 조상과 크게 다르지 않은 모습이었다. 이들은 매우 천천히 환경에 적응하며 진화해갔다. 진화의 역사에서 등장하는 인류는 일반적으로 원인(猿人), 원인(原人), 구인(舊人), 신인(新人)으로 구분한다. 각각에 대해 살펴보자.

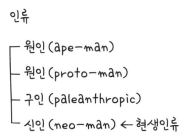

인류
- 원인 (ape-man)
- 원인 (proto-man)
- 구인 (paleanthropic)
- 신인 (neo-man) ← 현생인류

　우선 가장 오래되고 원시적인 인류인 원인(猿人, ape-man)은 지금으로부터 300만 년 전에 등장했다. 오스트랄로피테쿠스로 대표되는 이들은 50만 년 전까지 아프리카 대륙에 서식했다. 동부 아프리카에서 발생해 남부 아프리카를 중심으로 생활한 것으로 보인다. 이들은 지금의 인류와는 모습이 많이 달랐다. 오늘날의 인간과 원숭이의 중간 정도의 모습이었다. 이들을 일컫는 원(猿)이 원숭이인 이유가 여기에 있다. 오스트랄로피테쿠스의 뜻도 '남방의 원숭이'다. 다만 오늘날 우리가 생각하는 원숭이와는 달리 꼬리가 없고 두 발로 걸을 수 있었다. 뇌 용량은 500cc 정도로 고릴라보다 조금 컸고, 지능이 높고 엄지손가락이 발달해 단순한 석기, 짐승 뼈, 나뭇가지로 도구를 만들어 사용할 수 있었다. 선조가 나무에 의존해 숲 속 생활을 했던 것과 달리, 이들은 남부 아프리카 사막

지대를 떠돌며 식물을 채집하고 작은 동물을 사냥하며 삶을 이어갔다.

150만 년 전, 두 번째 인류인 원인(原人, proto-man)이 등장했다. 여기서의 원(原)은 근원을 뜻하는데, 호모 에렉투스가 여기에 속한다. 이들에 이르러 직립 자세가 거의 완성되었기에 '직립한 인간'이라는 뜻의 호모 에렉투스라는 이름을 얻게 되었다. 이들의 두개골은 아직 원숭이와 유사한 원시적인 형태였지만 오스트랄로피테쿠스에 비해 뇌의 용량은 크게 늘어나 1000cc 정도가 되었다. 높아진 지능으로 주먹도끼나 돌칼 등의 정교한 석기 도구를 만들어 썼는데, 이들의 도구 중에 독특한 것은 다른 도구를 만들기 위한 도구가 있었다는 것이다. 예를 들어 끝이 뾰족한 막대기를 만들기 위해 날카로운 돌 조각을 만들어낸 것이다. 이들은 동굴에서 살았고, 낮은 수준의 언어 활동을 했으며, 이동을 시작한 최초의 인류로 여겨지고 있다. 그래서 이들의 화석은 아프리카, 유럽, 아시아 대륙에 걸쳐 매우 넓은 지역에서 발견되었다. 지역에 따라 자바 원인, 베이징 원인, 아프리칸트로푸스, 메간트로푸스, 하이델베르겐시스 등으로 구분한다.

호모 에렉투스는 큰 뇌를 가지고 있었다는 점에서 다른 동물들 혹은 그들의 앞선 세대와는 차이를 보인다. 하지만 그들의 뇌가 왜 커졌는지에 대해서는 정확히 밝혀진 것이 없다. 다만 일부 과학자들은 이 시기 즈음해서 인류가 요리를 발명한 것을 원인으로 본다. 도대체 뇌 용량과 요리가 무슨 상관인가? 그것은 뇌가 너무도 비효율적인 신체 기관이라는 점에서 추론된다. 뇌는 신체 질량의 2%를 차지하지만 전체 에너지의

20%를 소비한다. 자연환경 속에서 이 비효율적인 기관을 유지하는 것은 거의 불가능에 가깝다. 자연에서 얻을 수 있는 거칠고 영양가가 적은 음식으로는 24시간 동안 꼬박 먹고 소화하는 것만으로도 부족하기 때문이다. 이러한 이유에서 하버드대학 인류학과의 리처드 랭엄은 호모 에렉투스가 불을 사용했을 것이라고 보았다. 화식(火食)은 음식물의 조직을 연하게 만들고 쉽게 소화될 수 있게 함으로써 뇌에 충분한 영양을 공급해 주기 때문이다. 인류는 화식을 통해 안정적인 에너지를 공급받을 수 있었고, 이러한 토대 위에서 거대한 뇌가 발달할 수 있었다는 것이다.

하지만 이 주장은 문제를 내포하고 있다. 지금까지 확인된 바로는 호모 에렉투스가 불을 일상적으로 사용했다는 증거가 없기 때문이다. 불을 사용한 흔적은 기껏해야 지금으로부터 70만 년 전으로 올라간다. 반면 호모 에렉투스의 등장은 150만 년 전이다. 설명이 용이하다는 측면만으로 불을 사용한 시기를 앞당기기에는 100만 년의 시간은 너무 과하다. 이러한 반론에 대한 대안은 요리다. 호모 에렉투스가 화식은 아니더라도 최소한 고기를 다지고 저미는 등의 요리를 함으로써 소화 흡수를 빠르게 했다는 것이다. 이 견해는 우리가 알고 있는 근거에 부합한다. 왜냐하면 도구를 이용해 동물의 뼈에서 살을 발라내는 등의 작업은 이미 300만 년 전의 오스트랄로피테쿠스도 하고 있었기 때문이다.

그래서 우리는 이렇게 생각하는 것이 타당하다. '화식' 전에 '요리'가 있었다. 호모 에렉투스에 앞선 선조들은 일상적으로 요리를 함으로써 흡수율이 높은 음식물을 만들어 먹었고, 이것은 소화 효율을 높여 인류가 커다란 뇌를 가지기에 충분한 토대를 제공해주었다. 이러한 토대 위에서 호모 에렉투스가 탄생한 것이다.

기존에는 호모 에렉투스에 포함하여 분류했으나 지금은 독립해서 구분하는 호모 하이델베르겐시스가 등장한 건 60만 년 전이다. 독일 하이델베르크 근교에서 처음 발견된 까닭에 이렇게 이름 지어졌지만, 이후 유럽 전역과 아프리카뿐만 아니라 인도와 중국에서도 화석이 발견되고 있다. 호모 하이델베르겐시스가 중요한 것은 이 고대 선조가 호모 사피엔스와 네안데르탈렌시스의 공통 조상으로 추정되기 때문이다. 이들은 현대 인류와 비슷한 뇌 용량을 가졌고, 일상적으로 도구를 만들고 불을 사용할 수 있었다.

20만 년 전에는 세 번째 인류인 구인(舊人, paleanthropic)이 등장했다. 네안데르탈렌시스, 로디지아인, 솔로인 등이 이에 속하고 신인인 호모 사피엔스의 계통으로 추정되는 프레사피엔스도 이때 생존했을 것으로 본다. 특히 네안데르탈렌시스의 외모는 언뜻 보면 현대 인류와 다를 것이 없었다. 근육질 몸매에 코가 유난히 크고 턱이 덜 발달하긴 했지만, 높은 지능에 언어와 상징 체계를 사용했고 매장의 풍습도 있는 등 현대 인류의 모습과 크게 다르지 않았다. 이들은 3만 년 전 무렵까지 지구상에 번성하며 뛰어난 석기 문화를 발전시켰으나, 이후 빠르게 사라졌다.

4만 년 전에는 인류의 최종 단계인 신인(新人)이 등장했다. 이들의 학명은 호모 사피엔스 사피엔스로, 아프리카에서 처음 등장했다. 사피엔스의 어원은 라틴어로 '지혜로운 사람'이라는 뜻이다. 이들의 뇌의 용량은 1300~1500cc에 이르렀고, 능숙하게 언어와 도구를 사용했다. 문화적으로는 후기 구석기 문화에 속했다. 이때까지만 해도 네안데르탈렌시스를 포함한 여러 인간 종들이 공존하고 있었다. 하지만 신인류가 지구 전역으로 퍼져나가며 구인류는 멸종되었다. 이들이 아프리카를 떠나 유럽과 아시아로 퍼져나간 것은 4만 년 전 무렵이었다. 이들은 주로 강이나 해안선을 따라 이동하며 곳곳에 정착했다.

현생인류의 이동

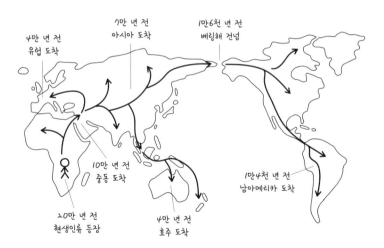

4만 년 전
유럽 도착

7만 년 전
아시아 도착

1만6천 년 전
베링해 건넘

10만 년 전
중동 도착

20만 년 전
현생인류 등장

4만 년 전
호주 도착

1만4천 년 전
남아메리카 도착

한때는 인류 진화의 역사를 계단식의 선형적 발전의 모습으로 묘사하거나 하나의 줄기에서 출발해서 여러 가지로 나뉘는 나무의 모습으로 그려냈었다. 즉, 오스트랄로피테쿠스가 호모 에렉투스가 되고, 다시 네안데르탈인이 되었다가 사피엔스가 되었다고 생각한 것이다. 하지만 지금은 이들을 하나의 연결선이 아니라 다양한 종과 계통의 분화와 혼합의 복잡한 연결고리 가운데 등장한 주요 지점들로 파악한다. 계단이나 나무가 아니라 여러 갈래로 나뉘고 합쳐지기를 반복하는 강의 모습과도 같은 것이다.

이처럼 복잡한 과정을 거치며 현생인류가 지구 전역으로 퍼져갔다. 지금으로부터 1만 년 전에는 각지에서 신석기 문화를 발달시켰다. 이들은 정착하거나 유목 생활을 하는 등 다양한 삶의 방식을 고안해내었다. 호모 사피엔스의 신체적 특징은 현대의 인류와 완벽히 동일해서 오늘날의 우리와 구분되지 않는다. 아마도 높은 지능과 발달된 언어 능력으로 깊게 생각하고, 논쟁도 하고, 일상을 꾸려나갔을 것이다. 1만 년이라는 시간은 100년을 사는 인간 개인에게는 너무도 긴 시간이지만 진화에서는 매우 짧은 시간이다. 그들의 육체적, 정신적 역량은 오늘날의 우리와 그다지 다르지 않았을 것이다. 따라서 지금의 우리가 상상하는 것처럼 당시 인간의 삶을 어설프거나 원시적인 모습으로 그려내는 것은 사실에 부합하지 않는다.

9천 년 전이 되면 중동의 비옥한 초승달 지대에서 사람들이 농사를 짓기 시작했다. 생산량이 늘어났고 인구가 폭발적으로 증가했다. 농경이라는 반복적인 삶의 패턴은 문화를 발생시켰다. 사유재산에 대한 개념이 생겨났고, 이에 따라 계급과 사회제도가 발생했다. 자연과의 조화 속에서 대결하거나 순종하며 살아가던 인류는 이제 자연으로부터 벗어나 사회라는 상징과 관념의 세계로 이주했다. 문명이 탄생한 것이다.

문명의 탄생

세계 4대 문명과 인간의 삶

지금까지 알려진 가장 오래된 문명은 네 가지다. 세계 4대 문명 혹은 문명의 요람이라 불리는 이 지역들은 지금으로부터 7천 년 전 무렵부터 세계 각지에서 등장했다. 서쪽부터 차례로 이집트 문명, 메소포타미아 문명, 인더스 문명, 황하 문명으로 불린다. 이들은 모두 청동기 문명이었고, 문자를 사용했으며, 거대한 도시국가를 발전시켰다. 지리적으로는 커다란 강을 기반으로 한다는 공통점이 있었다. 큰 강은 문명 발달에 필수였다. 식수와 농업용수의 확보를 원활하게 했고, 지속적인 농사를 가능하게 했으며, 강줄기를 따라 활발한 교역이 이루어지게 했다. 이집트는 나일강을 중심으로, 메소포타미아는 티그리스강과 유프라테스강을 중심으로, 인도 문명은 인더스강을, 황하 문명은 황하강을 중심으로 발달했다. 각각의 문명들은 다음과 같은 특징을 갖고 있었다.

세계 4대 문명

우선 메소포타미아 문명은 지금까지 알려진 가장 오래된 문명으로, 지금으로부터 7천년 전에 존재했다. 메소포타미아는 티그리스강과 유프라테스강을 기반으로 발달했는데, 메소포타미아라는 말 자체가 '두 강 사이의 땅'이라는 뜻이다. 이 지역은 비옥한 초승달 지대라고 불리는 곳으로, 홍수가 날 때마다 강의 상류에서 기름진 흙이 떠내려왔기에 농사를 짓기 좋았다. 이곳의 원주민은 오래전부터 남부 지역을 중심으로 마을을 형성하며 살고 있었다. 7천 년 전 무렵, 수메르인이 이 지역으로 들어왔다. 그들은 원주민과 섞이며 정착했다. 이들이 누구이고 어디에서 왔는지는 밝혀지지 않았다. 다만 그들은 스스로를 '검은 머리 사람들'이라는 뜻의 수메르인이라고 불렀다. 그들은 문자를 사용했고, 저수지를 만들어 강의 범람을 막았으며, 하늘의 신과 지상을 연결하기 위한 거대 건축물인 지구라트를 각 도시에 건설했다. 《구약》성서의 바벨탑이 바빌론에 있었던 지구라트를 가리키는 것이라는 해석도 있다.

바빌로니아 우르의 지구라트

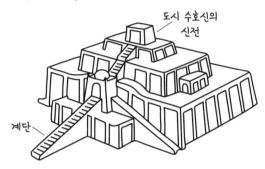

도시 수호신의
신전

계단

    이집트 문명은 5천년 전, 나일강 하류에서 시작되었다. 이집트는 사막과 바다로 둘러싸여 있었던 까닭에 외부의 침입 없이 2000년 동안 고유의 문화를 유지할 수 있었다. 하지만 이러한 지리적 특성은 한편으로 폐쇄적이고 단조로운 정치 문화적 특성을 갖게 했다.

    이집트의 농경은 기름진 나일강의 토양을 바탕으로 일찍이 발달했다. 나일강은 해마다 규칙적인 범람을 일으켰는데, 이것은 메소포타미아의 상황과 마찬가지로 상류의 비옥한 퇴적물을 하류로 운반하는 역할을 했다. 나일강변은 언제나 풍요로웠다. 홍수는 규칙적이었고, 이집트인은 이를 예측할 수 있었다. 이러한 주기적인 범람과 복구는 기하학과 천문학 그리고 건축술이 발달하는 주요 요인이 되었다.

    이집트는 정치와 종교가 결합된 신권 정치였다. 파라오는 정치적 왕이자 신의 아들로 여겨졌다. 그는 강력한 정치적 권력자를 넘어 인간의 삶과 사후를 지배하는 자였다. 파라오의 막강한 권력은 이집트의 기하학과 풍부한 노동력을 결합해 인류의 가장 거대한 건축물인 피라미드의 건설을 가능하게 했다. 이 외에도 이집트는 태양력과 의학 등 실용 학문이 발달했다.

인더스 문명은 5천년 전, 인더스강을 기반으로 발전했다. 이 강은 인도 북부에서 시작해서 파키스탄을 거쳐 인도양으로 흘러가는데, 강줄기를 따라 많은 도시의 흔적과 유적이 발견되고 있다. 이 중 가장 거대한 도시는 하라파와 모헨조다로였다. 두 도시는 구운 벽돌로 건설된 거대한 계획도시였다. 도로망이 정비되어 있었고, 상하수도 시설과 공중목욕탕 등 위생 시설을 갖추고 있었다.

인더스 문명은 다양한 종족의 사람들이 어울려 사는 국제도시의 면모를 보였는데, 그것은 바다를 통해 메소포타미아와 활발히 교류했기 때문이었다. 하지만 이 활력 넘치는 도시들은 지금으로부터 4천 년 전 무렵 서쪽으로부터 들어온 아리아인에 의해 멸망했다. 아리아인은 원주민들을 정복하고 정착하여 자신들의 종교적, 철학적 경전인《베다》를 전파했다.

마지막으로 동아시아의 황하 문명은 지금으로부터 4천 년 전 무렵에 성립되었다. 다른 문명들과 마찬가지로 이 지역도 황하강을 중심으로 발달했다. 황하 유역의 황토 지대는 농사에 알맞은 토양이었다. 이 지역 사람들은 조와 수수를 재배했고 개나 돼지 등 가축을 사육했다. 작은 촌락과 마을 중에는 도시국가로 성장하는 지역도 있었다. 가장 오래된 왕조는 전설 속의 하(夏) 왕조로, 황하 문명 초기에 발생했을 것으로 추정된다. 하 왕조를 이은 상(商) 왕조는 은(殷)이라고도 불렸는데, 전설로만 이어지다가 20세기 들어 유적과 유물이 발견되면서 실재했던 왕조였음이 점차 밝혀지고 있다.

우리는 4대 문명권을 대략 살펴보았다. 각 문명에서 일어난 사상은 다음 장부터 자세히 다룬다. 사실 이러이러한 문명이 있었다는 정보보다 우리의 관심을 끄는 것은 당시를 살아간 사람들의 생각과 삶의 모습이다. 수천 년의 시간을 거슬러 인류 문명 초기의 사람들은 어떤 삶을 살고 있었을까? 그들은 무엇을 하고, 무엇을 느끼고, 무엇을 생각했을까? 현대인은 자신이 과거의 사람들보다 진보했다고 믿는다. 고대인은 어쩐지 교육받지 못했고 미개하며 원시적인 삶을 살았을 것이라고 상상하는 것이다. 어떤 면에서 이러한 생각은 타당할지 모른다. 인류는 기나긴 역사의 시간 동안 지식을 축적했고, 더 나은 삶을 위해 기술을 발전시켰으며, 삶의 환경을 적극적으로 개선해왔으니까. 우리는 따뜻한 물로 샤워를 하고, 청결한 화장실을 갖고 있으며, 인터넷으로 전 세계와 연결되어 있다. 하지만 동시에 궁금하기도 하다. 그렇다면 오늘의 나는 고대인보다 지혜로운가? 그들보다 인생을 더 가치 있게 살아가고 있는가? '그렇다'라고 자신 있게 말할 수 없는 것은 우리에게 고전이 남아 있어서다. 우리가 태어나기 수백 년 전, 수천 년 전에 살았던 사람들이 남긴 기록

안에서 오늘 나의 고뇌와 욕망을 고스란히 비춰보게 되어서다. 그들은 우리와 다른 존재가 아니었다.

그런 의미에서 인류 최초의 고전을 살펴보려 한다. 지금으로부터 5천 년 전, 문명의 초기에 쓰인 〈길가메시 서사시〉다. 이 오래된 이야기 속에서 과거와 현재를 관통하는 인간의 보편성에 대해 생각해보려 한다.

길가메시
서사시

인간에 대한 가장 오래된 보고서

〈길가메시 서사시〉는 인류 최초의 문명인 메소포타미아에서 기록된 영웅 서사시다. 아마도 그전까지 구전되던 여러 이야기들을 수메르인이 종합하여 문자로 기록하였고, 이후 바빌로니아 시대에 이르러 시간 순서에 따라 편집한 것으로 보인다. 이야기의 시대적 배경은 수메르 시대 이전인 우룩 시기다. 우룩의 왕 길가메시의 모험과 여정을 열두 편의 시로 기록한 문서다. 우리는 왜 하필 지금 이 오래된 문서를 들춰보려는 것인가? 그것은 여기에서 당신과 나의 모습을 발견하게 되기 때문이다. 권력, 부귀, 영원에 대한 욕망과 이와 함께 엄습하는 늙고, 낡고, 죽어가는 것들에 대한 회한. 오늘날 우리가 찾아 헤매는 삶의 의미에 대한 고민이 거울에 비치듯 고대인의 사유 속에서 발견된다.

줄거리는 다음과 같다.

창조 신화

우선 당시의 창조 신화를 알아보자. 신들은 진흙으로 인간을 창조했다. 인간들은 땅을 가득 채웠고 소란스러웠다. 신들의 왕 엔릴은 화가 났다. 그는 다른 신들과 함께 홍수로 이 귀찮은 피조물들을 모조리 쓸어버리기로 했다. 이러한 계획을 알게 된 물과 지혜의 신 엔키는 인간들에게 연민을 느꼈다. 그는 덕이 많은 인간인 우트나피시팀의 꿈에 찾아가 이 사실을 알리고 대비하게 했다. 엔키의 지시대로 우트나피시팀은 거대한 방주를 만들고 자신의 가족과 하인과 동물들을 실었다. 비가 쏟아지기 시작했고 예언대로 홍수가 났다. 방주에 타지 못한 모든 인간은 진흙으로 돌아갔다.

비는 7일간 내렸고, 이후 7일 동안 세상은 물에 잠겼다. 점차 물이 빠지며 산꼭대기의 일부가 물 밖으로 모습을 드러내었다. 우트나피시팀은 비둘기, 제비, 까마귀를 차례로 날려 보냈다. 까마귀가 돌아오지 않자 우트나피시팀과 가족들은 방주에서 내렸다. 그들은 살아남았음에 감사하며 신들에게 제사를 지냈다. 신들은 자신들이 참혹한 짓을 한 것에 대해 후회하고 있었다. 우트나피시팀이 살아 있음을 알게 된 엔릴은 다시는 홍수로 인간을 벌하지 않겠다고 선언했다. 엔릴은 우트나피시팀과 그의 아내에게 영원한 생명을 주었고 머나먼 곳에 은신처를 마련해 그곳에서 살게 했다.

난폭한 길가메시

홍수 이후 살아남은 인간들이 다시 세상을 채워갔다. 마을을 이루고 도시를 건설했다. 도시 우룩은 벽돌로 된 성채를 갖춘 거대 도시로 커져갔다. 이곳의 왕은 인간 굴랍이었고, 왕비는 여신이었다. 이 둘 사이에서 태어난 길가메시는 3분의 2는 신이고 3분의 1은 인간이었다. 그는 아름다운 외모와 함께 누구도 범접할 수 없는 힘과 용기를 갖고 있었다.

길가메시

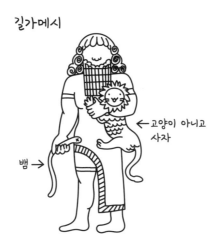

뱀 →
← 고양이 아니고
사자

하지만 언제나 말썽을 일으키며 다녔다. 길가메시가 우룩의 왕이 되자 그는 더 이상 두려울 것이 없었다. 그는 세상에 자신보다 강한 자가 없음을 잘 알고 있었다. 남자들을 때리고 노예로 삼았으며 결혼하는 여자들의 첫날밤은 반드시 자신과 치르게 했다. 백성들의 원성이 커져갔다. 그들은 신들에게 길가메시의 악행을 멈춰줄 자를 보내달라고 간청했다. 신들은 응답했다. 그렇게 진흙에서 야수 엔키두가 창조되었다.

엔키두와의 만남

지상으로 내려온 엔키두는 산에서 짐승들과 섞여 살며 숲을 지켰다. 그는 소의 몸통에 여인처럼 긴 머리카락을 가졌고 온몸은 털로 뒤덮여 있었다. 숲을 지나던 사람들이 엔키두를 보고 두려워하며 건너가지 못했다. 사람들이 이를 길가메시에게 알렸다. 길가메시가 호기롭게 나서려 하자 어머니는 우선 신전의 창녀 샴하트를 엔키두에게 보내게 했다. 샴하트는 엔키두를 찾아가 그와 6박 7일을 동침했다. 그동안 엔키두의 야수성은 사라져갔다. 짐승들은 더 이상 그에게 다가오지 않았다. 반면 엔키두는 점차 지혜로워졌다. 샴하트는 그를 도시로 데려와 털을 밀고 옷을 입혀주었다. 엔키두는 거리에서 길가메시의 악행에 대한 백성들의 호소를 듣게 되었다. 엔키두는 길가메시에게 분노했다.

결국 길가메시와 엔키두는 결투를 벌였다. 둘은 힘껏 싸웠다. 발이 땅에 박히고 천지가 울렸다. 하지만 승부는 나지 않았다. 그들은 서로가 너무도 강하다는 것을 알게 되었다. 길가메시는 무릎을 꿇고 어린아이처럼 울었다. 둘은 부둥켜안고 화해했다. 그리고 곧바로 둘도 없는 친구가 되었다. 그들은 함께 영웅이 되어 모험을 떠나기로 했다.

길가메시와 엔키두의 모험

둘은 많은 모험을 함께했다. 우룩 북쪽의 삼나무숲을 지키는 괴물 훔바바를 함께 제압하기도 했다. 이제 길가메시의 명성은 하늘까지 알려졌다. 그러자 사랑의 여신 이시타르가 길가메시를 유혹했다. 하지만 길가메시는 그녀를 거절했다. 이유를 묻는 이시타르에게 길가메시는 그녀가 많은 남자를 유혹했지만 결국 그들에게 고난을 주었음을 잘 알고 있다고 말했다. 이시타르는 모욕감을 느꼈다. 그녀는 자신의 아버지인 최고신 아누를 졸라 천상의 황소를 지상에 풀어놓아 복수하게 했다. 천상의 황소가 성을 부수고 백성들을 죽이자, 길가메시와 엔키두는 이를 막기로 했다. 둘은 힘을 합쳐 천상의 황소를 제압했다. 하지만 길가메시는 이 황소가 신의 짐승이므로 죽이는 것을 망설였다. 이때 엔키두가 나서서 황소를 죽이고 넓적다리를 잘라 이시타르에게 던졌다.

엔키두의 죽음과 영생에 대한 갈망

이시타르는 모욕감에 분노했다. 그녀는 신들에게 길가메시와 엔키두가 신을 모욕했으니 그들을 벌해야 한다고 주장했다. 하지만 길가메시는 신의 피가 섞였으니 죽일 수가 없었다. 그래서 신들은 대신 엔키두를 죽이기로 결정했다. 결국 엔키두는 병에 걸렸고 길가메시의 품에 안겨 죽게 되었다. 사랑하는 친구를 잃은 길가메시는 엔키두의 시체를 부둥켜 안고 오랜 시간을 슬퍼했다.

슬픔이 가라앉자 길가메시는 생명의 덧없음을 느꼈다. 그러자 죽음의 공포가 엄습해왔다. 길가메시는 죽음으로부터 도망가고자 했다. 영원한 생명을 갈구하기 시작한 것이다. 영원히 죽지 않는 자가 있다는 이야기를 듣고 그에게 가서 영생의 비밀을 알아내겠노라 다짐했다. 영원히 죽지 않는 자는 홍수에서 살아남은 인간, 우트나피시팀이었다. 길가메시는 온갖 고생 끝에 지칠 대로 지친 상태로 마침내 우트나피시팀의 은신처를 찾았다. 그는 길가메시에게 홍수와 영생의 이야기를 들려주고, 죽음을 이겨내고 싶다면 죽음의 동생인 잠부터 이겨내 보라고 말했다. 7일 동안 잠들지 않으면 영생의 비밀을 알려주겠다고 제안했다. 길가메시는 자신했다. 하지만 첫날을 넘기지 못하고 잠이 들었다. 정신적으로 또 육체적으로 지쳐 있었으므로 그 상태로 7일 밤낮을 잤다. 자신이 제시한 조건을 지키지 못했지만, 우트나피시팀은 길가메시를 가엾게 여긴 아내의 부탁으로 영생의 약초가 있는 곳을 알려주었다. 길가메시는 결국 물속에서 자라는 영생의 약초를 손에 넣었다.

하지만 기쁨도 잠시, 우룩으로 돌아오는 길에 길가메시는 잠이 들었고, 뱀이 나타나 약초를 먹고는 허물을 벗은 채 사라져버렸다. 길가메시는 영원한 생명이 자신의 것이 아님을 알게 되었다. 지칠 대로 지쳐 우룩으로 돌아온 길가메시는 자신의 이야기를 돌에 새겼다. 그리고 시간이 흘러 때가 이르자 자리에 누워 다시는 일어나지 않았다.

〈길가메시 서사시〉가 쓰인 건 지금으로부터 5천 년 전이다. 하지만 우리는 이 이야기가 멀게 느껴지지 않는다. 그것은 우리가 여기서 매 순간 발견하는 것이 신과 영웅의 이야기가 아니라, 자만하고 욕망하고 좌절하고 두려워하는 보편적인 인간의 모습이기 때문이다. 그리고 동시에 이것은 당신과 나의 모습이다. 실제로 그렇지 않았던가? 젊은 시절에 우리는 치기 어리게 행동했고, 세상의 주인공인 것처럼 자신했으며, 힘이 되어주는 친구와 사랑하는 사람들을 만났다. 하지만 어른이 되어가며 세상이 호락호락하지 않다는 것을 알게 되었고, 소중한 이들을 하나둘 잃어갔으며, 노년이 되어서는 병든 몸과 영원에 대한 열망만을 남긴 채 쓸쓸히 저물어간다.

〈길가메시 서사시〉가 갖는 의미는 무엇일까? 그것은 이 고전이 단순히 가장 오래된 서사시라는 형식적인 가치를 아득히 넘어선다. 어쩌면 이 이야기는 인간이라는 존재에 대한 보고서이고, 당신과 나의 인생에 대한 담담한 은유일지 모른다. 우리가 〈길가메시 서사시〉를 알아본 것은 고대인의 삶과 오늘날 현대인의 삶이 다르지 않음을 이해함으로써 인간이라는 존재의 보편성을 생각해보기 위해서였다. 아마도 지금까지의 모든 인류는 비슷한 고민과 슬픔을 가졌으리라. 이 세계를 어떻게 이해할 것인가? 해답은 없는 것인가? 우리는 다음 장부터 이러한 고민과 슬픔에 대한 위대한 스승들의 가르침을 알아볼 것이다.

최종 정리

두 번째 장이 끝났다. 위대한 스승들의 거대 사상은 세계와 자아의 관계를 밝히는 것이다. 세계, 자아, 관계. 이 중에서 우리는 1장과 2장에서 세계에 대해서 알아보았다. 세계의 탄생부터 지금의 나에 이르는 길고도 긴 시간을 빠르게 여행했다. 그 시작은 시간 이전의 시간으로서 다중 우주에서 시작해, 시간과 공간의 출발인 빅뱅을 거쳤고, 우리 우주의 역사를 지나, 은하와 태양계의 형성 그리고 지구의 탄생에 이르렀다.

지금으로부터 38억 년 전의 어느 날에는 지구 위에 최초의 생명이 등장했다. 그리고 점진적인 진화 과정 속에서 수많은 생명체가 발생했다. 이때의 진화는 어떠한 목적이나 인위적 방향을 갖지 않는다. 임의적인 자연환경의 변화에 적응한 존재는 번식의 기회를 가졌고, 그렇지 못한 존재는 도태되었다. 지구는 단세포 생물부터 어류, 파충류, 조류, 포유류에 이르기까지 수많은 종과 형태의 생명체로 뒤덮였다.

다채로운 생명들 속에서 모든 인류의 조상이 등장했다. 인류는 이 조상으로부터 진화의 가지를 분리해 나왔다. 300만 년 전에는 오스트랄로피테쿠스가 아프리카 대륙에 등장했고, 150만 년 전에는 호모 에렉투스가, 60만 년 전에는 호모 하이델베르겐시스가 등장하여 네안데르탈렌시스와 사피엔스의 공통 조상이 되었다. 그리고 4만 년 전, 인류 진화의 최종 형태로서 현생인류인 사피엔스가 등장했다. 이들은 지구 전역으로 퍼져나가며 구인류를 몰아내고 지구상의 유일한 인간 종이 되었다. 이들은 떠돌거나 정착하며 번성해 나갔다.

그리고 7천 년 전, 문명이 탄생했다. 인간들은 집단을 이루고 도시를 만들었다. 규칙적인 삶의 방식은 문화가 되었고, 언어가 탄생하여 지식이 확산되었다. 세계 4대 문명인 메소포타미아 문명, 이집트 문명, 인더스 문명, 황하 문명이 큰 강을 기반으로 발전해갔다. 인간은 거칠지만 풍요롭고 낭만적이던 자연이라는 개간되지 않은 땅을 떠나, 제도와 질서 그리고 상징으로 가득한 문명이라는 개간된 땅으로 이주했다.

문명은 유례없는 풍요와 안전을 보장했다. 하지만 그 속에서 인간 사이의 거리는 너무도 가까워졌고, 이로 인한 새로운 갈등과 욕망이 인간의 내면에 자라나기 시작했다. 부와 권력을 향한 집착의 괴로움이 발생했고, 늙고 낡고 잃어가는 것에 대한 고통이 일어났으며, 이것은 영원한 삶에 대한 열망으로 이어졌다. 고대인의 삶의 모습은 오늘날 현대인의 모습과 크게 다르지 않았다. 그것은 역사 이래 많은 변화와 진보가 있었던 것처럼 보여도 실제로는 문명 이후의 인류가 같은 세계에 발을 딛고 있기 때문이다. 입고 다니고 들고 다니는 것들의 형태와 모습은 다를지 모르지만, 인간이라는 근원적인 세계는 조금도 달라지지 않은 것이다.

여기까지가 세계의 모습이다. 우리는 세계라고 할 때 물질적인 세계를 상상하지만 그것은 세계의 일부일 뿐이다. 국가와 사회, 문명과 문화 역시 우리가 발 딛고 있는 세계이고, 인류와 타인이라는 사람들도 우리를 둘러싼 세계이며, 내가 던져진 나의 신체, 인간이라는 종으로서 느낄 수밖에 없는 욕망과 집착도 내가 던져진 세계다.

위대한 스승들은 세계가 무엇인지 알려주었다. 그리고 이러한 세계에 던져진 자아의 의미를 밝혀냄으로써 우리가 어떻게 세계를 이해하고 대면해야 하는지를 가르쳐주었다. 이제 준비가 되었다. 그들의 가르침을 들으러 떠날 시간이다.

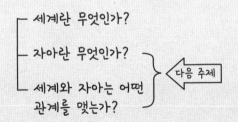

- 세계란 무엇인가?
- 자아란 무엇인가?
- 세계와 자아는 어떤 관계를 맺는가?

다음 주제

베다
우주와 자아

위대한
스승들

왜 그들은 축의 시대에 등장했는가

인간은 누구나 벌거벗은 신체에 던져져서는, 던져진 세계 속에서 때로는 순종하고 때로는 저항하며 삶의 의미를 찾아간다. 당신과 나도 마찬가지다. 우리는 던져진 세계 속에서 자기만의 존재 의미를 찾아가고 있다. 하지만 많은 시간을 헤매었다. 길은 가려져 있었고, 세상은 끊임없이 우리를 주저앉히려 했다. 우리가 세상의 부조리에 저항하려 할 때 가정과 학교와 사회는 친절하게 말해주었다. 질문을 멈추라. 그것은 먹고사는 데 아무런 도움도 되지 않는다. 우리는 그들의 말을 따랐다. 내 안의 목소리가 들리지 않는 척했고, 세상이 혼란스럽지 않은 척했다. 모든 인류가 그러했듯 우리는 어느 곳에서는 매 맞는 코끼리였고, 어느 곳에서는 몽둥이를 든 자였다.

하지만 기나긴 역사의 어느 때에 몽둥이를 내려놓은 자가 있었다. 그는 세상의 혼란과 고통을 직시하며 자유를 향한 내면의 목소리에 귀를 기울였다. 그는 자기 내면의 심오한 질문들과 대면했다. 나는 누구인가, 세계란 무엇인가, 여기에 던져진 이유는 무엇이고, 출구는 어디에 있는 가. 그는 휘몰아치는 세상의 폭풍으로부터 벗어나 눈을 감고, 귀를 닫고, 기나긴 침묵 속에서 깊은 내면을 향해 침잠해갔다. 그곳에서 충분하고 도 오랜 시간을 보낸 어느 날에 그는 결국 깊이 깨달았다. 새롭게 눈뜬 그는 자신의 깨달음을 짊어지고 사람들의 세상으로 돌아가고자 했다. 세상으로 돌아와 사람들을 연민의 눈으로 바라보았다. 그리고 그들을 멈춰 세웠다. 자기 자신을 때리던 몽둥이를 내려놓게 했다. 사람들을 가르쳤고, 그들을 사람답게 했으며, 자아와 세계의 본질 속으로 걸어 들어 가 스스로 깨달아야 함을 일깨워주었다. 사람들은 그를 위대한 스승이라 불렀다.

위대한 스승은 수많은 시대와 장소에서 탄생했다. 그중에서 특히 경이로운 시기가 있었다. 지금으로부터 2500년 전, '축의 시대'라 불리는 시기가 도래한 것이다. 영국의 종교학자 카렌 암스트롱에 따르면 축의 시대는 인류 정신사에 거대한 전환점이 된 시대였다. 인도에서는 우파니샤드와 고타마 싯다르타가 등장했고, 중국에서는 노자와 공자가 활동했으며, 고대 그리스에서는 소크라테스와 플라톤이, 그리고 이스라엘에서는 엘리야, 예레미야, 이사야가 태어났다.

축의 시대라는 용어를 처음 사용한 사람은 독일의 실존철학자 카를 야

스퍼스다. 그는 1949년에 출간한 《역사의 기원과 목표》에서, 동서양을 막론하고 인류의 모든 정신적 기원으로서 인정할 수밖에 없는 시대로 축의 시대라는 개념을 제시했다. 왜 하필이면 이 시기에 공통적으로 위대한 스승들이 거대 사상을 설파했는지 우리는 구체적으로 알지 못한다.

다만 바로 앞선 시기가 세계 각지에서 급격한 도시화와 인구 증가를 겪은 격동의 시기였던 것만은 분명하다. 자연에서 태어나 넓은 들판을 떠돌던 인류는 이 시점부터 거대한 도시에서 태어나 문화와 상징 체계 속을 살아가게 되었다. 도시 생활은 인간과 인간 사이의 물리적 거리를 좁혔고, 경제, 정치, 사회적 갈등을 증폭시켰으며, 이는 폭력과 전쟁으로 귀결되었다. 어쩌면 축의 시대는 처음으로 문명을 일으키고 그로 인한 문제에 직면한 인류가 필연적으로 요청할 수밖에 없었던 사유의 귀결이었는지도 모른다.

축의 시대에 탄생한 위대한 스승들의 가르침은 인류를 보호하며 2500년의 시간을 이어져왔다. 하지만 시간이 흐르면서 기억은 희미해지고 본질은 사라졌다. 19세기에 이르러 등장한 과학주의 담론과 실증주의 철학은 오래된 가르침을 대체하며 서구 제국주의와 함께 빠르게 확산되었다. 세계는 처음으로 맞이하는 물질적 풍요에 마음을 빼앗겼다. 하지만 그 결말은 두 번에 걸친 세계대전과 냉전 그리고 물질 중심의 시장경제였다. 21세기의 기술 발전과 함께 등장한 대중매체와 소셜 미디어는 말초적인 욕망을 쏟아내며 우리에게 말한다. 질문을 멈추라. 생각을 멈추라. 다만 소비하는 노동자로서의 역할에 충실하라. 우리는 다시 혼돈 속에 던져졌다.

그렇다면 이제 어떻게 해야 하는가? 어떻게 혼란을 멈출 것인가? 고통과 분열의 시대를 넘어서기 위한 해답은 어디에 있는가? 어쩌면 해답은 이미 주어졌는지 모른다. 우리가 너무 오래 잊고 있었을 뿐. 오늘 당신과 내가 축의 시대를 돌아봐야 하는 이유가 여기에 있다. 2500년 전, 인류가 맞이한 최초의 혼돈을 극복하기 위해 위대한 스승들이 어떤 가르침을 주었는지 참고하고, 지금 우리의 시대를 돌아보기 위해서다.

그래서 이들의 사상을 하나씩 알아보고자 한다. 글의 전개 방식은 달라진다. 1장부터 2장까지는 138억 년의 역사를 시간의 측면에서 살펴보았다면, 3장부터 7장까지는 기원전 5세기를 기준으로 인도, 동아시아, 유럽, 중동 등 각 지역에서 등장하고 발전한 거대 사상을 공간의 측면에서 살펴본다.

첫 번째 가르침은 고대 인도에서 시작한다. 다음이 이번 장에서 다루는 시간의 범위다.

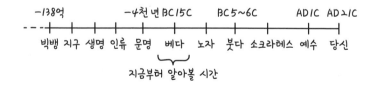

공간의 범위는 다음과 같다.

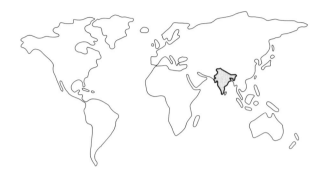

역사적
배경

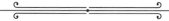

우리가 모르는 세계의 절반

이야기는 지금으로부터 3500년 전, 스스로를 아리아인이라고 불렀던 민족의 이주로부터 시작한다. 아리아는 '고귀하다'라는 의미다. 이 고귀한 사람들은 카스피해 연안의 코카서스 지역에서 유목 생활을 하며 살았던 민족이다.

그들이 어떤 이유로 자신의 땅을 떠나 이동을 시작했는지는 밝혀지지 않았다. 다만 확실한 건 그들이 여러 방향으로 퍼져나갔다는 것이다. 일부 그룹은 해가 지는 방향으로 나아갔다. 이들은 유럽 지역에 정착해서 켈트족, 일리리아족, 슬라브족이 되었다. 다른 그룹은 남쪽으로 내려가 지금의 이란고원에 도착했다. 이들은 소그드인, 메디아인이 되었다.

우리가 주목하려는 것은 해가 뜨는 방향으로 나아간 무리들이다. 그들은 힌두쿠시산맥을 넘어 지금의 인도 지역으로 들어왔다.

아리아인의 이동

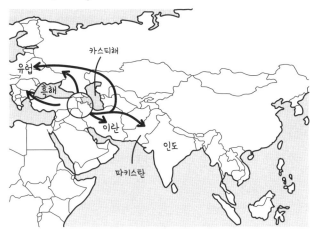

당시 아리아인은 초기 청동기 문화를 갖고 있었고 가벼운 바큇살을 이용한 수레와 전차를 사용할 줄 알았다. 이러한 문화적 우위는 그 지역의 원주민을 쉽게 정복할 수 있게 했다. 아리아인은 원주민을 정복하고 그들과 섞이며 고대 인도인이 되었다.

아리아인이 인도에 도착했을 때, 그들의 손에는 《베다》가 있었다. '베다'는 산스크리트어로 지식, 지혜, 앎을 말한다. 종교적이고 신화적이며 동시에 철학적인 방대한 양의 문헌으로, 지금까지 인류가 발견한 가장 오래된 문서 중 하나다. 《베다》는 시작도 없고 저자도 없는 경전이라고 말해진다. 문자가 발명되기 이전에 신으로부터 직접 들은 내용이 오랜 시간 구전되어오다가 기원전 1500년을 전후로 산스크리트어로 문자화되었다는 것이다. 아리아인은 《베다》가 인간과 신을 이어주는 성스러운 지식이라고 생각했다.

그런데 갑자기 이런 생각이 든다. 도대체 왜 이렇게 낯선 문서에 대해 알아야 하는 걸까? 살면서 들어본 적도 없는데 말이다. 맞는 말이다. 인도는 한국에서 참 먼 나라다. 물리적 거리보다 정서적 거리가 문제다. 실제로는 유럽이 거리상 더 멀지만 유럽의 문화는 어쩐지 친근하다. 인도는 정서적으로 다른 우주에 있는 것만 같다. 그러다 보니 인도 사상은 한국인에게 메이저가 아니라 마이너처럼 느껴진다. 우리가 선호하는 브랜드가 아닌 것이다.

하지만 우리의 편견과는 달리 인도 사상은 인류 역사에서 매우 중심적인 사상이었다. 특히 인도 사상의 뿌리가 되는 《베다》는 세계의 절반이라 해도 과언이 아니다. 인류에게 가장 광범위한 영향을 미친 문서는 두 가지다. 하나는 《구약》이고, 다른 하나가 《베다》다. 우선 《구약》은 아브라함 계열의 3대 종교인 기독교, 이슬람교, 유대교의 뿌리가 된다. 이 세 종교는 인류 절반의 세계관을 형성해왔다. 나머지 절반의 세계관은 《베다》에 기반을 둔다. 《베다》는 〈우파니샤드〉와 힌두교, 불교의 뿌리가 되었고, 이들은 인도와 동양에 심대한 영향을 미쳤다. 오늘날의 한국인 은 근대 이후 미국식 프로테스탄티즘의 영향을 받아 《구약》의 세계관에 익숙한 반면, 인류 절반의 세계관인 《베다》는 낯설어한다.

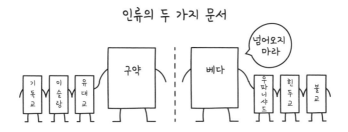

인류의 두 가지 문서

우리가 굳이 낯선 세계관인 《베다》에 대해서 알아야 하는 이유는 분 명하다. 그것은 나의 세계를 넘어서기 위해서다. 우리는 쉽게 해외로 여 행할 수 있는 시대에 살고 있다. 시간과 비용만 있으면 못 가는 곳이 없 다. 실제로 평생 동안 한국인은 많은 곳을 여행한다. 하지만 나의 내면 세계 안에 가려진 미지를 향해 여행하는 사람은 많지 않다. 우리는 나의 세계관이 세계의 전부라고 생각하고 저 너머에 다른 세계가 있을 것이 라고는 생각하지 않는다. 어쩔 수 없는 일이다. 내 주변에서 나를 걱정해 주는 이들, 가족, 학교, 사회, 국가, 이념, 종교는 다른 세계가 있다는 것 을 아는 것조차 위험한 일이라고 나를 단속해왔으니 말이다. 하지만 자기 세계의 지평을 진정으로 넓히고자 하는 사람이라면 언젠가 내면의 경계를 넘어서야만 한다. 그리고 확실한 것은 《베다》가 당신의 세계 너머에 위치한 거대한 대륙이라는 점이다. 오늘 우리는 이 대륙의 해안에 닻을 내릴 것이다. 한동안 이곳을 여행하며 자아와 세계에 대한 깊은 통찰을 얻어보자.

이제 마음의 준비가 되었으니, 《베다》의 형식부터 빠르게 정리해보자. 베다는 핵심 경전에 해당하는 상히타와 부속 경전으로 구분된다. 상히타는 네 가지 문서로 〈리그베다〉, 〈사마베다〉, 〈야주르베다〉, 〈아타르바베다〉를 말한다. 이 중 특히 중요한 문서는 가장 오래된 〈리그베다〉로, 신들에 대한 찬가와 기도가 기록되어 있다. 〈사마베다〉는 찬가들을 담고 있고, 〈야주르베다〉에는 제례 의식의 형식적 관례가, 〈아타르바베다〉에는 건강, 장수, 질병 치료 등 민간 신앙에서의 주술적인 내용이 정리되어 있다. 상히타는 의례에 참여하는 사제들의 네 가지 역할에 대한 지침서로 사용되었다.

부속 경전은 〈브라흐마나〉, 〈아라니아카〉, 〈우파니샤드〉다. 이 중 특히 중요한 문서는 〈우파니샤드〉로, 여러 다양한 신들에 대한 찬양을 주로 다루고 있는 《베다》와는 달리, 우주의 최고 원리를 탐구하는 심오한 철학을 전개하고 있다. 세계에서 가장 오래된 철학서인 〈우파니샤드〉는 《베다》의 끝, 마지막이라는 뜻의 '베단타'로 불리는 동시에 《베다》를 기반으로 한 브라만교의 폐쇄성을 비판하고 극복하는 역할을 수행하기도 했다. 이 문서는 이후 인도 사상 전체의 정신적 근원이 되었다. 낯선 단어들의 향연에 정신이 혼미한 사람이 있다면 〈리그베다〉, 〈우파니샤드〉 두 이름 정도만 기억해두자.

《베다》의 구성

- 핵심 경전 = **리그베다**
  (상히타)   사마베다
          야주르베다
          아타르바베다
- 부속 경전 = 브라흐마나
          아라니아카
          우파니샤드

아리아인이 《베다》를 중요시했던 건 그들의 세계관 때문이었다. 그들은 세계에 대해 하나의 거대한 순환적 모형을 갖고 있었다. 그것은 자연, 신, 사제, 인간이 서로 물고 물리는 인과적인 관계를 맺고 있다는 생각이었다. 이 순환적 세계관이 무엇인지 자연에서부터 풀어가 보자.

자연은 우리가 발 딛고 살아가는 환경이다. 이곳에는 풍요로운 대지가 있고, 알맞은 바람이 불고, 계절마다 적당한 비가 내리며, 낮과 밤의 시간이 흐른다. 문제는 질서가 깨어질 때였다. 폭풍, 홍수, 가뭄, 질병, 적의 침입 등이 발생하면 농사를 망치고 인간은 고통받는다. 인간은 자연의 무질서를 멈추고 질서를 유지해야 할 필요가 있었다. 고대인은 생각했다. 자연의 질서와 무질서를 결정하는 존재는 누구인가? 그들의 답은 '신'이었다.

신들은 우주의 원리를 지배했다. 그들은 서로 겨룸으로써 승리하거나 패배했고, 그 결과로 자연의 질서나 무질서가 발생했다. 그러니 인간은 질서를 유지하는 선한 신이 승리할 수 있도록 도와야 했다. 고대인은 다시 고민했다. 어떻게 신들을 도울 수 있단 말인가? 그때 등장한 존재가 사제였다.

브라만이라 불리는 이 최고의 계급은 꼬장꼬장한 사람들이었는데, 매우 세밀하고 정교한 제사와 의례 활동을 통해 신들을 돕고 그들을 움직일 수 있는 엄청난 능력의 소유자들이었다. 즉, 브라만 계급의 의도가 곧 신의 행동으로 드러난 것이다. 그렇다면 이제 그들이 열심히 제사를 지내도록 만들어야 했다. 고대인은 다시 고민했다. 어떻게 위대한 브라만이 적극적으로 제사를 지낼 수 있게 한단 말인가? 해답은 생각보다 간단했다. 신들을 쥐락펴락하는 사제들은 고맙게도 돈에 움직여주었다. 즉, 브라만을 움직이는 건 보통의 인간이었다.

인간은 브라만에게 사례하거나 물질을 제공하고, 자신들이 원하는 방향으로 신을 움직여달라고 의뢰했다. 그래야만 자신들이 발 딛고 살아가는 자연에서 풍요의 결실을 얻고 삶을 이어갈 수 있을 테니. 즉, 보통의 인간을 움직이는 건 자연이었다.

다시 자연은 신이 움직이고, 신은 사제가 움직였으며, 사제는 인간이 움직였다. 신, 사제, 인간, 자연은 서로가 서로의 원인이자 결과로 긴밀하게 엮여 공존했다. 고대인의 세계에서는 신이 월등하게 위대한 존재이고 인간은 보잘것없는 부속물이 아니었다. 모든 존재는 각자의 위치에서 역할을 다해야 했다. 그럴 때 질서가 유지되고 우주와 삶이 지속될 수 있었다.

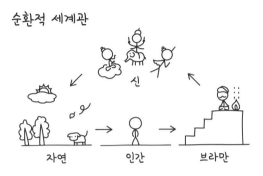

순환적 세계관

신

자연   인간   브라만

《베다》가 중요할 수밖에 없었던 것은 이 복잡하게 연결된 세계를 정교하게 운영하기 위한 방법이 그 안에 담겨 있었기 때문이다. 거기에는 신을 움직이는 제사 방법이 매우 상세하게 기록되어 있었다. 이것은 전문가가 아니면 엄두를 낼 수 없는 일이었다. 따라서 《베다》를 읽을 줄 알고 이에 따라 엄밀하게 의례를 행할 수 있는 브라만의 지위도 자연스럽게 높아졌다. 자신들이 신을 움직여 인간사를 좌우하는 능력을 가졌다는 이유로 그들은 스스로의 권위를 정당화했다. 브라만이라는 이름 자체가 우주를 창조한 최고의 신인 '브라흐마(범천, 梵天)'에서 기인한다. 브라만은 자신들의 혈통이 브라흐마로부터 이어진다고 믿었다. 참고로 이 최고의 인격신은 후에 우주의 원리인 추상적 실체 '브라흐만(범, 梵)'이 된다. 뭔가 복잡해 보이니 정리하고 넘어가자.

브라흐만(범)　 = 　원리, 진리

브라흐마(범천)　 = 　인격신

브라만(바라문) = 　사제

　　시간이 흐르면서 브라만의 높은 신분과 권위는 고착되었다. 이것이 잘 알려진 인도의 계급 세습 제도인 카스트의 시작이었다. 카스트 제도에서 가장 높은 계급은 당연히 브라만이다. 그 아래 계급은 군인 계급인 크샤트리아다. 이 귀족 계급은 군대를 통솔하고 정치를 담당했다. 세 번째 계급은 평민 계급인 바이샤다. 이들은 농업, 상업, 공업, 목축을 담당했다. 마지막 계급은 천민 계급인 수드라다. 이들은 피정복민이나 노예, 노동 계급으로 하인, 청소부 등 육체노동을 하는 직업을 가졌다.

바이샤와 수드라의 차이점은 바이샤가 일반 근로, 상업에 종사하는데 비해 수드라는 당시의 관점에서 저급한 노동을 했다는 것이다.

이후 네 가지 계급 말고도 어떤 계급에도 속하지 못하는 제5계급이 나타났는데, 그들을 불가촉천민이라고 불렀다. 이 말은 '이들과 닿기만 해도 부정해진다'라는 의미를 담고 있었다. 이들에 대한 차별은 최근에 이르기까지 끔찍하게 이어졌는데, 20세기에 마하트마 간디는 이들을 신의 아들이라는 의미의 '하리잔'으로 부를 것을 제안했다.

베다의
신화

신에 대한 세 가지 구분

인류의 사상 전체가 담겨 있다고 해도 과언이 아닐 정도로 《베다》는 인간이 가질 수 있는 다양한 사고방식을 포함하고 있다. 특히 신들도 매우 다양한 모습으로 등장하는데, 흥미로운 것은 일견 모순되어 보이는 관점들이 공존한다는 점이다. 다수의 신이 존재한다는 다신교적 관점이 담겨 있는 동시에, 절대적인 유일신을 상정하는 관점이 포함되어 있고, 또 우주 만물에 내재하는 보편자를 의미하는 범신론(汎神論)의 관점도 들어 있다. 인류가 상상할 수 있는 신과 우주에 대한 관점이 알파부터 오메가까지 담겨 있다고 볼 수 있겠다.

신에 대한 여러 관점을 이해하기 위해 먼저 개념을 정리할 필요가 있겠다. 우리가 평소에 '신'이라는 단어를 사용하는 방식은 크게 세 가지다. 편의를 위해 각각을 A, B, C 유형으로 분류해보자.

신에 대한 구분

C유형 : 초월적 능력자

B유형 : 창조주

A유형 : 궁극의 전체

우선 C유형은 셋 중에 인간과 비슷한 외형을 가진 가장 구체적인 유형으로, 인간적 능력을 월등히 뛰어넘는 존재로서의 신을 말한다. 그리스·로마 신화의 제우스, 아폴론, 디오니소스 등이 여기에 속한다. 또 베다 신화에서는 태양의 신 미트라, 불의 신 아그니, 천둥과 폭풍의 신 인드라 등이 여기에 해당된다. 이들은 초월적 능력자로서의 신이다.

다음 B유형은 우주와 세계의 창조자이자 유일한 지배자로서의 신이다. 《구약》의 하느님, 하나님, 야훼, 여호와, 알라가 여기에 속한다. 또한 중국 신화의 반고와 조로아스터교의 아후라 마즈다가 여기에 해당된다. 베다 신화에서는 하늘과 땅, 태양과 창공을 창조하고 신들의 위에 군림하는 유일신 프라자파티와 만물을 만든 자로서의 신 비슈바카르만이 등장한다.

마지막으로 세 유형 중에서 가장 추상적인 A유형은 특정 존재나 인격적 주체가 아니라 우주 전체, 혹은 우주의 근본 원리, 거대 법칙으로서의 신이다. 베다 신화의 브라흐만이 이 유형의 가장 전형적인 모습이다. 브라흐만은 인간성을 넘어서 만물의 근거가 되는 대우주의 본질이다.

노장 사상의 도(道), 불교의 열반 혹은 공(空), 그리고 현대 물리학의 모든 것의 이론(ToE)이 그리는 세계가 여기에 부합한다. 이것은 추상화 과정의 끝으로, 궁극의 전체를 의미한다.

각 유형은 차례로 다신론, 유일신론, 범신론이라고 말해진다. 여기서 B유형인 유일신론과 A유형인 범신론은 일반적으로 대립되는 개념으로 알려져 있다. 그것은 이들이 신과 인간의 관계에 대해서 큰 관점의 차이를 보이기 때문이다. 유일신론은 신과 인간을 단절의 관계로 파악하는 반면에 범신론은 신과 인간을 동일 선상에서 이해한다. 예를 들어 B유형에 속하는 《구약》의 하느님은 우주와 세계의 창조주이지, 그의 창조물인 인간과 동일한 존재가 아니다. 신은 신이고, 인간은 인간일 뿐이다. 따라서 보통의 인간이 '내가 신이다'라고 말하는 것은 결코 인정되지 않는다. 반면에 A유형인 《베다》의 브라흐만은 우주와 세계 그 자체인 동시에 개별적인 인간의 참된 자아와 동일시된다. 즉, 신은 모든 것이고, 자아의 본질은 신과 동일하다. 여기서는 '내가 신이다'라는 말이 불경하지 않다.

신과 인간의 관계

B유형 :   창조주   →   신 ≠ 인간

A유형 : 궁극의 전체 →   신 = 인간

신의 세 가지 유형을 간략하게 구분했다. 이를 통해 말하고자 하는 것은 이 중에서 어떤 관점이 옳고 어떤 관점이 그른가에 대해서가 아니다. 혹은 개인이 갖고 있는 신념과 믿음이 옳은지 그른지를 판단하기 위해서도 아니다. 이러한 분류 작업을 하는 것은 일상적인 언어 활동에서 우리가 쉽게 사용하는 신이라는 단어가 얼마나 다양한 의미로 사용될 수 있는지를 확인해보기 위해서다. 우리는 타인과 동일한 언어를 사용해서 원활한 의사소통을 한다고 믿는다. 하지만 실제로 각자가 사용하는 언어는 대부분 상이하고, 이로 인해 서로가 이해하는 의미도 다를 수밖에 없다.

이러한 언어의 주관성은 바꿔 말하면 개인이 사용하는 언어가 그 사람의 내면을 반영하는 표식이 된다고도 할 수 있다. 신이라는 언어 역시 마찬가지다. 내가 사용하는 신이라는 단어의 개념은 나의 내면의 크기와 형태를 그대로 반영한다. 내가 기독교인이라면 내가 사용하는 신이라는 단어는 기독교의 신일 것이고, 내가 힌두교인이라면 내가 사용하는 신이라는 단어는 힌두교의 신일 것이다. 내가 뿌리 깊은 자유주의자라면 나의 신도 자유주의자일 것이며, 내가 사회주의자라면 나의 신도 사회주의자일 것이다. 내가 절대주의자라면 나의 신도 그러할 것이고, 내가 상대주의자라면 나의 신도 그러할 것이며, 내가 작은 사람이라면 나의 신도, 내가 큰 사람이라면 나의 신도 그러할 것이다. 사실 우리는 이미 알고 있다. 누군가 신을 말할 때, 그 신은 발화자의 내면을 반영한다. 신은 각자의 마음 안에 산다.

《베다》에 대한 이야기로 돌아오자. 이 오래된 문서에는 흥미롭게도 세 종류의 신이 동시에 등장한다. 우선 C유형에 해당하는 초월적 능력자로서의 신들이 있다. 이 어벤져스 신들은 대부분 자연 현상에 대응한다. 고대 인도인은 자연의 공간을 하늘, 중간, 땅으로 구분하는 세계관을 갖고 있었고, 여러 자연 신들이 각자의 위치에서 활동하며 자연을 주관한다고 생각했다.

우선 하늘의 영역에는 태양의 신 미트라와 여명의 신 우샤가 활동한다. 중간 영역에서는 아리아인의 수호신이자 천둥 번개의 신인 인드라, 비와 구름의 신 바따, 바람의 신 바유가 활동한다. 마지막으로 땅의 영역에서는 땅의 신 프르티비와 약초의 신 쏘마 그리고 가장 중요한 신 중 하나인 불의 신 아그니가 활동한다. 아그니는 인간의 영역과 신의 영역을 연결해주는 신으로, 인간이 공물을 바치면 아그니의 입인 불이 그것을 잘 태워 신의 영역으로 옮겨주는 역할을 한다. 인도인이 신의 수를 말할 때 333, 3339, 3억3천만 등의 3의 배수로 제시한 것은 자연에 대한 그들의 세계관이 이처럼 세 부분으로 나눠져 있어서다.

자연신 외에도 인간의 감정과 관념도 신으로 묘사되었다. 즉, 욕망, 슬픔, 좌절, 승리 등의 감정 상태를 상징하는 신들이 있었다. 예를 들어 언어의 신 바크, 지력의 신 닥샤, 신념의 신 슈랏다, 격정의 신 마니유 등이 이에 속한다. 이런 측면에서 볼 때, 신화에 등장하는 신들을 그저 완전한 허구로 치부하거나 혹은 신화 시대를 살아가던 고대인을 그저 미개한 사람들로 생각하는 것은 합리적이지 않다. 신화 시대의 신들은 어떤 면에서 실재한다. 이들은 자연 현상과 인간 정신이라는 구체적 실체를 이해하기 위한 고대인의 하나의 설명 방식이었다.

하지만 이처럼 정신없이 많은 신에 대한 개념은 결국 최고의 유일신, B유형으로 나아갈 수밖에 없다. 이것은 논리적인 귀결이다. 우리는 이런 질문을 던지게 된다. 그렇다면 다양한 신들은 어디에서 왔는가? 이토록 많은 신을 낳은 자는 누구이고, 자연 현상과 인간 정신을 창조한 주체는 누구인가? 《베다》는 모든 것의 창조자인 최고신을 제시함으로써 이 질문에 답한다. 모든 것의 주인이라는 의미의 프라자파티, 모든 생물의 창조자라는 의미의 트바슈타, 세계를 만든 자라는 의미의 비슈바카르만, 그리고 우주의 창조자인 브라흐마가 있다. 수많은 신과 자연과 인간은 이 궁극적 실체로부터 기인했다는 것이다.

모든 것의 기원에 대한 이러한 설명은 많은 사람을 만족시켰지만 일부 사람들은 그렇지 못했다. 그들은 창조자라는 인격적이고 종교적인 설명보다 더 철학적이고 근원적인 설명을 요구했다. 결국 깊은 사유와 성찰을 통해 존재의 기원과 본질에 대해 설명하는 A유형의 철학적 논의가 등장했다. 〈우파니샤드〉가 정리된 것이다. 반갑지 않은가? 우리가 앞서 접했던 이름이다. 〈우파니샤드〉는 인격신으로 서술된 '브라흐마'를 철학적 개념인 '브라흐만'으로 치환했다. 마지막 글자에 'ㄴ' 하나 붙인 게 뭐가 그리 대단한가 생각할 수도 있지만, 중요한 건 단어의 변화가 아니라 단어가 담고 있는 의미가 바뀌었다는 사실이다. 이제 사람들의 고민과 탐구 주제는 달라졌다. 〈우파니샤드〉 이후의 사람들은 창조자와 피조물의 주종 관계가 아니라, 전체로서의 우주와 개체로서의 자아가 어떠한 관계를 맺을 수 있는지를 물었다. 인류는 신화의 시대를 넘어섰다. 우주의 원리에 대해 철학적으로 탐구하는 사유의 시대로 나아가고 있었다.

신의 유형에 따라 개인이 고민하는 주제

B유형 : 피조물로서의 나의 역할과 의무는 무엇인가?

A유형 : 우주 전체와 자아의 본질은 어떻게 관계 맺는가?

일원론의
시작

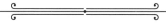

고대 인도인이 찾은 궁극의 지혜

〈우파니샤드〉는 기원전 5세기부터 기원전 1세기까지 오랜 시간에 걸쳐 정리된 문서다. 산스크리트어로 '가까이 앉다'라는 뜻으로, 스승과 무릎이 닿을 정도의 가까운 거리에서 제자들에게 비밀스럽게 전수되는 지식을 의미한다. 〈우파니샤드〉는 《베다》의 방대하고 복잡한 내용 중에서 핵심이 되는 사상을 철학적으로 체계화했다. 그만큼 《베다》에 비해 현대인의 감성에 더 부합하고 잘 읽히는 면이 있다. 《베다》는 너무 많은 신의 이름이 등장하고 찬양을 반복하므로, 막상 읽어보면 내가 지금 무엇을 보고 있는지 정신이 혼미해지는 경향이 있다. 반면 〈우파니샤드〉는 전체 내용을 관통하는 선명한 주제 의식을 통해 독자를 심오한 사유의 세계로 초대한다는 점에서 생각보다 흥미롭게 읽히는 고전이다.

대부분의 한국인에게 〈우파니샤드〉의 이름 자체가 생소한 것이 사실이다. 이 책을 읽고 있는 당신도 어쩌면 오늘 처음 들었을지도 모른다.

물론 모른다고 해서 문제될 것은 없다. 먹고사는 데 그다지 도움이 되는 것도 아니다. 다만 당신이 스스로 인문학에 관심이 있다고 생각하는 사람이라면, 혹은 자기 내면의 질문에 맞서 진리를 찾아 헤매는 구도자라면 〈우파니샤드〉를 펼칠 필요가 있다. 앞서 말했던 것처럼 이것이 당신에게 드러나지 않았던 절반의 세계이고, 인류 역사 속 수많은 사람이 이 안에서 마음의 평화와 안식을 얻었기 때문이다. 서양 사상사의 위대한 지성 쇼펜하우어가 라틴어로 된 〈우파니샤드〉를 가까이 두고 습관적으로 읽고 연구했다는 것은 잘 알려져 있다. 노년에 그는 〈우파니샤드〉를 이렇게 평가했다. "이 책은 가장 값지고 수준 높은 지혜다. 지구 위에서의 내 삶의 위안이었고, 동시에 내 죽음의 위안이었다."

〈우파니샤드〉는 지역과 시대를 넘어 인류의 세계관에 깊은 영향을 미쳤다. 한국은 직접적인 영향을 받은 것은 아니었지만 불교를 통해서 그 세계관을 받아들였다. 우리가 흔히 사용하는 업, 윤회, 해탈의 세계관이 여기에서 비롯된 것이고, 불교의 열반과 삼고 등 수많은 개념도 여기에서 왔다.

그렇다면 〈우파니샤드〉의 탐구 주제는 무엇인가? 그것은 의외로 단순하고 명료하다. 핵심은 세 가지로, 전체로서의 '세계', 부분으로서의 '자아', 그리고 이 둘의 '관계'다. 세계, 자아, 관계. 이것이 〈우파니샤드〉가 탐구하는 분야다. 각각에 대해 알아보자.

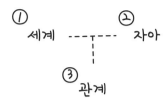

우선 전체로서의 ① 세계는 브라흐만이라고 한다. 이것은 자아 외부의 세계, 말 그대로 모든 것을 말한다. 우주와 물질, 시간과 공간, 사회와 제도, 인간과 동물부터 초월적 능력을 가진 신에 이르기까지 모든 것을 아우른다. 잠시 책에서 눈을 떼고 맑은 정신으로 당신 주위의 세계를 둘러보자. 눈 안에 들어오는 모든 것과 그것을 넘어선 모든 것. 그것이 브라흐만이다. 〈문다카 우파니샤드〉에서는 모든 것으로서의 브라흐만을 다음과 같이 설명한다.

그 불멸의 브라흐만이

모두의 정면에

뒤에

오른쪽에

왼쪽에도 존재하며

위 아래로도 퍼져 있나니

이 모든 세상은 훌륭한 브라흐만 그 자체로다.

― 〈문다카 우파니샤드〉

다음으로 부분으로서의 ② 자아는 아트만이라고 한다. 이것은 자아 내면의 세계, 내 안으로 펼쳐진 모든 것의 근원을 말한다. 당신의 내면에는 무엇이 있는가? 그곳에는 여러 관념들과 정체성, 기억, 욕망과 좌절, 슬픔과 기쁨, 용기와 두려움 등이 있을 것이다. 이 모든 '나'라고 생각되는 것들 전체와 이것들을 가능하게 하고 발현하는 본질의 '나'. 이것이 아트만이다. 잠시 눈을 지그시 감고 맑은 정신으로 당신의 내면을 들여다보자. 그 내면에 펼쳐진 광활한 모든 것. 이것이 아트만이다. 〈아이타레야 우파니샤드〉에서는 아트만을 다음과 같이 설명한다.

아트만은 누구인가?

그로 인해 볼 수 있고, 그로 인해 들을 수 있고, 그로 인해 냄새를 맡을 수 있으며, 그로 인해 말을 할 수 있고, 맛이 있는 것과 없는 것을 구별할 수 있도다.

그는 심장이며, 마음이며, 의식이며, 인식이며, 지성이며, 지혜이며, (…) 기억이며, 상념이며, 결단이며, 생기이며, 욕망이며, 통제력이다.

이 모든 것은 '의식'의 또 다른 이름들이다.

– 〈아이타레야 우파니샤드〉

아트만은 '의식'을 의미한다. 하지만 즉각적으로 와 닿지 않는다. 의식이라는 말은 어렵고 익숙하지 않다. 우선은 당신의 주관을 의미한다고 생각하자. 이렇게 표현할 수도 있겠다. 관찰자, 보는 자, 경험하는 자,

체험자, 인식 주체, 당신 안에 앉아 당신의 오감을 느끼고 있는 바로 그 존재. 감이 오는가? 뭔 소리인가 싶을 수도 있다. 걱정할 거 없다. 이 책 전체가 이 의식에 대한 이해를 향해 수렴해간다. 이 책이 끝나기 전 중간 어딘가에서, '아, 이거!' 하고 이해하게 될 것이다.

우리는 아직 의식, 아트만에 대해 감을 잡지 못했지만, 고대 인도인은 이미 한발 더 나아갔다. 이들은 아트만을 깊게 탐구한 끝에 다음과 같은 결론에 도달했다. 〈우파니샤드〉에 따르면 이 내면의 주관자인 아트만은 신체에 종속되지 않고, 변화하지도 않는다. 〈카타 우파니샤드〉에서는 다음과 같이 설명한다.

그 아트만은

누구에 의해서 생겨나는 것이 아니며

누구에 의해 죽게 되는 것도 아니며

그 자신 이외의 다른 어떤 근원에서 생겨난 것이 아니며

어떤 다른 것을 낳지도 않는 것이라.

그러므로 이 아트만은 태어난 적이 없으며

육신이 죽는다고 해서 사라지는 것이 아니다.

– 〈카타 우파니샤드〉

〈우파니샤드〉는 불변의 두 가지 근원을 상정하고 있는 것이다. 바로 브라흐만과 아트만이다. 오늘날의 우리가 이해하기 쉬운 용어로 바꿔보

면 '우주 전체'와 '나의 마음' 정도가 되겠다. 이로써 세계는 둘로 구분된다. 즉, 이원론적 세계가 되었다. 여기까지는 뭐 그런대로 이해가 된다. 이 다음부터가 문제다.

〈우파니샤드〉는 이원론에서 멈추지 않고, 과감하게 한발을 더 내딛는다. 서로 달라 보이는 두 개의 근원이 사실은 하나라고 선언함으로써 세계와 자아의 ③ 관계를 밝히는 것이다. 즉, 브라흐만과 아트만은 하나다. 이것을 '범아일여(梵我一如)' 사상이라고 한다. 방대하고 심오한 문서인 〈우파니샤드〉의 결론은 명확하다. 범아일여. 이것이 모든 것의 결론이다. 모든 것이 이 네 글자 안에 담겨 있다. 여기서의 '범(梵)'은 브라흐만을 한역한 것이고, '아(我)'는 아트만을 한역한 것이다. '일여(一如)'는 오직 하나라는 뜻으로, 둘이 아니라 하나라는 의미다.

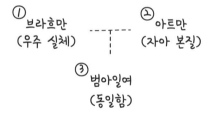

이를 종합하면 〈우파니샤드〉의 결론은 이렇게 말할 수 있다. "네 밖에 펼쳐진 광활한 우주의 실체와, 네 안에 펼쳐진 자아의 본질은 궁극으로 하나다."

이 모든 것이 브라흐만이며

아트만이 바로 브라흐만이다.

– 〈만두끼야 우파니샤드〉

이것이 고대 인도인이 찾아낸 궁극의 지혜다. 하지만 〈우파니샤드〉의 가르침은 경험적이고 실증적인 현대인에게는 낯설고 이해하기 힘든 결론이다. 우주나 세계는 나의 밖에 존재하는 것이고, 나 혹은 자아라는 것은 내 몸 안쪽에 있는 것이 아닌가? 이렇게 선명하게 다른 것을 어떻게 무턱대고 하나라고 말할 수 있는가? 하지만 낯설고 납득하기 어렵다고 해서 범아일여를 쉽게 지나칠 수는 없다. 왜냐하면 이 개념이 시대와 장소를 망라해서 수많은 지혜로운 사람에 의해 말해지고 새롭게 쓰여왔기 때문이다. 지혜로운 이들은 범아일여의 지혜가 깨달음과 해탈에 이르는 길임을 알고 있었다. 그들은 범아일여를 단지 언어적 차원에서가 아니라 체험적으로 이해하려 했다. 우리가 그것을 체험하게 되면 궁극의 지혜에 닿을 것임을 위대한 스승들은 알고 있었던 것이다.

당신이 지금 읽고 있는 이 책 전체를 관통하는 가장 중심적인 개념이 범아일여인 이유가 여기에 있다. 이 초월적 사유는 과거로부터 미래로 이어지는 긴 시간 동안 인류가 통찰했던 가장 심오하고 근원적인 사유이고, 어떤 기반도 없이 현실을 헤매는 현대인이 다시 기억해야만 하는 사유다. 차근차근 살펴보자.

범아일여의
현대적 의미

자아, 세계 그리고 관계

내용물을 담는 그릇의 이름은 변해왔다. 그것은 베다, 우파니샤드, 베단타 철학, 또는 힌두교 등으로 불렸다. 그릇의 이름은 6천 년의 시간을 따라 변해갔지만, 그릇에 담긴 내용물은 그대로 이어졌다. 범아일여. 우리는 생각해보아야 한다. 도대체 왜 범아일여인가? 가장 오래된 지혜이자 최고의 지혜가 왜 하필이면 이것이란 말인가? 이를 조금 더 가깝게 이해하기 위해서는 현대적인 질문들과 연결해볼 필요가 있다.

범아일여는 오늘날의 인문학이 다루는 세 가지 주제를 모두 담고 있다. 우선 '범', 브라흐만은 세계 전체를 의미하므로 오늘날의 의미에서는 '세계는 무엇인가?'라는 주제에 대응한다. 다음으로 '아', 아트만은 자아를 뜻하고 오늘날의 '자아는 무엇인가?'라는 주제에 대응한다. 마지막으로 '일여'는 오직 하나라는 뜻이므로 '세계와 자아의 관계는 무엇인가?'

라는 주제에 대응한다. 지금부터 이 세 주제를 따라가며 범아일여가 도대체 무엇인지 구체적으로 체득해보려 한다.

나는 무엇인가

자아에 대한 질문부터 시작해보자. 당신은 어떻게 생각하는가? 당신 자신이 무엇이라고 생각하는가? 어려운 문제다. 우리가 답을 알았다면 이 책을 읽고 있지도 않을 것이다. 거꾸로 생각해보자. 내가 임시로 걸치고 있는 건 내가 아닐 테니 그런 것부터 벗어내보자. 우선 내가 지금 입은 옷은 내가 아니다. 당연한 거 아닌가? 두말할 것도 없으니 일단 옷은 벗어 옆에 잘 개어두자. 다음은 사회적 역할이다. 학생, 직장인, 주부, 교회 집사 같은 것도 당연히 나의 본질이 아니다. 이것도 벗어서 옆에 잘 두자. 이번에는 생물학적 관계다. 누군가의 아버지, 누군가의 딸, 누군가의 형제, 누군가의 자매 등 이런 관계는 나의 인생에서 매우 중요한 역할을 만들어내지만 그렇다고 자아의 본질적 특성이라 말하기는 어려우므로 벗어두자. 다음은 나의 신체다. 우리가 곧잘 이것이 나라고 생각할 만한 강력한 무엇이 나타났다. 하지만 천천히 생각해보면 나의 신체도 본질적인 내가 아니다. 만약 나에게 다리가 사라진다면 혹은 시각이 사라진다면 그것은 더이상 내가 아닌 것인가? 그렇지 않다. 그것과 무관하게 나는 남아 있을 것이다. 혹시 내가 성전환을 하게 된다면, 혹은 기술이 충분히 발달하여 내가 기계 몸을 갖게 된다면 그것은 내가 아닌가? 나의 능력이나 내가 하는 행위의 형태는 달라질 수 있겠지만 그래도 나는 그 것이 나임을 느낄 것이다. 신체도 옆에 벗어두자. 이제 거의 다 왔다. 다 음으로 나의 정신은 어떤가? 나의 지능, 나의 기억, 내가 사용하는 언어 능력, 심리적 욕망 등. 엄밀한 의미에서 이런 것들도 본질적인 자아라고 할 수 없다. 내 지능이 향상되거나 저하되어도, 내가 새로운 추억을 쌓거 나 옛 기억을 상실해도, 신체 변화에 따라 나의 욕구와 욕망의 형태가 달 라져도 나는 자신을 자신이라 느낄 것이다. 그러니 정신도 벗어내자. 이 제 옆에 쌓아놓았던 나의 껍질 무더기를 바라보자. 자아라고 생각했던 모든 것이 쌓여 있다.

그렇다면 이제 당신은 어떤 모습으로 거기에 있는가? 당신에게 남은 건 무엇인가? 만약 그런 것이 있다면, 그것은 단 하나뿐이다. 당신의 1인 칭 관점, 무엇인가를 보는 자, 바로 그 자리에서 세계를 받아들일 준비가 된 능력, 관조하는 무엇, 다시 말해 텅 빈 의식만이 남아 있다.

이 의식은 특정한 사고방식을 말하는 것이 아니다. 이것은 하나의 능력이다. 즉, '내면을 경험하는 능력'이라고 할 수 있다. 이러한 의식 능력을 이해하기 위해 영화 영사기를 떠올려보자. 영사기 앞에는 필름이 돌아가고, 영사기의 빛이 필름의 상을 스크린에 비춘다. 그러면 우리는 스크린에 맺힌 상을 실재인 것처럼 경험하게 된다. 이것은 의식이 작동하는 모습과 동일하다.

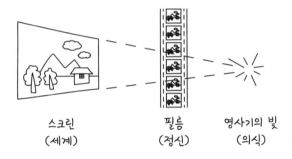

스크린   필름   영사기의 빛
(세계)   (정신)   (의식)

우리의 내면에는 빠르게 돌아가는 필름이 있다. 기억, 감각, 감정, 꿈, 느낌이 돌아가며 세상을 그려낸다. 이때 이러한 모든 정신적 작용을 일으키는 영사기의 빛이 의식이다. 스스로는 특정한 상을 갖지 않지만 모든 상을 일으켜 세우는 순수한 가능성의 상태, 이것이 자아의 순수한 본질적 상태다. 고대 인도인은 자기 내면의 이 투명한 의식을 아트만이라 부른 것이다.

세계란 무엇인가

자아의 본질이 의식임을, 하나의 투명한 의식 능력임을 이해하는 사람은 세계의 실체에 대한 새로운 통찰을 갖게 된다. 즉, 자아는 하나의 등불이고 세계란 그저 그 등불이 비추는 범위임을 알게 된다. 어떤 면에서 이것은 사유의 전환을 가져온다. 이제 고정되어 있는 것은 세계가 아니라 자아다. 등불이 고정된 세계 위를 걸어 다니는 것이 아니라, 고정된 등불의 범위 안에 세계가 스쳐 지나가고 있는 것이다. 이러한 사유의 전환은 서양 철학에서도 이루어졌다. 이를 관념론이라 한다.

세상에는 두 가지 세계관이 있다. 그것은 실재론과 관념론이다. 이 둘을 비교해보고 당신은 어떤 관점이 더 사실에 부합하다고 느끼는지 판단해보면 좋겠다. 우선 실재론은 상식적인 세계관으로, 세계가 자아보다 앞서 있다는 관점이다. 반면 관념론은 자아가 세계보다 앞서 있다는 관점이다. 이를 비교하기 위해 머릿속에 도구 하나를 준비하자. 이 도구는 크고 둥근 구(球)다. 원 말고 구. 이 구는 세계를 상징한다. 이제 이것을 가지고 두 세계관을 비교해보자.

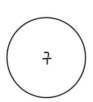

우선 실재론에서는 세계가 고정되어 있다. 우주, 은하, 태양계, 지구, 국가, 사회 등. 그것이 무엇이든 세계라는 것이 먼저 있었다. 그리고 나중에 나라는 존재가 태어나서 그 세계 위를 걸어 다니고 있는 것이다. 우리 머릿속에 준비한 구를 지구로 색칠하면 되겠다. 나라는 존재는 그곳 어딘가에서 태어났다. 이러한 세계관은 매우 상식적이다. 이 세계관에 따르면 세계는 실제로 존재한다. 실재론은 세계가 나의 존재와는 무관하게 외부에 진짜 있다고 믿는 관점이다.

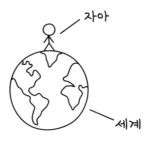

다음으로 관념론에서는 자아가 고정되어 있다. 나의 마음, 정신, 내면, 의식 등 그것이 무엇이든 자아가 앞서 있다. 그리고 내면이 탄생하는 동시에 세계가 나의 내면 세계에 드러난다. 우리 머릿속에 준비한 구를 투명한 수정구슬이라고 생각하면 되겠다. 수정구슬은 나의 마음 혹은 의식으로, 유일한 실재다. 세계는 그 수정구슬 안에 왜곡되어 비치는 이미지다. 그렇다고 할 때 세계는 실제로 존재하는 무엇이 아니게 된다. 그것은 하나의 이미지에 지나지 않는다. 우리가 세계를 본다는 것은 언제나 내 마음이 그려낸 이미지로서의 세계를 보는 것이다. 내 마음은 그저 내 마음을 본다. 이러한 세계관은 상식적이지 않다. 관념론에 따르면 진짜 존재한다고 말할 수 있는 것은 나의 마음, 의식, 관념일 뿐이다. 내 앞의 세계는 그저 하나의 거대한 가상이다. 그래서 인도인은 이 세계를 환영이라는 의미의 '마야'라고 불렀다.

그렇다면 진짜 세계는 무엇일까? 고대 인도인은 마야 너머의 실체를 상상했다. 하지만 그 실체는 오늘날 우리가 상상하는 물질적 세계가 아니었다. 그들은 우주적 의식을 사유하고자 했고, 이 상상할 수 없이 심오한 존재에 일단 브라흐만이라는 이름을 붙였다.

세계와 자아의 관계는 무엇인가

당신은 실재론과 관념론 중에 어떤 세계관이 더 사실을 반영한다고 생각하는가? 흥미로운 것은 우리가 어떤 세계관을 받아들이느냐에 따라 세계와 자아의 관계에 대한 이해까지 달라진다는 것이다. 우선 실재론의 세계관에서는 세계와 자아가 분리된다. 당신이 이 세상에서 사라진다 해도 세계는 그대로 남아 있을 것이다. 세계와 자아의 존재는 서로 독립되어 있다. 하지만 관념론의 세계관에서는 세계와 자아가 분리되지 않는다. 그렇지 않은가? 수정구슬과 그 안에 왜곡되어 담긴 세계의 이미지는 떼어지지 않는다. 즉, 자아가 사라지면 세계도 함께 사라진다.

이 차이는 매우 중요하다. 그것은 실재론은 결국 세계와 자아의 분리라는 이원론으로 향하고, 관념론은 세계와 자아를 통합적으로 고려하는 일원론으로 향하기 때문이다. 고대 인도인은 자아와 세계의 미분리를 이해했다. 그리고 한발 더 나아가 그들은 자아의 의식이 우주의 의식과 다르지 않음을 내면으로의 침잠 속에서 깊게 체험했다. 무한한 우주로 향하는 출구가 자기 내면에 있음을 깨달았던 것이다.

그들은 친절하게도 자신들이 깨달은 지혜를 후대인도 쉽게 이해하기를 바랐던 것 같다. 그래서 언어를 단순화하고 명료하게 정리했다. 그리고 제자들을 무릎이 닿을 정도로 가까이 모은 후에 이 지혜를 전달했다. 그렇게 지혜는 전달되고 전달되었다. 시간이 흐름에 따라 지혜를 담는 그릇의 이름은 변해왔다. 그것은 베다, 우파니샤드, 베단타 철학, 또는 힌두교 등으로 불렸다. 그릇의 이름은 6천 년의 시간을 따라 변해갔지만, 내용물은 그대로 이어졌다. 그리고 그 지혜는 현대를 살아가는 우리에게까지 전달되었다. 지혜의 이름은 범아일여로 표현되었다.

사회적
영향

내면을 탐구하는 자들의 시대

〈우파니샤드〉는 《베다》에 속한 문서지만, 동시에 당시의 사람들이 그것의 권위로부터 벗어나서 독자적인 길을 걸을 수 있게 했다. 사람들은 《베다》에 지쳐 있었다. 신에 대한 엄격한 제사를 너무도 중요시함으로써 사제 계급인 브라만의 영향력을 과도하게 키웠기 때문이다. 브라만 지상주의가 퍼져갔고, 그들이 부와 권력을 독점하면서 브라만은 부패하고 타락했다. 이러한 시대적 상황에서 〈우파니샤드〉의 등장은 단비와도 같았다. 〈우파니샤드〉는 브라만에게 매달리고 의존할 것이 아니라 진리를 찾아 자기 자신의 내면으로 들어갈 것을 제안했다. 자기 내면에 대한 탐구는 오롯이 자기 자신의 문제였기에 〈우파니샤드〉 이후의 사람들은 독자적인 깨달음의 길로 나아갈 수 있었다. 그들은 명상과 요가를 통해 정신과 신체를 제어하고, 고행과 단식을 함으로써 영혼을 정화하고자 했다. 세상과 인연을 끊고 진리를 찾아 내면으로 침전해나가는 이들을 인도인은 '노력하는 사람'이라는 뜻의 슈라마나라고 불렀다. 이들은《베다》의 엄격한 전통을 따르는 브라흐마나와 구분되었다. 이들을 각각 사문과 바라문이라고 한역해서 부르는데, 우리는 [불교] 파트에서 이들을 다시 만나게 될 것이다. 그때 낯설지 않기 위해 지금 이 두 단어 정도는 기억해두는 것도 괜찮겠다. 슈라마나와 브라흐마나, 즉 사문과 바라문.

슈라마나
사문
(개인 깨달음 중시)

브라흐마나
바라문
(전통 중시)

참고로 말하면, 붓다는 이 시대에 활동한 인물이었다. 그가 〈우파니샤드〉를 접했는지는 확실하지 않다. 다만 개인들이 자신의 깨달음을 위해 출가하여 수행자가 되고 고행자가 되던 시기에 그가 살았던 것만은 확실하다. 붓다는 몇몇의 현인들과 단체를 찾아가 가르침을 받았다. 하지만 이것으로 부족하다 생각했고, 진정한 깨달음을 얻기 위해서는 자신의 내면으로 들어서야 한다고 생각했다. 붓다는 스스로의 깨달음 이후 바라문과 사문의 문제점과 한계를 지적했으나, 당시의 사람들은 붓다가 수많은 사문 중 하나라고 생각했다.

사문과 바라문. 이 단어는 우리에게 익숙하지 않다. 하지만 이 단어가 담고 있는 의미는 매우 일반적이다. 오늘날에도 종교, 철학, 사상을 받아들이는 방식에서 두 종류의 사람을 만나게 된다. 전통과 교리에 얽매이지 않고 자신의 깨달음과 이해를 중요시하는 사람이 있고, 반대로 자신의 생각을 개입하는 것을 극도로 경계하고 전통적 견해와 공식적 인정을 중요시하는 사람이 있다. 둘 중에 어떤 선택을 하더라도 그것이 자신의 신념에 따른 자유로운 선택이었다면 문제 될 것은 없다. 문제가 되는 사람은 하나의 선택만이 옳고 다른 선택은 틀렸다고 믿는 사람일 뿐이다. 당신은 어떤 사람인가? 당신은 사문인가, 바라문인가? 진리, 철학, 세계관, 신앙에서 지금 어떤 방향으로 나아가고 있는가?

자신의 내면을 탐구함으로써 진리를 깨달을 수 있다는 〈우파니샤드〉의 가르침은 인도의 독특한 문화로 자리 잡았다. 수많은 인도인이 인생의 여정 중 특정한 때에 시간을 비우고 온전히 내면을 탐구하는 기간을 계획했다. 특히 다음 네 단계를 이상적인 인생의 과정이라 생각하고 실천했다.

1. 유년기 : 부모의 보호 아래《베다》를 배우는 시기.
2. 청년기 : 결혼을 하고 가업을 이으며, 가정과 사회를 돌보는 시기.
3. 수행기 : 자녀에게 가업을 물려주고 은퇴해 자기 내면을 찾는 시기.
4. 유행기 : 숲 속의 암자로 들어가서 세상과 인연을 끊고 궁극의 진리를 향해 내면으로 침전하는 시기.

오늘날 우리에게 이상적인 삶의 모습은 무엇인가? 당신은 인생에 대해 어떤 전망과 계획을 갖고 있는가? 좋은 대학에 가고, 높은 연봉의 회사에 취업하고, 더 좋은 집과 더 좋은 자동차를 갖고, 안락한 노후를 보내길 꿈꾸고 있는가? 당신은 누구인가? 도대체 어떤 존재로 이 세계에 눈떴기에 그런 꿈을 좇고 있는가? 이 핑계 저 핑계를 대며 단 한 번도 자신을 찾기 위한 시간을 가져본 적 없는 우리가 고대의 인류보다 더 지혜롭다고 생각하는 것은 조금은 부끄러운 일이다.

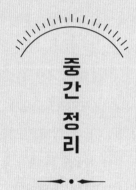

중간 정리

하나의 사상이 별다른 변화 없이 수천 년의 시간 동안 이어진다는 것은 놀라운 일이다. 그것이 가능하기 위해서는 두 가지가 충족되어야 한다. 하나는 극단적인 간결함이다. 더 이상 무엇인가를 더할 수도 뺄 수도 없는 내용이어야만 한다. 다른 하나는 보편성이다. 그 간결한 사상이 기나긴 역사 속에서 탄생한 수많은 사람의 진리에 대한 다양한 요구를 충족시켜야만 한다.

범아일여의 사상은 3천 년의 시간을 관통하여 지금의 우리에게까지 도착했다. 우리가 낯선 문화와 언어의 장벽을 넘어 고대 인도인의 사상을 다루는 이유는 여기에 있다. 치열하게 살다 간 수많은 사람이 어떤 사상을 공통분모로 갖고 있었는지, 그리고 그 안에서 각자가 어떤 진리를 길어냈는지를 생각해보기 위해서다. 그럴 때 우리는 고집스레 앉아 있던 나의 작은 세계를 벗어나 광활한 보편의 세계로 나아갈 수 있다.

초기 인도인의 세계관은 거대한 순환론적 모형이었다. 자연, 신, 사제, 인간으로 이어지는 이 연결고리 안에서는 특정 존재가 우월하거나 열등하지 않고 긴밀히 공존하는 관계였다. 하지만 《베다》에 따른 의례가 복잡해지며 이를 수행할 수 있는 사제인 브라만의 지위가 점차 강화되었고, 이것이 고착되어 계급 세습 제도인 카스트의 기원이 되었다.

《베다》는 중요한 문서였다. 여기에는 의례 절차가 기록되어 있을 뿐만 아니라 다양한 신들의 개념과 의미가 담겨 있었다. 신들은 자연 현상과 인간 정신을 반영했다. 인도인이 설명한 신들의 모습을 통해서 그들이 자연과 인간을 어떻게 이해했는지를 확인할 수 있다. 《베다》에 등장하는 신들의 모습은 다양했다. 그것은 다신론적이고 유일신론적이며 동시에 범신론적이었다. 여러 신들의 모순된 형태는 고대 인도인의 정신 속에서 공존했다.

이러한 신과 세계에 대한 심오한 관심과 탐구는 〈우파니샤드〉로 정리되었다. 〈우파니샤드〉의 결론은 명확했다. 그것은 범아일여로, 전체로서의 세계와 개체로서의 자아의 본질이 궁극에서 하나라는 설명이었다. 우리는 범아일여를 이해하기 위해 관념론과 실재론을 비교해보았고, 머릿속에 투명한 수정구슬을 떠올림으로써 자아 안에 세계가 담긴다는 의미를 체험적으로 연습해보았다.

〈우파니샤드〉는 《베다》의 권위로부터 벗어나 독자적인 길을 걸을 수 있게 했다. 〈우파니샤드〉 시대에 이르러 사람들은 자신 안에서 진리를 발견하고자 했던 것이다. 이러한 사람들을 슈라마나 혹은 사문이라 불렀다. 반면에 《베다》의 엄격한 전통을 따르는 이들을 브라흐마나 혹은 바라문이라 불렀다.

〈우파니샤드〉는 인도 사상의 뿌리가 되었고, 자기 안에서 진리를 발견하고자 하는 많은 이의 길잡이가 되었다. 하지만 모든 것이 좋을 수는 없었다. 〈우파니샤드〉의 전통은 현실 속에서 문제를 일으켰다. 어떤 문제가 있었고, 인도인은 어떻게 이 문제를 해결했는지 살펴보자.

우파니샤드의 문제

모든 종교가 갖게 되는 고민

〈우파니샤드〉 시대에 들어서면서 사람들은 자신의 내면으로 침잠해 들어갔다. 신에게 올리는 제사 절차의 옳고 그름에 대한 논쟁에 집중하는 것이 아니라, 자기 내면에서 스스로 깨닫고자 하는 사문들의 시대가 열린 것이다. 하지만 이것이 문제가 되었다. 깨달음을 위해 모든 것을 버리고 명상과 수행에만 전념하는 출가자가 너무 많아졌기 때문이다. 개인적인 측면에서는 세속으로부터 벗어나 자기 내면을 탐구하는 것이 가치 있는 일이지만, 사회적인 측면에서는 이러한 개인이 늘어나는 것은 우려되는 상황이었다.

이런 종류의 갈등 상황은 매우 일반적이다. 인류 역사에서 개인의 진리 추구와 사회의 공적 요구 간의 충돌은 지역과 시대를 초월해 흔하게 발생했다. 이를 해결하는 방법은 생각보다 수월했는데, 그것은 국가적 차원에서 해당 종교나 사상을 억압하는 것이었다. 종교와 사상의 선택지는 두 가지였다. 사라지거나 적응하거나. 오늘날 남은 대부분의 거대 종교와 사상은 후자를 선택한 결과라고 할 수 있다. 노동과 경제 활동을 신성시하거나, 왕과 기득권의 정통성을 공인해주거나, 사후의 처벌을 앞세워 국가가 개인에게 질서를 내재화하는 일을 돕는 등의 방식으로 국가와 사회의 요구에 부합해왔다.

그런 측면만 놓고 본다면 종교와 사상도 진화론의 틀 안에서 충분히 설명될 수 있다. 자연선택설이 자연환경에 적응한 종만 살아남는다는 개념이라고 할 때, 종교와 사상도 국가와 사회의 요구에 적응한 콘텐츠만 살아남아 확장되어온 면이 있기 때문이다. 그렇다고 할 때, 오늘날 많은 이가 따르는 거대 규모의 종교나 사상 체계가 의미하는 것은 그것이 '사회적'이라는 것일 뿐, '진리'를 의미하는 것은 아니라고도 할 수 있다.

역사상 존재했던 대부분의 종교와 사상은 사회화를 고민해야만 했다. 인도의 사상도 마찬가지였다. 〈우파니샤드〉의 탈세속화 문제를 해결해야 했다. 젊은이들이 출가하여 노동하지 않고, 사회적 책임을 다하지 않고, 고행 속에서 내면을 탐구하는 삶을 선택하는 것을 내버려 둘 수는 없었다. 국가적 차원에서 금지와 탄압의 대상이 되기 전에 젊은이들이 세속을 등지지 않게 해야 했고, 자기에게 주어진 의무를 수행하게 만들어야 했다.

다행인 것은 결과적으로 고대 인도인이 국가가 강제적으로 움직이기 전에 이 문제를 지혜롭게 수습했다는 것이다. 그들은 깨달음에 대한 개인의 지향과, 국가 안에서의 의무 수행이라는 사회의 요구를 조화롭게 화해시켰다. 인도의 경전 〈바가바드 기타〉가 지금까지 인도 사상의 한 축이 되고, 인도인에게 폭넓게 사랑받아온 이유가 여기에 있다. 〈바가바드 기타〉는 이 문제의 해결 방안을 제시했다. 어떻게 그럴 수 있었는지 지금부터 알아보자. 우리의 이야기는 〈바가바드 기타〉가 포함되어 있는 방대한 분량의 서사시인 〈마하바라타〉에서 시작한다.

바가바드
기타

세속과 탈속의 화해

〈마하바라타〉는 총 18권으로 이루어진 장편 서사시로, 기원전 10세기 무렵에 일어났을 것으로 추정되는 바라타족의 전쟁 이야기를 다루고 있다. 마하바라타라는 이름 자체가 '바라타족의 전쟁에 대한 설화'라는 뜻이다. 바라타족에 대한 언급은 《베다》를 포함한 여러 문서에 나오는데, 아마도 역사적으로 실존했던 매우 유명한 가문인 것으로 보인다. 기록에 의하면 바라타족은 현재의 인도 델리 부근의 쿠르쿠세트라라는 지역에서 영토 문제로 친족 간에 거대한 전쟁을 치렀다. 〈마하바라타〉는 이 전쟁을 다루고 있다. 이 서사시가 언제 쓰여졌는지에 대한 정확한 기록은 없다. 다만 기존에 전해지던 다양한 문서에 여러 내용들이 추가되어 5세기 무렵에 오늘날의 형태로 정리된 것으로 보인다.

1권부터 5권까지의 내용은 전쟁이 일어난 경위를 설명한다. 6권부터 10권까지가 이 서사시의 핵심으로, 전쟁에 대한 이야기가 전개된다.

특히 6권이 우리가 자세히 다루고자 하는 〈바가바드 기타〉다. 〈바가바드 기타〉는 이 대서사시의 절정이자 힌두인의 성서로 다뤄진다. 11권부터 18권은 전쟁 이후에 대한 이야기로 전후 처리 문제와 왕자의 죽음에 대해서 말한다. 이 중 12권과 13권은 전체적인 내용에서 조금은 벗어난 듯한데, 왕의 의무, 브라만 계급의 의무, 인도 사회의 네 계급의 권리와 의무, 인생의 네 단계마다의 권리와 의무에 대해 설명한다. 아마도 이 두 권은 원래 독립적으로 존재했던 문서였다가 후에 〈마하바라타〉가 정리될 때 포함된 것으로 보인다.

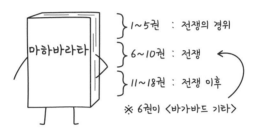

〈마하바라타〉의 대략적인 내용은 다음과 같다. 먼 옛날 베다 시대, 인도 북부에 바라타족의 통일 왕국이 있었다. 이 나라는 두 왕족 가문으로 나뉘어 있었는데, 하나는 덕과 지혜를 가지고 나라를 다스리는 판두 왕의 가문이었고, 다른 하나는 이를 질투하는 드리다라시트라 왕의 가문이었다. 판두 왕에게는 이 이야기의 주인공인 아르주나를 포함해서 슬기롭고 용맹스러운 다섯 왕자가 있었다. 드리다라시트라 왕에게는 일백

명의 왕자가 있었다. 이들은 모두 사촌 관계였지만 왕위와 관련된 신경
전을 벌이고 있었다.

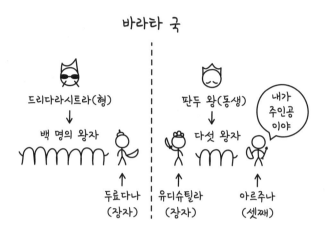

그러던 어느 날, 이웃 나라 판잘라 국의 공주가 혼인할 나이가 되어
신랑을 선발하기 위한 무술대회가 열렸다. 모든 왕자가 참여해 어려서
부터 갈고닦은 무술로 경쟁했다. 이때 판두족의 왕자 아르주나가 자신
의 주특기인 활쏘기로 모든 왕자를 제압하고 공주를 차지했다. 이것은
일백 왕자가 다섯 왕자를 더욱 미워하고 시샘하는 계기가 되었다.

일백 왕자는 다섯 왕자들을 질투했을 뿐만 아니라 그들의 영토를 빼
앗고 싶은 욕망에 사로잡혀 있었다. 결국 그들은 다섯 왕자를 함정에 빠
뜨릴 계획을 세웠다. 다섯 왕자의 장자 유디슈틸라의 흠결을 이용하기
로 한 것이다. 유디슈틸라는 모든 면에서 훌륭했지만 도박을 너무나 좋

아한다는 문제가 있었다. 일백 왕자의 장자 두료다나가 유디슈틸라를 초대했다. 그리고 도박판을 벌였고 사전에 준비한 계략으로 크게 이겼다. 계략에 걸린 유디슈틸라는 판두 왕의 영토와 재산까지 모두 빼앗겼다. 다섯 왕자는 불명예에 대한 벌을 받게 되었는데, 그것은 12년 동안 숲에서 살고 13년째 되는 해에 추방되는 벌이었다. 하루아침에 모든 것을 잃게 된 다섯 왕자는 어쩔 수 없이 숲으로 들어갔다. 그리고 그곳에서 고행자들을 만났다. 그들로부터 무예를 배우며 때가 이르기를 기다렸다. 13년째 되는 해에 추방되자 다섯 왕자는 이웃 나라 미추야 국왕의 신하가 되어 몸을 위탁했다.

그 무렵, 일백 왕자는 미추야 국을 침공했고 왕의 소들을 훔쳐갔다. 다섯 왕자는 미추야 왕을 도와 일백 왕자를 물리쳤다. 다섯 왕자는 추방과 벌의 기간이 모두 지났으니 약속대로 예전의 영토를 돌려달라고 요구했다. 하지만 일백 왕자는 이를 거부했다. 이제 피할 수 없는 전쟁이 다가오고 있었다. 각각의 왕자들은 동맹군을 모으고 세력을 결집했다. 이 과정에서 일백 왕자의 장자 두료다나와 다섯 왕자 중 셋째인 아르주나가 동시에 크리슈나를 찾아가 자신의 편에 서줄 것을 요청했다. 크리슈나는 세상을 유지하는 신 비슈누의 화신으로, 파란색 피부를 갖고 있는 영웅이었다. 크리슈나는 그들에게 선택할 것을 제안했다. "무적인 나의 백만 군대를 가질 것인가? 아니면 다만 마부로 참전할 나를 선택할 것인가?" 두료다나는 백만의 무적 군대를 선택했고, 아르주나는 마부의 역할을 할 크리슈나를 선택했다.

마침내 결전의 날이 다가왔다. 쿠르쿠세트라평원에 두 대군이 마주했다. 규칙이 정해졌다. 전투는 해가 뜰 때부터 질 때까지만 한다. 전사들은 같은 수로, 같은 무기를 사용해야 한다. 항복하거나 도망치는 자는 공격하지 않는다. 무기와 군수품을 운반하는 이들은 죽이지 않는다. 이것이 규칙이었다.

전투는 18일간 치열하게 지속되었다. 다섯 왕자는 점차 승리에 가까워졌다. 마침내 모든 적을 제거했고, 전쟁은 다섯 왕자의 승리로 끝났다. 하지만 기뻐할 수만은 없었다. 들판과 마을은 아버지와 남편, 아들을 잃은 여성들의 통곡 소리로 진동했다. 다섯 왕자는 같은 핏줄인 일백 왕자와 다른 친척들, 어릴 적의 스승과 이웃을 살해한 것을 안타까워하며 그들의 넋을 위로했다. 전쟁의 참상이 수습된 후에는 장자 유디슈틸라가 왕위에 올랐다. 그는 평생 덕과 지혜로 나라를 다스렸다. 노인이 되어서는 아르주나의 손자에게 왕위를 물려준 뒤 왕국을 떠나 수행에 들어갔다. 그리고 삶의 시간이 다 되었을 때, 그는 히말라야에서 승천했다.

서사시 〈마하바라타〉는 인도 문화에 강력한 영향을 미쳤다. 후대의 작가와 시인, 예술가는 이와 관련된 수많은 작품을 남겼다. 인도뿐만 아니라 인도 문화권에 포함된 동남아시아의 많은 국가에서도 〈마하바라타〉와 관련된 예술 작품들을 쉽게 찾아볼 수 있다.

〈마하바라타〉에서 특히 유명한 부분이 쿠르쿠세트라 전투를 다루고 있는 〈바가바드 기타〉다. 인도인은 아직까지 이 이야기를 즐겨 읽고, 힌두교에서는 성서 중 하나로 취급한다. 어떤 내용이 인도인의 영혼을 사로잡았는지 지금부터 알아보자.

바가바드 기타

〈바가바드 기타〉는 산스크리트어로 '신의 노래' 혹은 '거룩한 자의 노래'란 뜻이고, 줄여서 〈기타〉라고 부른다. 이 문서는 《베다》, 〈우파니샤드〉와 함께 힌두교의 3대 경전이자 가장 중요한 철학서로 여겨진다. 고대부터 지금까지 인도인의 정신적 지침서였고, 시대를 초월해 많은 이에게 사랑받고 있다. 실제로 마하트마 간디는 늘 품에 지니고 다니며 이 책을 읽었고, 올더스 헉슬리는 이 책을 '세상에서 가장 빛나는 경전'이라 극찬했다.

〈바가바드 기타〉는 왕자 아르주나와 그의 마부 크리슈나가 나누는 대화로 이루어져 있다. 전쟁터에서 형제, 친척에 맞서 싸워야 하는 도덕적 딜레마에 처한 아르주나에게 크리슈나가 다르마, 즉 의무에 대해 설명하고 이를 통해 신에 이르는 길을 제시하는 내용이다. 대략적인 줄거리는 다음과 같다.

전쟁의 날이 밝아왔다. 두 왕족은 쿠르쿠세트라평원을 사이에 두고 마주했다. 멀리 왕들과 제후들의 깃발이 흔들렸다. 북이 울리고 나팔 소리와 말들의 울음소리, 코끼리들의 무시무시한 포효 소리가 천지를 뒤흔들었다. 위대한 전사 아르주나는 자신의 마차에 앉아 평원 저편으로 길게 사열한 적들을 바라보았다. 그는 지휘관들의 모습을 흐릿하게나마 볼 수 있었다. 큰할아버지인 비슈마, 어릴 적 스승이었고 자신을 아껴주었던 드라나와 끄리빠, 그리고 사촌인 백 명의 왕자들이었다. 피로 맺어지고 가까운 사이였던 그들의 얼굴을 확인하자 아르주나는 다리에 힘이 풀렸다. 그는 전의를 상실했다. 눈에는 눈물이 차올랐고, 무릎은 떨리고 활은 그의 손에서 빠져 땅 위로 떨어졌다. 아르주나가 한탄했다.

"어떻게 내가 저들의 피를 솟구치게 한단 말인가? 도대체 무엇을 위한 것인가? 사랑하고 존경하는 저들을 파괴하고 내가 얻는 것이란 무엇인가? 동료와 친척들을 파괴함으로써 왕국과 권력을 얻는다면 내가 과연 행복할 수 있을까?"

그리고 아르주나는 마부 크리슈나에게 소리쳤다.

"크리슈나여, 나는 전쟁에 참여하지 않겠다. 내가 사랑하고 존경했던 저들을 파괴할 수는 없다. 항복해버리자. 백 명의 왕자들에게 모든 것을 쳐버리자. 그러면 평화를 얻을 수 있을 거야."

큰 전투가 시작되려는 너무도 중대한 순간이었다. 지금까지 모두가 오늘을 위해 만반의 준비를 해왔다. 그런데 가장 선두에 선 전사인 아르주나가 갑자기 용기를 잃어버린 것이다. 그는 모든 일을 때려치우고 싶었다. 왕국이라는 한 줌의 영토를 위해 싸우고 죽이는 것은 너무도 허무한 일처럼 생각되었다.

마부 크리슈나는 영웅의 얼굴에서 눈물이 흘러내리는 것을 보았다. 측은한 마음으로 그의 슬픔과 근심의 말을 들어주었다. 하지만 크리슈나는 알고 있었다. 지금은 전투를 철회하기에 너무 늦은 때다. 그의 형제들과 지지자들이 두려움을 극복하고 아르주나와의 약속을 지키기 위해 전선에 서지 않았는가. 지금은 끝까지 싸워야 할 때다. 크리슈나는 차분하고 현명한 목소리로 그의 친구에게 용기를 북돋아주었다.

"아르주나여. 인간이 신에 이르는 길에는 수많은 방법이 있다. 그중에서 가장 잘 알려진 것은 세 가지 방법으로, 선정과 요가의 길, 의무의 길, 그리고 박애의 길이다. 모든 개인은 자신의 본성에 알맞게 자신의 길을 선택해야 하고, 신에 이르러야 한다. 그런데 특히 당신과 같은 크샤트리아, 즉 왕과 무사의 계급에 속하는 사람들과 보통 사람들 대부분은 신에 이르는 방법이 의무의 길을 걷는 것이다. 대부분의 사람들은 그들 자신의 직업 안에서 의무를 다하는 과정을 거치며 신을 발견하게 된다. 아르주나여. 그대는 크샤트리아이고, 그대의 의무는 정의를 위해 싸우는 것이다. 의심을 위한 시간은 지나갔다. 지금은 행동을 위한 시간이다. 거기에 머뭇거림은 있을 수 없다."

크리슈나가 아르주나에게 해주는 이야기는 자신에게 주어진 의무를 다해야 한다는 것이다. 그것은 모든 사람에게도 마찬가지다. 개인은 국가와 사회 안에서 자신이 맡은 일과 책임을 의심 없이 수행해야 한다. 그리고 크리슈나는 여기서 한걸음 더 나아간다. 그는 우리가 주어진 의무를 의심 없이 수행해야 할 뿐만 아니라, 여기에 더해 그 행위에 의한 결과와 보상을 기대해서는 안 된다고 말한다.

"아르주나여. 그대는 두려움 없이 행동해야 한다. 그리고 그대는 그 행위에 대한 보상과 영광과 성공에 대한 그 어떤 바람 없이 행동해야 한다. 올바른 행동이란 무엇인가? 그것은 어떠한 기대, 어떠한 성공을 위한 바람조차도 없는 것이다."

이것이 크리슈나가 말하는, 인간이 신으로 향하는 길이다. 겸허히 의무를 행하고, 결과를 기대하지 말라.

그렇다면 신이란 무엇인가? 크리슈나는 신의 본성에 대해 설명한다.

"나는 그대에게 자아의 신성(神聖)에 대해 설명하겠다. 나라는 존재는 고정된 틀을 갖지 않는다. 자아는 모든 것의 시작이고 중간이며 끝이다. 자아는 모든 존재의 탄생이고 시작이며, 끝이자 죽음이다. 자아는 영원하니 결코 태어난 적이 없고 결코 죽은 적이 없다. 자아는 모든 곳과 모든 사물 속에 존재하고 자기 속에 모든 만물이 존재한다. 자아 없이 존재할 수 있는 것이란 움직이는 것이나 움직이지 않는 것이나 그 어떤 것도 없다."

아르주나는 차츰 이해하게 되었다. 그의 곁에서 죽어가는 자들은 겉으로 보기에는 다만 죽음에 처해진 인간일 뿐이지만, 그 본성에서는 태어나지도 죽지도 않는 '신'인 것이다. 아르주나는 자기 안의 신을 보기를 갈망했다. 그러자 크리슈나는 자신의 본성인 비슈누의 신성을 아르주나에게 드러내주었다. 아르주나는 허공으로 떠올려지는 환상을 경험했다. 눈앞에 펼쳐진 광경은 우주 그 자체처럼 무한했고, 하늘부터 땅 위의 모든 것을 가로질러 모든 존재 안에서 빛났다. 아르주나는 놀라움에 충격을 받았다. 그의 의식은 어지러웠고 폭풍 속의 나뭇잎처럼 휘몰아쳤다. 그는 시작도 끝도 없는 무한 속에서 자신이 먼지 알갱이처럼 느껴졌다. 두려움 속에서 아르주나는 크리슈나에게 도와달라고 소리쳤다. 비슈누는 다시 크리슈나의 모습으로 돌아왔다. 모든 환상과 환희는 사라지고 아르주나가 알고 있는 원래의 세계로 돌아왔다. 아르주나는 아트만이자 브라흐만인 자신의 본성을 체험한 것이었다. 그는 크리슈나에게 존경과 감사를 표현했고, 새로운 정신의 울림과 함께 자신의 무기를 움켜쥐었다. 그리고 힘차게 마차를 몰아 전장으로 달려갔다.

〈바가바드 기타〉가 인도인에게 환영받았던 이유를 이해하려면 인도 사상의 근원인 《베다》와 〈우파니샤드〉의 사회적 차이를 이해해야 한다. 그것은 《베다》가 세속적 측면이 강한 반면 〈우파니샤드〉는 탈속적 측면이 크다는 것이다. 앞서 알아보았듯 《베다》는 정교한 제사를 통해 신을 움직이고, 그 신이 인간의 삶에 도움이 되게 하는 것을 목표로 삼았다. 즉, 삶의 공간에서 크게 벗어나지 않았다. 하지만 〈우파니샤드〉는 가정, 사회, 국가에서의 역할보다는 자기 내면에서의 깨달음을 중요시했다.

세속과 탈속의 가치는 언제나 균형을 가져야 하지만, 〈바가바드 기타〉 이전의 인도 사회는 〈우파니샤드〉의 영향이 압도적이었다. 많은 사람이 가정과 사회를 떠나 유랑하고 고행하며 초월적인 해탈을 추구했다. 개인에게는 구원이지만 국가에는 큰 골칫거리였다. 이때 〈바가바드 기타〉

가 등장한 것이다. 이 새로운 가르침은 세속과 탈속이 화해할 수 있는 길을 제시해주었다. 아르주나는 세속적 의무 앞에서 이것이 무슨 의미가 있느냐며 갑자기 탈속적인 태도를 취한다. 이에 대해 크리슈나는 지혜롭게 답해준다. 세속과 탈속은 서로 다른 것이 아니다. 세상이 너에게 쥐여준 의무를 행하라. 그리고 행위의 결과에 집착하지 말라. 그럴 때 행위는 업을 만들지 않을 것이고, 너를 신에게 향하는 길로 인도할 것이다.

여기에 〈바가바드 기타〉의 보편적 가치가 있다. 아르주나의 고민은 당시 인도인만의 고민이 아니다. 이것은 시대와 지역을 초월한 모든 인간의 고민이다. 그렇지 않던가? 우리는 너무나도 중요한 순간에 갑자기 의지를 상실하고 도망치고 싶을 때가 있다. 부모로서의 의무, 자녀로서의 의무, 학생으로서의 의무, 직장인으로서의 의무, 시민으로서의 의무 등. 우리가 그것을 걱정하고 두려워하며 이것이 도대체 무슨 소용이냐고 주저할 때, 크리슈나는 우리에게 지혜롭게 말해주는 것이다. 네가 준비해왔던 바로 그 주어진 의무를 성실히 행하라. 다만 그것의 결과에 집착하지 말라. 그럴 때 너의 마음은 평온해질 것이고, 자유로워질 것이며, 네 안의 신에게 다가가게 될 것이다. 이것이 〈바가바드 기타〉가 오늘날까지 많은 이의 사랑을 받아온 이유다.

힌두교의
세계관

인도 정신의 종합

우리는 《베다》에서 시작하여 〈우파니샤드〉를 지나 〈바가바드 기타〉까지 알아보았다. 이제 남은 건 힌두교다. 사실 힌두교에 대한 한국인의 정서는 그다지 긍정적이지 않다. 근래에 들어 여행객의 증가와 미디어의 발달로 점차 변화되고 있다고는 해도 지리적 거리와 문화적 이질성, 경제적 격차 등이 여전히 부정적인 정서에 영향을 끼치고 있다. 하지만 지금까지 이 책을 잘 따라온 독자라면 인도의 사상이 유별나고 독특한 무엇이 아니라 보편의 사유를 담고 있는 인류의 오래된 유산임을 이해하게 되었을 것이다. 모든 것이 그러하듯, 우리는 알게 되면 이해하게 된다.

힌두교는 교리와 교단이 확립된 제도적 종교라기보다는 그저 남아시아 지역에서 발생하고 자라난 사유 체계 전체를 느슨하게 묶은 말이다.

힌두라는 말 자체가 인더스강을 뜻하는 산스크리트어 신두(Sindhu)에서 왔다. 신두는 '큰 강'이라는 뜻이다. 그러니까 힌두교의 실제 뜻은 그저 '큰 강 주변 사람들이 가지고 있는 사유 체계' 정도가 된다. 사실 대부분의 종교 이름들이 힌두교처럼 평범하다. 예를 들어 가톨릭도 희랍어 카톨리코스(Katholikos)에서 유래된 명칭인데, 보편적이라는 뜻이다. 그러니까 그저 '보편 종교'라는 이름이다. 이슬람은 평화, 청결, 순종을 의미한다. 즉, '신에게 겸허히 순종하는 종교'라는 뜻이다. 다른 종교들도 마찬가지다. 대부분의 종교 이름은 셋 중 하나다. 해당 지역이나 민족 이름이거나, 그 종교의 창시자 이름이거나, 그 종교의 핵심 가치에 대한 이름이거나.

인도인은 자신의 사상을 힌두교라고 부르지 않는다. 그들은 사나타나 다르마, 즉 '영원한 법'이라고 부른다. 우리가 힌두교라고 번역한 힌두이즘(Hinduism)은 영국이 인도를 식민지로 삼으면서 자신들의 편의대로 붙인 이름이다. 어쨌든 힌두이즘이든 사나타나 다르마이든, 중요한 것은 무엇이라 부르든 그 핵심이 인도 지역을 중심으로 살아온 사람들의 오랜 사유 체계라는 것이다.

우리가 힌두교라고 할 때, 그것은 넓은 의미와 좁은 의미로 구분된다. 넓은 의미에서는 남아시아를 중심으로 하는 사유 체계의 총체, 즉 종교, 사상, 문화, 전통 등을 포괄하는 개념으로 본다. 좁은 의미에서는 국가 인도의 종교 중에서 외래 종교인 이슬람교, 기독교, 조로아스터교 등을 제외하고, 여기에 불교와 자이나교같이 《베다》 사상에서 벗어난 종교도 제외한, 오직 《베다》만을 중심으로 하는 종교를 말한다. 이 좁은 의미의 힌두교만 해도 신도가 11억 명 정도여서 세계 인구의 15%에 이른다. 인도, 네팔, 발리섬이 주요한 지역이고, 방글라데시와 스리랑카에도 힌두교도가 적지 않은 비율을 차지한다. 누군가 힌두교라는 단어를 사용할 때, 그것의 의미는 넓은 의미와 좁은 의미 사이의 어떤 지점이라고 생각하면 된다.

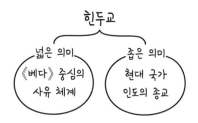

그렇다면 힌두 사상이란 무엇인가? 이에 대해서는 명확하게 정의하기가 어려운데, 그것은 모든 역사적인 것이 그렇듯 이 사상이 오랜 시간 동안 역동적으로 변화해온 유기적이고 관념적인 무엇이기 때문이다. 수많은 신과 경전이 추가되어왔고 다양한 방향으로 해석되고 확장되었다. 하지만 분명한 건 다양한 해석의 가능성 속에서도 그 핵심에서는 지금까지 우리가 알아본 《베다》와 〈우파니샤드〉 그리고 〈바가바드 기타〉에 뿌리를 내리고 있다는 점이다.

이 세 가지 경전의 성격을 고려할 때, 힌두 사상은 탈속과 세속이라는 모순된 가치를 조화롭게 종합하고 있는 사상 체계라고 할 수 있다. 우선 〈우파니샤드〉를 중심으로 하는 탈속적 가치의 전통을 계승한다. 눈앞에 펼쳐진 세상이 허상임을 깊게 이해하고, 명상과 고행 속에서 범아일여의 깨달음을 통해 해탈에 이르고자 한다.

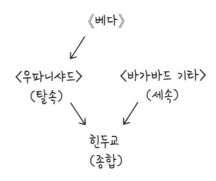

그리고 동시에 〈바가바드 기타〉를 중심으로 하는 세속적인 가치도 수용한다. 사회와 국가가 요구하는 의무를 등한시할 것이 아니라 이를 충실히 이행하고 그 결과에 대해서는 어떠한 기대나 욕심도 갖지 않을 때 신에게 다가갈 수 있음을 강조한다. 힌두교가 오랜 시간 동안 인도인에게 거부감 없이 받아들여지고, 또한 현대적 의미의 국가가 성립한 이후에도 지속될 수 있었던 것은 인간 내면의 두 가치인 탈속과 세속이 조화롭게 종합되어 있었기 때문이다. 오늘날 우리가 겉모습에서 느끼는 편견과는 달리 힌두교는 사상 체계의 측면에서 생각보다 세련된 종교라 할 수 있다. 힌두교에 대해 조금 더 알아보자.

힌두교의 세계관

힌두교는 《베다》의 전통 안에 있기에 그 세계관 역시 우주와 자아라는 두 가지의 근본 구조를 갖는다. 하나씩 살펴보자. 우선 우주는 규칙적이고 일정한 법칙에 따라 움직인다. 이 우주의 질서를 다르마라고 한다. 우리가 사용하는 법(法)이라는 단어는 다르마가 불교를 통해 전해지면서 한역된 것이다.

현대인은 법이라는 단어를 들으면 국가에 의해 강제되는 사회규범을 생각하는데, 원래 뜻인 다르마는 매우 포괄적인 의미다. 구체적으로 거대한 질서, 규칙, 속성, 모든 존재자의 존재 방식 등을 뜻한다. 예를 들어 신들에게 올리는 의례 절차도 다르마이고, 우주의 존재 방식도 다르마이며, 물컵이 물컵으로서 존재할 수 있게 하는 질서와 규칙도 다르마다.

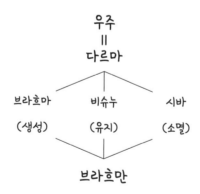

다르마는 크게 세 단계를 반복한다. 생성, 유지, 소멸. 인도인은 각각의 단계를 의인화해서 표현했다. 생성의 신 브라흐마, 생성된 우주를 유지하고 관리하는 신 비슈누, 우주가 낡으면 이를 파괴하고 소멸시키는 신 시바가 있다. 브라흐마, 비슈누, 시바. 우리에게는 낯선 단어라 머릿속에 잘 남지 않지만, 사실 이 셋 중에서 둘은 앞서 한참을 다뤘다. 우선 브라흐마는 〈우파니샤드〉에서 보았다. 우주 자체를 의미했던 브라흐만의 의인화된 모습이 브라흐마다. 이러한 의인화가 필요했던 것은 〈우파니샤드〉의 철학적 담론이 너무나 형이상학적이어서 대중이 접근하기에 어려웠기 때문이다. 체계적인 교육이 부족해 관념적 어휘에 익숙하지 않은 보통의 인도인은 추상적 개념인 브라흐만을 받아들이기가 쉽지 않았다. 힌두교는 대중적으로 접근했다. 관념적인 브라흐만을 인간의 모습을 하고 있는 브라흐마로 설명함으로써 먹고살기 바쁜 보통의 사람들이 쉽게 접근할 수 있는 길을 마련한 것이다.

비슈누도 앞서 〈바가바드 기타〉에서 보았다. 주인공 아르주나의 마부로 참전했던 파란색 피부의 크리슈나가 비슈누의 아바타라다. 요즘 많이 사용되는 '아바타'라는 단어는 영화 때문에 유명해졌지만, 원래는 아바타라에서 온 말이다. 아바타라는 분신 또는 화신이라는 뜻으로, 비슈누가 세계를 구원하기 위해 지상에 현현한 여러 모습을 말한다. 그는 물고기, 거북이, 멧돼지 등으로 나타났고 크리슈나도 그중 하나다. 흥미로운 것은 아홉 번째 화신이 불교의 시조 붓다라는 점이다. 물론 불교에서는 인정하지 않겠지만.

마지막으로 시바는 앞서 다루지 않은 신이다. 그는 파괴의 신이자 금욕과 고행을 상징하고, 명상과 요가의 대가로도 알려져 있다. 인도인은 다양한 신들 중에서 자신이 믿고 싶은 신을 믿는데, 시바는 인도인에게 가장 인기가 많은 신이다. 특히 낮은 신분에 해당하는 인도인에게 많은 지지를 받는 것으로 알려져 있다. 시바의 아들도 아버지만큼 인기가 많은데, 코끼리 머리에 인간의 몸을 하고 있는 가네샤가 그다. 누구나 한 번쯤은 아시아의 여러 여행지에서 혹은 대중매체 속에서 그의 조각이나 그림을 본 적이 있을 것이다. 가네샤가 어딜 가나 쉽게 발견되는 것은 지혜의 신이자 장사를 번성하게 하는 신으로 알려져 있기 때문이다.

힌두교는 그리스 신화처럼 다신교적인 모습을 갖고 있다. 크리슈나를 믿는 사람들도 있고, 가네샤를 믿는 사람들도 있고, 힌두교의 서사시 〈라마야나〉의 영웅 라마를 믿는 사람도 있으며, 학문과 지식의 여신이자 브라흐마의 배우자인 사라스와티를 믿는 사람도 있다. 모든 사람이 그러하듯 대다수의 인도인도 다른 외래 종교에는 배타적이고, 자신이 믿는 신이 최고라고 생각하며 평생을 살아간다. 하지만 소수의 극단적인 사람들을 제외하면 대다수의 힌두교도들은 다른 여러 신들이 존재함을 인정하고, 자신이 믿는 신이 아니라고 해서 다른 신을 부정하지도 않는다.

인도인은 자신에게 맞는 신을 선택해서 믿지만, 동시에 모든 신의 신으로서 세 명의 신인 브라흐마, 비슈누, 시바를 인정한다. 그리고 궁극적으로는 이 세 명의 신 역시 하나의 근원에서 파생된 다른 측면이라고 생각한다. 근본적인 하나의 우주적 법칙으로서 브라흐만을 상정하는 것이다. 그래서 힌두교는 외형적으로 다신교의 형태를 보이지만, 그 본질에서는 일원론적인 신앙이라고 할 수 있다. 이것이 힌두교 세계관의 두 가지 근본 구조 중에서 우주에 대한 관점이다.

다음으로 나머지 근본 구조는 자아다. 힌두교의 세계관에서 자아의 본질은 아트만이고, 이 아트만은 우주의 다르마에 따라 끝없이 윤회하는 존재다. 윤회는 산스크리트어로 '돌아간다'는 뜻인데, 수레바퀴를 상징으로 사용한다. 수레바퀴가 한 바퀴를 돌아 다시 처음의 자리에서 새롭게 시작되는 것처럼 인간의 삶과 죽음도 전생과 현생과 내생을 돌고 돈다는 관점이다. 특히 이러한 윤회의 모습과 방향을 결정하는 것이 카르마다. 우리가 알고 있는 '업(業)'이라는 단어는 카르마를 한역한 것이다. 인도인은 자신이 행하는 행위의 과보에 따라 선한 카르마 혹은 악한 카르마를 쌓게 되고, 이로 인해 짐승, 인간, 천신으로의 삶을 반복한다고 믿는다.

그런데 여기서의 선업과 악업이란 무엇인가? 우리가 일반적으로 알고 있는 것처럼 단지 착한 일을 하면 선업이 쌓여 복을 받고, 나쁜 일을 하면 악업이 쌓여 벌을 받는 것인가? 그렇게 단순한 문제는 아니다. 선업, 선한 카르마의 실제 뜻은 우주의 법칙과 질서로서의 다르마에 부합하는 행위를 말한다. 반대로 악업, 악한 카르마는 다르마를 거스르는 행위를 말한다.

즉, 윤회와 업의 실제 의미는 우리가 보통 이야기하는 사회 제도 안에서의 착한 행동, 나쁜 행동에 대한 평가가 아니라, 우주의 질서 안에서의 행위와 거스름이 삶과 죽음의 형태에 영향을 미치는 것이다. 이 차이를 아는 것은 중요하다. 왜냐하면 전자는 타인의 시선이 내 행위의 평가 기준이 되는 반면 후자는 자기의 내면 안에서 우주적 질서와 자연스러움을 이해해야 하기 때문이다.

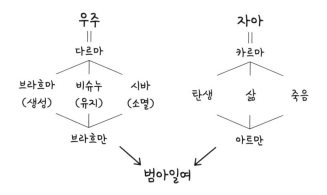

지금까지의 이야기를 정리하면 다음과 같다. 힌두교는 두 가지 근본 구조를 갖는다. 그것은 우주와 자아다. 우주의 본질은 브라흐만이고, 법칙과 질서로서의 다르마 안에서 생성, 유지, 소멸의 운동을 반복한다. 자아의 본질은 불멸하는 아트만이고, 카르마에 따라 탄생, 삶, 죽음이라는 윤회를 반복한다. 이 윤회의 모습을 결정하는 것은 카르마다. 이번 삶에서의 선한 행위는 다음 삶의 모습에 영향을 미친다. 무엇이 선한 행위인가? 그것은 우주의 질서에 따라 나의 행위를 제어하는 것, 다시 말해 다르마와 카르마를 일치시키는 것이다.

힌두교는 《베다》의 전통 안에 있고, 범아일여의 진리를 받아들였다. 그것은 우주와 자아의 합일, 세계와 개인의 합일, 브라흐만과 아트만의 합일, 그리고 다르마와 카르마의 일치를 말하는 것이다. 힌두교는 말한다. 나의 의지와 나의 행위가 곧 우주의 의지이자 질서가 될 때, 우리는 깨닫게 될 것이고, 깨달음 안에서 행위하게 될 것이고, 비로소 윤회의 고리를 끊고 해탈에 이르게 될 것이다.

최종 정리

세 번째 장이 끝났다. 우리는 앞서 1장과 2장에서 세계에 대해 알아보았다. 다중 우주, 빅뱅, 지구, 생명, 인류, 문명의 탄생을 시간의 흐름에 따라 여행한 것이다. 이후 3장부터는 자아와 관계의 문제를 다루며 위대한 스승들의 거대 사상을 본격적으로 알아보는 여정이다. 방금 그 첫 여행지로서 인도 사상의 대륙을 횡단했다.

지금으로부터 4천 년 전, 인도 서북부 지역에 정착한 아리아인의 경전이었던 《베다》는 인도 사상의 근간을 이루며 오랜 시간을 이어져왔다. 《베다》, 〈우파니샤드〉, 힌두교로 전통은 이어졌고, 그 핵심은 범아일여 사상이었다. 우주의 원리인 브라흐만과 자아의 본질인 아트만이 그 끝에 이르러 하나라는 가르침은 인류가 도달할 수 있는 세계와 자아의 관계에 대한 가장 추상적이고 궁극적인 설명이라 하겠다.

범아일여의 사상이 일관되게 이어졌지만, 인도 사상 안에서의 내적 갈등도 있었다. 그것은 세속과 탈속의 대립이었다. 〈우파니샤드〉는 제사장이나 의례라는 중간 단계를 거치지 않고도 개인이 자신의 내면에서 직접 진리와 대면할 수 있는 길을 제시했다. 많은 이가 세속을 벗어나 자신의 내면으로 침잠해 들어갔다. 사회적으로 이러한 수행자들이 늘어나는 것은 우려되는 일이었다. 세속과 탈속의 조화를 위해 제시된 것이 〈바가바드 기타〉였다. 인도의 사상은 크리슈나의 입을 통해 인도인이 자신의 위치로 돌아오게 했다. 너에게 주어진 의무를 행하라. 다만 결과에 집착하지 말라. 그때 비로소 네 안의 자유와 평온을 얻을 것이고, 신에게 다가가게 될 것이다. 힌두교는 〈우파니샤드〉 전통의 탈속과 〈바가바드 기타〉의 세속의 균형을 찾았고 많은 인도인에게 받아들여지게 되었다.

인도 사상의 거대 줄기를 살펴본 3장에서 우리가 마음속에 새겨두어야 할 개념은 한 가지다. 범아일여. 자신의 내면 깊이 침잠함으로써 체험적으로 얻어야 하는 진리. 하지만 현대의 물질문명이 주는 안락함에 익숙하고 먹고살기에 빠듯한 우리가 이를 인생에서 체험할 가능성은 요원하다. 그래서 우리는 이성적으로나마 이 개념을 이해해보기 위해 머릿속에 투명한 수정구슬을 떠올렸다. 이제 다시 투명한 수정구슬을 꺼내어 그 안을 들여다보자. 그 안에 담긴 왜곡된 세계를 관찰하자. 수정구슬이 의미하는 것은 '나의 마음'인 동시에 '내 마음이 만들어낸 세계'다. 둘은 분리되지 않는다. 그래서 세계를 본다는 것은 곧 나의 마음을 보는 것과 다르지 않다. 마음이 마음을 본다. 다른 것은 없다. 나의 마음과 나의 마음이 그려낸 세계가 다르지 않음을 이해하는 것. 이것이 이성적으로나마 범아일여를 이해하기 위한 첫 단계다.

《베다》가 말하는 자아, 세계, 관계를 정리하면 다음과 같다.

	자아	세계		관계
		현상	실체	
베다	아트만	마야	브라흐만	범아일여

우리가 이 개념들에 익숙해져야 하는 것은 앞으로 여행할 나머지 사상의 대륙 속에서 이 개념을 수없이 발견하게 될 것이기 때문이다. 서로 다른 시대와 지역에서 탄생한 위대한 스승들은 공통적으로 자기 내면 안에서 우주를 발견하고자 했고, 그것이 무엇을 의미하는지를 사람들에게 알리고자 했다. 이 단일한 주제는 인류의 역사 속에서 다수의 고전으로 남게 되었다.

오늘날 현대인이 고전을 읽어내는 것을 힘들어할 수밖에 없는 이유는 어쩌면 당연하다. 그것은 고전에서 가장 큰 비중을 차지하는 이 단일한 주제에 대해 너무도 낯설어하기 때문이다. 고전 안으로 들어서기 위해 필요한 건 많은 지식이 아니라, 그 고전이 발 딛고 있는 세계관에 대한 선(先)이해다. 현대 한국인에게 낯선 것이 사실이지만, 자아와 세계를 통합해서 고려하는 사고방식은 인류라는 거대한 집단의 절반이 발 딛고 있는 세계관인 것만은 분명하다. 우리가 《베다》에 대해 알아본 이유는 인도 종교에 대한 세부 정보를 얻기 위해서가 아니다. 우리가 얻고자 하는 것은 수많은 고전의 세계로 자유롭게 여행하기 위해 내면의 세계관을 넓히는 것이다.

그래도 이제 첫발을 떼었으니 다음 여행지는 조금 더 쉽고 익숙하게 다가올 것이다. 중국 대륙에서 탄생한 위대한 스승들을 만나볼 차례다.

도가
도리와 덕성

역사적 배경

신화와 역사의 경계는 어디인가

역사와 신화의 경계는 마치 잠에 빠져드는 순간과 같다. 늦은 밤 이부자리에 누워 잠에 들기 직전을 기억해보자. 깨어 있음과 잠듦의 경계는 너무도 모호하다. 역사가 깨어 있는 것이라면 신화는 꿈을 꾸는 것이라 할 수 있다. 문제는 중간 어디쯤이다. 어디까지를 사실로 보고 어디까지를 비유와 상징으로 봐야 하는지 선명히 나눈다는 건 쉽지 않은 일이다. 이것은 역사학자들에게 머리 아픈 일이겠지만, 자기 삶을 스스로 해석하며 살아가는 보통의 우리들에게는 어떤 면에서 매력적이다. 우리의 상상력을 발휘하게 한다는 점에서 말이다.

역사와 신화 구분의 모호성. 그것은 중국의 시간에서도 다르지 않다. 대부분의 문명이 그러하듯 중국의 역사도 창조신화로 시작된다. 그 내용은 다음과 같다.

중국 문명의 시작

황하 문명

황하강

리그리스강
유프라테스강

메소포타미아
문명

인더스강

인더스 문명

나일강

이집트 문명

　처음에 혼돈이 있었다. 이 거대한 혼돈의 알 속에서 반고라는 존재가 잉태되었다. 그는 도끼로 세상을 가르고 태어났다. 혼돈의 위쪽은 하늘이 되고 아래쪽은 땅이 되었다. 하지만 세상은 불안했다. 반고는 하늘이 무너질까 두려웠다. 그는 자신의 손을 뻗어 하늘을 받치고 섰다. 시간이 지나면서 반고는 자라났고 그에 따라 하늘은 땅과 멀어져갔다. 그렇게 1만8천 년을 버티던 반고는 죽음에 이르렀다. 그의 시체는 세계가 되었다. 눈은 태양과 달이 되었고 피는 강과 바다가 되었으며 뼈와 살은 산과 언덕을 이루었다. 지금 우리가 발 딛고 서 있는 세계가 탄생한 것이다.

　많은 시간이 흐른 뒤 여덟 명의 제왕이 차례로 등장했다. 그들은 중국인의 시조가 되었다. 이 전설의 여덟 제왕을 삼황오제(三皇五帝)라 한다. 우선 삼황은 각각 하늘, 사람, 땅을 상징하는데, 복희씨, 여와씨, 신농씨를 말한다. 복희씨는 최초의 제왕으로, 그물을 발명해서 사람들에게 물고기 잡는 법을 가르쳤다. 그는 뱀의 몸에 사람의 머리를 하고 150년 간

덕으로 나라를 다스렸다. 여와씨는 복희씨와 남매 사이였다. 그녀도 뱀의 몸에 사람의 머리를 하고 있었다. 세상에 대홍수가 찾아오고 오직 둘만 남게 되자 복희씨와 여와씨는 결혼했다. 그리고 여와씨는 자신의 신체와 비슷한 모습으로 흙을 빚어 인류를 탄생시켰다. 이렇게 탄생한 사람의 아이 중에 신농씨가 있었다. 신농씨는 불을 다스렸고, 쟁기와 호미를 발명하여 사람들에게 농사짓는 법을 가르쳤다. 또 백성들을 위해 수많은 약초를 직접 맛보고 구분함으로써 의학을 만들어냈다. 하지만 독성이 있는 식물을 맛보다가 결국 이를 이겨내지 못하고 죽었다.

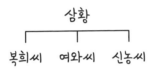

당신도 이미 느꼈겠지만, 흥미롭게도 삼황의 전설은《구약》의〈창세기〉와〈길가메시 서사시〉혹은 그리스 신화를 생각나게 한다. 다른 문명으로부터 영향을 받았기 때문이라고 쉽게 생각할 수 있겠다. 그러나 실제로는 4대 문명 중에서 황하 문명은 나머지 세 문명과 교류가 거의 없었다고 보는 게 일반적이다. 그것은 중간에 위치한 히말라야산맥과 타클라마칸사막 때문이었다. 그렇다면 이 유사성은 어떻게 생긴 것일까? 둘 중 하나일 것이다. 이러한 신화가 실제의 사실을 어느 정도 반영하고 있거나, 아니면 인간의 사유 방식이 구조적으로 유사하거나. 당신은 어떤 대답이 맞다고 생각하는가? 아마도 후자가 현대적 감성에 더 부합하는 답변일 듯하다. 인간의 이성은 세상의 탄생, 인류의 탄생, 자연재해, 불, 어로, 농업의 시작 등 그 기원을 설명하는 방식에서 제한된 패턴을 갖고 있는 것으로 보인다.

반고와 삼황의 전설이 꿈과 같다면, 오제의 이야기는 꿈과 현실의 경계 어딘가에 있다. 단순히 신화로 치부할 수는 없지만 그렇다고 역사라 말하기엔 아직 근거가 부족한 시기다. 오제는 황제, 전욱, 제곡, 요, 순을 말한다. 황제는 가장 위대한 제왕으로, 신농씨와 함께 중국인의 조상으로 인식되고 있다. 황제가 청년이 되었을 무렵 세상은 혼란스러웠다. 전국을 통치하던 신농씨 가문의 권위는 8대에 이르자 점차 약화되었고, 이때를 틈타 각지의 호족들이 세를 모아 전쟁을 일으키고 있었다. 이러한 혼란 속에서 황제는 무기를 만들고 군사들을 훈련시킨 후 고도의 전략과 전술을 펼쳐 호족들을 하나씩 정벌했다. 마지막까지 저항한 이는 신농씨의 자손인 치우였다. 치우는 사람의 몸에 소의 머리를 하고 여섯 개의 손을 가진 괴물이었다. 황제는 치우와 격전을 벌인 끝에 그를 굴복시켰고, 결국 천하를 지배했다. 이후 덕으로 나라를 평온하게 다스렸다.

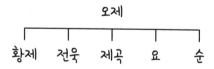

황제 이후에는 전욱, 제곡 등 어진 왕들이 태어났고 요임금과 순임금에 이르기까지 태평성대가 계속되었다. 중국인은 특히 요순 시대를 자연재해가 없고, 정치가 안정되었으며, 백성들이 평화롭게 살았던 이상적인 시기로 인식하고 있다.

고대 중국의 역사

삼황오제의 신화 시대가 끝나면 서서히 역사의 시대가 동터온다. 하나라, 상나라, 주나라가 차례로 등장한다. 하나라는 순임금이 죽은 후에 우임금이 그 자리를 대신하면서 건국된 나라였다. 우임금이 치수 사업에 성공하여 왕이 되면서 나라 이름을 하(夏)로 바꾼 것이다. 그는 지방에 도시를 만들고, 행정을 간소화했으며, 하천 정비와 토지 경작에 힘썼다. 그는 백성들을 위해 불철주야 애쓰는 왕이었고, 백성들은 그의 인덕을 존경했다. 하왕조는 500년 가까이 이어졌지만, 마지막 왕인 걸의 방탕하고 사치스러운 생활로 결국 상나라에 의해 멸망했다. 지금으로부터 약 4천 년 전에 존재했을 것이라고 추정되는 하나라는 문서상으로는 나타나지만 아직까지 신화와 전설의 그림자에서 벗어나지는 못했다. 다만 최근에 관련 유물이 발굴되었다는 주장도 있기에 오늘날 하나라는 신화와 역사의 전환점에 있다고 할 수 있다.

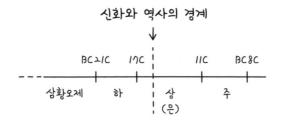

신화와 역사의 경계
↓

BC 21C   17C   11C   BC 8C
삼황오제   하   상   주
(은)

　실제 역사로 인정받는 중국 최초의 왕조는 상나라다. 상나라는 지금
으로부터 3600년 전부터 3100년 전까지 존재했던 나라로, 수도가 은허
였기 때문에 이후에 은나라라고도 불렸다. 상나라 마지막 왕은 31대 제
신이었다. 재능이 뛰어나고 힘이 장사였지만 후에 폭군의 상징이 된 인
물이다. 악녀 달기에게 빠져 백성들에게 잔인한 형벌을 내리고 사치를
즐겼다. 사마천의 〈사기〉에 따르면 제신은 별궁을 짓고 연못을 만들어
그곳에 술을 채우게 했다. 또 고기를 나무에 매달아 숲을 만든 다음 여성
들과 벌거벗고 밤낮 없이 술을 마셨다. 호화롭고 사치스러운 생활을 뜻
하는 '주지육림(酒池肉林)'이라는 말은 여기서 나왔다.

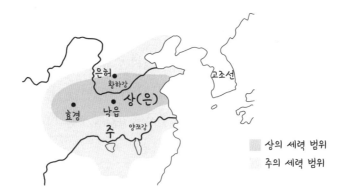

상의 세력 범위
주의 세력 범위

제신의 폭압에 저항하며 주나라의 무왕이 상나라를 공격했다. 제신은 누대에 올라가 스스로 목숨을 끊었고, 무왕이 황하 지역의 새로운 주인이 되었다. 기원전 1050년의 일이었다. 주나라는 황하강부터 양쯔강에 이르는 거대한 영토를 지배해야 했고, 이를 효율적으로 다스릴 방법이 필요했다. 무왕이 고안해낸 방법은 자신의 친척이나 믿을 만한 신하를 제후로 삼아 각 지역을 나누어 다스리게 하는 것이었다. 토지를 하사받은 제후들은 자신의 권력을 자녀에게 상속할 수 있었다. 혈연관계가 기반이 되는 정치 제도가 탄생한 것이다. 주나라의 왕은 천자(天子)가 되고 제후는 영주가 되어 각지를 지배하는 이 체제를 '봉건제도'라 한다. 우리가 서구의 중세 시대를 설명할 때 자주 사용하는 봉건(封建)이라는 단어의 뜻은 토지를 하사(봉封)하여 나라를 세운다(건建)라는 뜻으로, 그 기원은 주나라의 국가 체제에서 왔다. 백작, 공작 등도 사실은 주나라의 용어였다. 봉건제를 기반으로 하는 주나라는 기원전 770년까지 300여 년간 이어졌다.

주나라가 흔들리기 시작한 것은 천자의 패권이 약화되면서였다. 이 시기에 전국에서 제후들이 우후죽순 일어선 것은 어쩌면 당연한 결과였다. 각 지역에서 300여 년간 자신의 토지와 세력을 키워나간 제후들 입장에서는 이제는 천자와 가까운 혈연관계도 아닐뿐더러 힘 없는 천자가 더 이상 두려운 존재가 아니었다. 천자는 간신히 명맥을 유지하며 명분상으로 존중받았지만, 여러 제후국들은 실질적인 권력을 행사하며 패권을 차지하기 위해서 서로 다투었다. 이 혼란과 역동의 시기를 춘추전국시대라 한다. 기원전 770년부터 기원전 221년까지 약 550년 동안 이 시대가 이어졌다.

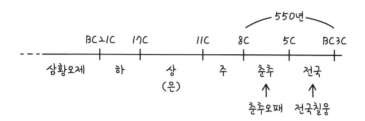

춘추전국시대는 춘추시대와 전국시대로 나뉘는데, 그 기준이 명확한 것은 아니다. 일반적으로 춘추시대는 170여 개의 제후국들이 난립하던 시기로, 주나라 천자를 명목상의 군주로 인정하되 제후들이 경쟁한 시기를 말한다.

그중에서 특히 세력을 떨친 다섯 제후를 춘추오패라고 부른다. 구체적으로 제나라의 환공, 진나라의 문공, 초나라의 장왕, 오나라의 합려, 월나라의 구천이 그들이다. 이때의 경쟁은 다른 나라를 정복한다기보다는 가장 세력이 큰 제후가 되는 것에 목적이 있었다. 아직은 청동기 기반의 사회였기에 무기와 군대를 대규모로 보유하기 어려웠던 까닭이었다. 이 시대의 명칭인 '춘추'는 공자가 정리한 역사서인 〈춘추〉에서 유래한 것으로 알려져 있다.

다음으로 전국시대는 전국칠웅이라 불리는 일곱 국가로 결집되는 과정의 시기를 말한다. 구체적으로 진, 한, 제, 위, 조, 연, 초 일곱 개의 제후국이 그들이었다. 이 시대에 이르면 봉건제도는 완전히 붕괴된다. 천자의 지위는 인정되지 않았고, 전국칠웅이 스스로 왕의 칭호를 사용하며 천하의 패권을 다툰 혼란기였다. 이때의 경쟁은 자신이 여럿 중에 대장이 되는 것이 아니라, 천하를 통일한 최후의 승자가 되는 것이었다. 철기가 보편화되면서 전쟁의 양상도 크게 달라졌다. 청동기에 비해 대량으로 만들 수 있는 철기 무기는 대규모의 군대 보유를 가능하게 했고, 이에 따라 전쟁 방식도 서로의 국가를 완전히 파멸하는 섬멸전의 형태를 띠었다. 기사도와 규칙은 사라지고, 전략과 전술 그리고 계략과 속임수가 판치는 시대가 되었다. 이 시대의 명칭 '전국'은 한나라의 유향이 저술한 〈전국책〉에서 유래한 것으로 알려져 있다.

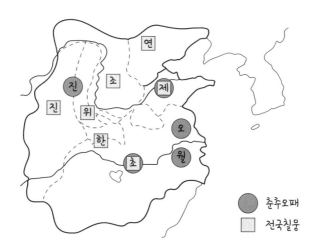

⬤ 춘추오패

▢ 전국칠웅

세상은 혼란스러웠고 전쟁은 끊이지 않았다. 불안한 삶 속에서 다양한 인간군상이 등장했다. 살아남은 자와 죽은 자가 생겼고, 속이는 자와 속는 자가 생겼다. 옳고 그름의 문제는 생존과 실용 앞에서 보잘것없는 문제로 여겨졌다. 사람들은 어떻게 살아야 하는지 고민했다. 그리고 이러한 혼돈 속에서 위대한 스승들이 탄생했다. 그들은 삶에 지친 사람들에게 길을 안내했다. 이제 두 번째 가르침을 들어볼 차례다. 그것은 고대 중국의 가르침이다. 노자를 찾아가보자.

다음이 이번 장에서 다루는 시간의 범위다.

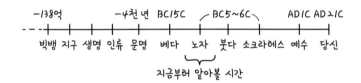

공간의 범위는 다음과 같다.

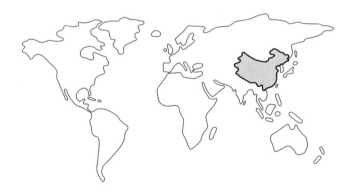

노자의
생애와 사상

탈속의 철학자

노자의 생몰연대는 분명하지 않다. 대략 춘추시대 초나라에서 태어난 것으로 알려져 있다. 성은 이(李), 이름도 이(耳), 즉 이이였다. 그가 노자라고 불린 건 출생과 관련된 전설 때문이다. 그의 어머니는 62년 동안 임신한 뒤 자두나무에 기대어 아이를 낳았다. 아이는 이미 머리칼이 하얗게 세어 있었고 말을 할 수 있었다. 후대 사람들이 이 늙어서 태어난 아이를 늙었다는 뜻의 노(老)와 존칭을 뜻하는 자(子)를 붙여 노자라고 부른 것이다.

젊은 시절 그는 다른 사람들과 마찬가지로 주나라의 천자를 섬겼고, 작은 관직을 맡았다. 그의 관직은 지금의 국립도서관에 해당하는 수장실의 문서를 관리하는 것이었다. 노자는 이 일을 40여 년 동안 담당했다. 하지만 춘추시대 말기에 이르러 주나라가 급격히 쇠퇴하자 이를 한탄하며 관직에서 물러나 은둔의 삶을 선택했다.

노자

〈사기〉에 따르면 그가 관직을 맡고 있을 당시에 공자가 찾아와 예(禮)에 대해 물었다. 노자는 공자를 반겼지만, 그가 가진 예에 대한 사유에 어떤 문제가 있는지를 정확히 꼬집어 충고해주었다. 이때가 대략 기원전 519년으로, 공자의 나이가 30대 초반이 되었을 무렵이었다. 노자의 눈에는 공자가 아직 혈기 왕성한 청년으로 보였던 모양이다. 공자는 제자들에게 돌아가 자신이 큰 가르침을 받았다고 말했다. 이 흥미로운 역사적 만남에 대해서는 잠시 후 다시 이야기하자.

노자에 대한 마지막 기록은 그가 관직에서 물러나 은둔의 삶을 살기 위해 성문을 빠져나갔을 때의 일이다. 서쪽 관문의 출입을 관리하던 수문장 윤회는 소를 타고 오는 흰 수염의 범상치 않은 노인을 알아보고 그를 잠시 멈춰 세웠다. 그리고 이제 돌아오지 않을 것이라 말하는 노자에게 잠시 쉬며 한 말씀만 남겨주시기를 간곡히 청했다. 노자는 그 청을 받아들여 앉은자리에서 오천여 자의 글을 써주었다. 이 문서가 지금까지 전해지는 〈도덕경〉이다. 성문을 빠져나간 노자의 이후 기록은 없다. 다만 도교에서 전설로 전해지는 것은 그가 서쪽으로 간 끝에 인도에 도달하여 불교도들을 만났다거나, 백육십 혹은 이백 살을 살고 신선이 되었다거나 하는 이야기들이다.

노자가 남긴 말은 〈도덕경〉의 오천여 자가 전부지만, 도(道)와 덕(德)에 대한 그의 사상은 노장 사상, 도가 사상으로 이어지며 공자의 유학 사상과 함께 중국 정신사의 뿌리가 되었다. 노자의 사상은 '도'라는 말로 집약된다. 이 말은 21세기의 한국을 살아가는 우리도 일상에서 심심치 않게 듣는 말이다. 도를 닦다, 도를 깨치다, 도리를 알아야 한다, 도덕을 지켜라, 도인이 다 되었구나, 도가 지나치다 등등. 우리는 이 말을 익숙하게 사용하면서도 정작 그것이 무엇이냐는 질문에 자신 있게 대답할 수 있는 사람은 많지 않다. 당신은 여기서의 도가 무엇이라고 생각하는가? 도는 영어로 'Tao', 혹은 'The Way'로 번역되지만, 이것이 단순히 '길'을 말하는 것이 아님은 분명하다. 노자에 따르면 도는 언어로 표현할 수 없는 것이고, 볼 수도 없고 만질 수도 없는 은밀한 것이다. 그럼에도 불구하고 당신의 이해를 돕기 위해 굳이 이 말의 의미를 설명해보면, 그것은 우주의 질서라고 할 수 있겠다. 우주 만물의 실체 또는 그 실체를 이루는 근본 이치가 도인 것이다. 잠시 머릿속에 그려보자. 나를 포함한 우주 전체를 말이다. 우리는 앞서 우주에 대해 충분히 다뤘으니, 초차원의 시공간에서 탄생과 소멸을 반복하는 수많은 미니 우주의 거대 집합을 상상해도 좋을 것이다. 너무나 아득하지만, 우선은 도가 그러한 우주의 실체와 우주가 운행하는 근본 원리를 말한다고 생각해두자.

도에 대해서 간략히 살펴보았으니, 이번엔 '덕'에 대해서도 감을 잡아보자. 덕이란 무엇인가? 우리는 이 단어도 일상적으로 사용한다. 덕을 쌓다, 덕을 베풀다, 인덕이 훌륭하다 등등. 하지만 이 말도 마찬가지로 무엇이라고 정확하게 설명하기가 쉽지 않다. 당신은 지금까지 이 말을 무슨 뜻이라고 생각하며 사용해왔는가? 덕은 영어로 'De', 혹은 'Inner power', 'Inherent character' 등으로 다양하게 번역된다. 우리처럼 서양인도 덕이라는 단어를 내면의 힘이나 본래의 성격 등으로 이해하는 것이다. 우리는 우선 덕을 자기 내면의 질서 혹은 내면의 본질 정도로 기억해두자.

도 = 우주의 진리

덕 = 개인의 내면

노자의 말대로 도와 덕이 애초에 말로 규정할 수 없는 것이라고 할 때, 다양한 번역과 해석은 나름의 진실을 반영하고 있는 것일 테다. 다만 다양한 해석의 가능성 속에서도 놓쳐서는 안 되는 핵심 요소가 하나 있다. 그것은 둘의 연결성이다. 즉, 덕의 의미는 도의 의미 안에서 확정될 수 있다. 도가 우주의 법칙과 질서라고 한다면, 덕은 그러한 도의 본질이 반영된 인간의 마음이다. 노자는 인간의 근본 심성이 우주의 이치와 다르지 않다고 보았다.

노자는 우리에게 무엇을 이야기하고 있는가? 그것은 두 가지다. 하나는 우주 전체로서의 도, 다른 하나는 자아의 본성으로서의 덕. 그리고 이야기는 여기서 멈추지 않는다. 노자는 이 두 가지를 연결한다. 도 안에서의 덕, 덕 안에서의 도. 자아 안에서 우주의 질서를 찾고자 하는 것이다.

반영 ⎛ 도 = 우주의 진리 = 범 ⎞ 하나
　　⎝ 덕 = 개인의 내면 = 아 ⎠

그런데 이러한 설명 방식은 어쩐지 너무나 익숙하다. 전체와 개체의 통합, 우주와 자아의 연결. 거시적인 측면에서 인도의 범아일여는 노자의 도덕에 대한 설명과 그 맥락을 함께하는 것처럼 보인다. 이렇게 거대한 유사성이 나타나는 이유는 무엇일까? 우리는 이 책의 마지막에 이르기까지 이 질문을 이어갈 것이다. 여기서는 우선 〈도덕경〉을 중심으로 노자의 사상에 집중해보자.

도덕경의
내용

우주의 질서와 내면의 질서

〈도덕경〉은 노자가 남겼다 하여 〈노자〉라고도 부르고 〈노자도덕경〉이라고도 부른다. 이 문서가 노자 한 사람에 의해서만 쓰인 책이냐에 대해서는 의견이 분분하다. 노자라는 인물이 실제로 있었는지에 대해서도 논란이 있으니 어쩌면 당연한 일인지도 모른다. 하지만 일반적으로는 우리가 알고 있는 그 노자, 이이가 저술했을 것으로 본다. 다른 입장에서는 많은 고대 문서가 그러하듯 오래전부터 전해져온 이야기들이 다양한 사람들에 의해 변형되고 정리되었을 것이라고 본다.

오천여 자의 글자로 된 이 짧은 문서는 상편과 하편으로 구분된다. 상편 37장은 도에 대한 내용이 주가 되어 [도경]이라 부르고, 하편 44장은 덕에 대한 내용을 주로 담고 있어 [덕경]이라고 부른다. 그러니까 오해하면 안 된다. 제목에서 강하게 느껴지는 것은 어쩐지 이 책이 윤리, 정의 같은, 착하게 살라는 식의 교과서적인 내용을 다룰 듯하지만, 사실은

'도'와 '덕'에 대한 '경', 다시 말해서 우주와 자아에 대한 글이다.

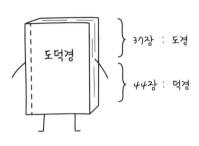

노자의 〈도덕경〉은 다양한 시대와 여러 문화권에서 널리 읽혀왔다. 깊은 상징과 해석의 다양성으로 어떤 이에게는 형이상학적 철학서로 읽혔고, 어떤 이에게는 초월적 경지에 이르는 수양서로 읽혔다. 또 다른 이에게는 정치와 권력에 대한 처세서로, 혹은 문학으로, 혹은 종교서로 읽혔다. 이 중에서 어떤 방식의 해석이 가장 옳은지를 묻는 것은 적절하지 않을 것이다. 모든 고전이 그러하듯 좋은 텍스트는 해석과 함께 매 순간 다시 탄생하는 것이니 말이다.

우리는 이 심오한 고전을 거대 사상의 맥락 속에서 독해하려 한다. 우리가 앞서 다룬《베다》, 그리고 아직 다루지 않은 불교, 철학, 기독교와의 맥락 속에서 공통점과 차이점을 중심으로 살펴볼 것이다. 이러한 독해는 노자의 사상을 단순히 여러 사상들 중 하나가 아니라 인류 보편의 정신사 안에서 이해하도록 도울 것이다. 상편 [도경]과 하편 [덕경]의 내용을 차례로 살펴보자.

상편-[도경]

상편 37장은 도가 무엇인지, 그것이 어떤 의미를 갖는지에 대해 논한다. 각각의 장은 매우 짧고 극히 상징적이며 동시에 여러 방식으로 해석이 가능하다. 몇 개의 장을 함께 읽으며 도에 대한 대략적인 의미를 파악해 보자. 우선 매우 유명한 제1장부터 살펴보자. 여기서는 도가 무엇이고, 어떤 특성을 갖는지를 설명하고 있다.

[제1장]

道可道非常道 (도가도비상도)

名可名非常名 (명가명비상명)

無名天地之始 (무명천지지시)

有名萬物之母 (유명만물지모)

故常無欲以觀其妙 (고상무욕이관기묘)

常有欲以觀其徼 (상유욕이관기요)

此兩者 同出而異名 同謂之玄 (차양자 동출이이명 동위지현)

玄之又玄 衆妙之門 (현지우현 중묘지문)

'도'를 '도'라고 할 수는 있지만, 항상 그러한 '도'는 아니다.

무엇의 이름을 지을 수는 있지만, 항상 그러한 이름은 아니다.

'무'는 천지의 시원을 이름 지은 것이고,

'유'는 만물의 어머니를 이름 지은 것이다.

그러므로 항상 '무욕'하면 (천지의 시원이라는) 그 미묘함을 볼 수 있고,

항상 '유욕'하면 (만물이) 순환하는 것을 볼 수 있다.

이 둘은 이름이 다를 뿐 둘 다 신비한 것이다.

신비 중의 신비이고 모든 신비의 문이다.

제1장은 도라고 이름 부를 수 있다고 해서 그것이 실제로 도를 의미하는 것은 아님을 밝히며 시작한다. 이것은 언어적 사유의 한계를 말하는 것으로 볼 수도 있고, 또 어떠한 방법으로도 결코 도의 실체에 닿을 수 없음을 말하는 것으로도 볼 수 있다. 우리는 쉽게 도에 대해 말하지만 그것은 단지 이름일 뿐, 그 언어가 도를 담아낼 수는 없다. 왜냐하면 도가 무(無)와 유(有), 즉 없음과 있음을 모두 아우르는 거대하고 근원적인 전체이기 때문이다. 우리는 세계라는 '있음' 안에서 태어나서 '있음'으로 존재하다가 사라진다. 우리는 삶의 시간 동안 결코 완벽한 '없음'을 경험하지 못한다. 진정한 없음인 '나의 사라짐'은 결코 나에게 경험되지 않는다. 그래서 우리는 도를 다루기가 쉽지 않다. 도는 존재하는 세상 너머의 존재하지 않는 세계를 포함한다.

세 번째 행부터 노자는 없음과 있음을 정확히 설명한다. 우선 무에 대해서는 하늘과 땅의 기원, 즉 존재가 존재하기 이전을 대응시킨다. 다음

으로 유에 대해서는 만물의 어머니, 즉 존재 전체를 대응시킨다. 그리고 노자는 이렇게 말한다. 만약 우리에게 어떤 욕심도, 욕망도, 원하는 것도 없다면 우리는 존재하는 것 이전인 '없음'의 미묘함을 보게 될 것이다. 반대로 어떠한 욕심, 욕망, 원함이 있다면 우리는 눈앞에 존재하는 만물이 생성하고 소멸되는 '있음'의 현상을 보게 될 것이다.

여기서 노자의 무욕에 대한 설명은 수행하는 종교인의 모습을 떠오르게 한다. 깊은 명상과 고요한 기도 속으로 침잠하는 이가 자신의 내면에서 보게 되는 신비를 이야기하는 듯하다. 하지만 중요한 것은 노자가 유의 세계와 무의 세계 중에서 어떤 것이 더 옳다고 가치평가를 하지는 않는다는 것이다. 노자는 이 두 가지가 이름만 다를 뿐, 신비라는 공통의 문으로 이어진다는 점에서 동일하다고 말한다. 그리고 모든 것이 통합된 이러한 신비는 당연히 도 안에서 만나게 될 것이다.

제1장과 유사한 내용은 제25장에서도 등장한다. 그 일부 내용을 살펴보자.

[제25장] (일부)

有物混成 先天地生 (유물혼성 선천지생)

寂兮寥兮 獨立不改 (적혜요혜 독립불개)

周行以不殆 可以爲天下母 (주행이불태 가이위천하모)

吾不知其名 强字之曰道 (오부지기명 강자지왈도)

强爲之名曰大 (강위지명왈대)

大曰逝 逝曰遠 遠曰反 (대왈서 서왈원 원왈반)

모든 것이 섞여 있었으니, 하늘과 땅보다 먼저 있었다.

형체도 없고, 소리도 없다. 변함없이 홀로 서 있다.

두루 미치나 멈추지 않는다. 세상의 어머니라 할 만하다.

나는 그 이름을 모르지만, 억지로 부르니 '도'라 하고,

억지로 말하니 '크다'라고 한다.

큰 것은 흘러가는 것이고, 흘러가는 것은 널리 미치는 것이며, 널리 미치

는 것은 되돌아오는 것이다.

제25장에서도 도의 존재론적 특성을 설명한다. 노자는 도가 하늘과 땅보다도 먼저 존재하는 것이고, 최초의 모든 것이 혼합된 상태까지 아우르는 것이라고 보고 있다. 이것은 보이지도 않고 들리지도 않고 만져지지도 않는 것이지만, 모든 것을 존재하게 하고 변화하게 하는 것이다. 하지만 역시 이것을 표현할 방법에는 한계가 따른다. 노자는 그래서 이를 억지로 도라고 부르고, 또 다만 큰 것이라고 말한다. 그리고 이 거대한 무엇은 시간을 주관하고, 모든 공간에 영향을 미치며, 전체를 순환하게 한다.

현대 물리학과 동양 철학의 접목은 한때 유행했고, 지금까지도 계속되고 있다. 어떤 사람들은 이러한 통합적 시도의 원인을 오리엔탈리즘에서 찾는다. 오리엔탈리즘이란 서양인이 동양에 대해서 갖고 있는 왜곡된 인식을 바탕으로 한 관심을 말한다. 즉, 어쩐지 동양은 신비한 지역이고, 모두가 요가와 명상을 하며 공중부양을 할 수 있을 거라고 생각하는 등의 편견을 말한다. 동양인인 우리의 입장에서 보면 무슨 오해를 그렇게 진지하게 하는지 놀랍기도 하지만, 실제로 서양인이 어느 정도의 오리엔탈리즘을 갖고 있는 것을 부정할 수는 없다. 그래서 오리엔탈리즘의 폐해를 경계하는 사람들 중 일부는 서구 문명에서 탄생한 현대 물리학이 동양 철학과 접목을 시도하려는 행위 역시 오리엔탈리즘의 일환으로 치부한다. 하지만 이러한 경계는 너무 과도한 면이 있다. 우리는 이 책을 통해 노자에 대해서 아주 조금씩 알아가고 있지만, 그럼에도 불구하고 그의 말 속에서 끊임없이 생성과 소멸을 반복하는 물리적 측면의 우주를 상상하게 되는 것이 사실이다. 학문과 학문의 연계는 학계 안에서 엄밀하고 조심스럽게 다루어져야 하지만, 자신의 직업을 가지고 일상을 살아가는 보통의 우리에게는 내가 알게 된 수많은 지식을 이리저리 붙여보고 상상의 나래를 펼치는 것이 신나고 가슴 뛰는 일이다. 2500년 전에 쓰인 〈도덕경〉을 읽으며 우리는 그 안에서 거대한 우주를 만난다. 노자는 시간 이전의 시간과 공간 이전의 공간에서 모든 것이 통합되어 있는 거대한 질서를 말하고 있는 것이다.

하편-[덕경]

하편 44장은 덕에 대해 다룬다. 상편에서 도를 조금은 막연하고 형이상
학적으로 다뤘던 것과 달리, 하편에서는 많은 부분이 인간의 구체적인
행위와 태도에 대한 교훈을 담고 있다. 그것은 덕이 도에 부합하는 내면
의 상태로서 개인의 행위 안에서 구체적으로 발현되기 때문이다. 특히
[덕경]의 시작인 제38장은 덕이 무엇을 의미하는지를 설명하고 있는데,
덕뿐만 아니라 유학에서 중요하게 다루는 인(仁), 의(義), 예(禮)의 실체
를 덕과 비교하며 비판적으로 고찰한다는 점에서 매우 흥미롭다.

[제38장]

上德不德 是以有德 (상덕부덕 시이유덕)

下德不失德 是以無德 (하덕불실덕 시이무덕)

上德無爲而無以爲 (상덕무위이무이위)

下德爲之而有以爲 (하덕위지이유이위)

上仁爲之而無以爲 (상인위지이무이위)

上義爲之而有以爲 (상의위지이유이위)

上禮爲之而莫之應 則攘臂而仍之 (상례위지이막지응 즉양비이잉지)

故失道而後德 (고실도이후덕)

失德而後仁 (실덕이후인)

失仁而後義 (실인이후의)

失義而後禮 (실의이후례)

夫禮者 忠信之薄而亂之首也 (부례자 충신지박이란지수야)

前識者 道之華而愚之始也 (전식자 도지화이우지시야)

是以大丈夫處其厚 不處其薄 (시이대장부처기후 불처기박)

居其實 不居其華 (거기실 불거기화)

故去彼取此 (고거피취차)

높은 덕은 덕답게 보이지 않아 무릇 덕이 있고,

낮은 덕은 덕을 놓치지 않으려 애쓰므로 무릇 덕이 없다 하겠다.

높은 덕은 아무것도 하지 않으므로 억지로 함이 없고,

낮은 덕은 하려고 애쓰므로 억지로 하게 된다.

높은 인은 하려고 애쓰나 억지로 하지 않고,

높은 의는 하려고 애쓰고 억지로 하게 된다.

높은 예는 하려고 애쓰고 아무도 응하지 않기에 팔을 걷어붙이고 남에게

강요한다.

따라서 도를 잃으면 덕이 나타나고,

덕을 잃으면 인이 나타나고,

인을 잃으면 의가 나타나고,

의를 잃으면 예가 나타난다.

예는 충성과 신의가 희미해지면 나타나는 혼란의 시작이고,

앞을 내다보려 하는 것은 도를 윤색한 것으로 어리석음의 시작이다.

그러므로 대장부는 후덕하지, 얄팍하지 않고

열매에 머무르지, 꽃에 머물지 않는다.

그러므로 후자를 버리고 전자를 취한다.

제38장이 말하는 것은 높은 덕과 낮은 덕의 차이 그리고 인, 의, 예가 갖는 의미다. 노자의 덕이란 특별하고 인위적인 무언가가 아니라, 우주의 질서로서의 도를 내면화하는 것이다. 따라서 도가 그것 그대로의 자연스러운 것이라면, 덕 역시 무위(無爲)의 자연스러움을 따를 때 발현될 수 있다. 이러한 전제에서 노자는 높은 덕이 무엇인지 설명한다. 그것은 자신의 덕을 내세우지 않고 그 무엇도 억지로 하지 않는 사람의 모습이다. 반대로 낮은 덕은 어떻게든 자신의 덕을 돋보이려 애쓰고 억지로 덕을 만들어내려는 사람의 모습이다.

흥미로운 것은 유학에서 강조하는 인, 의, 예를 갖춘 사람이 덕이 낮은 사람처럼 우선은 모두 애쓰는 사람들이라는 점이다. 인은 쉽게 말해 어짊을 뜻하는데, 이들은 인을 드러내기 위해 솔선수범하고 너그럽게 행동하려 애쓴다. 다행인 것은 그나마 이를 자신에게나 타인에게 억지로 강요하지는 않는다는 것이다. 다음으로 의는 의로움을 말하는데, 이들도 의를 드러내기 위해 정의롭고 올바르게 행동하려 애쓴다. 다만 이들은 의로움을 드러내려고 억지로 행동한다는 한계를 갖는다. 가장 큰

문제는 예다. 예는 예절 바름을 말하는데, 이들은 몸가짐과 언행을 바르게 하려고 애쓴다. 하지만 노자는 이러한 인위적인 예에는 아무도 호응하지 않을 것이기에 예를 따르려는 사람들은 결국 자신의 예를 다른 사람들에게 강요하는 문제를 일으킨다고 지적한다.

노자는 이렇게 정리한다. 덕이 없는 사회에서는 인이 강조되고, 인이 없는 사회에서는 의가 강조되며, 의마저도 없는 사회에서는 예만 강조된다. 쉽게 말하면, 자기 내면의 질서를 따르지 않는 사회에서는 사람들 사이에 인자함이 중요시되고, 인자함이 사라진 사회에서는 의리가 중요해지며, 의리가 사라진 사회에는 예절이 강요된다는 것이다.

어린 시절에는 어떤 의미인지 와 닿지 않고 무슨 말장난인가 싶었는데, 사회 생활을 하고 경제 활동을 하고 여러 사람들과 다양한 집단들을 거치면서 노자의 통찰이 새삼 날카롭다고 느낀 적이 있다. 그렇지 않던가? 아직 어린 아이들에게는 그들 자신의 내면의 질서나 인자함을 기대할 수 없다. 왜 그렇게 행동해야 하는지를 알려주기 전에 우선 말과 행동과 신체를 제어하는 예절부터 가르쳐야 한다. 그리고 시간이 흘러 아이들이 성장하면 그들은 친구와의 약속과 의리가 왜 중요한지를 스스로 알게 되고, 장년이 되어서는 인자함을 체득하게 되며, 노년이 되어서야 비로소 자기 내면의 질서를 마주할 수 있게 된다. 이것은 하나의 사회도 마찬가지다. 아직 성숙하지 못한 사회에서는 위로부터 강제되는 질서와 규율을 따르고 순종하는 것이 중요시되지만, 때가 이르러 그 사회가 성숙하면 구성원 각각의 사상의 자유가 인정되고 그들의 권리가 보장된다.

주나라 천자의 권한이 땅에 떨어지고 각지의 제후들이 패권을 장악하기 위해 끝없이 전쟁을 치르는 혼란한 시기에, 노자는 사람들의 마음속에서 도와 덕이 사라지고 있음을 안타깝게 주시하고 있었다. 인, 의, 예가 사회에서 장려되고 있다는 것은 바꿔 말하면 그 사회에 어짊, 의로움, 예절이 없음을 반증하고 있는 것인지 모른다. 인, 의, 예를 강조하는 공자가 노자를 찾아와 가르침을 청했을 때, 노자가 공자를 따끔하게 지적한 것은 아마도 공자에 대한 나무람이 아니라 예절을 가르쳐야 할 정도로 땅에 떨어진 사회의 타락과 부조리에 대한 한탄이었을 것이다.

노자는 제38장을 이렇게 마무리한다. 예가 강조되는 것은 좋은 것이 아니다. 그것은 충성과 신의가 사라진 혼란한 사회가 도래했음을 알려주는 표식일 뿐이다. 미래를 전망하고 예측하려 애쓰는 것도 지혜로운 것이 아니다. 그것은 스스로 그러함이라는 도와 멀어지고 있는 우둔한 행위일 뿐이다. 그러므로 훌륭한 사람, 성숙한 사람이라면 얄팍함과 꽃으로 상징되는 '변화하는 현상 세계'에 집착할 것이 아니라, 후덕함과 열매로 상징되는 '변화하지 않는 본질 세계'에 머물러야 한다.

〈도덕경〉은 도와 덕에 대한 추상적 고찰에만 머무르지 않는다. 많은 부분에서 어떻게 살아야 하는지, 어떠한 삶의 태도를 견지할 것인지, 어떻게 전쟁에 임하고 어떻게 세상을 다스려야 하는지를 다양하게 설명하고 있다. 마지막 장인 제81장은 겉으로 드러나는 화려함이 아니라 내면의 내실을 다질 것을 당부하며 마무리된다.

[제81장]

信言不美 美言不信 (신언불미 미언불신)

善者不辯 辯者不善 (선자불변 변자불선)

知者不博 博者不知 (지자불박 박자부지)

聖人不積 (성인부적)

既以爲人己愈有 (기이위인기유유)

既以與人己愈多 (기이여인기유다)

天之道 利而不害 (천지도 이이불해)

聖人之道 爲而不爭 (성인지도 위이부쟁)

믿음직한 말은 아름답지 않고, 아름다운 말은 믿음직하지 않다.

선한 이는 해명하지 않고, 해명하는 이는 선하지 않다.

아는 이는 박식하지 않고, 박식한 이는 알지 못한다.

성인은 쌓지 않으나

다른 이를 위하기에 자기는 더 갖게 되고

다른 이에게 나누기에 자기는 더 많게 된다.

하늘의 도는 이로울 뿐 해롭지 않고

성인의 도는 이룰 뿐 싸우지 않는다.

노자는 아름다워 보이고 말을 잘하고 이것저것 많이 아는 사람이 아니라, 믿음직스럽고 선하고 깊게 아는 사람이 될 것을 제안한다. 그리고 그러한 이상적인 사람을 성인(聖人)이라 부른다. 성인은 자기만의 것을 고집하지 않는다. 재산이든 지식이든 권한이든, 그는 그것을 내려놓고 다른 이에게 내어놓는다. 노자는 이러한 행위가 역설적이게도 더 많이 갖고 더 많이 쌓게 되는 행위라 말한다. 실제로 그렇지 않던가? 자신이 피같이 모은 재산이라며 움켜쥐고 있는 사람에게, 자신이 힘들게 얻은 지식이라며 공유하지 않는 사람에게 사람들은 등을 돌리고 하나둘씩 떠난다. 그는 재산과 지식을 조금 더 얻을 수 있을지 모르지만, 그만큼 더 사람을 잃게 될 것이다. 반대로 내가 가진 것을 나누는 이에게 사람들은 모이고, 진실한 관계망 속에서 그의 삶은 더 풍요로워진다. 노자는 이것이 하늘의 도라고 말한다. 버리고 내려놓는 것. 움켜쥐었던 손을 풀고 모든 것이 그저 자신을 거쳐 가게 하는 것. 이것이 하늘의 도이고, 성인의 덕이다. 우리가 이와 같을 때 모든 것은 이루어지고, 사람들 사이의 싸움도 일어나지 않을 것이다.

이것이 진정으로 노자가 하고 싶었던 말이 아닐까. 전국의 패권을 차지하기 위해 싸우고 투쟁하는 제후들과, 그에 빌붙어 아름다운 말과 세치 혀로 자신의 이권을 보전하고 싶어 하는 여러 군상들에게 그것은 잃는 길이지, 얻는 길이 아님을 말해주고 싶었던 것은 아닐까. 그리고 노자의 진심 어린 충고는 2500년의 시간을 건너 건물 숲 속에서 하루하루 전쟁을 치르고 있는 지친 현대인에게까지 전해지고 있다.

중간 정리

위대한 스승들이 왜 축의 시대라 불리는 기원전 5세기를 전후해서 등장했는지 말하는 것은 쉽지 않은 일이다. 하지만 확실한 건 이 무렵 문명이 발달하면서 사람들 간의 물리적 거리가 좁혀졌고, 재화는 희소해졌으며, 이로 인한 갈등과 전쟁이 흔하게 발생했다는 것이다. 중국 대륙도 다르지 않았다. 삼황오제의 이상적인 신화의 시대가 끝나고 현실적인 역사의 시대로 들어서며 갈등과 전쟁은 첨예해졌다. 주나라 천자를 중심으로 한 혈연관계로 이뤄진 봉건제도가 무너지며 춘추전국시대가 찾아왔고, 혼란은 극에 달했다. 이러한 시대적 배경 속에서 위대한 스승 노자가 등장했다.

그는 혼란과 폭력의 원인을 외부가 아니라 인간의 내면에서 찾고자 했다. 이에 대한 그의 사상은 〈도덕경〉에 잘 드러나 있다. 대략 5천 자, 81장으로 구성된 이 문서는 도와 덕에 대한 경전으로, 우주적 근원이자 질서로서의 도와 그것의 내면적 반영인 덕에 대해 설명하고 있다. 우선 상편 [도경]은 도의 의미를 설명한다. 도는 언어로 담을 수 없는 것이고, 천지의 시원이며, 무와 유를 아우르는 우주적 질서다. 다음으로 하편 [덕경]은 구체적 행위와 태도 속에서의 덕의 의미를 설명한다. 노자에 따르면 가장 이상적인 덕은 인위적으로 애쓰지 않고, 드러내지 않으며, 거대한 도의 이치를 따르는 태도다. 이러한 덕을 겸비한 이는 성인이며, 그는 쌓지 않고 나누지 않고 다투지 않는다.

노자의 사상에서 우리가 주목해야 하는 점은 그의 사상이 독특하거나 특수한 무엇이 아니라는 것이다. 오늘날 한국에서 노자 사상은 일반적으로 인위를 거부한 무위의 삶에 대한 추구로 알려져 있다. 하지만 이러한 결론보다 더 중요한 것은 그가 왜 인위가 아닌 무위를 추구했는가에 있다. 그것은 노자가 우주의 질서와 내면의 질서를 일치시키고자 했기 때문이다. 아무것도 하지 않음에 집중한 것이 아니라, 내면에서 우주를 발견할 것을 우리에게 제안하고 있는 것이다. 그런 면에서 노자의 사상은 범아일여의 가르침과 같은 선상에 있다.

물론 그의 거대 사상과 가르침도 어떤 면에서는 한계가 있었다. 그것은 〈우파니샤드〉가 처했던 한계와도 유사하다. 즉, 탈속을 추구함으로써 세속의 가치를 소홀히 한다는 점이었다. 이것은 문제가 된다. 어쨌거나 현실에 발 딛고 살아야 하는 보통의 사람들에게 삶에 애착을 갖지 말라는 가르침은 쉽게 닿기 어려운, 너무도 요원한 경지였던 것이다. 문제를 보완하고 삶의 균형을 잡을 수 있게 하는 대안적 가르침이 필요했다. 이러한 요구 속에서 또 다른 위대한 스승이 등장했다. 바로 현실에 발 딛고 있던 공자다.

노자와 공자의 만남

두 가지 삶의 태도

노나라 군주의 명을 받은 공자는 주나라의 예법을 배우기 위해 사절로 낙양에 가게 되었고, 그곳에서 노자를 만났다. 이때가 대략 기원전 519년으로, 공자는 30대 초반의 젊은이였고 노자는 이제 80대가 된 원숙한 노인이었다. 자료에 따라서는 공자를 40대, 노자를 60대로 설명하기도 한다. 공자는 그 무렵 예에 대한 학식으로 이미 세상에 이름을 떨치고 있었다. 노자는 오래된 문서를 관리하는 사관이었다. 주나라에 머물며 많은 사람을 만나고 마지막으로 노자를 대면하게 된 공자는 공손한 태도로 노자에게 물었다. "예란 무엇입니까?" 노자는 이렇게 대답했다.

"당신이 높이 평가하는 요순시대의 성현의 예, 그것을 말했던 이들의 기와 뼈는 이미 썩어 사라졌습니다. 남은 것은 오직 그들의 말뿐입니다. 내가 당신에게 말하고 싶은 것은 이것입니다. 군자는 때를 만나면 수레를 몰고 거들먹거리지만, 때를 만나지 못하면 티끌처럼 누추하게 떠돌아다니게 될 뿐입니다. 내가 듣기로 진짜 훌륭한 장사꾼은 자신이 가지고 있는 가장 좋은 물건은 깊이 감추어 남에게 보이지 않는다고 했습니다. 마찬가지로 진정으로 덕이 있는 군자의 얼굴은 마치 어리석은 듯 보이게 됩니다. 당신은 교만과 욕심을 버리고, 있어 보이는 얼굴빛과 모든 것을 자신의 뜻대로 하려는 마음을 버려야 합니다. 이는 모두 당신에게 이롭지 않습니다. 내가 당신에게 말하고자 하는 것은 이것뿐입니다."

무슨 말인지 알아듣겠는가? 에둘러 말하니까 한 번에 알아듣기 어려운데, 실은 이런 말이다. '너 세상 구한답시고 여기저기 얼굴 알리며 돌아다니고 있는데, 진짜 능력자들은 드러내지 않고 숨어 있다. 그리고 너 교만하고 욕심 많아 보이니까, 앞으로 조심해라.' 우리 같으면 집에 돌아와 이불을 뒤집어쓰고 분노의 눈물을 흘렸겠지만 공자는 그런 분이 아니셨다. 노자와 헤어진 공자는 자신의 제자들에게 이렇게 말했다고 한다.

"새는 자신이 능히 날 수 있음을 알고, 물고기는 자신이 능히 헤엄칠 수 있음을 알며, 짐승은 자신이 능히 달아날 수 있음을 안다. 하지만 달아나는 것은 땅에 걸리고, 헤엄치는 것은 낚싯줄에 걸리며, 날아다니는 것은 화살에 맞는다. 용에 이르렀을 때에야 비로소 바람과 구름을 타고 하늘로 올라갈 수 있음을 이제까지 알지 못하였다. 오늘 노자를 보며 마치 용을 본 것만 같았다."

역시 공자는 공자다. 물론 이 말 이후에 집에 가서 분노의 눈물을 흘렸는지는 확인되지 않았지만 말이다. 공자가 노자를 높게 평가할 수 있었던 것은, 노자의 충고가 단순히 자신에 대한 비난이 아니라 당시의 혼란한 세상에 대응하는 괜찮은 방법을 제안한 것임을 꿰뚫어 보았기 때문일 것이다. 노자와 공자는 혼란한 세상이라는 공통분모 위에 발 딛고 있었지만, 그것에 대응하는 방법은 정반대였다. 노자는 신체적으로나 정서적으로 그곳에서 떠나고자 했다면, 공자는 그곳을 바꾸고자 했다. 다시 말해 노자가 인위적 개입의 헛됨을 깨닫고 초월적 가치로 나아가고자 했다면, 공자는 인위적 개입을 통해 세상을 바꾸려는 현세적 가치를 추구한 것이다.

노자와 공자의 차이

당신은 어떠한 삶의 태도가 더 마음에 드는가? 질문을 바꾸면 당신은 지금까지 어떠한 삶의 태도로 현실을 살아왔는가? 우리는 주변에서 두 종류의 사람을 본다. 직장, 사회, 학교, 종교 등의 크고 작은 모임에서 부조리한 문제점에 봉착했을 때 그것을 대하는 두 종류의 사람 말이다. 어떤 이들은 그곳을 떠난다. 자신의 고결함과 올바름을 지키기 위해 진흙탕 싸움을 피한다. 반대로 다른 이들은 그곳에 남는다. 그들은 문제를 해결할 수 있다고 믿으며 첨예한 논쟁과 갈등 속으로 뛰어든다. 그들은 어떻게든 그곳을 지켜내고자 한다.

탈속과 세속. 얼핏 모순되어 보이고 화해할 수 없을 것 같은 이 양극단의 가치는 어떤 면에서 인간 영혼의 보편적 무늬인지도 모른다. 인간은 이렇다 저렇다 규정할 수 없는 넓은 범위를 아우르며 현실과 이상을 동시에 살아가고 있는 존재인지도 모르는 것이다.

지금까지 탈속의 측면에서 노자에 대해 다루었다면 이제 다른 절반의 세계, 세속에서 싸워나가는 공자의 일생과 사상을 알아보자.

공자의
생애와 사상

세속의 철학자

공자는 춘추전국시대를 대표하는 사상가이자 정치가다. 그는 유가와 법가 사상의 시조로, 지금까지도 동아시아에 강력한 영향을 미치고 있다. 혼란스러운 시대 속에서 그는 덕과 예를 중심으로 하는 이상적인 나라를 꿈꾸었고, 이를 실현하고자 오랜 시간 전국을 유랑했다. 하지만 끝내 그의 뜻을 받아주는 나라를 찾지 못했다. 말년에 공자는 제자들을 가르치며 후학을 양성하는 데 뜻을 두었다. 그의 이상은 당대에 실현되지 못했지만, 그의 정신은 아시아 지역의 수많은 위정자에게 이어지며 사람들의 삶과 문화를 구체적으로 변화시켰다. 지금부터 공자의 일생을 간략히 살펴보자.

공자의 생몰연대는 노자에 비해 명확한 편이다. 기원전 551년, 주나라의 제후국이었던 노나라에서 태어나 기원전 479년에 73세의 나이로

숨을 거두었다. 공자의 이름은 구(丘), 그래서 실제 이름은 공구다. 자는 중니라 불렸다. 그의 아버지는 하급 무관이었던 숙량흘이고, 어머니는 안씨였다. 이 둘은 정식 혼인 관계가 아니었다. 숙량흘은 첫째 부인에게서 아홉 명의 딸을 두었고, 둘째 부인에게서는 다리 장애가 있는 아들을 하나 두었다. 아들을 더 원한 숙량흘은 안씨에게서 공구를 얻게 되었다. 당시 숙량흘의 나이가 70세, 안씨의 나이가 16세였다. 공구는 정식 아들로 인정받지 못했고, 공씨 집안의 자손으로도 인정받지 못했다.

공자

어머니는 어려운 환경 속에서 홀로 공구를 키웠다. 하지만 상황은 좋지 않았다. 어머니 안씨는 눈이 멀었고 형편은 더없이 나빠졌다. 공구는 세 살이 되던 해에 아버지를 여의고, 열일곱 살이 되었을 때는 어머니를 여의었다. 그를 돌봐주는 사람은 없었다. 그는 천하고 거친 일을 하며 젊은 시절을 보냈다. 다른 집의 창고지기나 축사지기를 하며 생활을 이어 갔다. 19세에는 송나라 출신의 여인과 혼인해 아들 리를 얻었다.

공구는 사생아라는 출생의 한계를 극복하고 공씨 집안의 자손으로 인정받고자 했다. 틈나는 대로 주나라의 관제와 예법을 공부했고, 이를 발판으로 세상으로 나아가고자 했다. 오랜 시간의 끈질긴 노력으로 그는 점차 예에 대한 전문가로 알려졌다.

30세가 되었을 때는 노나라에 중국 역사상 최초의 학교를 세우고 많은 제자를 양성했다. 제자들은 신분의 차별을 받지 않았다. 평민부터 귀족까지 배움을 얻고자 하는 모든 이를 받아주었다. 공자의 명망은 차츰 전국으로 퍼져, 그에게 배우려는 제자들이 전국 각지에서 모여들었다. 32세 무렵에는 노나라 군주로부터 경비를 지원받아 주나라 낙양에 시찰을 가게 되었다. 노자를 만난 것이 이때다. 35세에는 노나라에서 발생한 내란을 피하기 위해 제나라로 떠났다. 그곳에서 제나라의 군주인 경공을 만났고 그의 눈에 들었다. 경공이 공자에게 정치에 대해 물은 것은 유명하다. "정치란 무엇입니까?" 공자는 이렇게 답했다.

"君君, 臣臣, 父父, 子子 (군군, 신신, 부부, 자자)"

'응?'이라며 경공이 혼란에 빠졌는지는 알려지지 않았다. 이게 도대체 무슨 말장난인가? 당황할 것 없다. 여기서 반복되는 문자들은 서로 다른 역할을 한다. 우선 ○○에서 앞 자는 주어에 해당하고, 뒤 자는 술어에 해당한다. 즉, 이런 뜻이다.

"임금은 임금다워야 하고, 신하는 신하다워야 하며, 아버지는 아버지다워야 하고, 자식은 자식다워야 합니다."

각자가 자신의 이름에 걸맞게 역할을 수행하고 의무를 다할 때 정치와 사회가 안정될 것이라는 뜻이다. 이를 보통 정명론(正名論)이라고 한다. 고대 중국인에게 명(命)은 단순히 이름을 뜻하는 것이 아니라 대명(大命), 즉 하늘이 부여한 명령이나 의무를 의미했다. 나에게 주어진 이름, 신분, 지위에 따라 그 역할을 충실히 수행하는 것은 거대한 우주적 질서 안에서 바른 일이라고 생각한 것이다.

경공은 공자를 높이 평가하고 곁에 두려 했지만 경공의 신하들은 공자를 경계했다. 그들은 공자가 장례나 제사의 예법만을 까다롭게 중시하여 비용만 발생시킬 뿐, 나라에 득이 되지 않는다며 반대했다. 경공은 어쩔 수 없이 공자를 등용하지 못했고, 공자는 노나라로 돌아갈 수밖에 없었다. 40에서 50세 무렵에는 잠시 관직을 맡아 왕과 나라를 도울 기회를 얻었다. 하지만 현실 정치는 그의 생각대로 움직이지 않았다. 그는 관직을 버리고 오랜 시간 전국을 떠돌며 자신의 이상을 실현할 곳을 찾아다녔다. 이를 '주유열국(周遊列國)'이라 한다. 14년 동안 여러 나라를 돌아다니며 문을 두드렸으나 끝내 공자가 말하는 바른 길을 택하려는 왕을 만나지 못했다. 여러 왕들은 치열한 전쟁과 경쟁의 상황 속에서 빠르게 국력을 키우고 천하를 제패할 방법만을 요구했다. 기나긴 여정 동안 공자는 고달픈 세월을 보냈다. 그리고 결국 다시 노나라로 돌아갔다. 이때가 공자의 나이 68세였다.

노나라는 끝내 공자를 등용하지 않았다. 공자도 벼슬을 구하지 않았다. 그는 후학을 양성하는 데 몰두했다. 그의 제자는 3천여 명에 달했다.

많은 이가 공자의 학식을 칭송하고 모범으로 삼았다. 말년에 공자는 자신의 삶을 돌아보며 이렇게 말했다.

吾十有五而志于學 (오십유오이지우학)

三十而立 (삼십이립)

四十而不惑 (사십이불혹)

五十而知天命 (오십이지천명)

六十而耳順 (육십이이순)

七十而從心所欲 不踰矩 (칠십이종심소욕 불유구)

나는 나이 열다섯에 학문에 뜻을 두었다.

서른에 그 뜻이 확고하게 섰으며,

마흔에는 미혹됨이 없었다.

쉰에는 하늘이 내려준 사명을 깨닫게 되었고,

예순에는 귀가 순해져 남의 말을 듣기만 해도 곧 그 이치를 깨달았으며,

일흔에는 무엇이든 하고 싶은 대로 하여도 법도에 어긋남이 없었다.

이는 〈논어〉의 [위정편]에 나오는 말로, 각각을 지학(志學), 이립(而立), 불혹(不惑), 지천명(知天命), 이순(耳順), 종심(從心)이라 한다. 공자가 제시한 삶의 궤적은 후대의 많은 이로 하여금 그 길을 따르며 자신의 삶을 반성하게 했다.

말년에 공자는 사랑하는 이들을 먼저 떠나보내야만 했다. 아들 리와 아끼던 제자 안연, 자로가 잇따라 세상을 떠났다. 공자는 비통해했고 크게 상심했다. 온화한 성품과 깊은 학식을 갖춘 현자였지만, 죽음은 그가 다루는 영역 밖의 문제였다. 공자는 사랑하는 이들의 죽음에 대해 이렇게 말했다. "하늘이 나를 버렸다."

노자가 들었으면 아직도 정신 차리지 못했다고 한 번 더 꾸지람을 받았을 만한 말이었지만, 공자의 발자취를 보면 그럴 수도 있겠다는 생각이 든다. 공자의 평생의 관심사는 구체적인 현실 정치를 바꾸고 세상을 변화시키는 것이었으니 말이다. 그의 눈 속에는 언제나 불안한 현실을 위태롭게 살아가는 보통 사람들의 모습이 있었다. 그는 회피가 아니라 변화를 꿈꾸었다. 그런 까닭에 공자에게 죽음이란 허무이자 미지의 대상이었는지 모른다.

기원전 479년, 73년 동안 현실에 발 딛고 있던 공자는 사랑하는 제자들이 지켜보는 가운데 세상을 떠났다. 고단하던 여정도 끝에 이르렀다. 공자는 노나라 북쪽의 사수 언덕에 묻혔다. 이후 노나라에서는 새해가 되면 공자의 묘소에 제사를 드렸다. 이것은 전통이 되어 후대의 왕들에게 이어졌다. 사마천은 〈사기〉의 [공자세가]에 이렇게 기록했다.

"천하의 군왕부터 현인까지 많은 사람이 있었다. 하지만 살아 있을 때 아무리 영화로웠다 해도 죽으면 끝이었다. 오직 공자만은 포의를 입고 죽었으나 대대로 전해오며 학자들의 종주로서 공경받고 있다."

여기서 포의는 베옷을 말하는데, 당시에 벼슬을 하지 않은 사람은 포의를 입었다. 어릴 적 보았던 만화영화의 영향 때문일까. 나는 가끔 포의를 입은 공자와 신선이 된 노자가 함께 바둑을 두는 상상을 한다.

논어의
내용

인간 사이의 실천 덕목

공자가 제자들을 가르치는 데 사용한 경전을 〈육경〉 또는 〈육예〉라고
한다. 구체적으로는 시경, 서경, 역경, 예기, 춘추, 악기 이렇게 여섯 가지
다. 이 중에서 악기는 전해지지 않는다. 악기를 제외한 다섯 가지 경전을
〈오경〉으로 묶기도 한다.

	시경 :	문학
	서경 :	정치
	역경 :	우주론
육경	예기 :	예법
	춘추 :	역사
	악기 :	음악

경전이라고 하니 어쩐지 묵직한 종교서처럼 느껴지지만, 사실 〈육경〉은 일종의 교양서다. 공자 선생님의 수업 교재라고 생각하면 된다. 각각 문학, 정치, 우주론, 예법, 역사, 음악 등 고대로부터 전해오는 지식을 정리했다. 이 책들은 공자의 순수한 창작물이라기보다는 이전부터 내려오는 문서를 공자가 정리하고 편집했다는 견해가 더 일반적으로 받아들여지고 있다. 물론 편집이라는 활동이 하나의 메시지이고 또 다른 창작이기에 공자가 편집한 〈육경〉에는 그의 사상이 깊게 반영되어 있을 수밖에 없다. 다만 공자만의 목소리와 사상을 직접적으로 듣고자 한다면 〈육경〉이 아니라 〈논어〉를 보아야 한다.

〈논어〉는 공자와 그의 제자들의 언행을 기록한 책이다. 이것도 공자가 직접 저술한 것은 아니고 공자 사후에 제자들이 정리했다. 〈논어〉를 토대로 할 때 공자의 핵심 사상은 '인(仁)'으로 압축할 수 있다. 이 개념은 단순하게 정의할 수 없고 극히 포괄적인 개념이지만, 공자 사상의 근원이자, 유교 윤리의 최고 덕목이라고 할 수 있다.

한국인은 공자의 인 사상이 중요하다는 것을 학교에서 배워서 잘 알고 있다. 다만 인이 무엇인지를 물었을 때 대답하기는 쉽지 않다. 인이라는 단어를 들으면 당신은 무엇을 떠올리는가? 여기에 대해 선명하게 말하기 어려운 것은 실제로 공자가 이 개념을 포괄적이고 느슨하게 사용했기 때문이다. 또한 개념을 정의하기보다는 어떻게 행동하는 것이 인을 드러내는 것인지 그 방법론을 중심으로 설명했기 때문이다.

〈논어〉의 [이인]에는 이렇게 설명되어 있다.

君子去仁 惡乎成名 (군자거인 오호성명)

君子 無終食之間違仁 (군자 무종식지간위인)

造次 必於是 (조차 필어시)

顚沛 必於是 (전패 필어시)

군자가 인을 떠난다면 어찌 군자로서 이름을 떨칠 수가 있겠는가?

군자는 밥 한 끼를 먹을 때에도 인을 어겨서는 안 되고,

무엇을 이루고자 할 때에도 인에 의지해야 하고,

실패해 넘어지는 순간에도 인에 의지해야 한다.

〈논어〉의 [옹야]에서는 인에 대해 이렇게 설명한다.

夫仁者 己欲立而立人 (부인자 기욕립이립인)

己欲達而達人 (기욕달이달인)

能近取譬 可謂仁之方也已 (능근취비 가위인지방야이)

인을 가진 사람은 자기가 서고자 할 때 남부터 세워주고,

자기가 이루고자 할 때 남부터 이루게 한다.

자기를 미루어 남을 이해한다면 가히 인의 방법이라 할 것이다.

이 밖에도 인을 언급한 여러 맥락을 고려했을 때, 대체로 공자의 인은 공손함, 관대함, 신실함, 자애, 지혜로움, 용기, 정직, 효성, 인간적임, 인정이 많음, 친절함 등을 의미한다고 볼 수 있다. 이를 종합해본다면 인은 인간이 취해야 할 궁극적 지향점이자 심오한 인간중심사상이라 할 수 있다. '뭐야, 그냥 좋은 말만 다 갖다 놓은 거야?'라고 생각할 수도 있겠다. 다만 약간의 차이가 있는데, 그냥 좋은 말만 늘어놓은 것이 아니라 사람과 사람 사이의 관계라는 상황에 집중한 개념이다. 실제로 인을 한자로 풀어보면 사람 인(人)과 둘 이(二)가 결합한 모양이다. 인은 철학적이고 형이상학적인 초월적 개념이 아니라 피부와 피부가 맞닿는 거리에 존재하는 구체적인 인간 사이의 실천 덕목인 것이다.

이제 인이 의미하는 바를 어느 정도 이해할 수 있을 듯하다. 다음으로 궁금한 것은 이러한 인을 어떻게 실천할 것인가 하는 문제다. 지극히 이기적인 본성을 가진 인간이 어떻게 인을 발현할 수 있을 것인가? 이에 대한 대답으로서 공자는 예를 제시한다. 실제로 〈논어〉의 [안연] 편에서 제자 안연이 어떻게 인을 실천할 것인지를 스승에게 묻자, 공자는 다음과 같이 말한다.

克己復禮爲仁 (극기복례위인)

"나를 이기고 예로 돌아가는 것이 인을 실천하는 것이다."

안연이 구체적인 방법을 묻자 공자는 이렇게 대답한다.

非禮勿視 非禮勿聽 非禮勿言 非禮勿動 (비례물시 비례물청 비례물언 비례물동)

"예가 아닌 것은 보지 말고, 예가 아닌 것은 듣지 말고, 예가 아닌 것은 말하지 말고, 예가 아닌 것은 행동하지 말라."

여기서 극기복례라는 말이 유래했다. 공자가 말하고자 하는 바는 매우 구체적이다. 그는 이렇게 말한다. 인을 실천하는 것은 어려운 일이 아니다. 이기적인 욕심이 생기는 것은 어쩔 수 없다. 그럴 때마다 이러한 마음을 조금 억누르고 평소에 몸에 익혀두었던 예를 갖추는 것이다. 그것으로부터 인을 실천할 수 있다. 오늘날 현대인의 눈높이에 맞춰 인과 예를 말한다면 이 정도가 되지 않을까? '좋게 생각하고, 바르게 행동하라.' 공자는 인을 지향하고 예를 따르는 사람은 성인, 군자라고 보고 그렇지 못한 사람은 소인이라고 보았다. 오해하지 말아야 할 것은 군자와 소인의 개념은 타인을 평가하는 기준이 아니라는 것이다. 이것은 나를 돌아보게 하는 기준이지, 남을 비난하는 데 사용하는 기준이 아니다. 그런 면에서 생각해볼 필요가 있다. 현대의 물질문명 속을 살아가는 나는 군자인가 소인인가. 공자의 가르침은 지금을 살아가는 우리에게도 유의미하다.

공자
이후

유학의 발전

공자가 세상을 떠난 이후 제자들은 스승에게 배운 대로 예를 갖춰 제사를 지냈다. 그리고 스승의 묘 근처에서 삼년상을 치렀다. 이 기간 동안 제자들은 스승의 말씀을 〈논어〉로 정리했다. 이후 제자들은 고향으로 돌아가 각자의 위치에서 공자의 가르침을 이어나갔다. 공직으로 나아간 제자도 있었고, 학자가 되어 스승처럼 후학을 양성한 제자도 있었다. 공자의 제자 중에는 안회가 가장 뛰어났다고 전해지지만 안회는 스승보다 먼저 세상을 떠났기에, 공자의 가르침은 다른 제자들에 의해서 이어졌다.

특히 증자와 자하가 스승의 뜻을 후대에 전하는 중요한 역할을 했다. 우선 증자는 효를 중시했는데, 그의 가르침은 공자의 손자인 자사에게 이어졌고, 자사의 가르침은 훗날 맹자에게 전해지며 유가의 근간을 형성했다. 다음으로 자하는 예를 강조했다. 그의 학파에서 분파된 순자와 한비자의 학파가 크게 융성하며 법가를 이루었다. 흥미로운 것은 유가

와 법가 모두 공자로부터 기인하였으나, 맹자와 순자는 인간에 대해 상
반된 관점을 가졌다는 것이다. 맹자는 인간의 본성이 기본적으로 선하
다고 생각하여 성선설을 주장했고, 이에 따라 원래의 본성을 발현시키
는 방식으로의 교육을 강조했다. 반대로 순자는 인간의 본성이 기본적
으로 악하다고 생각하여 성악설을 주장했고, 이에 따라 원래의 본성을
억제시키고 사회적 규칙인 예를 따르게 하는 교육을 강조했다.

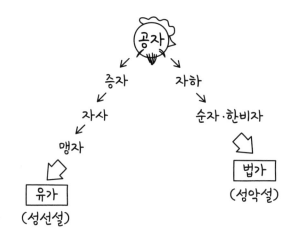

공자의 가르침은 다양한 학파로 확장되며 중국에서 수천 년 동안 이
어졌고, 주변 국가들에도 상당한 영향을 미쳤다. 오늘날까지 유가의 정
신은 동아시아 국가들의 법과 정치, 사회와 경제의 방향을 정립하는 데
주요한 가치 기준으로 작용하고 있다. 이처럼 오랜 시간에 걸쳐 살아남
은 가르침인 만큼 공자의 사상에 대한 평가도 다채롭게 이루어지고 있

다. 당신은 공자의 사상과 가르침이 마음에 드는가? 현대에 이르러 공자에 대한 평가는 극단적으로 나뉘는 양상이다. 공자의 사상을 긍정적으로 평가하는 사람들과 부정적으로 평가하는 사람들. 우선 전자는 공자의 사상이 현세적이고 실용적이라는 측면에서 강력히 지지한다. 도가, 불교 혹은 다른 종교처럼 형이상학적이고 신비주의적인 것을 강조하지 않고 손에 잡히는 국가 운영과 사회 윤리에 대해 말한다는 것이다. 실제로 제자 자로가 공자에게 귀신을 섬기는 일에 대해 묻자 공자는 이렇게 대답한 적이 있다.

未能事人 焉能事鬼 (미능사인 언능사귀)
"사람도 제대로 섬기지 못하는데 어찌 귀신을 섬길 수 있겠느냐?"

이번에는 자로가 질문을 바꿔 죽음에 대해 묻자 스승은 이렇게 답했다.

未知生 焉知死 (미지생 언지사)
"삶에 대해서도 모르는데 어찌 죽음에 대해 알겠느냐?"

공자의 가르침은 현실에서 시작해서 현실에서 끝난다. 그런 까닭에 오늘날 '유교'라는 단어는 잘 사용되지 않는다. 그 대신 '유가', '유학'이라 부른다. 유가는 삶 이전과 죽음 이후를 말하는 종교가 아니라 하나의 사회 윤리, 정치 이념이기 때문이다.

반대로 이러한 측면 때문에 공자의 가르침의 한계를 지적하는 사람들도 있다. 이들은 공자의 말씀이 하나부터 열까지 다 맞기는 하지만, 이것이 진정으로 우주와 인간의 본질 전반을 탐구하는 '철학'이라고 할 수 있는지를 묻는다. 공자의 말씀은 너무나 상식적이고 심지어 상투적이라는 것이다. 이들은 공자와 유가 사상은 말 그대로 국가와 사회가 장려하는 하나의 사회 윤리, 정치 이념이라고는 할 수 있겠지만 그저 당연한 말의 나열일 뿐, 거시적 세계관 제시에는 실패했다고 지적한다. 이것이 문제인 이유는 무엇인가? 거시적 전망이 부재한 사회 윤리는 그 사회의 유지와 관리에는 매우 유용할 수 있으나, 어떠한 변혁과 혁신도 꾀할 수 없기 때문이다.

아시아 국가들이 서구의 식민 지배를 끝내고 산업화를 이루는 과정에서 공자의 사상을 비판하거나 극복하려 했던 중요한 이유가 여기에 있다. 실제로 한국에서도 80년대와 90년대에 공자와 유가 사상에서 벗어나고자 하는 분위기가 형성되었는데, 그러한 생각의 근원에는 다른 사상에 비해 유학이 변화와 변혁의 가치를 인정하지 못했다는 반성이 있었다. 하지만 한동안의 비판과 논쟁이 지나간 후 공자에 대한 재평가는 최근 중국 경제의 성장과 함께 다시 이루어지고 있다.

공자와 노자의
차이

혼란을 멈추는 방법

공자와 노자의 차이는 그들이 다루고 있는 사상의 범위를 기준으로 나눠 볼 수 있다. 노자가 도와 덕에 대해 다루고 있다면 공자는 덕에 집중한다. 노자는 우주 전체의 근본 원리와 그것의 반영으로서의 인간의 행위를 다루는 데 비해 공자는 사회, 정치의 구체적 현실 속에서의 인간 행위에 초점을 맞추는 것이다.

사상의 범위

이러한 세계관의 차이는 언어와 행위에 대한 견해의 차이로 귀결된다. 우선 도가 사상에서 인간의 언어는 불완전하다. 그것은 크고 작음, 길고 짧음, 빠르고 느림 등의 말에서 볼 수 있듯 주관적이고 상대적인 것일 뿐, 실제 세계를 객관적으로 묘사하지 못한다. 도가에 따르면 이러한 언어로 도를 말한다는 것은 애초에 불가능한 일이다. 한발 더 나아가 이러한 언어로 사람과 사람 사이의 분쟁을 해결하려 한다거나, 학문의 체계를 잡는다거나, 사람을 교육하고 교정하려고 노력하는 것은 문제를 키우기만 할 뿐, 필연적으로 실패하게 된다. 그렇다고 할 때 우리가 할 수 있는 최선의 행위는 그것을 그저 있는 그대로 놓아두는 것이다. 노자는 이렇듯 무위를 통해서만 천하를 평화롭게 할 수 있다고 말한다. 따라서 천하를 더 좋은 곳으로 만들려는 공자와 유가 학파의 노력은 도가 사상의 관점에선 다만 번잡하고 헛된 일일 뿐이다.

유가 사상은 도가 사상과 정반대의 입장을 갖는다. 그들은 인간의 언어를 뜻을 전하기에 충분한 수단으로 파악했다. 배우고 익히는 과정을 통해 인격을 성숙시키고 올바른 행위를 하도록 이끌 수 있다는 것이다. 이에 따라 유가에서는 인위적인 조정이 강조되는 예학이 중요한 위치를 점유하게 되었다. 올바르고 다듬어진 말을 통해 사람과 사람 사이의 분쟁을 해결하고, 학문의 체계를 잡고, 더 나은 사람으로 교육하고 교정해야 한다. 유가 사상은 아무것도 하지 않고 있는 그대로 놔두는 것으로는 개인도 사회도 바꿀 수 없다고 생각했다. 아무것도 하지 않는다는 것은 말 그대로 그저 아무것도 하지 않는 것이다. 공자는 도가 학파를 '속세를 떠나 은둔하는 자들'이라 불렀다.

중국의 사상을 대표하는 도가와 유가의 사상이 이처럼 현격한 차이를 갖는다는 것은 흥미로운 일이다. 어떻게 이렇게 모순되는 세계관이 특별한 갈등 없이 2500년의 시간을 공존할 수 있었을까? 그것은 두 사상이 상호 보완적인 관계를 맺고 있었기 때문이다. 탈속과 세속. 인간의 영혼을 구성하는 두 가지 욕구가 도가와 유가를 통해 각각 반영되고 있었던 것이다.

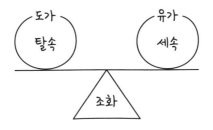

오래된 중국의 격언 중에는 이런 말이 있다.

"관직에 나아가서는 유교의 신봉자가 되고, 관직에서 물러나서는 도교의 신봉자가 된다."

도가와 유가는 이름을 달리하고 서로 다른 사상을 전개해나가고 있지만 인간 영혼에는 통합된 하나의 균형 잡힌 사상으로 기능하고 있었다.

외래 종교의
유입

불교의 등장

현격한 차이에도 불구하고 도가와 유가가 조화를 이룰 수 있었던 것은 그들이 거대한 공통분모 위에 발을 딛고 있었기 때문이다. 그것은 바로 현세적 관점이다. 현세(現世)는 지금 이 세상을 말한다. 전생도 아니고 내생도 아니고 천국도 아니고 지옥도 아닌, 지금 뒹굴고 있는 나의 이번 삶 말이다. 도가와 유가는 현세의 문제를 다루는 사상이다. 그 대안이 탈속이든 세속이든, 어쨌거나 지금 내 삶의 문제를 어떻게 개선할 것인지가 도가와 유가가 집중하는 문제다. 그런 면에서 중국 철학은 인간을 중심에 두고 인간의 문제만 다루는 지극히 인본주의적인 모습을 보인다.

이러한 현세적인 가르침은 많은 사람을 만족시켰지만, 일부의 사람들은 만족하지 못했다. 선천적 원인이든 후천적 원인이든 그런 사람이 있다. 현생 너머를 보고자 하는 사람. 죽음 이후의 문제에 천착하고 영적인 문제의 답을 구하려는 사람들 말이다. 그들은 현세적인 사람들의 눈에는 뜬구름 잡는 사람처럼 보이고 어쩐지 특이한 사람처럼 여겨지기도 하지만, 인류 가운데 일정 비율로 탄생해온 인간의 전형적인 모습이라고도 할 수 있다. 도가와 유가는 이러한 사람들의 욕구를 만족시키지 못했다.

이때 등장한 대안이 불교였다. 외래 종교인 불교가 중국에 들어오고 오랜 시간 동안 도가, 유가와 함께 동아시아의 3대 사상으로 자리 잡을 수 있었던 것은 도가와 유가가 제시하지 못한 세계를 제시해서였다. 그것은 현생 너머의 세계와 영적인 구원의 문제였다. 불교의 도입으로 중국의 사상과 철학은 적절한 균형을 이루게 되었다. 현생에서의 세속적 참여를 추구하는 유가, 현생에서의 탈속적 무위로 돌아가고자 하는 도가, 현생 너머의 초월적 세계까지 범위를 넓힌 불교.

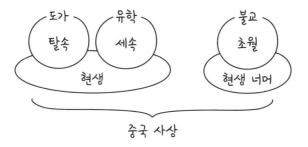

하지만 중국 내에서 불교가 쉽게 전파된 것은 아니었다. 일반적으로 알려진 것처럼 중국인은 실용적이고 현세적이며 외국 문물을 좋아하지 않는다. 인도에서 출발한 불교 사상이 실크로드를 포함한 여러 교역로를 통해 중국에 전해지는 과정에서 사회 문화적인 저항에 봉착한 것이 사실이다. 중국의 위정자들과 관료들은 공식적으로 도가와 유가만을 장려했고 불교를 인정하지 않았다. 그에 따라 불교는 자연스럽게 민간 신앙으로 파고들어 중국의 민중 문화와 융합되었다. 하지만 잘 정돈된 불교의 형이상학적 교리 체계와 우주 전체를 다루는 사상적 거대함은 점차 사회 엘리트인 유학자들에게 부담으로 다가왔다. 불교의 자극은 유학이 스스로의 사상 체계를 재정비하고 확장하는 계기를 마련했다.

신유학의
세계관

일원론으로의 귀결

중국 사상의 역사는 크게 네 단계로 구분할 수 있다. 우선 기원전 2세기 이전의 고대는 제자백가의 시대로, 수많은 학파가 서로 논쟁하던 시기였다. 두 번째 시기로 기원전 2세기부터 기원후 960년까지의 천 년이 넘는 시기는 유가, 도가, 불교가 깊게 뿌리내리는 중세 시대였다. 세 번째 시기는 960년부터 1912년까지 또 다른 천 년의 시기로, 신유학(新儒學)의 시대라 할 수 있다. 이 시기는 불교의 심오한 철학적 담론들에 대항하기 위해 유학이 스스로의 논의를 심화한 때로, 이러한 과정을 겪으며 유학은 르네상스를 맞이하게 되었다. 마지막 네 번째 시기는 오늘날까지 이어지는 근현대로, 서구 사상이 유입되며 마르크스주의 실험과 최근 유학의 부활까지의 시기다. 우리가 이번 장에서 마지막으로 알아보려는 것은 신유학 시대의 시작이다.

중국 사상의 역사

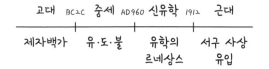

신유학 시대의 중국은 송나라와 명나라로 불렸고 여러 유가 학파가 등장하고 발전했다. 유가 사상은 오랜 시간 중국 관료들의 공식적인 사상 체계로 자리 잡았지만, 앞서 말한 것처럼 형이상학적이고 거대한 사유 체계를 제시하지 못한다는 한계가 있었다. 특히 불교가 〈우파니샤드〉와 자이나교 등 여러 사상들과 치열하게 논쟁하며 심오하고 세련된 철학적 담론으로 성장한 상태에서 중국으로 유입되었으므로 유학자들이 느끼는 위기감은 상당했다.

이러한 분위기 속에서 주돈이가 등장했다. 그는 송나라 출신의 유학자로 신유학을 대표하는 성리학과 양명학이 탄생하는 데 기초를 닦은 인물이다. 그는 도가와 불교의 관점과 개념들을 수용했고, 이를 통해 우주의 원리와 인간의 본성에 대한 형이상학적인 유학 이론을 정립했다. 이후 그의 사상은 정호, 정이 형제를 거쳐 주희에 이르러 성리학이라는 중국 유학의 주류를 형성하게 되었다.

주돈이의 사상은 신유학이라는 거대 흐름의 출발점이라는 굵직한 의미를 갖지만, 막상 그의 삶은 매우 평범했다. 1017년, 높은 봉우리들과 원시림으로 유명한 장가계가 있는 지금의 후난성 지역에서 주돈이가 태어났다. 어려서 아버지를 여의고 어머니와 여러 지역을 옮겨 다니며 생활했다. 13세 무렵에는 물가에서 놀다가 태극의 이치를 자연스럽게 깨쳤다고 전해진다. 우리에게도 친숙한 태극은 우주 만물의 생성 원리로, 고대부터 전해지는 개념이었다. 이후 주돈이는 이 개념을 유가 사상에 적극적으로 반영했다.

20세가 되어서는 하급 관리로 등용되어 문서를 관리하는 일을 했다. 이때 통판군사였던 정향을 만났는데, 정향은 그의 성품을 알아보고 자신의 두 아들인 정호와 정이를 제자로 맡겼다. 후에 이 두 형제는 신유학의 대표 학파인 성리학과 양명학의 시조가 되었다. 주돈이는 오랜 기간 관직을 맡아 공직을 수행했다. 그는 온화하고 의로운 성품의 사람이었고, 형을 집행할 때는 너그럽고 공정하게 판결하여 백성의 존경을 받았다. 만년이 되어서까지 공무를 수행하며 백성을 돌보다가, 병을 얻은 뒤에야 산속에 집을 짓고 은거하는 생활을 했다. 이곳에서 유유자적하며 집 앞 개울에 염계라는 이름을 붙이고 스스로를 염계 선생이라 칭했다. 염(濂)은 '엷다' 혹은 '싱겁다'는 뜻이고, 계(溪)는 '시냇물' 혹은 '텅 비었다'는 뜻이다. 1073년, 그의 나이 57세에 지병으로 세상을 떠났다.

주돈이의 대표 저서는 〈태극도설〉이라는 짧은 글과 그림이다. 그는 도가와 불교뿐만 아니라 〈주역〉의 음양론과 전통적으로 내려오던 오행론을 접목하여 우주와 인간의 존재 원리를 체계적으로 풀어냈다. 〈태극도설〉은 추상적인 그림과 그에 대한 해설로 되어 있는데, 그 그림은 다음과 같다.

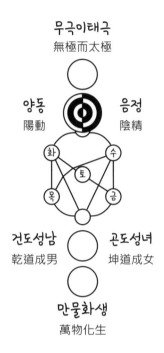

태극도설

무극이태극
無極而太極

양동   음정
陽動   陰精

화   수

토

목   금

건도성남   곤도성녀
乾道成男   坤道成女

만물화생
萬物化生

어떤 마음인지 안다. 이 그림을 처음 보았을 때 내 마음이 지금 당신의 마음과 같았다. 직접적으로 표현하기는 좀 그렇지만, 뭐랄까 이건 아니다 싶기도 하고, 어딘가 점집 같은 곳에서 흔하게 볼 수 있는 그림인 것만 같기도 하고 말이다.

하지만 차근차근 그림의 의미를 확인해보면, 선입견과는 달리 이것이 매우 상징적이며, 인간의 이성이 도달할 수 있는 고도의 추상적 결과물임을 이해하게 된다. 실제로 주돈이 이후의 모든 유학자는 기본적으로 〈태극도설〉을 읽고 그 의미를 깊게 사유했다. 우리도 위에서부터 그림을 따라가며 그 의미를 사유해보자.

우선 가장 위에 위치한 텅 빈 동그라미는 우주의 최초 상태로, 무의 상태를 의미한다. 이 상태의 이름은 무극(無極)인데, 이는 경계가 없다는 뜻이다. 그 아래에 있는 알록달록한 동그라미는 태극(太極)이다. 태극은 전통적으로 역학에서 만물의 근원으로 보는 개념이었다. 주돈이는 무극과 태극이 실제로는 같은 것인 동시에, 무극이 태극의 가장 처음 상태라고 설명한다. 이를 '무극이태극'이라 한다. 이것은 태극, 즉 '있음'이라는 유의 실체가 무극, 즉 '없음'이라는 무에서 기인하는 것임을 설명함으로써 철학에서의 고질적인 문제인 '존재는 어디에서 왔는가?'에 대한 해답을 제시하고 있는 것이다.

이제 모든 존재의 근원인 태극이 슬슬 작동하기 시작한다. 그것은 음양, 즉 (-)와 (+)로 나타난다. 태극이 움직일 때는 양, 멈추면 음이 된다. 음과 양의 진동이 운동과 정지, 생성과 소멸이라는 세계의 기본 질서를 형성해냄을 설명하고 있다. 그런데 그림을 흑과 백으로 단순하게 표현하지 않고 여러 층으로 엇갈리게 표현한 것은, 음과 양이 칼로 자르듯 이분법적으로 나뉘는 것이 아니라 음 안에도 양의 기운이 있고 양 안에도 음의 가능태가 내재함을 표현하기 위해서였다. 참 꼼꼼하다.

다음으로 가운데 위치한 그림은 태극의 운동을 통해 물질의 기본 요소들이 만들어졌음을 표현하고 있다. 세계에 오행(五行)이 드러나는 것이다. 물, 불, 나무, 쇠, 흙은 고대인이 생각했던 모든 물질의 기본 요소였다. 이 다섯 요소가 다양하게 조합되면서 구체적인 만물을 만들어내고, 또 이 다섯 기운이 춘하추동의 계절을 운행한다고 보았다. 참고로 어떤 사람들은 그림을 보면서 자꾸 월요일은 어디 있냐고 묻는데, 월(月)은 달을 뜻하는 것이지, 물질의 기본 요소가 아니다.

다음으로 가운데 그림의 아래쪽에 비어 있는 작은 동그라미에 집중해보자. 이건 무엇일까? 이것은 다섯 요소에 의해 만들어지는 결과물인 인간과 자연이다. 이제 그림은 마지막으로 향한다. 가장 아래 두 개의 원은 작은 동그라미를 각각 확대한 것이다. 위에 있는 것이 인간, 아래 있는 것이 자연이다.

특히 인간은 무극의 진리와 음양오행의 정수가 이상적으로 합쳐진 완전한 존재로, 하늘의 도가 남성을 이루고 땅의 도가 여성을 이룬다고 보았다. 그리고 이러한 남성의 기운과 여성의 기운이 합쳐져 새로운 생명을 잉태한다. 주돈이는 인간만이 우주 원리를 기반으로 하는 만물의 영장으로 인, 의, 예, 지, 신의 다섯 성품을 갖추고 선과 악을 구분하는 존재가 된다고 보았다.

여기서 잊지 말아야 하는 것은, 이러한 과정을 거쳐 구체적으로 형성된 인간과 자연은 겉으로 보기에는 개별적으로 독립해서 존재하는 것처럼 보이지만, 실제로는 각각의 개체가 모두 우주적 원리로서의 태극의 이치를 담지하고 있는 존재라는 것이다.

어떤가? 생각보다 철학적이고 합리적이지 않은가? 물론 오늘날의 과학적 성과를 기준으로 〈태극도설〉을 평가하려고 한다면 높은 점수를 줄

수는 없을 것이다. 하지만 〈태극도설〉은 우주의 시작부터 인간의 탄생까지 통합적으로 다루려 노력하고, 동시에 인간의 의미를 우주론적인 측면에서 해석한다는 점에서 지금의 과학이 다루지 못하는 우주와 인간의 존재 의미를 사유하게 한다.

조선 중기의 위대한 유학자 퇴계 이황은 17세의 어린 나이로 왕위에 오른 선조가 성군이 되기를 바라는 마음에서 유학의 핵심을 10개의 그림으로 설명한 문서인 〈성학십도〉를 작성했다. 임금과 백성을 향한 우국충정에서 심혈을 기울여 작성된 이 문서의 첫 번째 도식이 바로 주돈이의 태극도였다. 퇴계는 이렇게 정리한다.

하늘의 도를 세워, 음과 양이라 하고
땅의 도를 세워, 순함과 강함이라 하고
사람의 도를 세워, 인과 의라 한다.

〈태극도설〉의 등장이 갖는 의미는 유학이 그 외연을 확장할 수 있는 길을 찾게 되었다는 점이다. 유학은 이제 사회 안에서의 구체적 행위에 대한 가르침을 넘어, 인간의 의미를 우주의 질서 안에서 탐구하게 되었다. 주돈이 이후의 신유학은 사회 윤리로서의 예를 강조하는 동시에, 우주의 본체와 인간의 심성 등 형이상학적인 탐구를 심화했다. 이것은 이후 성리학의 주요 주제가 될 이기설과 심성론의 탄생을 내포하는 것이었다. 이제 유가는 도가나 불교로부터 형이상학적 세계관을 빚지지 않게 되었고, 이들을 비판할 근거를 마련하게 되었다.

주돈이의 사상은 우주 근원으로부터 인간 본성까지를 통합적으로 고려한다는 점에서 우리가 앞서 알아본 《베다》의 범아일여나 노자의 도덕을 떠오르게 한다. 우주와 자아, 그리고 그것이 심오하게 연결되어 있다는 일원론적 사고방식은 서로 다른 역사와 지역에서 반복적으로 등장하는 주제다. 도대체 이러한 주제는 왜 반복되는 것일까? 이것이 인간이라는 종의 추상적 능력의 종착점인 걸까? 이 물음을 간직하고 다음 장으로 넘어가보자.

최종 정리

네 번째 장이 끝났다. 우리는 방금 중국 사상의 대륙을 횡단했다. 가장 앞서 고대 중국의 신화와 역사를 살펴보았고 춘추전국시대에 이르러 정치 사회적 혼란이 극에 달했음을 확인했다. 이러한 혼란 속에서 위대한 스승들이 탄생했다. 노자와 공자. 그들이 가졌던 근본 물음은 동일했다. 어떻게 이 고통과 혼란을 멈출 것인가. 다만 그 해결 방안에서 큰 차이를 보였다. 노자는 탈속의 가치를 추구했다. 번잡한 세상과 거리를 두고 모든 인위를 멀리한 채 자신 안의 우주의 순리를 따르고자 했다. 그는 거대한 우주적 질서로서의 도와 그것을 내면화한 덕을 일치시키고자 했던 것이다. 반면 공자는 세속에 남고자 했다. 그는 인위적인 개입을 통해 개인의 행동을 바르게 교정하고 나아가 사회의 질서를 바르게 한다면 지금의 혼란을 멈출 수 있을 것이라 믿었다. 예를 익히고 인을 실천함으로써 사람 사이의 관계를 회복하고자 했던 것이다.

노자의 도가 사상과 공자의 유가 사상은 이후 중국인의 세계관으로 정착했고, 세속과 탈속의 균형을 찾을 수 있게 했다. 특히 유가 사상은 강력한 사회 윤리 사상으로 중국을 비롯한 동아시아 국가 체제에 큰 영향을 미쳤다. 하지만 공자 이후의 유가 사상은 뚜렷한 한계를 갖고 있었다. 그것은 지극히 현세적인 가르침만을 제시할 뿐, 초월적이고 형이상학적인 거대한 철학 담론을 제시하지 못한다는 문제였다. 이에 대한 대안으로 주돈이는 도가와 불교 그리고 음양론과 오행론을 접목하여 우주와 인간의 존재 원리를 체계적으로 밝힌 〈태극도설〉을 제시했다. 이것은 이후 유학이 성리학과 양명학으로 이어지며 우주와 인간에 대한 거대한 철학적 탐구를 가능하게 했다.

우리가 중국 사상의 역사에서 발견할 수 있었던 것은 인류 보편의 거대 사상이었다. 인도의 범아일여 사상처럼 우주와 자아의 관계를 밝히고 자아의 내면에서 우주의 본질을 발견하고자 하는 시도는 노자의 가르침에서도, 주돈이의 사상에서도 발견할 수 있었다. 노자는 도와 덕의 본질을 밝히고 덕 안에서 도를 발견하고자 했다. 주돈이는 무극으로부터 태극, 음양, 오행, 인간으로 이어지는 발생 원리를 설명함으로써 인간의 존재 방식이 우주의 원리를 따르고 있음을 밝히고자 했다.

이상의 내용을 자아, 세계, 관계로 정리하면 다음과 같다.

	자아	세계		관계
		현상	실체	
베다	아르만	마야	브라흐만	범아일여
도가	덕	혼란	도	도덕일치

우리는 이제 동양 사상의 마지막으로 불교를 알아보려 한다. 이 심오한 사상을 통해 동양 사상 전체를 관통하는 거대 사상으로서의 일원론의 실체를 확인하게 될 것이다.

불교
자아의 실체

역사적 배경

불교는 어떻게 아시아에 영향을 미쳤나

앞서 3장에서 아리아인의 대이동에 대해 알아보았다. 코카서스 지역에 거주하던 이들은 지금으로부터 4000년 전에 여러 방향으로 나아갔다. 그중 동쪽으로 간 이들은 인도에 도착해 원래 그곳에 거주하던 사람들과 뒤섞였다. 불교에 대한 이야기는 바로 이 지점에서 시작한다. 스스로를 고귀한 사람들이라 불렀던 아리아인은 인도 북서부 지역에 서서히 정착했다. 그리고 원주민에게 동화되며《베다》를 전파했다.

하지만 빠르게 전파되지는 않은 듯하다. 당시의《베다》는 복잡한 형식 체계를 갖추고 고도의 형이상학적 담론을 다루고 있었다. 지금의 현대인은 십 년이 넘는 공교육 기간 동안 추상적 개념을 다루는 훈련을 받아 이를 비교적 쉽게 이해할 수 있으나, 인류 문명의 초기를 살아가던 사람들에게는 매우 낯선 일이었을 것이다. 원주민 중에는《베다》에 동화된 사람들도 있었지만, 이 새로운 사상을 나름대로 재해석하고 독자적인 철학 체계를 만드는 사람들도 있었다. 이처럼 《베다》를 기준으로 사람들은 구분되었다. 《베다》의 전통을 따르는 사제 계급을 브라흐마나, 《베다》의 전통을 거부하고 자신만의 철학을 만들어가는 개별 사상가를 슈라마나라 불렀다. 불교 관련 서적이나 영화에서 가끔 붓다가 바라문과 사문의 문제점을 지적하고 그들을 깨닫게 하는 모습이 등장하는데, 그들이 바로 브라흐마나와 슈라마나다.

붓다는 아리아인이 아니라 원래 그곳에 살던 토착 종족 공동체의 왕자로 태어났다. 당시에는 이미 바라문과 사문이 공존하고 있었다. 그들은 종교와 철학에 대해 논쟁하고 나름의 수행법에 따라 고행하며 다양한 활동을 하고 있었다. 후에 붓다가 보리수나무 아래에서 깨달음을 얻고 각지를 떠돌며 가르침을 설파했을 때, 사람들은 붓다를 여러 사문 중에 하나라고 생각했다. 불교 문화권의 영향을 받은 사람에게는 붓다를 다른 사문과 구분해서 생각하는 것이 당연하게 여겨지지만, 불교를 수많은 종교 중 하나로 보는 사람에게는 붓다가 인도의 여러 깨달은 자들 중 하나로 여겨졌던 것이다.

하지만 결과적으로 보면 붓다의 가르침은 다른 사문 학파들이 자취를 감춘 것과는 다르게 유럽과 아시아 지역으로 전파되며 거대한 영향을 미쳤다. 도대체 무엇이 그토록 많은 사람에게 깊은 영감을 준 것일까? 자기 삶의 불안 속을 걸어가고 있는 이들에게 붓다는 어떤 가르침을 설파한 것일까? 이제 위대한 스승의 세 번째 가르침을 들어볼 차례다. 붓다를 만나러 가자.

다음이 이번 장에서 다루는 시간의 범위다.

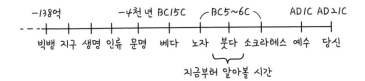

공간의 범위는 다음과 같다.

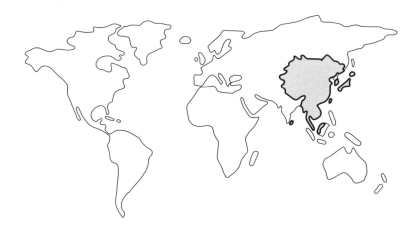

싯다르타의
생애와 사상

출가와 깨달음

2500년 전, 지금의 네팔과 인도의 접경 부근 히말라야 기슭에 샤카이족의 작은 나라 카필라 왕국이 있었다. 이 작고 평화로운 나라의 왕은 슈도다나였고, 왕비는 마야 부인이었다. 왕의 유일한 고민은 둘 사이에 오랫동안 아이가 없다는 것이었다. 그러던 어느 날 왕비는 태몽을 꾸었다. 여섯 개의 이빨을 가진 흰 코끼리가 옆구리로 들어오는 꿈이었다. 범상치 않은 꿈을 꾼 이후 왕비는 임신을 했고, 출산이 임박하자 당시의 풍습에 따라 친정에서 아이를 낳기 위해 길을 떠났다. 하지만 여정의 중간쯤에 이르러 왕비는 진통을 느꼈다. 그녀는 마차를 세우게 했다. 때마침 멈춘 곳은 룸비니라는 작고 아름다운 동산이었다. 마차에서 내린 왕비는 꽃이 만발한 무우수나무의 가지를 붙잡은 채 오른쪽 겨드랑이로 싯다르타를 낳았다. 하늘에는 무지개가 뜨고 오색의 구름이 피어났다.

아기는 태어나자마자 동서남북의 네 방향으로 일곱 걸음을 걸었고,

내딛는 작은 걸음마다 연꽃이 피어올랐다. 아기는 오른손을 들어 하늘을 가리키고 왼손을 내려 땅을 가리켰다. 그리고 "천상천하 유아독존 삼계개고 아당안지(天上天下 唯我獨尊 三界皆苦 我當安之)"라고 외쳤다. 이 말은 '하늘 위와 하늘 아래에서 오직 내가 홀로 존귀하다. 이 세상이 모두 괴로움에 있으니 내 마땅히 이를 편안하게 하리라'라는 뜻이다. 싯다르타의 정확한 출생 연대는 밝혀지지 않았다. 당시 인도 문화에서는 문자나 기록을 남기는 것을 중요하게 생각하지 않았기 때문이다. 여러 설이 있지만 대략 기원전 6세기 무렵으로 본다.

붓다

이후의 이야기를 알아보기 전에, 불교가 매우 낯선 독자도 있을 테니 싯다르타, 즉 붓다의 호칭을 정리하고 갈 필요가 있겠다. 붓다를 부르는 명칭은 다양하다. 부처, 석가, 석가모니, 고타마 싯다르타 등. 이렇게 구분하면 된다. 붓다, 부처는 일반명사다. 특정한 누군가를 지칭하는 것이 아니라 '깨달은 자'를 지칭하는 언어다. 다시 말해 과거부터 미래까지 어느 장소에서든 불교적 의미에서 깨달은 자가 나타난다면 그를 붓다나 부처라고 말한다. 다음으로 석가, 석가모니는 부족명이다. 샤카무니를 한역한 것인데, 여기서 무니는 '성자'라는 뜻으로, 합치면 '샤카이족의 성자'라는 의미가 된다. 마지막으로 고타마 싯다르타는 특정한 개인의 이름이다. 우리가 아는 기원전 6세기 네팔 지역에서 태어난 현자를 지칭한다. 고타마는 성, 싯다르타가 이름이다. 싯다르타라는 이름은 아버지 슈도다나 왕이 지어준 것으로 '모든 것을 성취한 자'라는 뜻이다.

이 외에도 붓다를 상황에 따라 여러 명칭으로 부르기도 한다. 여래, 세존, 아라한, 정각자 등 10여 개다. 각각의 의미가 다르긴 하지만 보통은 붓다를 높여 부르는 말이라고 생각하면 된다.

호칭 정리

- 일반명사 : 붓다, 부처   = 깨달은 자
- 부족 이름 : 석가, 석가모니   = 샤카족의 성자
- 개인 이름 : 고타마, 싯다르타 = 성과 이름

오랜 시간 기다리던 왕자가 태어났다는 소식에 작은 나라 카필라의 백성은 함께 기뻐했다. 왕은 성대한 축제를 열었다. 축제가 한창일 무렵 히말라야 산속에서 수행하던 성자 아시타가 찾아왔다. 그는 은둔자였기에 나라의 소식을 알 수 없었으나, 카필라 왕국 하늘에 상서로운 구름이

떠 있는 것을 보고 훌륭한 왕자가 태어났음을 알아챈 것이다. 슈도다나는 덕망이 높은 아시타가 몸소 찾아오자 기쁜 마음으로 맞이했다. 왕으로부터 왕자를 받아 얼굴을 살피던 아시타는 이렇게 말했다. "이 아이는 세속에 있으면 전 세계를 다스리는 전륜성왕이 될 것이고, 출가하면 모든 이를 구제하는 붓다가 될 것입니다." 말을 마친 아시타의 눈에서 눈물이 흘러내렸다. 왕과 주변에 있던 사람들이 놀라 무슨 일인지를 물었다. 그러자 아시타는 이렇게 말했다. "아이가 장차 부처님이 될 것인데, 저는 나이가 너무 많아 그 가르침을 듣지 못할 것이니 그것이 안타까워 그렇습니다."

이 말을 남기고 아시타는 다시 히말라야로 돌아갔다. 왕은 아시타의 말이 마음에 남았다. 세속에 있으면 세계를 다스리는 왕이 되지만, 출가하면 붓다가 될 것이다. 슈도다나는 아들의 출가를 막으리라고 마음먹었다. 카필라 왕국에 필요한 자는 붓다가 아니라 이 작은 나라를 지켜낼 왕이라고 생각했다. 왕은 성문을 굳게 걸어 잠그게 했다. 늙고 병든 이들은 성 안으로 들이지 못하게 했다. 화려한 옷과 맛있는 음식과 편안한 잠자리를 마련해놓고, 왕자가 세상의 즐거움에 흠뻑 빠져 다른 것을 생각하지 못하게 하리라고 다짐했다.

마야 부인은 왕자를 낳은 후 7일 만에 세상을 떠났다. 이후 이모가 싯다르타를 키웠다. 그녀는 훗날 불교에 귀의해 최초의 비구니가 될 사람이었다. 싯다르타는 이모의 보살핌 속에서 건강하게 자랐다. 왕자로서의 교육은 체계적으로 진행되었다. 왕이 초빙한 유명한 브라만으로부터

《베다》를 배우고, 군사학, 천문학, 수학, 의술, 음악 등을 익혀갔다. 아버지와 이모의 극진한 보호 아래 세상과 단절된 왕자는 아무런 근심 걱정 없이 성장해갔다.

청년이 되었을 때, 싯다르타는 성 밖의 세상이 알고 싶어졌다. 그는 하인 찬나를 졸라 몰래 성 밖으로 나가보기로 했다. 이 경험은 그의 삶의 방향을 바꾸는 커다란 계기가 되었는데, 불교에서는 이를 동남서북 네 개의 문으로 나가 세상을 보았다는 의미에서 '사문유관(四門遊觀)'이라 부른다.

우선 싯다르타는 동문으로 나갔다. 그곳에서 흰머리에 등이 굽고 지팡이에 의지한 채 힘겹게 걸어가는 노인을 보았다. 왕자가 찬나에게 저것이 무엇인지를 묻자, 찬나는 모든 사람은 늙게 된다고 말해주었다. 싯다르타는 자신과 사랑하는 아버지도 늙게 된다는 생각에 괴로워했다. 다음 날에는 남문으로 나가 병든 사람을 보았다. 음식도 먹지 못하고 가늘어진 숨결을 힘겹게 이어가는 모습을 본 싯다르타는 누구나 병을 피할 수 없다는 사실에 크게 상심했다. 다음 날에는 서문으로 나갔다. 그곳에서 죽은 자를 장사 지내는 모습을 보게 되었다. 모든 이가 언젠가는 죽게 된다는 생각에 싯다르타는 고통스러웠다. 세 개의 문 밖에서 늙고 병들고 죽어가는 이들을 마주하게 된 싯다르타는 큰 충격에 빠졌다. 모든 이가 이러한 고통을 겪을 수밖에 없는 것인가? 다음 날 아무 기대도 없이 마지막 북문으로 나섰을 때 그곳에서 떠돌이 출가 수행자를 보았다. 수행자는 누더기를 걸치고 아무것도 가진 것이 없었지만, 너무나 평온한 얼굴을 하고 있었다.

싯다르타는 생각했다. '무엇이 이 세상의 괴로움을 끝나게 하는가?' 그의 마음속에는 고통에 처한 인간 존재에 대한 연민과 이를 해결해야겠다는 열망이 일어나고 있었다.

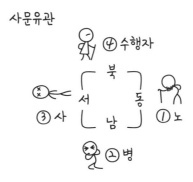

사문유관

왕자의 심경에 변화가 있음을 눈치챈 왕은 싯다르타가 당시의 젊은 이들처럼 출가하지는 않을까 우려했다. 당시 인도 지역에서는 출가수행이 유행처럼 번지고 있었다. 〈우파니샤드〉를 수용한 사람들이 각성하면서 자기 나름의 방법으로 깨달음을 얻겠다는 수행자가 많아진 것이다. 왕은 왕자의 마음을 돌려놓고자 했다. 그래서 싯다르타가 16세가 되자 이웃 나라 골리 왕국의 아름다운 공주와 혼인하게 했다. 왕자와 공주 사이에서 곧 사랑스러운 아이가 태어났다. 싯다르타는 아이에게 라홀라라는 이름을 붙여주었다. 이름의 뜻은 '발목을 잡는 자'였다. 깨달음을 향한 외로운 수행의 길을 마음속에 담고 있던 싯다르타에게 눈에 넣어도 아프지 않을 아기는 가장 강력한 장애물이었던 것이다.

하지만 싯다르타의 마음을 바꿀 수는 없었다. 그는 결국 결심했다. 번뇌에서 벗어나고 참된 깨달음을 얻기 위해 출가하기로 한 것이다. 성 안의 모든 이가 잠든 밤, 싯다르타는 아버지와 아내와 아들의 잠든 얼굴을 보며 이별을 고했다. 그리고 성을 빠져나왔다. 정적이 내려앉은 궁전을 뒤돌아보며 싯다르타는 생각했다. '목적을 이루기 전까지 돌아오지 않으리라.' 그토록 오랜 시간 동안 갈망했던 수행의 길은 이렇게 시작되었다. 그가 29세가 된 해였다.

수행이 처음인 싯다르타는 다른 수행자들의 수행법을 따라 했다. 삭발을 하고 구걸을 하며 남쪽의 거대 도시 마가다 왕국으로 향했다. 그곳에서 브라만 수행자로부터 요가를 배웠다. 당시에 이름이 알려진 사상가들을 찾아가 스승으로 모시고 배움을 얻기도 했다. 하지만 이것으로도 싯다르타는 부족함을 느꼈다. 그 누구도 삶과 죽음의 문제에 대한 명쾌한 해답을 주지 못했다.

결국 싯다르타는 고행자들을 찾아갔다. 네란자나강 부근에서 고행하고 있는 다섯 사람을 만나 그들과 함께 생활했다. 고행자들은 단식과 고행의 방법을 알려주었다. 그들은 육신을 학대하면 정신이 결박을 벗어나 궁극의 해탈에 이를 수 있을 것이라고 말해주었다. 싯다르타는 먹지 않고 잠들지 않으며 극도의 고행을 지속했다. 6년의 시간이 지나자 싯다르타의 몸에는 살과 근육이 남지 않았다. 육체는 죽음의 직전에 이르렀다. 결국 그는 정신을 잃고 말았다.

눈을 떴을 때, 마을의 소녀가 우유죽을 가져다주었다. 그는 그것을 받아 마시고 기운을 차렸다. 그때 멀리 어디선가 현악기를 뜯는 소리가 들려왔다. 싯다르타는 눈을 감고 생각했다. 끈을 너무 느슨하게 풀면 소리는 둔탁해지고 너무 강하게 조이면 끈은 끊어진다. 싯다르타는 무엇인가를 이해한 것만 같았다. 극도의 쾌락이 마음의 평화를 가져오지 못하는 것처럼, 극도의 고통 역시 마음의 평화를 가져오지 못한다. 그는 강에서 몸을 씻었다. 그런 후 나뭇잎으로 편안한 방석을 만들어 커다란 보리수나무 밑에 두고, 그 위에 평온하게 가부좌를 틀었다. 그리고 다짐했다. 깨닫지 못하면 결코 이 자리를 떠나지 않으리라. 그는 그렇게 깊은 명상에 들었다.

모든 욕망을 끊고 세계를 있는 그대로 보려는 그의 깊은 노력은 마침내 결실을 이루었다. 명상에 잠긴 지 7일째 되던 날, 그는 드디어 깨달음에 이르렀다. 그리고 마침내 깨달은 자, 붓다가 되었다. 12월 8일의 이른 새벽. 그의 나이 35세 때의 일이었다.

붓다의
가르침

<hr>

고통의 원인과 해결

우주와 자아의 진리를 깨달은 이후에 그는 보리수나무 밑에 그대로 앉아 7일을 더 보냈다. 한동안 그렇게 깨달음의 경지를 홀로 즐겼다. 시간이 충분히 흐른 뒤에 그는 생각했다. 이 상태로 해탈할 것인가, 아니면나의 깨달음을 다른 이들에게 전할 것인가. 그때 그의 마음에 연민이 일어났다. 고통 없는 마음의 평화와 기쁨을 다른 이들과 함께 나누리라. 그는 해탈을 잠시 미루고 다시 세상으로 나아가고자 했다.

붓다가 처음 찾아간 건 그동안 함께 고행해왔던 다섯 명의 고행자들이었다. 고행자들은 고행을 멈춘 붓다를 변절자라고 비난했지만, 쾌락과 고행의 극단을 배제한 중도의 설법에 감화되었다. 그래서 붓다의 첫 제자가 되었다. 이 최초의 설법을 '초전법륜(初轉法輪)'이라 한다.

최초의 설법 이후 45년 동안 붓다는 라자그라하와 슈라바스티를 중심으로 인도 전역에서 설법을 이어갔다. 그의 가르침은 교조적이거나 형이상학적이지 않았다. 비유와 우화를 활용했고, 문답 형식을 통해 세속의 말로 설법했다. 붓다의 가르침을 듣고 실천하기 위해 출가하는 사람들이 생겼다. 이에 따라 승려들의 수행 공동체인 승가도 생겼다. 지역의 유지와 부유한 이들은 승가가 머물 땅을 기증하거나 경제적으로 지원함으로써 붓다를 따르고자 했다. 제자들은 늘어갔고 승가의 규모는 커져갔다.

무엇이 당시 사람들의 마음을 움직였던 것일까? 도대체 깨달았다는 것이 무엇이기에 그의 가르침이 2500년의 시간을 건너 우리에게까지 전해지는 것일까? 지금부터 붓다의 가르침을 차근차근 살펴보자.

사성제와 팔정도

모든 종교와 사상에는 핵심 개념이 있다. 불교도 마찬가지다. 단정적으로 말해서 불교의 근본 교리는 사성제와 팔정도라고 할 수 있다. 이 두 단어 정도는 상식으로 외워두는 것도 좋을 듯하다. 대부분의 거대 종교가 그러하듯 불교도 오랜 시간 동안 여러 방식으로 계승되었고, 다양한 교파와 교단으로 분화되었다. 이렇게 많은 분파 중에서 불교의 교파라고 부를 수 있는 최소한의 기준은 사성제와 팔정도의 진리를 받아들이는가, 그렇지 않은가에 있다.

여기서 사성제는 고, 집, 멸, 도의 네 가지 진리를 말한다. 첫 번째 고성제는 고통으로 가득 차 있는 세계를 직시하는 것에서 시작한다. 불완전하고 끊임없이 변화하는 세계 속에서 모든 존재는 괴로움에 빠져 있다. 이것이 불교가 바라보는 세계의 기본 상태다.

괴로움의 구체적 모습은 다음과 같다. 우선 태어나고 늙고 병들고 죽는 고통, 즉 생로병사(生老病死)가 있다. 이 네 가지 고통은 모든 생명이 피할 수 없는 가장 근원적인 고통이다. 이 외에 또 다른 네 가지 고통이 있다. 사랑하는 이들과 헤어지거나 사별하는 고통(애별리고, 愛別離苦), 미워하고 싫어하는 이들과 함께 있어야 하는 고통(원증회고, 怨憎會苦), 무엇인가를 얻고 싶고 또 자기 생각대로 추진하고자 하지만 뜻대로 되지 않아 생기는 고통(구부득고, 求不得苦), 마지막으로 인간으로 태어나게 된 다섯 가지 조건 때문에 비롯되는 고통(오온성고, 五蘊盛苦)이 그것이다. 이 마지막 고통인 오온성고가 어떤 것인지 잘 이해되지 않는데, 이에 대해서는 잠시 후에 자세히 살펴볼 것이다.

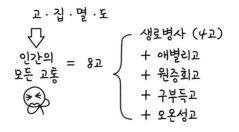

지적 대화를 위한 넓고 얕은 지식

앞의 네 가지 고통인 생로병사는 몸을 가진 모든 존재가 필연적으로 겪게 되는 고통으로 특히 4고라고 한다. 뒤의 네 가지 고통은 정신적인 측면에서의 고통으로, 불교에서는 이를 모두 더해 8고라고 부른다. 8고는 인간 세계에서 겪게 되는 모든 고통을 의미한다.

참 꼼꼼하게 잘 분석했다. 21세기의 한국을 살아가는 우리도 일상 속에서 수많은 스트레스를 받지 않는가? 우리는 자신이 다양한 상황과 환경에서 다양한 종류의 괴로움을 겪는다고 생각한다. 하지만 이러한 괴로움을 냉정하게 분류해보면 8고의 범주 안에 모두 들어감을 알 수 있다. 붓다는 고성제를 제시함으로써 진리를 향한 첫걸음으로 당신이 처한 현실을 스스로 직시할 것을 제안하고 있다.

두 번째 진리는 집성제다. 이것은 고의 원인을 제시한 것으로, 집착을 의미한다. 붓다는 고통이 발생하는 원인을 두 가지에서 찾는다. 그것은 갈애(渴愛)와 무명(無明)이다.

갈애란 그치지 않는 갈증, 갈망을 말한다. 무명은 알지 못함, 무지를 말한다. 쉽게 말하면 이것이다. 왜 우리는 이렇게나 괴로운가? 우리가 그치지 않는 집착의 상태에 놓여 있고, 동시에 그 집착이 고통의 원인임을 알지 못해서다. 이것은 마치 어리석게도 갈증 때문에 바닷물을 들이켜는 것과 같다.

붓다는 갈애가 구체적으로 세 종류임을 말한다. 그것은 욕애(欲愛), 유애(有愛), 무유애(無有愛)다. 우선 욕애는 감각적 욕구로서, 현실에서 오감을 통한 쾌감을 추구하는 욕망을 말한다. 아름다운 것을 눈에 담으려 하고, 맛있는 것을 먹으려 하고, 끝없이 안락해지고자 하는 집착이다. 유애는 존재에 대한 욕구로서, 죽음과 사라짐에 대한 두려움으로부터 벗어나기 위해 영원한 생명을 추구하는 집착이다. 무유애는 존재하지 않음을 추구하는 욕구로서, 허무주의적 태도로 삶을 포기하고자 하는 집착이다. 불교는 세상을 허상으로 보고 세상에 안주하려는 태도를 경계하지만, 그것이 허무나 도피를 의미하지는 않는 것이다.

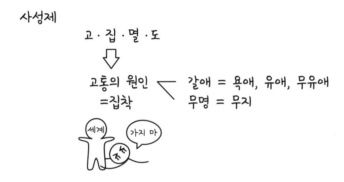

이런 생각이 든다. 그렇다면 도대체 어쩌라는 것인가? 도대체 왜 이 모든 것이 안 된다는 것인가? 감각적 욕망을 추구해서도, 영원한 존재를 원해서도, 반대로 세상을 허무로 이해해서도 안 된다니. 이 모든 것이 집착이고, 무지이며, 그래서 고통의 원인이 되는 이유는 무엇인가? 이에 대해 붓다는 충격적인 대답을 내놓는다. 그것은 나라는 존재 자체가 없는 것이기 때문이다.

여기서 잠시 불교의 자아에 대한 관점을 짚고 넘어가자. 결론부터 말하면, 불교에서는 고정 불변하는 나(我), 즉 자아는 존재하지 않는다고 본다. 이를 무아(無我)라고 한다. 여기에 《베다》와 불교의 근본적인 차이가 있다. 《베다》의 세계관에서는 나의 궁극적 본질로서 아트만을 상정한다. 아트만은 영원하고 불변하며 고정된 완벽한 실체다. 이 경우 개인이 추구해야 할 궁극적 목표는 이러한 실체에 도달하는 것이 된다. 반면 불교에서는 고정된 실체로서의 아트만 같은 것은 없다고 본다. 나라는 존재는 끊임없이 변화하고 흩어지고 모이는 임시 상태일 뿐이다. 이렇게 임시로 모여 있는 상태를 붓다는 모래 무더기처럼 쌓여 있다는 의미에서 '온(蘊, 쌓을 온)'이라 하는데, 특히 다섯 가지 요소로 쌓여 있다 하여 오온이라 부른다. 즉, '나는 무엇인가'라는 질문에 붓다는 이렇게 답하는 것이다. 그것은 그저 다섯 가지 요소가 임시로 쌓여 있는 무더기일 뿐이다.

그렇다면 나를 구성하는 다섯 가지 요소란 무엇인가? 그것은 색, 수, 상, 행, 식이다. 하나씩 살펴보자. 우선 색은 물질 요소로, 육체를 말한다. 지방과 단백질로 된 이 몸뚱이 말이다. 생각해보면 이 육체는 고정된 실체가 아니다. 지금은 순간적으로 하나의 상태로 뭉쳐 있지만, 내 몸을 세심하게 들여다보면 끊임없이 세포가 죽고 다른 세포가 태어나며 흡수하고 내보내는 물질의 순환이 지속되고 있다. 실제로 우리 몸속의 피는 46초마다 한 바퀴를 돌고, 피부 세포는 2주에서 4주 사이에 바뀌며, 뼈의 조직 세포는 10년이면 모두 대체된다. 당신이 태어났을 때의 신체와 지금 당신의 신체 사이에 공유하고 있는 것은 아무것도 없다. 우리 신체는 시간에 따라 끊임없이 변화하고 있는 임시적인 무더기다.

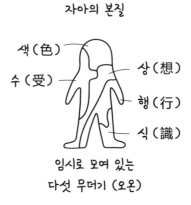

자아의 본질

임시로 모여 있는
다섯 무더기 (오온)

색이 육체적인 측면을 말한다면 다음의 수, 상, 행, 식은 정신적인 측면을 말한다. 수는 육체와 밀접하게 연결되어 있는 감각을 말한다. 오감이 일으키는 고통, 쾌락 등의 단순 감정이 그것이다. 상은 마음속에 떠오르는 표상 작용으로, 심상, 영상 등을 말한다. 예를 들어 사과라는 단어를 읽었을 때 머릿속에 떠오르는 사과의 이미지가 그것이다. 행은 의지와 같은 마음의 상태를 의미한다. 마지막으로 식은 앞서의 모든 마음 작용을 일으키고 종합하는 의식 활동을 말한다. 즉, 내가 나의 마음, 정신, 주관, 의식이라고 생각하는 마음의 범위 혹은 밑바탕을 의미한다.

붓다는 지혜롭게 말한다. 너 자신을 세심하게 들여다보라. 이 다섯 가지 요소가 너를 구성하는 전부다. 이 외에는 없다. 그리고 이 다섯 가지 요소 중에서 불변하고 고정된 것은 없다. 이것들은 그저 조건에 의해 끊임없이 모이고 흩어질 뿐이다. 그렇다면 무엇에 근거하여 나, 즉 자아가 고정된 실체라고 말할 수 있는가?

문제는 우리가 이 사실을 깊이 생각하지 않고 알지 못하는 데서 발생한다. 이러한 무지가 고정된 자아와 불변하는 영혼을 갈망하는 집착을 낳는다. 감각적 쾌락을 실제라고 느끼게 만들고, 생로병사라는 변화를 거부하고 두려워하게 만든다. 여기서 고통이 일어난다. 붓다는 자아의 실체가 우연하게 임시로 모여 있는 오온임을 밝힘으로써 우리의 부질없는 집착, 거기서 비롯되는 고통의 본질을 설명하고 있다.

다시 사성제의 이야기로 돌아오자. 일단 고성제와 집성제까지 들으면 뭔가 암울하다. 하지만 붓다는 여기서 멈추지 않는다. 고와 집을 통해 고통이 일어나는 원리를 설명했다면, 다음으로 멸과 도를 통해 고통이 사라지는 원리를 설명한다.

세 번째 멸성제는 깨달음의 상태다. 모든 고통과 괴로움이 사라진 평온의 상태. 어떻게 이런 상태에 이를 수 있는가? 그 방법은 명확하다. 원인을 제거하는 것이다. 원인이 사라지면 결과도 사라진다. 원인으로서의 집착이 사라지면 결과로서의 고통도 사라진다. 멸성제는 집착을 풀어지게 함으로써 괴로움을 소멸하고 해탈에 이르는 길을 제시한다. 이것이 열반의 상태다. 여기서의 열반이란 산스크리트어인 니르바나(Nirvana)를 음역한 것이다. 니르바나의 본래 뜻은 '불어서 꺼진 상태'를 말한다. 고통과 집착의 불꽃이 소멸하고 깊은 고요와 적막 상태에 도달하는 것. 완전한 마음의 평화. 이것이 최종 목표다.

사성제

고 · 집 · 멸 · 도

⇩

괴로움의 소멸 = 원인 소멸 → 결과 소멸

집착 소멸 → 괴로움 소멸

그렇다면 어떻게 집착을 사라지게 할 수 있는가? 그 구체적 방법으로 제시된 것이 마지막 네 번째 진리인 도성제다. 이것은 열반과 해탈에 이르기 위한 수행 방법이다. 여덟 가지의 방법이 있다. 그래서 이를 팔정도라고 부른다. 바르게 보고, 바르게 생각하고, 바르게 말하고, 바르게 행동하고, 바르게 목숨을 유지하고, 바르게 노력하고, 바른 신념을 가지고, 바르게 마음을 안정시키는 것이다.

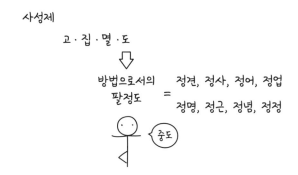

여기서 '바르다'란 도대체 무엇을 말하는가? 그것은 어느 극단에도 치우치지 않는 중도(中道)다. 중도는 우리에게 비교적 익숙한 개념이다. 한쪽에 치우치지 않고 올바른 길을 선택하는 실천적인 가르침. 이것은 불교뿐만 아니라 중국의 유학 사상과 그리스의 플라톤, 아리스토텔레스에 이르기까지 보편적으로 언급되는 가르침으로, 일반적으로 중용(中庸)이라고도 부른다. 예를 들어 너무 비겁하지 않고 그렇다고 너무 무모하지도 않은 중간의 상태인 용기가 필요하고, 너무 금욕적이지 않고 그렇다고 너무 방탕하지도 않은 중간의 상태인 절제가 모범으로 제시되는 것 등이다. 그런 측면에서 팔정도는 해탈에 이르기 위한 인류 보편의 가르침을 제시한 것으로 볼 수 있다.

하지만 불교에서의 중도 사상은 이후에 더 심화되고 확장되어 중용의 실천적인 가르침을 아득히 넘어선다. 불교에서의 중도는 존재론적 측면으로까지 나아간다. '있는 것도 아니고 없는 것도 아니다.' '태어난 것도 아니고 죽는 것도 아니다.' 이것이 불교가 심화한 중도 사상이다. 중도 사상에 따르면 유에도 무에도 집착해서는 안 되고, 삶에도 죽음에도 집착해서는 안 된다. 이 흥미로운 사상은 이번 장의 후반부에서 다시 심도 있게 다루기로 하자.

여기까지가 불교의 핵심 교리인 사성제와 팔정도다. 그리고 이를 설명하는 과정에서 나의 실체인 오온, 치우치지 않음으로서의 중도를 이해했다. 이 네 가지 개념에 대해 알아본 것은 단순히 불교라는 사상을 알아보기 위함을 넘어선다. 지금 우리는 자아와 세계의 의미에 대해 깊게 탐구하는 과정에 있다. 이것을 잊지 말아야 한다. 여기에 두 가지 개념을 더 추가하고 이야기를 계속 해보려 한다. 그것은 연기와 삼법인이다.

연기와 삼법인

먼저 연기(緣起)에 대해 알아보자. 오온이 불교가 바라보는 자아의 실체라면, 연기는 불교가 바라보는 세계의 실체다. 연기는 매우 중요한 개념인데, 모든 현상이 원인과 조건에 의해 생겨나고 사라짐을 가리킨다. 이에 따르면 세상 모든 것 중에 홀로 독립해서 존재하는 것은 없다. 모든 것이 시간적으로나 공간적으로 다른 것들과 얽히고설킨 인과의 톱니바퀴 아래 놓여 있다는 것이다.

예를 들어 북두칠성을 생각해보자. 밤하늘의 북두칠성은 우리의 상상력을 자극한다. 그것은 옛 항해자들의 길잡이가 되었고, 기나긴 밤 할머니가 들려주는 이야기가 되었다. 북두칠성은 실제로 우리 삶에 영향을 미친다. 하지만 북두칠성의 실체는 없다. 그 일곱 개의 별은 사실 거리가 제각각이고 그에 따라 빛이 도달하는 시간도 제각각이다. 우리 눈에 한 번에 들어오는 이 별들은 실제로는 다른 시간과 다른 공간에 제각각 존재하고 있었던 흔적이다. 우리는 이것들을 임의로 묶어 하나의 실체로 이해할 뿐이다.

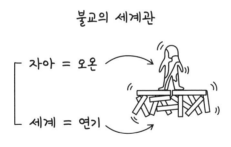

불교의 세계관

자아 = 오온

세계 = 연기

붓다는 모든 것의 실체가 이와 같다고 말한다. 당신 앞에 놓인 책도, 컵도, 당신이 앉은 의자와 당신 자체도 모두 얽히고설킨 연기의 그물 속에서 잠시 모여 있는 것이다. 연기는 불교의 중심 사상이자 기본 세계관이라 할 수 있다. 우주의 모든 만물도, 인간 사회의 모든 관계도 그 근본은 연기다. 초기 불교 경전인 〈아함경〉에는 연기를 이해하는 것이 왜 중요한지 잘 설명되어 있다. 이에 따르면 연기를 보는 자는 법(法)을 보고, 법을 보는 자는 불(佛)을 본다. 여기서의 법은 우주의 법칙, 즉 진리를 말하고 불은 부처, 즉 깨달은 자를 말한다. 다시 말해, 우주의 실체가 연기임을 꿰뚫어 보는 자는 진리를 보게 되고, 그것이 곧 깨달음에 이르게 한다는 것이다.

此有故彼有 (차유고피유)

此起故彼起 (차기고피기)

此無故彼無 (차무고피무)

此滅故彼滅 (차멸고피멸)

이것이 있으므로 저것이 있고

이것이 생기므로 저것이 생긴다.

이것이 없으므로 저것이 없고

이것이 멸하므로 저것이 멸한다.

연기는 두 가지가 있는데, 유전연기(流轉緣起)와 환멸연기(還滅緣起)가 그것이다. 유전연기는 존재와 삶이 발생하는 방향으로의 연기를 말한다. 이것이 생겨 저것이 생기는 방향으로의 연기다. 사성제 중에서 고와 집이 이에 해당한다. 반대로 환멸연기는 존재와 삶이 소멸하는 방향으로의 연기를 말한다. 이것이 멸해 저것이 멸하는 방향으로의 연기다. 사성제 중에서 멸과 도가 이에 해당한다. 사성제는 연기라는 세계관 위에 성립하는 진리인 것이다. 오온도 마찬가지다. 자아는 얽히고설킨 연기의 조건 위에서 잠시 발생한 것일 뿐이다.

정리해보자. 우리는 불교가 가진 자아와 세계에 대한 관점을 알아보았다. 그것은 오온과 연기였다. 즉, 자아는 고정된 실체를 갖지 않고 세계도 고정된 실체를 갖지 않는다. 이것을 각각 무아, 무상이라 한다. 이러한 사실을 꿰뚫어 보지 못하고 흘러가는 강물을 움켜쥐려 할 때 집착이 일어나고, 우리는 고통에 빠진다.

무아, 무상, 고. 이 세 가지는 불교의 근본 교리인 삼법인(三法印)으로 정리된다. 삼법인은 초기 불교의 핵심 사상이다. 제법무아(諸法無我), 제행무상(諸行無常), 열반적정(涅槃寂靜)을 말한다.

〈삼법인〉
‖

· 자아 = 오온　　　　　= 무아 → 제법무아
　　　　　　　　　　　　　　　　+
· 세계 = 연기　　　　　= 무상 → 제행무상
　　　　　　　　　　　　　　　　+
　　　(현 상태)　　　= 고 → 열반적정

제법무아란 자아는 영원불멸하지 않고 고정된 실체도 없이 변화한다는 뜻이다. 즉, 자아의 현재 상태를 의미한다. 제행무상이란 모든 현상은 잠시도 멈춰 있지 않고 계속 생멸하고 변화한다는 뜻이다. 즉, 우주의 현재 상태를 의미한다. 이러한 무아와 무상의 상태를 알지 못하고 고정된 실체에 집착할 때 고통이 발생하지만, 반대로 이러한 무지를 깨뜨리고 연기를 꿰뚫어 이해할 때 우리는 마지막 열반적정에 도달하게 된다. 열반적정은 번뇌의 불꽃을 바람을 불어 꺼뜨리는 것으로, 이것이 바로 불교의 궁극적 목표다.

불교와 베다의 차이

고정된 자아는 있는가, 없는가

붓다의 가르침은 《베다》의 토대 위에서 탄생했지만, 《베다》 사상과는 큰 차이가 있었다. 붓다는 《베다》의 일부를 받아들이면서도 비판적 관점을 취했다. 업, 윤회, 해탈이라는 기본 세계관은 이어받았지만 고정 불변의 자아, 즉 아트만의 존재를 인정하지 않은 것이다. 대신 붓다는 무아를 말했다. 무아설은 아트만을 불변의 실체로 이해하는 《베다》와 구별되는 불교의 고유 사상이라 할 수 있다.

	윤회	아트만
베다	○	○
불교	○	×

하지만 곰곰이 생각해보면 어떤 면에서 무아설은 논리적이지 않은 것처럼 보이기도 한다. 그것은 불교가 무아설을 말하는 동시에 《베다》의 윤회설을 수용하고 있기 때문이다. 궁금한 것은 이것이다. 고정된 실체로서의 자아가 없는데, 도대체 그 무엇이 윤회하고 삶을 반복한다는 것인가? 변하지 않는 영혼 같은 것이 있어야 헌 옷을 버리고 새 옷을 입듯 다음 생으로 건너갈 수 있는 것이 아닌가? 이러한 질문은 합리적인 귀결이다. 실제로 붓다의 제자들도 스승에게 이에 대해 물은 적이 있다. 하지만 붓다는 이러한 질문은 핵심이 아니라고 생각했던 것 같다. 그리고 쉬운 비유로 다음과 같이 대답했다. 이것은 '독화살의 비유'라고 알려져 있다.

수행승 마룬캬는 어느 날 이런 질문이 떠올랐다.

'이 세상은 영원한가, 덧없는가, 끝이 있는가, 끝이 없는가? 나의 생명이란 몸과 같은 것인가, 생명과 몸이 다른 것인가? 사람은 죽은 뒤에도 존재하는가, 그렇지 않은가? 혹은 존재하는 것도 아니고 존재하지 않는 것도 아닌가?'

그리고 이를 스승께 여쭈었다. 스승은 대답했다.

"마룬캬여, 가령 어떤 사람이 독이 묻은 화살에 맞았다고 하자. 그의 친구나 동료나 가족이 그를 위해 화살을 빼낼 의사를 부를 것이다. 그러나 그가 이렇게 말했다. '나를 쏜 사람은 왕족인가, 바라문인가, 서민인가, 노예인가? 이를 알지 못한다면 이 화살을 빼지 않겠다.' 또 이렇게 말했다. '나를 쏜 사람의 키가 큰가, 작은가, 중간인가? 나를 쏜 사람의 피부색이 검은가, 황색인가, 금빛인가? 이를 알지 못한다면 ,이 화살을 뽑지 않겠다.' 마룬캬여, 그것을 알지 못하는 동안에 그의 목숨은 끝날 것이다."

'예?'라며 마룬캬가 혼란에 빠졌는지는 알려지지 않았다. 이게 도대체 무슨 동문서답인가? 붓다의 대답은 질문을 회피하는 것처럼 보이기도 한다. 하지만 이 대답에는 가르침의 핵심이 담겨 있다. 그것은 붓다의 무아설이 자아가 있는지 없는지에 대한 형이상학적 이론이 아니라는 점이다. 차라리 그것은 실체가 없는 것을 실체로 여김으로써 발생한 고통을 제거하기 위한 실천적 가르침이다. 예전이나 지금이나 사람들은 형이상학적이고 철학적인 질문 안에서 논쟁하길 좋아하고 그 안을 헤매는 것에 시간을 쏟는다. 이에 대해 붓다는 소모적 논쟁 안에서 방황하지 말고 그 밖으로 직접 걸어 나가 행동부터 할 것을 제안하고 있는 것이다. 네가 고통 속에 있다면 그 고통부터 제거하라. 붓다는 말한다.

"마룬캬여, 독화살을 맞은 이는 그 독화살을 먼저 뽑는 것이 순서가 아니겠는가?"

우리가 집중해야 할 것은 내 안의 독화살부터 빼내는 것이다. 물론 어떤 이들은 이러한 대답이 마음에 들지 않을 것이다. 왜냐하면 이것은 문제를 해소한 것이지, 해결한 것은 아니기 때문이다. 논리적 모순을 실천이라는 이름으로 회피한다고 볼 수도 있다. 그래서 붓다 이후의 불교는 여러 교파로 나뉘며 무아의 문제를 심도 있게 다루었다. 우리는 잠시 후 이를 논리적으로 해결하는 대승불교의 대답을 들어볼 것이다. 우선은 붓다의 생애로 돌아가 입멸 이후의 사건들에 대해 알아보자.

붓다 이후의
불교

계승과 분열

최초의 설법 이후 45년 동안 붓다는 승가와 함께 여러 지역을 돌아다니며 가르침을 이어갔다. 80세가 되었을 무렵 파바시에서 받은 공양에 문제가 있어 붓다는 심한 식중독을 앓게 되었다. 승가가 인도 북부 쿠시나가라 숲에 이르렀을 때, 병의 위독함을 느낀 붓다는 강에서 목욕을 하고 사라나무 숲으로 들어갔다. 제자들에게 자리를 마련하게 한 후 북쪽을 바라보고 오른쪽으로 누운 상태에서 밤늦도록 제자들에게 최후의 가르침을 설했다. 슬퍼하는 제자들에게 쉬지 말고 정진할 것을 마지막으로 당부한 뒤 붓다는 입멸했다. 기원전 483년, 2월 15일의 늦은 밤이었다.

붓다는 화장되었다. 입멸 소식을 듣고 찾아온 각지의 왕들은 붓다의 사리를 나눠 가졌다. 그리고 자기 나라로 돌아가 탑을 세워 보존했다. 제자들은 남겨졌다. 제자들은 스승의 마지막 말씀을 되새겼다. 그것은 스승의 권위에 의존하지 말라는 말씀이었다. 붓다는 생전에 제자들에게 두 가지 의지처를 제시했다. 하나는 자기 자신, 다른 하나는 가르침이었다.

제자들은 스승의 말씀을 정확하게 정리하고 뜻을 이어가야 한다고 마음을 모았다. 붓다가 입멸하고 1년 후, 가장 뛰어난 500명의 제자들이 라자그라하에 있는 칠엽굴이라는 동굴에서 회의를 열었다. 이를 1차 결집이라고 한다. 제자들 중 기억력이 가장 뛰어났던 아난다를 중심으로 경전이 정리되었다. 아난다가 먼저 스승의 말씀을 기억해서 암송하면 다른 제자들이 이를 따라서 합송하고 승인하는 방식이었다. 이때 정리된 초기 불교 경전을 〈아함경〉이라 한다. 수행승이 따라야 하는 계율은 제자 우팔리가 선창하는 방식으로 정리되었다. 한편 이 집회에 참여하지 못한 다른 여러 제자들도 있었다. 이들은 동굴 밖에서 따로 회의를 열었는데, 이를 굴외 결집이라고 부른다. 이때부터 제자들 사이에 의견과 해석의 차이가 생겼고, 시간이 흐를수록 그 간격은 커져갔다.

붓다 입멸 후 100년이 되던 해에 두 번째 결집이 있었다. 이를 2차 결집이라 한다. 대략 기원전 383년경의 일이었다. 아난다의 제자였던 야사는 인도 각 지역의 장로들인 700명의 비구들을 바이샬리에 소집했다. 일부 비구들이 계율에 위배되는 행동을 하고 있다는 판단 때문이었다. 이러한 행동이 계율에 부합하는지 아닌지를 심의하기 위한 결집이었다.

이때 논의되었던 열 가지 행위를 보면 매우 흥미로운데, 이런 내용이다. 첫째 뿔로 만든 용기에 소금을 담아 다니다가 식사 때마다 사용하는 행위, 둘째 규정된 식사 시간 이후에 식사를 하는 행위, 셋째 다른 마을에 가서 보시를 받는 행위, 넷째 다른 지역의 승단 집회에 참석하는 행위, 다섯째 연유나 꿀을 우유에 타서 밥 대신 먹는 행위, 여섯째 병 치료의 목적으로 술기운이 있는 야자즙을 마시는 행위, 일곱째 몸이 큰 사람은 큰 방석을 사용하는 행위, 여덟째 계율에 명시되지 않은 스승의 개인적인 습관을 따르는 행위, 아홉째 다른 비구의 의중을 짐작하여 행동한 뒤 나중에 억지로 용서를 구하는 행위, 열째 금이나 돈을 보시 받는 행위.

비구가 이런 일을 하는 것이 죄가 되는지 아닌지를 심의했던 것이다. 너무 디테일해서 웃기게 보일 수도 있지만, 계율을 중시하는 비구들에게는 매우 중요한 일이었다. 붓다가 입멸한 지 백 년이나 지났고 강산이 수없이 바뀌며 시대가 달라졌다. 붓다의 뜻이 중요한 것이지, 세부적인 규율을 그대로 지키는지가 중요한 것은 아니지 않겠느냐는 생각을 가진 사람들이 많았다.

이것이 흥미로운 것은 모든 거대 종교와 이념이 많은 시간이 흐르고 규모가 커지면서 필연적으로 겪게 되는 보편적인 고민이기 때문이다. 실제로 우리 주위에는 두 종류의 사람들이 있다. 어떤 이들은 근본주의, 원리주의, 권위주의, 절대주의라고 부를 수 있는 태도를 가지고 있다. 이들은 철저한 규율 준수와 정통 계승을 결코 양보할 수 없는 가치로 여긴다. 반면 다른 이들은 자유주의, 상대주의라고 부를 수 있는 태도를 가지고 있다. 이들은 상황과 맥락에 따른 어느 정도의 융통성을 인정한다. 개개인의 판단과 행위를 존중하는 것이 무엇보다 우선한다고 여긴다. 그렇다면 둘 중 어떤 태도가 더 올바른가? 사실 이 두 가지 태도는 모두 필요하다. 너무 느슨하면 둔탁한 소리를 내지만 너무 팽팽히 당기면 끊어지고 만다는 붓다의 가르침처럼 말이다.

하지만 2차 결집의 결정은 단호했다. 논의되었던 열 가지 행위 모두 잘못되었으며 이것이 비구들에게 죄가 된다는 결론이 내려졌다. 회의에 참여하지 않았던 각 지역의 많은 승단과 승려가 이러한 결정에 불복했다. 이후 각 지역의 1만여 명의 승려들이 독자적인 결집을 열었다. 그리고 논의를 통해 계율을 수정했다. 이를 대결집이라고 부른다.

대결집 이후 승단은 크게 둘로 양분되었다. 이를 근본 분열이라고 한다. 우선 전통과 권위를 절대적으로 지키고자 하는 승단은 상좌부라고 불렸다. 여기서의 상좌는 장로를 뜻한다. 다음으로 새로운 해석과 유연성을 주장하는 승단은 대중부라고 불렸다. 이러한 분열을 기준으로 인도의 원시 불교 시대가 끝나고 역사는 부파불교(部派佛教) 시대로 넘어가게 되었다.

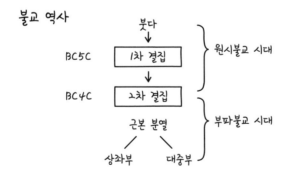

지적 대화를 위한 넓고 얕은 지식

부파불교 시대

부파불교 시대는 근본 분열 이후 여러 분파로 나뉘어가는 시기를 말한
다. 오늘날 우리는 한자보다 영어가 익숙하니 원시불교와 부파불교라
는 단어도 영어로 번역하면 더 쉽게 이해될 수도 있겠다. 원시불교는 영
어로 'Pre-sectarian Buddhism'이다. 'sectarian'이 종파라는 뜻이니 '종파
이전의 불교'를 말한다. 부파불교는 영어로 'Early Buddhist schools'다.
'초기 불교 학파들' 정도의 의미다.

강력하고 카리스마 넘치는 지도자가 사라지고 난 후, 남은 이들 사이
에서 분열이 일어나는 것을 안타깝게 생각하는 사람들이 있다. 이러한
안타까운 마음의 근저에는 명확하고 단순했던 하나의 질서가 사라지고
논쟁과 갈등이 범람하는 혼란에 대한 불안이 내재하고 있다. 종교뿐만
아니라 정치, 사회, 예술, 문화 등 모든 영역에서 이러한 분열은 필연적
으로 발생하고 그때마다 우리를 실망스럽게 하기도 한다. 하지만 분열
을 부정적으로만 볼 필요는 없다.

복잡성과 다양성의 증가는 변화하는 시대에 적응하게 하고 다양한
지역에 적용될 가능성을 높인다. 불교와 기독교, 이슬람교 등의 거대 사
상이 2000년이 지난 지금까지도 번성할 수 있는 것은 다양한 변형과 적
응의 과정이 있었기 때문이다. 실제로 근본 분열 이후 비구들은 교리와
계율을 더 깊이 연구하고 해석함으로써 다양한 불교 경전이 등장하게
되는 계기를 마련했다. 붓다 입멸 이후 550년이 지나고 기원 전후가 되

었을 무렵에는 상좌부와 대중부를 중심으로 대략 20여 개의 부파가 생겼다. 이들은 계율에 대한 견해 차이, 지리적인 거리, 교단 간의 권력 대립 등 다양한 이유로 분화되었다. 그럼에도 이들은 유사한 성격을 가지고 있었는데, 그것은 모두 붓다의 가르침에 충실하고자 했다는 점이다. 학파 간의 치열한 논쟁과 경쟁 과정 속에서 교리 해석에 집중했고, 학문으로서의 불교가 발전할 수 있는 토대를 마련했다.

하지만 문제점도 나타났다. 그것은 단적으로 말해서 불교 교리가 너무도 복잡해지고 세밀해졌다는 점이었다. 교리 해석 중심인 학문으로서의 불교는 어쩔 수 없이 승가와 비구의 전유물이 되었다. 일반인이 접근하기가 쉽지 않았다. 이러한 상황은 필연적으로 당시 불교의 방향성에 반대하는 사람들을 만들어냈다.

석가 입멸 후 500년이 되었을 무렵, 인도에서 새로운 불교운동이 일어났다. 이들은 상좌부와 대중부를 포함한 모든 지파의 폐쇄적이고 지엽적인 태도를 비판하며 부파불교 전체를 소승(小乘)이라 낮춰 불렀다. 소승은 '작은 수레'라는 뜻으로, 비구 개인만의 해탈을 강조하는 부파불교의 개인주의적 경향을 비난한 것이었다. 대신 새로운 불교운동은 스스로를 대승(大乘)이라 불렀다. 즉, 많은 이를 함께 구제하여 태우는 '큰수레'의 종교라는 뜻이다. 대승불교는 불교를 출가자만의 것이 아니라 민중의 것으로 개방하고자 했다. 이들은 모든 중생을 보살로 보았고, 자기 구제가 아니라 이타적인 역할에 힘써야 함을 강조했다. 이후 대승불

교는 동아시아로 전파되며 불교의 중심 세력으로 성장했다. 이제 우리
는 동아시아 2천 년 역사의 근본 뿌리가 된 대승불교의 넓은 바다로 항
해할 것이다.

대승불교의 등장

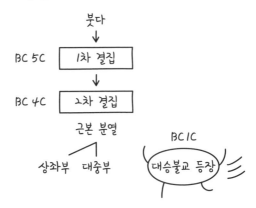

중간 정리

불교는 인도 문화권과 동아시아 문화권의 사상적 연결고리다. 인도 지역에서 탄생하여 베다의 세계관 안에서 길러졌지만, 인도에 정착하지 못하고 동아시아 지역으로 확산되었다. 이 과정에서 도가, 유가 사상과 영향을 주고받으며 동아시아인의 사상적 뿌리가 되었다. 불교는 기원전 5세기 무렵에 네팔 지역에서 탄생한 고타마 싯다르타를 기원으로 한다. 후에 붓다가 된 그는 세계와 자아에 대한 독특하고 심오한 철학을 전개해나갔다.

그의 사상은 사성제와 팔정도로 압축된다. 사성제는 고집멸도의 네 가지 진리로, 1) 고통으로 가득 찬 세계를 직시하고 2) 고통의 원인으로서의 무명과 갈애를 이해하며 3) 갈애를 남김없이 멸함으로써 해탈에 이르고 4) 이러한 열반에 이르는 길로서 팔정도를 실천함을 말한다. 여기서의 팔정도는 여덟 가지의 바른 행위와 생각으로, 그 본질은 어느 극단에도 치우치지 않는 중도를 의미한다.

　이 외에도 우리는 불교의 주요 개념으로서 연기와 오온에 대해 살펴보았다. 이 두 개념은 세계와 자아에 대한 불교의 기본 세계관이다. 연기는 세계의 실체에 대한 설명으로, 모든 현상이 원인과 조건에 의해 생겨나고 사라진다는 개념이다. 이에 따르면 모든 세상 만물 중에서 홀로 독립해서 존재하는 것은 없다. 이것이 있어서 저것이 있고, 저것이 소멸하여 이것이 소멸한다. 이러한 관점은 인간의 실체에 대한 관점으로 이어진다. 자아라는 존재도 이러한 연기의 결과로 잠시 뭉쳐진 존재일 뿐이다. 붓다는 자아를 분석함으로써 그것이 단지 물질적 요소와 정신적 요소의 임시적인 무더기일 뿐임을 밝혀낸다. 그래서 인간의 존재는 다섯가지의 무더기라는 뜻으로 오온이라 불린다. 이에 따르면 세계나 자아에 고정 불변하는 무언가가 있다고 상정하는 믿음은 허상일 뿐이다. 붓다는 세계와 자아의 실체를 무상과 무아로 정리한다. 우리가 이러한 진실을 선명히 직시할 때에야 집착에서 풀려나고 비로소 윤회의 고통에서벗어나 열반에 이르게 될 것이다. 이 세 가지 가치, 제행무상, 제법무아, 열반적정을 묶어 삼법인이라고 한다.

　불교가 다른 철학이나 종교와 달리 독특한 위치를 점유하는 이유는 자아에 대한 관점에서 찾을 수 있다. 자아에게 고정불변의 실체가 없다는 무아설은 일반적인 철학이나 종교 사상에서는 찾아보기 어려운 불교 고유의 사상이다. 이러한 특징은 같은 인도 지역에서 태어난 《베다》와 불교가 선명하게 구분되는 지점이다. 《베다》는 우리 내면에 존재하는 절대적이고 불변하는 아트만을 상정하는데, 이를 자아가 있다는 의미에서 유아설이라 한다. 반면 불교는 자아의 실체는 연기와 오온의 임시적 결과물일 뿐 고정되고 불변하지 않는다는 의미에서 무아설을 설파한다.

세계와 자아에 대한 불교의 독특하고 심오한 관점은 이후 여러 분파와 학파로 분화되며 깊이 탐구되었다. 우리는 그중에서 대승불교를 따라가며 그 속에서 위대한 스승들의 거대 사상을 발견해보려 한다.

불교 외연의
확장

소승불교와 대승불교

대승불교는 부파불교가 자기 해탈에만 집중한다는 점에 문제를 제기했다. 이들은 붓다가 보리수나무 아래에서 즉시 해탈하지 않고 사람들에 대한 연민 때문에 해탈의 시기를 미룬 것처럼 불교의 목표는 많은 사람을 구제하는 것이어야 한다고 주장했다. 대승불교는 불교가 현실에서 살아 숨 쉬는 역동적인 종교가 되어야 한다는 생각에서 일어난 불교 부흥 운동이었다.

물론 이것은 대승불교의 관점이다. 대승불교는 동북아시아에 영향을 미쳤고 한반도 역시 대승불교의 영향 아래 있었다. 우리가 불교를 소승불교와 대승불교로 구분하는 것에 익숙한 이유다. 부파불교는 대승불교의 비판에 동의하지 않고, 스스로를 소승불교라 낮춰 부르지도 않는다. 부파불교는 동남아시아로 전파되었고 그곳에서 근본불교, 상좌부불교 혹은 남방불교라고 불렸다. 이들은 지금까지도 붓다 생존 당시의 수행 전통을 엄격하게 지키며 보전하고 있다. 즉, 대승불교와 소승불교의 구분은 대승불교의 관점이고, 객관적으로는 북방불교와 남방불교로 나눌 수 있다. 이 두 종류의 불교가 전파된 방향은 이름에서 알 수 있듯이 북방 경로와 남방 경로를 따른다.

우선 북방불교는 현재의 파키스탄 지역인 간다라를 거쳐 티베트, 페르시아, 아프가니스탄, 타클라마칸으로 전파되었다. 이 지역은 중국이 서역이라 부르던 곳이다. 이 지역에서 발달한 불교 사상과 불경, 불상 등이 중국으로 전래되고 한역되었다. 이후 오랜 시간 동안 불교는 중국 문화와 융합되었다. 특히 도가 사상과 융합된 중국 불교는 다시 한국과 일본으로 전파되었다. 이러한 역사적 과정을 통해 동북아에 전파된 불교는 초기 불교의 모습과는 거리가 있는 독자적인 모습으로 발전해갔다.

다음으로 남방불교는 동남아시아 지역으로 전파되었다. 스리랑카, 미얀마, 태국, 캄보디아, 라오스 지역이 이에 속한다. 현재도 이 지역은 대다수의 사람들이 상좌부불교를 따르고 있다. 이 지역의 불교는 구어체로 된 팔리어 경전을 통해 전파되었다.

북방불교와 남방불교 외에도 티베트로 전파되어 독자적인 발전을 한 불교도 있다. 이는 밀교의 형태를 띠고 있는데, 라마교 혹은 금강승이라 부른다. 이 외에도 유럽에까지 불교가 전파되기도 했다.

불교의 전파

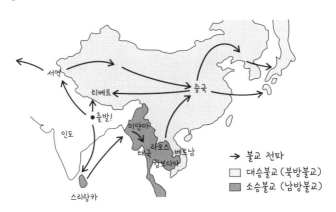

여러 지역으로 확산되고 정착하는 과정에서 불교는 각 지역의 문화, 종교, 사상과 동화되었고 다양한 종파들을 발생시켰다. 이 종파들은 교리에 대한 해석 차이를 기준으로 논쟁하고 경쟁하며 불교의 외연을 넓혀갔다. 그렇다면 이런 질문이 생긴다. 불교란 무엇인가? 다양한 종파를 아우르는 불교의 근본 가치는 무엇인가? 이에 대한 답변은 다음과 같다. 고타마 붓다의 가르침을 도움으로 개개인이 진리를 깨달아 붓다가 될 것을 안내하는 종교. 조금 더 구체적으로 말하면 불교의 모든 종파는 그 내용에서 근본 진리인 사성제와 팔정도를 인정하고, 그 형식에서 창시자로서의 부처, 가르침으로서의 법, 이를 따르는 공동체인 승가로 구성되어 있다.

지금부터는 불교의 여러 계통 중에서 특히 동아시아로 전파된 대승불교의 두 가지 사상 체계를 살펴보려 한다.

대승불교의 두 사상

중도와 의식

인도 대승불교의 거대 산맥을 이루는 종파는 두 가지다. 중관파와 유식파. 낯설고 생소한 개념일수록 결론부터 말하는 것이 도움이 된다. 결론부터 말하자면 중관파는 한마디로 중도를 중요시하고, 유식파는 의식을 중요하게 다룬다.

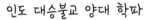

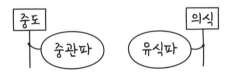

우선 중도는 앞서 간략하게 살펴보았다. 우리가 학교에서 배웠던 중용과 비슷한 개념이지만, 그보다 한걸음 더 나아가 자아와 세계에 대한

존재론적인 측면까지 나아갔던 그 개념. 중도 사상은 말한다. 있는 것도 아니고 없는 것도 아니다. 태어난 것도 아니고 죽는 것도 아니다. 중도 사상은 존재의 실체를 꿰뚫어 보는 사유를 전개한다. 이러한 결론에 도달할 수 있는 것은 자아를 포함한 세계의 모든 존재가 연기이기 때문이다. 독자적으로 홀로 존재하는 것은 없다. 모든 것은 다른 것에 기대어 존재한다. 그렇기에 모든 현상은 고정된 실체가 없는, 있는 것도 없는 것도 아닌 '공(空)'의 상태다. 그래서 중도에서 시작하는 중관파의 핵심 사상은 공 사상으로 나아가게 된다.

다음으로 의식은 쉽게 말해서 우리의 마음을 의미한다. 유식파에서는 유일하게 실재하는 것이 마음으로서의 의식뿐이라고 본다. 즉, 있는 것도 아니고 없는 것도 아닌, 실체를 갖지 않는 삼라만상의 세계에서 우리가 진짜로 있다고 말할 수 있는 최소한의 기반은 그러한 삼라만상이 드러나는 자신의 마음뿐이라는 것이다. 그렇다면 우리가 탐구해야 하는 것은 허상으로서의 세계가 아니라 나의 마음, 즉 의식이 된다. 유식파는 실제로 우리 의식을 끝까지 파고들어 심층적 층위를 분석해낸다.

지금이야 이게 뭔 소리인가 싶고 어렵게 느껴질 수도 있다. 하지만 조금만 들여다보면 생각보다 어렵지 않다. 중관파와 유식파가 다루는 주제는 인류에게 매우 중요하고 심오한 논쟁점이었다. 구체적으로 말하면 우리가 이 책에서 다루고 있는 위대한 스승들의 거대 사상을 매우 체계적이고 심도 있게 전개하고 있다고 할 수 있다. 특히 서양 철학이 18세기 이후에나 본격적으로 논의하기 시작한 철학적 담론들을 천 년을 앞서 해결하고 있는 것이다. 서양 철학의 언어에 익숙한 독자를 위해 설명하자면 실재론과 관념론의 충돌을 중관파는 중도와 공 사상으로 뛰어넘고, 합리론과 경험론의 대립을 유식파는 의식의 분석을 통해 해명하는 것이다.

하지만 중도와 의식에 대한 분석을 단순히 철학이라는 분야 안에서의 이성적 논쟁으로 보아서는 안 된다. 이것은 세계가 무엇이고 내가 무엇인지에 대한 심오한 통찰을 제시한다. 이 책은 당신을 문 앞까지만 안내하는 책이므로 여기서는 중관파와 유식파에 대해 간단하게 다루겠지만, 언젠가 당신이 삶과 진리에 대한 한계에 봉착하고 출구가 보이지 않을 때, 중도와 의식에 대한 탐구는 거대한 우주 앞으로 당신을 안내할 것이다. 한걸음 더 내디뎌 보자.

중관파

중관파는 150년에서 250년 사이에 살았던 인도 승려 나가르주나에 의해 체계화된 대승불교의 종파다. 나가르주나는 동아시아에서 '용수'로 번역되는데, 존칭의 의미로 용수보살이나 용수대사라고도 불린다. 남인도의 바라문 가문에서 출생한 그는 어려서부터 총명했다. 부모님의 지도로 《베다》를 체계적으로 배웠고 천문학, 지리학 등 여러 학문을 학습했다. 하지만 젊은 시절에는 향락에 빠져 지내거나 궁녀들을 희롱하다 사형 직전까지 가는 등 말썽을 부리기도 했다. 이후에는 육체적 쾌락에 집착하는 것이 모든 괴로움의 원인임을 깨닫고 불교를 받아들였다. 처음에는 소승불교를 공부했지만 만족하지 못했다. 스스로 대승 경전을 구하여 공부했다. 말년에는 여러 저서를 남겼는데 그중 〈중론〉이 가장 대표적이다. 〈중론〉에서 깊게 분석한 그의 공 사상은 이후 대승불교 사상에 큰 영향을 미쳤다.

나가르주나는 독립적인 실체를 상정하는 모든 사유와 철학에 강력한 비판을 가했다. 그 어떤 사물과 생명도 외부와의 관계 없이 홀로 존재하는 것은 없다. 모든 존재자는 다른 것들에 의존하고 관계 맺는 방식으로 존재할 뿐이다. 즉, 존재는 연기 안에서 잠시 일어선다. 나가르주나는 이렇게 모든 존재의 실체는 고유한 본질을 가지는 것이 아니라 무자성(無自性), 즉 공이라고 주장했다. 여기서의 공은 단순히 허무나 무를 말하는 것이 아니라 고정된 실체가 없다는 의미다. 그렇다면 공은 있음도 아니고 없음도 아닌 중도의 상태라고 말할 수 있을 것이다. 나가르주나는 세상의 실체가 공이고 그것이 곧 중도임을 올바르게 관찰하고 깨닫는 것이 궁극적인 깨달음의 길이라고 설파했다. 나가르주나는 〈중론〉에서 다음과 같이 설명한다.

因緣所生法 (인연소생법) 我說卽是空 (아설즉시공)

亦爲是假名 (역위시가명) 亦是中道義 (역시중도의)

인연으로 생긴 법(=존재), 나는 이것이 공이라고 설한다.

이것은 또한 가명(임시로 붙인 이름)이며, 중도라는 의미다.

– 〈중론〉

이 말을 풀어보면, 모든 존재는 원인과 결과로 연결되어 발생하므로 실제로는 고정된 자기 본질을 갖지 않는 공의 상태이고, 이러한 공은 있다고도 없다고도 할 수 없으므로 중도라는 것이다. 여기서 나가르주나가 말하고자 하는 것은 세 가지 의미가 동일하다는 것이다. 즉, 연기, 공, 중도는 실제로는 같은 의미를 갖는다. 굳이 나눠본다면 연기는 눈앞의 현상을 말하고, 공은 그것의 실체이며, 중도는 이러한 진실을 체득하는 것을 의미한다.

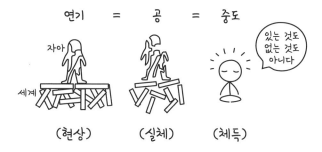

나가르주나는 여기서 한걸음 나아가 중도의 의미를 더 구체적으로 설명한다. 이를 8가지의 부정이라는 뜻에서 '팔불중도(八不中道)'라고 한다.

不生不滅 (불생불멸)

不斷不常 (부단불상)

不一不異 (불일불이)

不來不去 (불래불거)

생겨나는 것이 아니고 사라지는 것도 아니다.

단멸하는 것이 아니고 상주하는 것도 아니다.

같은 것이 아니고 다른 것도 아니다.

오는 것이 아니고 가는 것도 아니다.

- 〈중론〉 귀경게

위의 팔불중도는 〈중론〉의 첫머리에 제시된 개념으로, 일반적으로는 〈중론〉 전체의 요지인 것으로 알려져 있다. 어떤 면에서는 이것도 아니고 저것도 아니라고 그저 부정만 하는 말장난처럼 보이기도 한다. 하지만 연기와 공이 뜻하는 맥락에서 파악한다면, 중도가 세계와 자아의 실제 모습임을 이해할 수 있다.

어떤 사람들은 납득하기 어려울 수도 있다. 자아도, 세계도 그 실체가 공이고 중도라니. 아무리 머리로 이해해보려 해도 손에 만져지고 눈에 보이는 세상은 너무도 생생하게 느껴지지 않는가? 맞는 말이다. 하지만 생각해보면 우리는 꿈속에서도 생생하게 세계를 체험한다. 꿈을 꾸는 자에게는 꿈이 실제로 있는 것처럼 느껴진다. 여기서 공과 무의 차이를 알 수 있다. 무는 말 그대로 없는 것을 의미한다. 반면 공은 단순히 없다는 것이 아니라 작용은 있으나 실체가 없음을 의미한다. 마치 꿈처럼 말이다. 이렇듯 세상은 사실 공인데 묘하게도 실존하는 것처럼 나타난다는 의미에서 불교에서는 이를 '진공묘유(眞空妙有)'라 표현하기도 한다.

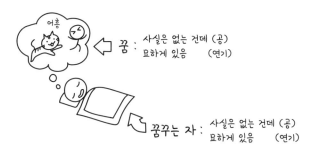

꿈 : 사실은 없는 건데 (공)
　　　묘하게 있음　　(연기)

꿈꾸는 자 : 사실은 없는 건데 (공)
　　　　　　묘하게 있음　　(연기)

　연기설에 근거한 공 사상은 나가르주나 이전부터 붓다의 초기 가르침에 등장하는 개념이었다. 붓다는 이미 모든 현상이 원인과 결과의 연결고리 속에서 생겨나므로 거기에는 실체로서의 자아가 존재하지 않는다고 설했다. 이렇게 연기설을 공의 입장에서 해명하는 불교의 오랜 사상을 반야 사상이라고 한다. 나가르주나는 대승불교가 탄생하던 시기에 이미 널리 읽히고 있었던 〈반야경〉을 토대로 자신의 사상을 체계화했던 것이다.

　붓다의 연기설을 공과 중도의 측면에서 정립한 나가르주나의 사상은 3세기에 제자들에게 계승되며 중관파의 전통이 확립되었다. 계속 발전하던 중관파는 6세기에 공에 대한 해석의 차이에서 여러 종파로 나뉘게 되었다. 이후 각 종파들은 논쟁과 경쟁을 통해 이론의 외연과 깊이를 확장함으로써 중관파를 대승불교의 거대한 한 축으로 자리 잡게 했다.

유식파

대승불교의 또 다른 축인 유식파는 4세기 무렵 인도 승려 아상가에 의해 체계화된 대승불교의 종파다. 아상가는 동아시아에서 '무착'이라고 불린다. 그는 현재의 파키스탄 지역인 간다라국에서 브라만의 아들로 태어났다. 장남인 그는 동생 바수반두과 함께 인도 대승불교의 대표적인 사상가가 되었다. 아상가는 처음 소승불교를 공부했으나 아무리 노력해도 공의 교리를 이해할 수 없었다. 절망한 그가 자살하려 할 때, 멀리서 이 모습을 지켜보던 소승불교의 성자 핀도라가 그를 막고는 소승불교의 공 사상을 체계적으로 설명해주었다. 그제야 아상가는 이해할 수 있었다. 하지만 시간이 갈수록 궁금증은 늘어갔고 만족하지 못했다. 그는 유식파의 시조인 마이트레야에게 가서 가르침을 받았다. 이후 큰 깨달음을 얻게 되어 〈섭대승론〉을 비롯한 여러 저서를 저술하고 대승불교의 유식론을 체계화했다. 아상가의 사상은 그의 동생 바수반두에게 이어졌고, 바수반두는 이를 계승하여 유식학을 완성했다. 이후 인도의 사상계에서는 점차 유식설이 우위를 점했다. 그리고 이에 영향을 받은 많은 학자를 배출했다. 후에는 유상유식파와 무상유식파의 두 파로 나뉘며 발전해나갔다.

그렇다면 유식파는 도대체 무엇을 연구하는 사람들인가? '유식(唯識)'이라는 명칭은 이 종파의 핵심 개념을 잘 표현한다. '유'는 '오직'이라는 뜻이고 '식'은 '의식', 즉 마음을 말한다. 이것을 합쳐보면 유식이란 '오직 의식만이 있다'라는 의미다. 실제로 영어권에서는 유식을 'Consciousness only'로 번역한다.

오직 의식만이 있다니, 이것이 도대체 무슨 말인가? 그것은 세계와 자아를 포함하여 눈앞의 모든 것이 식의 작용이라는 것이다. 지금 당신이 읽고 있는 이 책도, 당신의 눈앞에 있는 사물과 빛깔과 소리와 모든 것이 사실은 외부에 객관적으로 존재하는 실체가 아니라 모두 당신의 마음이 만들어낸 것이라는 의미다. 그렇다면 어떻게 이러한 결론에 도달하게 되었는지 그 과정을 살펴보자.

유식파는 의식의 심연에 도달하는 방법으로 호흡을 가다듬고 마음을 정비하는 지관 수행을 이용한다. 지관 수행은 불교의 대표적인 수행 방법 중 하나로, 여기서의 '지(止)'는 정신을 집중해서 마음의 적멸과 고요를 개발하는 방법을 말한다. '관(觀)'은 고요해진 정신 안에서 있는 그대로의 존재의 실상을 관찰하는 것을 말한다. 지와 관은 불가분의 상호 의존적 관계로, 불교 수행에서의 중요한 실천 방법이다. 쉽게 말해서 마음의 안경알을 닦는 것과 같다. 깨끗하게 하고, 잘 보고.

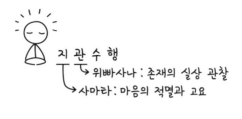

지관수행
└→ 위빠사나 : 존재의 실상 관찰
└→ 사마타 : 마음의 적멸과 고요

　이러한 수행 방법은 이치에 도달하는 올바른 길로서 일반적으로 받아들여져 왔다. 유식파는 이 과정 중에서 인간 의식의 심층적 층위를 발견하게 되었다. 이에 따르면 인간의 의식은 8개 혹은 9개의 층위를 갖는다. 일단 숫자가 많으니까 복잡할 것만 같은데, 하나씩 살펴보면 그렇게 어렵지는 않다. 우선 1식부터 5식까지는 오감이 만들어내는 의식 현상을 말하는데, 앞에 있다고 해서 전5식이라 한다. 안식, 이식, 비식, 설식, 신식으로 구성된다. 쉽게 말해서 눈, 귀, 코, 혀, 피부가 만들어내는 마음의 상태를 뜻한다.

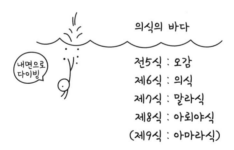

의식의 바다

내면으로
다이빙

전5식 : 오감
제6식 : 의식
제7식 : 말라식
제8식 : 아뢰야식
(제9식 : 아마라식)

　이를 이해하기 위해서는 '오감'과 오감에 의해 촉발되는 '의식의 상태'를 구분할 수 있어야 한다. 예를 들어 눈과 안식은 다르다. 눈이 하드웨어라면 안식은 소프트웨어라고 생각하면 된다. 우리가 사과를 본다고 할 때, 사과를 보는 것은 눈이 아니다. 눈은 단순히 시각 정보를 받아들이는 카메라일 뿐, 눈을 통해 들어온 정보가 신경망을 통해 뇌에 전해지고 뇌가 그 정보를 해석해서 사과 이미지를 만들어낸다. 우리가 사과를 본다는 것은 뇌가 만들어낸 사과의 이미지를 보는 것이다. 따라서 안식은 눈과는 다른 것으로, 내 의식 안에 그려진 시각적 이미지의 총체다. 다른 식들도 마찬가지다. 소리, 냄새, 맛, 촉감은 귀, 코, 혀, 피부와 같은 감각기관이 아니라, 내 의식 안에서 그려지는 이미지다. 그래서 유식파는 매우 상식적인 결론을 내린다. 전5식은 우리 마음의 상태라고.

여섯 번째 식인 제6식은 의식이다. 우리가 사용하는 용어 그 '의식' 맞다. 실제로 우리가 일상적으로 말하는 의식은 불교 용어다. 의식은 전5식을 종합하고 드러내는 역할을 한다. 안식, 이식, 비식, 설식, 신식을 조화롭게 엮어서 내 앞의 세계로 펼쳐놓는 역할을 하는 것이다. 이 작업은 너무나 자연스러워서, 우리는 실제로 전5식의 정신 작용에 둘러싸여 있음에도 이것이 외부 세계라고 생각하고 진짜 존재한다고 믿게 된다.

최근의 기술 발전과 VR 기기의 등장으로 현대인은 과거 사람들보다 이러한 정신적 작용의 의미를 더 쉽게 이해하게 되었다. 우리는 VR 기기를 사용할 때, 이것이 그저 가상임을 알면서도 시각과 청각이 만들어내는 이미지에 마음을 빼앗긴다. 게임 안에서 괴물이 달려오면 몸을 움츠리고, 높은 곳에서 떨어지면 간담이 서늘해진다. 만약 여기에 후각, 미각, 촉각이 더해지고 기술이 더 정교해지면서, 이것이 가상이라는 사실도 잊게 한다면 우리는 그것을 완벽한 실재라고 느낄 것이다.

유식파뿐만 아니라 고대인은 원래 인간이라는 존재의 실상이 그러하다는 것을 알고 있었다. 눈앞에 펼쳐진 세계는 외부에 존재하는 실체가 아니라 마음이 만들어낸 환영임을 말이다. 그래서 인도인은 세계를 환영이라는 뜻의 '마야'라고 불렀고, 서양철학에서는 눈앞에 나타난 것이라는 의미로 '현상'이라 불렀으며, 불교에서는 '식'이 모습을 변화한 것으로서 '색'이라고 불렀다. 그런데 참고로 마야, 현상, 색은 모두 실제로는 실체를 갖지 않고, 그저 있는 것도 아니고 없는 것도 아닌 중도의 상태에 있다. 즉, 공의 상태인 것이다. 여기서 우리가 한 번 정도는 들어봤을 〈반야심경〉의 '색즉시공 공즉시색(色卽是空 空卽是色)'의 정확한 의미를 이해할 수 있다.

정리하면 제6식인 의식은 전5식을 종합하여 하나의 환영의 세계를 내 앞에 그려주는 역할을 한다.

다음은 제7식인 말라식이다. 이 식의 본질적인 특성은 끊임없이 생각과 마음이 일어나게 하는 작용이다. 이를 통해 제6식인 의식이 일어난다. 또 다른 역할로는 판단 기능을 하는데, 여기에는 '나'와 '내가 아닌 것'의 구분이라는 판단도 포함된다. 이에 따라 자의식 혹은 자아정체성이 여기서 발생하고, 자아와 자기 것에 대한 집착도 여기서 생겨난다. 서구 심리학의 관점을 대입한다면 제6식이 의식의 세계, 제7식이 무의식의 세계라고도 볼 수 있겠다.

여기서 더 심층적으로 내려가면 여덟 번째 식인 제8식, 아뢰야식이 있다. 아뢰야식은 가장 심오한 근본 의식으로, 자아와 세계를 일으켜 세우는 힘이라고 할 수 있다. 구체적으로 두 가지 역할을 한다. 첫 번째는 앞의 일곱 가지 식 전체가 발생할 수 있는 장을 마련한다. 이것은 일종의 능력이라고 할 수 있는데, 나의 내면 세계가 구축될 수 있도록 함으로써 세계가 그 안에 담기게 하는 것이다. 이를 쉽게 이해하기 위해서는 앞서 3장에서 이야기했던 영사기의 빛이나 수정구슬을 떠올리면 된다. 기억나는가? 수정구슬은 나의 마음 혹은 의식이었다. 이 안에 왜곡되어 드러나는 이미지가 세계였다. 세계란 나의 마음 안에 담긴 환영과 이미지 그이상이 아니다. 이러한 관점에서는 자아와 세계가 분리되지 않는다. 자아가 곧 세계다. 수정구슬이 없다면 그 안에 담기는 세계도 없다. 그렇다면 실제로 존재한다고 말할 수 있는 것은 무엇인가? 그것은 수정구슬로서의 자아의 의식뿐이다.

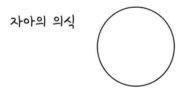

자아의 의식

이제 우리는 수정구슬이 무엇인지 말해야 한다. 그리고 결론적으로 수정구슬은 바로 제8식인 아뢰야식이다. 이것은 가장 근원적인 능력으로서 자아와 세계를 일으켜 세우는 힘이다. 당신의 내면 세계 그 자체이자, 당신의 내면 세계를 일으켜 세우고 존재하게 하는 힘 말이다. 이런 맥락에서 유식학은 아뢰야식을 근본 의식이라는 의미에서 본식(本識)이라고 부른다.

아뢰야식의 두 번째 역할은 모든 존재와 법칙의 씨앗을 담지하는 기능이다. 쉽게 말해서 우리가 경험하고 행한 모든 것은 아뢰야식에 씨앗처럼 가능성의 상태로 남게 된다. 이것은 단순히 착한 행위와 나쁜 행위의 과보가 기록된다는 의미를 넘어서, 의식적 존재로서의 모든 체험이 평가나 처벌과 무관하게 흔적으로 남는다는 것을 의미한다. 이러한 설명은 윤회에서의 업(카르마)이 어떻게 작동하는가를 이해할 수 있게 한다. 쉽게 말해서, 인간으로서의 삶을 경험한 의식은 그 체험이 흔적으로 남아 다시 인간으로 태어나고, 고래로서의 삶을 경험한 의식은 다시 고래로, 사슴을 경험한 의식은 사슴으로, 개미는 개미로, 나비는 나비로 다시 이어질 가능성이 크다는 것이다. 마찬가지로 당신의 마음이 지옥이라면 이것은 흔적으로 남아 당신의 다음 삶을 결정할 것이고, 당신의 마음이 천국이라면 당신의 다음 삶도 그렇게 결정될 것이다. 붓다가 윤회의 고리를 끊는 방법으로 왜 팔정도를 강조했는지, 왜 바르게 보고 바르게 생각하고 바르게 말하고 바르게 행동하는 등의 도덕 선생님 같은 이야기를 했는지 알 수 있는 대목이다. 내가 바른 마음을 가져야 하는 것은 그것을 심판하는 자가 있어서가 아니라, 나의 모습을 결정하는 것이 바로 나의 마음이어서다.

이처럼 과거의 경험과 행위가 씨앗처럼 저장된다는 의미에서 아뢰야식을 종자식이라 부르기도 한다. 이 외에도 아뢰야식은 그 성질에 따라 다양한 이름으로 불린다. 무몰식, 장식, 이숙식, 아타나식, 일체종식, 무구식, 초식, 제1식 등이 그것이다.

유식설은 보통 제8식까지를 말하지만, 제9식을 언급하는 견해도 있다. 제9식은 아마라식이라고 하는데, 혼탁함에서 완전히 벗어나 청정에 도달한 상태를 말한다. 불교에서는 이것을 궁극의 지혜를 깨달은 상태라는 뜻에서 반야(般若)라고도 한다. 반야는 있는 그대로의 상태인 진여(眞如)를 깨달은 상태를 말한다. 이것은 어떤 면에서 아무것도 담기지 않은 투명한 수정구슬 상태를 말하는 것으로 생각해볼 수 있다. 아마라식을 따로 구분하지 않고 제8식의 청정한 모습으로 볼 것이냐, 아니면 제8식과 다른 제9식으로 구분할 것이냐에 따라 종파의 견해가 나뉘기도 했다.

초기 불교에서도 마음을 심·의·식으로 구분하긴 했지만, 거의 동의어로 사용했고 이렇게까지 정교하게 분석하지는 않았다. 유식 사상에 이르러서야 마음은 세분화되었다.

유식학 용어	초기 불교 용어
전5식 : 오감	
제6식 : 의식 →	식(識)
제7식 : 말라식 →	의(意)
제8식 : 아뢰야식 →	심(心)
(제9식 : 아마라식)	

그렇다면 이러한 분석이 왜 필요한 것인가? 마음을 세밀하게 분석함으로써 우리가 얻는 이점은 무엇인가? 그것은 자아와 세계가 무엇인지에 대한 이해다. 결론적으로 유식 사상은 우리 눈앞에 펼쳐진 세계가 사실은 우리 마음에 그려진 이미지이고, 실제로 존재한다고 말할 수 있는 것은 오직 의식뿐임을 밝혀낸다. 그리고 의식의 심연까지 깊게 파고 들어감으로써 의식을 일으켜 세우는 능력으로서의 아뢰야식까지 더듬는다. 즉, 최종 종착지에 이르러 그들이 발견한 것은 자아와 세계를 일어서게 하는 근원적인 능력이었던 것이다. 만약 인류라는 존재가 자아가 무엇인지, 세계가 무엇인지 그 본질을 탐색하고자 하는 운명에 처해진 존재라고 한다면, 결국 우리가 마지막에 도달해야 하는 지점이 바로 이러한 능력, 자아와 세계를 일으켜 세우는 능력으로서의 아뢰야식의 탐색에 있을 것이다.

나의 마음과 그 안에 드러난 세계, 그리고 이러한 마음을 일어서게 하는 능력으로서의 아뢰야식. 이러한 결론은 이제 우리에게 익숙하다. 그것은 위대한 스승들의 거대 사상과 직접적으로 연결된다. 〈우파니샤드〉의 범아일여, 노자의 도와 덕의 관계, 유학의 〈태극도설〉, 그리고 우리가 좀 더 자세히 다룰 서양 철학의 핵심이 되는 관념론, 중세 기독교의 신비주의와 이어지는 것이다. 세계가 내 마음의 반영이고, 그러므로 세계와 자아는 분리되지 않는다는 설명은 세계를 진지하게 통찰하고자 하는 모든 이가 결국에 도달하게 되는 최종 결론이다.

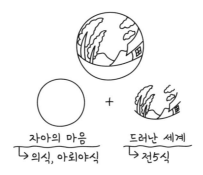

자아의 마음 + 드러난 세계
↳ 의식, 아뢰야식 ↳ 전5식

　　초기 대승불교에서 가장 중요한 경전 중 하나인 〈화엄경〉은 이러한 결론을 매우 명료하게 표현한다. 바로 '일체유심조(一切唯心造)'다. 세상의 모든 것이 마음에 의해 지어진 것이라는 뜻이다. 이 말은 단순히 '네가 마음먹은 대로 될 것'이라는 자기계발적인 메시지로 해석되기에는 너무도 묵직한 개념이다. 일체유심조는 존재의 실체가 무엇인지를 꿰뚫는다. 우리가 언젠가 이 말의 뜻을 진정으로 이해하게 될 때, 아마도 우리는 더 지혜로워질 것이다. 내 앞에 드러난 현상 세계가 내 마음이 지어낸 것임을 깨달을 때, 우리는 비로소 세상에 휘둘리지 않고 욕망에 집착하지 않으며 그로써 자유로워질 테니 말이다.

자아에 대한
두 가지 입장

진아와 무아

지금까지 대승불교의 양대 산맥인 중관파와 유식파에 대해 알아보았다. 이 두 학파는 불교 사상의 범위를 넓히고 깊이를 더했지만, 어떤 면에서는 상충하는 것처럼 보인다. 그것은 마음의 실체성에 대한 입장 차이에서다. 중관파는 세계뿐만 아니라 우리의 마음까지도 공의 상태로 본다. 반면에 유식파는 세계가 공의 상태인 것은 인정하지만 우리의 마음까지도 완벽히 그러하다고 보지는 않는다. 그들은 마음이 유일한 실체라고 보았다. 하지만 유일한 실체라는 의미가 〈우파니샤드〉의 아트만처럼 절대적이고 불변하는 실체를 말한 것은 아니었다. 중관파든 유식파든, 부파불교든 대승불교든, 정도의 차이는 있지만 불교는 기본적으로 자아의 고정불변한 실체를 인정하지 않는다. 이것이 무아다. 무아는 말 그대로 자아의 고정된 실체가 없다는 뜻으로, 산스크리트어 아나트만을 한역한 것이다.

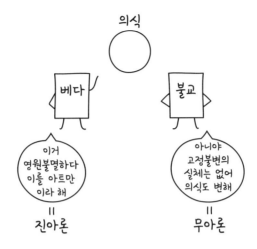

불교가 다른 종교와 다른 가장 큰 차이점이 바로 무아설에 있다. 자아의 실체를 부정하는 세계관은 지금까지의 다른 사상이나 종교에서 찾아보기 어려운 독특한 개념이다. 그렇지 않은가? 그리스도교와 이슬람교를 포함하는 아브라함 계열의 종교는 영원히 존재하는 영혼을 상정하고, 고대 그리스부터 근대 합리주의에 이르기까지 서양 철학도 사유하는 존재로서 자아의 자기동일성을 강조하며, 특정 종교나 사상을 떠나서도 보통의 사람들에게 매우 상식적이고 친숙한 사고방식이 '내가 있다'는 전제이니 말이다.

붓다가 무아를 말했을 당시의 인도 역시 불변하는 참된 자아가 존재한다는 진아에 대한 관점이 널리 퍼져 있었다. 이러한 세계관의 뿌리에는 〈우파니샤드〉가 있다. 〈우파니샤드〉는 아트만의 영원불변성을 일관되게 강조한다. 아트만은 윤회의 주체이고, 죽지 않고 다치지 않기에 헌

옷을 벗고 새 옷을 갈아입듯 늙은 육체를 떠나 새로운 육체로 이동하는 존재라는 것이다.

붓다는 이러한 세계관에 맞서 불변하는 자아의 실체 같은 건 없음을 가르쳤다. 나라는 존재는 다만 연기에 의해 임시적으로 쌓여 있는 오온의 무더기일 뿐이다. 그 어떤 육체적, 정신적 측면을 살펴보아도 변하지 않고 고정되어 있는 무언가는 없다. 이를 '그 어떤 것도 아(我)라고 부를 만한 것이 없다'는 의미에서 '오온무아(五蘊無我)'라고 한다.

붓다가 무아를 설파했던 것은 자아의 고정된 실체가 없음에도 그런 것이 있다고 믿으며 집착하는 태도가 우리를 고통스럽게 하기 때문이었다. 해탈에 대한 집착이 해탈에서 멀어지게 만드는 것처럼, 참된 나를 찾고자 하는 집착이 참된 나와 멀어지게 만든다. 그래서 붓다는 무아의 가르침을 설파했다. 윤회하는 영원한 주체 같은 것은 없다. 같은 인도 지역에서 발생했고 업, 윤회, 해탈이라는 세계관을 공유하고 있었지만,《베다》와 불교는 이와 같은 근본적인 차이를 갖고 있었다.

당신은 어떻게 생각하는가? 진아인가, 무아인가? 당신 안에, 당신의 육체 안쪽, 마음의 심연에 영원히 꺼지지 않는 불변의 실체가 존재할 것이라고 생각하는가? 아니면 나의 물질적 측면과 정신적 측면이 모이고 흩어짐을 반복하며 변화 속에서 그때그때 생겨나고 사라지는 것이라고 생각하는가? 그것도 아니라면 물질로서의 육체가 전부이고, 육체가 죽으면 아무것도 남지 않는다고 생각하는가?

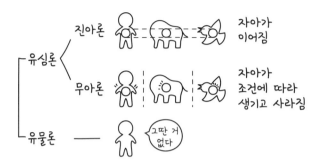

자아에 대한 관점

유심론
- 진아론 ─ 자아가 이어짐
- 무아론 ─ 자아가 조건에 따라 생기고 사라짐

유물론 ─ 그딴 거 없다

우리가 고대인의 사상과 종교를 들춰보고 그들이 말하는 바에 귀 기울여야 하는 것은 그들 중 누군가가 진리를 말했고 다른 누군가가 거짓을 말했는지를 밝혀내기 위해서가 아니다. 그것은 나의 삶 때문이다. 어떻게 살아야 하는지에 대한 답을 내가 찾고 있기 때문이다. 우리는 '세계관'을 대수롭지 않게 생각하는 경향이 있다. 어떤 이들은 심지어 자신에게는 세계관 같은 건 없다고 말하기도 한다. 하지만 그렇지 않다. 우리는 누구나 자신의 눈에는 드러나지 않는 하나의 세계관의 대륙에 발을 딛고 산다. 우리가 자신의 세계관을 들여다 보아야 하는 것은 나의 세계관이 내가 일어설 수 있는 단단한 대지를 제공해주기는 하지만 동시에 이것이 나의 한계이자 울타리가 되기 때문이다.

어떻게 살 것인가에 대해서는 나의 의지가 아니라 나의 세계관이 답한다. 기독교인은 결국 기독교적 모범으로 자신의 삶을 수렴하고, 불교인은 불교적 모범으로 수렴하며, 과학주의자는 유물론적 결론에, 자본주의자는 경제적 결론에 도달한다. 우리가 고대인의 사상과 종교를 들춰보고 그들의 말에 귀 기울여야 하는 것은 수많은 낯선 대륙에 상륙하기 위해서다. 다른 세계관에 발을 디딤으로써 나의 작은 세계관의 영토를 가볍게 넘어서기 위해서다. 수많은 세계관의 대륙을 탐험하고 돌아온 사람만이 어떻게 살 것인가에 대한 대답을 자신의 세계관이 아니라 자신의 의지에 따라 결정할 수 있다.

진아인가, 무아인가? 이제 우리는 답하기 쉽지 않다. 그것은 우리에게 확신이 사라졌기 때문이 아니라, 우리가 나의 작은 세계관 너머를 보고 돌아왔기 때문이다. 유물론적 사유에 익숙한 현대인이 '의식이란 뇌의 부산물이다'라고 쉽게 내뱉기에는, 고대인이 자신의 내면에서 길어 올린 결과물들은 너무도 심오하다. 불변의 자아를 생각하는 사람의 삶과, 끝없이 변화하는 자아의 실체를 고민하는 사람의 삶과, 그런 것에 관심 없는 사람의 삶과, 이 모든 세계관의 의미를 이해한 이의 삶의 모습은 다를 수밖에 없다. 이제 우리는 이 모든 세계관을 건너왔으니, 남은 숙제는 자기 내면 안에서 진지하게 자신의 답을 길어 올리는 것일 테다.

최종 정리

다섯 번째 장이 끝났다. 이제 두 개의 장만을 남긴 시점에서 지금까지의 논의 전체를 정리할 필요가 있겠다. 우리는 위대한 스승들의 거대 사상을 탐구하는 여정에 있다. 여기서의 거대 사상이란 다양한 지역과 역사 속에서 탄생한 보편적 가르침이었다. 그것은 구체적으로 세계와 자아의 관계에 대한 가르침으로, 그 결론은 일원론, 즉 '세계와 자아가 그 근원에서 분리되지 않는다'였다.

우리는 이러한 결론을 이해하기 위한 첫 단계로 '세계'에 대해 알아보았다. 1장 [우주]와 2장 [인류]를 통해 우주의 탄생부터 문명의 등장까지 살펴보며 인류가 지금까지 도달한 세계에 대한 객관적인 관점을 확인했다. 이러한 과정이 필요했던 것은 거대 사상이라는 고대의 지혜를 단순히 오래된 관점이나 과거의 지식이 아니라 오늘날까지 살아 숨 쉬는 인류의 보편적 지식으로 고려하기 위함이었다.

이어서 위대한 스승들의 거대 사상을 구체적으로 살펴보았다. 3장 [베다]에서 《베다》, 〈우파니샤드〉, 〈바가바드 기타〉, 힌두교를 다루며 인도 사상을 관통하는 범아일여의 사유를 알아보았다. 4장 [도가]에서는 노자와 공자의 사상, 신유학을 살펴보며 중국 사상의 핵심으로서 우주적 질서인 도와 개인의 내면인 덕을 일치시키는 도덕일치의 사유를 알아보았다. 마지막으로 5장 [불교]에서는 붓다 초기의 가르침과 이후 등장한 대승불교의 중관파와 유식파의 사상을 살펴보며, 독립해서 존재하는 세계나 자아를 인정하지 않고 자아의 내면 안에서 세계의 실체를 이해하려는 일체유심조의 가르침을 알아보았다.

이를 정리하면 다음과 같다.

	자아	세계		관계
		현상	실체	
베다	아트만	마야	브라흐만	범아일여
도가	덕	혼란	도	도덕일치
불교	의식	연기	공	일체유심조

인도와 중국을 아우르는 고대 동양의 근원적인 사유 방식은 자아와 세계를 분리하지 않고 이를 통합적으로 고려하는 일원론에 기반을 둔다. 눈앞에 펼쳐진 세계는 자아의 마음이 그려내는 것이고, 세계란 자아의 마음 안에 담긴 것이며, 자기의 내면으로 깊게 침잠했을 때 비로소 세

계의 실체와 조우할 수 있다는 깨달음이 위대한 스승들의 보편적 가르침이었던 것이다.

그렇다면 서양은 어떨까? 고대 서양의 위대한 스승들에게서도 일원론적 관점을 찾을 수 있을까? 답부터 말하면, 그렇지는 않았던 것으로 보인다. 서양의 사유는 세계와 자아 각각의 독립적 실체를 확신하고 이들을 엄격히 분리해서 다루는 이원론에서 출발한다. 이제 남은 이야기에서는 오늘날 우리에게 익숙한 서양의 이원론적 세계관을 다룰 것이다. 그들의 철학과 종교가 어떠한 계기로 이원론에서 출발하게 되었는지, 이원론으로 인해 어떠한 문제와 대면하게 되었는지, 그리고 그 대안으로서 어떻게 일원론이 등장할 수 있었는지를 알아보려 한다.

철학
분열된 세계

이원론의
세계

왜 서양 철학은 한계에 봉착했는가

철학은 언제 시작되었을까? 일반적으로는 고대 그리스를 그 출발로 본다. 기원전 5세기 무렵에 탄생한 소크라테스와 그의 제자 플라톤으로부터 진정한 의미의 합리적 사유 활동이 시작되었다는 것이다. 우리는 실제로 학교에서 이렇게 배웠다. 하지만 사실은 아니다. 이것은 서구의 관점일 뿐, 우리가 앞서 살펴본 것처럼 인도와 동양에서도 위대한 스승들이 탄생했고 세계와 자아에 대한 철학적 탐구가 깊이 있게 이루어졌다.

다만 서양과 동양의 차이가 있다면 동양의 철학적 사유가 일원론으로 시작된 반면, 서양의 철학적 사유는 이원론으로 시작되어 근대 이후에 이르러서야 일원론을 발견하는 방향으로 나아갔다는 점이다. 동양과 서양은 각각 나름의 사유 체계를 전개해나갔고, 이를 통해 인류는 정신적 측면과 물질적 측면에서 발전을 이루어낼 수 있었다.

특히 서양의 이원론적 사유는 세계와 자아를 분리하고 각각을 독립적인 실체로 파악함으로써 물질 세계를 기반으로 하는 빠른 성장의 역사를 가능하게 했다. 그것은 이원론이 인간을 주체로, 자연을 대상으로 분절함으로써 인간이 자연을 개발하고 변형하는 것에 정당성을 부여했기 때문이었다. 예를 들어 로마인은 대지를 둘로 구분하였는데, 인간에 의해 경작된 땅인 아게르(ager)와 경작되지 않은 땅인 살투스(saltus)가 그것이었다. 여기서의 아게르는 문명을, 살투스는 야만을 의미했다. 이제 남은 것은 문명의 힘을 통해 야만을 교정하는 것이었다. 이러한 사고관은 근현대까지 이어져 서양의 모범이자 자랑인 산업화를 이루는 데 기여했다. 오늘날 고도화된 자본주의 사회에서의 물질적 풍요는 인간과 자연을 엄격하게 분리한 이원론적 사고에 빚지고 있는 것이 사실이다.

동양 : 일원론 = (자아=세계)

서양 : 이원론 = (인간)/(자연)

하지만 서양의 이원론은 문제점을 드러냈다. 그것은 고통의 발생이었다. 인류는 야만으로서의 자연을 개발하는 과정에서 고통을 만들어냈고, 이 고통은 다시 인간의 고통으로 전이되었다. 생태계 파괴와 환경 교란으로 인한 기후 변화가 인류의 재난으로 돌아온 것이다. 이는 미분리의 통합적 존재인 자아와 세계를 인위적으로 분리하는 행위가 가져온 필연적인 귀결이었다. 학문의 영역에서도 문제점이 드러났다. 세계를 독립적 개체로, 탐구의 대상으로 다뤘던 서구 사상은 근대에 이르러 더 이상 나아갈 수 없는 한계와 모순 앞에 봉착하게 된 것이다.

이러한 서구의 이항 대립이 해결된 것은 18세기에 이르러서였다. 철학에서는 칸트가 코페르니쿠스적 전환을 통해 인식 주체와 인식 대상의 분리를 극복해내었고, 신과 인간의 완벽한 분절을 전제하던 기독교에서는 독일 신비주의의 등장과 함께 일원론의 가능성을 발견했다. 현대물리학에서는 기존까지 배제되어왔던 관찰자의 존재가 화려하게 복귀했다. 이 중 철학과 기독교에서 이 문제를 어떻게 해결했는지가 앞으로 남은 장에서 우리가 알아볼 내용이다.

이번 장에서는 특히 서양 철학이 어떻게 이원론으로 출발해서 일원론으로 나아가게 되었는지를 살펴볼 것이다. 이를 위해 서구 이원론의 기원이라 할 수 있는 플라톤의 등장을 역사적 맥락 속에서 알아보고, 이를 계승하고 비판하며 전개되었던 서양 철학의 흐름을 확인할 것이다. 그리고 칸트의 관념론에 이르러 세계와 자아의 분열이 어떻게 극복되었는지를 위대한 스승들의 관점과 접목해서 확인하게 될 것이다.

이야기는 서양 철학의 기원이라 할 수 있는 고대 그리스에서 시작한다. 역사적 맥락부터 살펴보자.

다음이 이번 장에서 다루는 시간의 범위다.

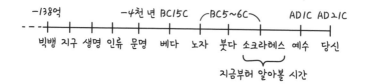

공간의 범위는 다음과 같다.

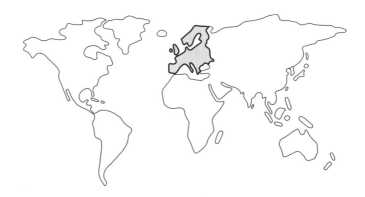

역사적 배경

유럽의 정신, 그리스

고대 그리스 문명이 언제 시작되었고 언제 끝났는지에 대한 정확한 기준은 없다. 느슨하게 잡으면 그 시작은 지금으로부터 5600년 전까지 거슬러 올라간다. 하지만 이는 우리가 일반적으로 고대 그리스와 연관해 떠올리는 시기는 아니다. 어쩐지 사람들이 흰색 옷을 느슨하게 걸친 채로 거리에서 토론을 하고 민주제를 발전시켰을 것만 같은 상상 속의 고대 그리스는 그리스 고전기라 부르는 시기다. 이 시기는 기원전 500년부터 기원전 323년까지 200년 동안의 짧은 기간이다.

서구인에게 그리스 고전기는 매우 중요하게 여겨진다. 그것은 유럽 문명과 문화, 철학, 예술 등 모든 분야가 이때를 모범과 기준으로 삼기 때문이다. 쉽게 말해 오늘날 유럽인은 자신들의 정신적 뿌리가 여기에 있음을 잘 안다. 그래서 그리스 고전기 앞뒤의 역사를 알아두면 서양이라는 절반의 세계를 이해하는 데 큰 도움이 된다. 우리도 핵심 사건을 중심으로 이 시대의 역사를 알아보자.

넓은 의미에서 고대 그리스는 다섯 시기로 구분한다. 에게 문명, 그리스 암흑기, 그리스 고졸기, 그리스 고전기, 헬레니즘 시대. 지금부터 차근차근 알아보자.

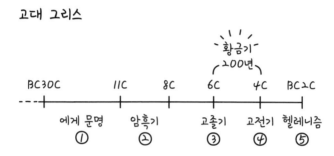

고대 그리스

그리스 지역에서 가장 오래된 문명이자 유럽 최초의 문명은 ① 에게 문명이다. 기원전 3000년부터 기원전 1100년 무렵까지 존재했던 이 문명은 크레타섬을 기반으로 하는 크레타 문명과 펠로폰네소스반도를 기반으로 하는 미케네 문명으로 구분된다. 크레타섬에는 미노스인에 의한 문명이 꽃피고 있었는데, 이들은 오늘날 그리스인의 선조라기보다는 지중해 인종과 소아시아인이 섞여 있는 오리엔트 문화권에 속한 사람들이었다. 크레타 문명은 해상무역을 통해 성장했으며, 도기나 금속 기구를 제작하여 부를 축적했다. 수도 크노소스의 인구는 8만 명에 이를 정도로 번성했다.

에게문명

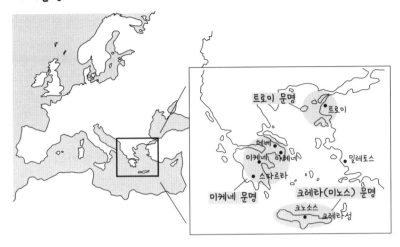

그리스 본토 지역에는 미케네 문명이 있었다. 기원전 2000년 무렵에 북쪽에서 내려온 아카이아인은 점차 펠로폰네소스반도를 장악하며 원주민과 혼합되었다. 이들은 빠르게 주변국들을 흡수했고 거대한 해양문명을 건설했다. 미케네 문명은 아테네, 스파르타, 테베, 필로스, 티린스 등의 지역을 포함하고 있었고, 기원전 15세기에는 크레타섬까지 지배하게 되었다. 그리스 문명 전체에 막대한 영향을 행사하게 된 미케네는 동북쪽에 위치한 트로이와 전쟁을 일으켰다. 이 전쟁이 트로이 전쟁이다. 호메로스는 트로이 전쟁을 신들과 영웅이 개입한 대규모 전쟁으로 묘사하고 있으나, 당시의 상황과 역사적 근거를 고려하면 소규모의 약탈 전쟁 정도였을 것으로 추정된다.

다음 시기는 ② 그리스 암흑기로, 기원전 1100년부터 기원전 750년까지 350년간 이어졌다. 어떤 이유인지 정확히 밝혀지지는 않았지만, 번성하던 미케네 문명은 기원전 1150년 무렵부터 빠르게 멸망했다. 북쪽에서 내려온 도리스인의 이주 때문인 것으로 보인다. 이들은 스파르타, 코린토스 등의 도시국가의 선조가 되는 민족으로, 이들의 침략과 함께 그리스 지역은 암흑기를 맞이했다.

이 시기를 특히 암흑기라고 부르는 건 당시의 기록을 찾아볼 수 없기 때문이다. 이 기간 동안 그리스 지역은 매우 혼란스러웠던 것으로 보인다. 미케네의 거대 도시들은 사라졌고, 마을과 촌락의 규모는 작아졌다. 이 시기를 거치며 남부 지역의 인구는 거의 10분의 1로 줄어든 것으로 보인다. 의상, 도기, 생활용품, 예술 작품 등도 소박해졌다. 이러한 급격한 쇠퇴를 도리스인의 침입만으로 설명하기에는 과도한 면이 있다. 그래서 최근에는 질병이나 기후 변화로 인한 기근 등 여러 요인이 복합적으로 작용했을 것으로 본다. 다만 이 열악한 시기에 철기가 발명되었다. 이것은 곧 생활용품과 농기구에 사용되었다. 그래서 이 시기를 암흑기 대신 그리스 철기 시대라고 부르기도 한다.

다음 시기는 ③ 그리스 고졸기다. 기원전 750년부터 기원전 480년까지의 기간으로, 여기서의 고졸(古拙)이란 특별한 기교 없이 예스럽고 소박하다는 뜻이다. 이름에서 볼 수 있듯 단순하고 수수한 형태의 예술 작품이 발굴되는 시기다.

암흑기를 거치는 동안 그리스인은 더 나은 환경을 찾아 지중해의 여러 섬과 육지로 이주했다. 그곳의 토착 원주민과 섞이며 도시국가 폴리스를 건설했다. 이렇게 지중해 여러 지역으로 퍼져나간 폴리스를 중심으로 문화가 재건되며 암흑기가 점차 극복되었다. 문자가 다시 사용되었고, 무역과 교류가 이루어졌다. 근대적인 의미의 학문 전통이 시작된 것도 이때였다. 기원전 600년 무렵에는 도시 밀레토스에서 탈레스가 등장하여 밀레토스 학파를 만들었고, 기원전 500년 무렵에는 식민도시 에페소스에서 헤라클레이토스가 등장하여 가르침을 설파하는 등 다양한 철학자들이 안정되어가는 사회와 함께 활발히 활동했다.

이러한 토대 위에서 마침내 문화가 꽃피며 ④ 그리스 고전기를 맞이하게 되었다. 기원전 500년부터 기원전 323년까지 이어진 이 시기는 황금 시대라 불릴 만큼 고대 그리스 문명이 가장 발달한 때였다. 이때 탄생한 그리스 정신은 서양 역사 전체에 심대한 영향을 미쳤다. 근대적 의미의 철학, 과학, 예술, 정치, 제도 등 거의 모든 분야는 그리스 고전기를 이상적 기준이자 모범으로 삼고 있다.

생활 환경이 안정되자 인구가 급격히 증가했다. 이는 곧 인구 과잉 문제로 이어졌다. 이를 해결하기 위한 방법으로 주변 지역에 여러 식민지 폴리스가 건설되었다. 용어에 오해의 소지가 있는데, 여기서의 식민지는 착취하거나 노예화한 지역을 의미하지는 않는다. 식민지에는 착취 식민지와 이주 식민지가 있다. 이주 식민지는 이주해서 건설한 사회 정도의 뜻으로, 식민지 폴리스가 이에 해당한다. 말하자면 위성도시 같은 개념이다. 기록에 따르면 이렇게 확장된 식민지를 포함한 당시의 폴리스는 1천여 개에 달했고, 각 폴리스 간에 활발한 교역이 이루어졌다. 그리스는 점차 주변 지역에 강력한 영향력을 행사하는 문명이 되어갔다.

스파르타와 아테네

수많은 도시국가가 교류하고 경쟁하는 가운데 강력한 폴리스들이 탄생했다. 아테네, 스파르타, 코린토스, 테베 등이 대표적이었는데, 그중에서도 아테네와 스파르타는 오늘날까지 그 이름이 친숙할 정도로 고대 그리스의 상징적인 중심 도시였다.

그리스 주요 도시국가

두 도시국가는 시대적 정세에 따라 협력하거나 대립하면서 공존했다. 각각의 특징을 살펴보자.

우선 스파르타는 군사 조직 형태의 강력한 사회였다. 이러한 체제를 유지했던 것은 그들이 주변 지역을 정복하며 성장했기 때문이다. 스파르타인은 점령지의 주민들을 엄격한 신분제에 따라 지배했는데, 이들을 크게 페리오이코이와 헤일로타이 계급으로 나누었다. 페리오이코이는 스파르타의 지배를 받아들인 자들을 부르는 명칭이었다. 이들은 시민권은 없었지만 비교적 자유로웠고 자치권을 보장받았다. 특히 농업, 수공업, 무역, 산업 활동에 종사함으로써 스파르타의 경제 활동을 담당했다. 반면 헤일로타이는 끝까지 저항한 자들을 부르는 명칭이었다. 스파르타인은 이들을 국가 소속의 노예로 다루며 매우 가혹하게 대했고 억압하는 태도로 일관했다. 그리스의 역사가 투키디데스에 의하면 헤일로타이는 노예 신분을 잊지 않도록 연중 일정한 수의 매를 맞았다. 또, 국가에 공을 세운 사람이더라도 그에게 용기가 있기 때문에 주인을 공격하기 쉽다는 이유로 처형되었다.

스파르타가 엄격한 신분 제도와 군사 조직 형태를 유지할 수밖에 없었던 것은 끝없는 정복 활동으로 페리오이코이와 헤일로타이의 수가 너무나 많았기 때문이었다. 그들은 거의 스파르타 시민의 스무 배에 달했다. 스파르타인은 시민권을 갖고 토지를 분배받는 대신 모두가 전사가 되어 반란을 막아내야만 했다. 이러한 국가적 요구로 스파르타인은 스스로 강인한 전사가 되는 것을 평생의 목표로 삼았다. 허약하거나 장애를 갖고 태어나는 자들은 전체의 허점이 될 수 있다는 이유로 버려졌고, 시민들의 사생활은 국가에 의해 엄격히 통제되었다.

　스파르타의 정치 체제는 왕정, 귀족정, 민주정이 결합된 형태였다. 두 명의 왕이 통치자로 공동 집권했지만, 실질적인 정치는 시민이 선출한 28명의 원로들에 의해 이루어졌다. 원로 의원들의 안건은 시민권을 가진 20세 이상의 성인들로 구성된 민회의 승인을 받아야만 했다. 이 외에도 집정관이라는 독립된 기관을 두어 왕을 포함한 공직자들을 감시하게 했다. 스파르타가 엄격한 신분제에 기반하고 상시 전시 체제로 운영되고 있었음에도 시민들 사이에 평등한 관계가 유지될 수 있었던 것은 그들이 모두 전사로서의 평등한 의무를 수행하고 있었기 때문이다.

스파르타의 정치 제도

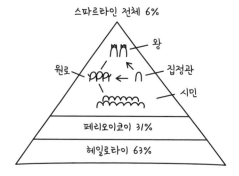

아테네는 스파르타와는 달리 오랜 시간 민주정을 유지했다. 이들은 시민에 의한 의사 결정과 정치적 자유를 추구했고, 이는 르네상스 이후

근대 유럽의 모범이 되었다. 하지만 아테네인이 민주제를 쉽게 얻은 것은 아니었다. 민주정 이전의 정치는 집정관을 중심으로 하는 귀족정이었다. 국가의 주요 정책은 아레이오파고스 회의라 불리는 귀족 회의에서 결정되었다. 이 회의는 부유한 명문가 귀족들만 구성원으로 참여해 자신들의 이익을 관철하는 수단으로 기능했다.

귀족정이 무너진 원인은 경제적 측면에 있었다. 아테네의 인구 과밀과 이로 인한 식량 부족 그리고 빈부 격차 때문이었다. 폭발적인 인구 증가로 거주지 면적이 넓어지면서 농사를 지을 경작지는 부족해졌고, 그만큼 식량 생산량이 줄어 만성적인 식량 부족에 시달렸던 것이다. 아테네인은 식민지를 개척하는 방식으로 인구를 분산시키고 경작지를 확보하려 했지만, 이것으로는 한계가 있었다. 개척된 식민지의 경작지를 대부분 귀족이나 부농이 소유했기 때문이었다. 그들은 경작지에서 식량으로 사용할 농작물을 재배하는 대신 단위 면적당 수익이 높은 올리브나 포도를 재배했다. 그리고 이를 다른 도시에 수출했다. 이 과정에서 귀족들과 상인들은 큰 부를 쌓을 수 있었지만, 소규모 농부들과 보통의 시민들은 빚을 지고 토지를 빼앗기거나 노예가 될 수밖에 없었다.

빈부 격차는 커졌고 계급 간의 갈등은 고조되었다. 모든 계급이 불만이었다. 가난한 농부들은 빚을 탕감하고 부를 재분배하는 사회혁명을 기대했다. 무역을 통해 부유해진 상인 계급은 국가에 대한 자신들의 기여도만큼 정치적 권력을 획득하고 싶어 했다. 기존의 부유층과 귀족들은 어떻게든 자신들의 부와 권력을 지켜내려고 했다.

기원전 594년, 아테네인은 사회적 갈등을 해결할 개혁적 집행자로서 솔론을 선출했다. 그는 시인이자 장군으로, 아테네인의 존경을 받는 인물이었다. 솔론은 자신의 이름을 딴 '솔론의 개혁'을 통해 아테네의 문제를 수습해나갔다. 우선 재산과 생산력에 근거해서 신분을 네 등급으로 나눴다. 각 등급에 따라 참정권과 군사적 의무를 확정했다. 그리고 각 부족으로부터 100인을 선출하여 400인회를 구성했다. 이들은 민회에 안건을 제출하는 역할을 맡았다. 부채로 노예가 된 자들을 해방했고, 상공업을 장려했다. 각 계급의 권리와 의무를 조율한 온건적인 솔론의 개혁으로 귀족들은 권력을 유지할 수 있었고, 부유한 신흥 계급은 정치에 참여할 수 있었으며, 가난한 농민들은 생활을 유지할 수 있게 되었다. 솔론의 개혁에 모든 계급이 만족하지는 않았으나, 반발하지도 않았다. 아테네는 어느 정도 안정기에 이르게 되었다.

아테네의 정치 제도

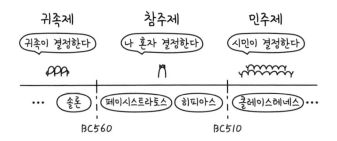

하지만 귀족과 평민 사이의 근본적인 갈등은 쉽게 해소되지 않았다. 솔론이 죽은 이후 사회 혼란을 틈타 기원전 561년에 페이시스트라토스가 무력으로 아테네를 점령하며 참주가 되었다. 여기서의 참주(僭主)란 혈통이나 선거 등 적법한 절차가 아닌 방법으로 권력을 획득한 통치자를 의미한다. 솔론의 친구였던 그는 솔론의 법을 중시하여 귀족들의 권력을 제한했고, 추방된 귀족들의 토지를 농민에게 분배했으며, 상공업을 장려했다. 솔론 이후 페이시스트라토스에 이르기까지 일관되게 귀족의 권한을 축소하고 상공업을 육성한 것은 아테네를 가장 발전된 도시 국가로 만들었다. 페이시스트라토스가 죽은 이후에는 그의 아들 히피아스가 권력을 계승했다.

참주제는 귀족의 권한을 축소하고 아테네 시민의 권리를 높였지만, 민주제를 요구하는 시민의 입장에서는 아직 과도기였을 뿐, 개혁되어야 할 정치 제도였다. 결국 기원전 510년, 클레이스테네스가 등장하여 히피아스를 몰아내고 아테네의 민주정을 실현하려 했다. 귀족 출신이었던 그는 히피아스가 폭정을 시작하고 민심이 돌아서자 다른 귀족 가문들과 연합해 참주에게 맞섰다. 문제는 이 과정에서 클레이스테네스가 스파르타의 도움을 요청했다는 것이다. 스파르타의 왕 클레오메네스 1세는 군대를 파병해서 히피아스를 아테네에서 몰아냈다.

참주는 사라졌지만 아테네는 민주제를 이룰 수 없었다. 클레이스테네스는 민주제를 꿈꾸었지만, 스파르타는 다른 생각을 품고 있었다. 스파르타는 클레이스테네스 대신 자신들에게 우호적인 아테네의 정치인

이사고라스를 새로운 집정관으로 세우려 했다. 클레이스테네스는 이제 스파르타와 대치하게 되었다. 그는 아테네 시민의 지지를 얻기 위해 노력했다. 아테네 시민에게 신분이나 경제력과는 무관하게 정치 권력을 공유하는 혁신을 이루겠노라고 약속했다. 결국 아테네 시민의 지지를 얻은 그는 이사고라스를 추방하고 스파르타와의 투쟁에서 승리했다.

마침내 권력을 획득한 그는 집권 2년 후에 '클레이스테네스의 개혁'이라 불리는 혁신을 통해 모든 시민에게 평등한 권리를 보장하는 민주제의 기초를 확립했다. 그리고 또다시 참주가 출현하여 민주제를 위협하는 것을 미연에 방지하기 위해 도편추방제를 도입했다. 이것은 위협적인 인물을 사전에 추방하는 제도였다. 사람들은 민회에서 도자기 조각에 아테네의 민주제에 위협적이라고 생각하는 인물의 이름을 써서 투표했다. 총 6천 표가 넘은 사람은 아테네에서 10년 동안 추방되어야 했다. 클레이스테네스의 개혁 이후 아테네는 정치적 평등과 경제적 안정을 얻었다.

오늘날까지 많은 사람에게 스파르타와 아테네의 이름이 알려진 것은 이 두 도시국가의 정치 제도가 서로 매우 다르며 동시에 표준이 되는 모델을 제시했기 때문이다. 스파르타는 정치적으로는 소수의 지배 계급에 의한 엘리트주의였고, 경제와 문화 측면에서는 폐쇄적이고 경직된 특성을 가졌다. 그들은 엄격한 수직적 신분 제도를 유지함으로써 군사 강국으로서의 면모를 보여주었다. 반면에 아테네는 정치적으로 다수의 시민에 의한 민주제였고, 경제와 문화 측면에서는 개방적이고 유연한 특성을 가졌다. 그들은 권한과 의무를 다수가 평등하게 나눔으로써 경제 강국으로서의 면모를 보여주었다. 국가와 사회의 방향성을 고민하는 모든 시대와 지역에서 스파르타와 아테네의 정치 형태는 모범적인 참고서가 되어왔다.

아테네와
스파르타

협력과 대립, 두 번의 전쟁

스파르타와 아테네는 군사적으로 대치했으나, 외부의 위협 앞에서는 협력하기도 했다. 이러한 협력과 대치를 고대의 두 전쟁을 통해 알아보자. 기원전 5세기 무렵의 그리스-페르시아 전쟁은 외부의 위협에 스파르타와 아테네가 협력한 전쟁으로, 그리스로 상징되는 서양과 페르시아로 상징되는 동양이 대립한 전쟁이었다. 그리고 펠로폰네소스 전쟁은 스파르타의 동맹 도시들과 아테네의 동맹 도시들 간에 치러진 전쟁이었다.

그리스-페르시아 전쟁

기원전 5세기 무렵의 페르시아 제국은 세계 최강의 국력을 자랑하고 있었다. 이 시기의 세계 인구는 1억 명 정도인 것으로 추정되는데, 페르시아 제국의 인구가 거의 2000만 명에 달할 정도였다. 페르시아는 바빌론, 이집트, 인도 부근까지 영향을 미쳤고 막강한 군사력으로 그리스의 식민지들을 하나씩 병합하고 있었다.

기원전 499년, 페르시아의 지배를 받게 된 이오니아 사람들이 반란을 일으켰다. 아테네는 군대를 보내 반란군을 지원했다. 페르시아의 왕 다리우스 1세는 반란군을 진압했고 이오니아를 도운 아테네를 정벌하겠다고 마음먹었다. 기원전 492년, 페르시아군은 그리스 북부의 트라키아와 마케도니아를 차례로 점령하며 그리스 원정을 시작했다. 다음은 아테네 차례였다. 다리우스 1세는 군함 300여 척으로 에게해를 건너 곧장 아테네를 공격하려 했다. 하지만 폭풍을 만나 본국으로 돌아올 수밖에 없었다. 1차 원정은 실패했다.

기원전 490년, 2차 원정이 시작되었다. 페르시아의 대군은 이번에는 육로로 진군했고, 아테네에서 42킬로미터 떨어진 마라톤 평원에서 아테네군과 대치하게 되었다. 두 배 이상 전력 차이가 났지만, 아테네군은 꾀를 내어 페르시아군을 포위했고 마침내 크게 승리했다. 하지만 사실 이것은 페르시아군의 계략이었다. 다리우스 1세가 계획했던 것은 전투의 승패와 무관하게 아테네군을 마라톤 평원에 묶어두는 것이었다. 그 사이 페르시아의 해군은 곧장 아테네를 공격하려고 에게해를 건너고 있었다. 이러한 계획에 대해 알게 된 아테네군은 걱정이 되었다. 거의 비어 있다시피 한 아테네가 페르시아의 해군과 대면하면 전의를 상실하고 항복해버릴 것이 뻔했기 때문이다. 마라톤 평원에서의 승리 소식을 아테네에 전해야만 했다. 이를 위해 한 명의 병사가 선발되었다. 그의 이름은 페이디피데스였다. 그는 42km를 쉬지 않고 달려 아테네로 향했다. 마침내 아테네에 도착한 그는 마라톤 평원에서 아테네군이 승리했다는 소식과 페르시아군이 곧 해상으로 공격해 올 것이라는 소식을 전한 뒤 숨이 끊어졌다. 사기가 오른 아테네는 전투 준비에 돌입했다. 페르시아의 해군이 아테네에 도착했을 때 아테네의 전투 준비는 끝나 있었다. 이를 알게 된 페르시아의 해군은 공격을 포기하고 다시 본국으로 돌아갔다. 2차 원정 역시 실패였다.

다리우스 1세는 3차 그리스 원정을 준비했지만 실행에 옮기기 전에 생을 마감했다. 그의 아들 크세르크세스 1세는 아버지의 뜻을 이어받았다. 기원전 480년, 그는 대군을 일으켜 3차 원정에 나섰다. 헤로도토스는 이 원정의 규모에 대해서 이렇게 기록하고 있다. '역사상 이루어진 모든 원정을 다 합해도 이 원정에 비할 수가 없다. 크세르크세스는 아시아의 모든 민족에서 군을 징발했고, 모든 강물이 이 대군의 식수로 말라버렸다.' 페르시아군이 상상을 초월하는 규모로 다가오고 있다는 소식은 그리스 전역으로 빠르게 퍼져나갔다. 그리스는 두려움에 휩싸였고, 많은 식민도시가 페르시아군이 도착하기도 전에 항복했다.

하지만 스파르타는 맞서기로 했다. 스파르타의 왕 레오니다스는 3백 명의 친위대와 이웃 도시국가에서 모집한 수천 명의 병사만 대동하고 테르모필레 협곡에서 맞섰다. 좁은 지형을 이용해 스파르타는 페르시아군과 효과적으로 싸웠지만, 수적 열세를 극복할 수는 없었다. 레오니다스의 군대는 전멸했다. 하지만 실패한 것은 아니었다. 페르시아군은 사흘 동안 이곳에 붙잡혀 있어야만 했고, 그동안 아테네의 테미스토클레스는 함대를 모아 살라미스라는 좁은 수로에서 페르시아 함대를 격파했다. 대패한 페르시아군은 다시 퇴각해야만 했다.

이후 페르시아의 대규모 원정은 더 이상 없었다. 그럼에도 소규모 전투는 각지에서 이어졌다. 국력이 쇠퇴한 스파르타는 전쟁을 멈추고 페르시아와 협정을 맺고자 했다. 그러나 아테네를 중심으로 여러 도시국가들이 연합한 델로스 동맹은 전쟁의 주도권을 잡아 페르시아를 계속 압박했다. 기원전 449년, 아테네와 페르시아 사이의 협약이 맺어지면서 그리스-페르시아 전쟁은 비로소 끝나게 되었다.

펠로폰네소스 전쟁

전쟁 과정에서 해상권을 장악한 아테네는 전에 없던 번영기에 들어섰다. 거대 해군을 건설하고 여러 폴리스를 종속시키면서 제국으로서의 면모를 갖추게 된 것이다. 이것은 스파르타를 중심으로 한 펠로폰네소스 동맹에 위협으로 다가왔다. 결국 두 세력 간의 갈등은 펠로폰네소스 전쟁으로 이어졌다. 이 전쟁은 기원전 447년부터 27년 동안 이어진 길고 잔혹한 싸움이었다. 실제로 전쟁 이후 그리스 전역의 피해는 막대했다. 아테네와 스파르타를 포함한 다수의 도시국가가 인구의 절반 가까이를 잃었고, 국력도 크게 꺾였다. 멜로스와 스키오네 같은 작은 도시국가들은 아예 사라졌다.

이처럼 서로에게 막대한 피해를 입히면서도 전쟁이 오랜 시간 이어진 것은 그것이 단지 경제적 이유를 넘어서 정치 체제라는 이념의 대립까지도 내포하고 있었기 때문이다. 페르시아 전쟁 이후 아테네는 군사력과 경제력의 우위를 기반으로 그리스 고전 문화를 꽃피우고 민주제를 더욱 발전시켰다. 민주제는 그리스 전역으로 전파되었다. 아테네가 다른 도시국가들이 민주제로 바꿀 수 있도록 지원했던 것이다. 하지만 이는 스파르타를 포함한 펠로폰네소스 동맹에 위협이 되었다. 특히 스파르타는 소수의 시민이 다수의 페리오이코이와 헤일로타이를 지배하기 위해 강력한 신분제를 유지해야 했으므로 아테네 민주제가 확산되는 것에 예민할 수밖에 없었다.

펠로폰네소스 전쟁

- 델로스 동맹 (아테네)
- 펠로폰네소스 동맹 (스파르타)

에게해

아테네

스파르타

기원전 447년, 결국 전쟁이 발발했다. 전쟁 초기에는 군사력과 경제력을 앞세운 아테네의 승리가 예상되었다. 그러나 시간이 흐를수록 스파르타의 체계적이고 효율적인 군사 운용이 힘을 발휘했다. 여기에 더해 아테네에는 불운이 따랐다. 여러 차례에 걸쳐 역병이 발생한 것이다. 결국 오랜 시간 이어졌던 전쟁은 아이고스포타모이 해전에서 아테네가 참패하면서 향방이 갈렸다.

기원전 404년, 아테네는 항복했다. 스파르타는 아테네의 도시 성벽을 허물고, 아테네를 중심으로 뭉쳤던 델로스 동맹을 해체하는 조건으로 항복을 받아주었다. 아테네는 해외의 모든 영토를 빼앗겼고, 민주제를 폐지해야 했으며, 과두정치 체제를 받아들여야 했다. 이로써 쇠락한 아테네에는 30인 참주 체제가 들어섰다. 이에 반대하며 민주제를 옹호했던 시민 1500여 명이 처형되고 다수가 추방되는 등 공포정치가 이어졌다. 하지만 시민들의 저항은 계속되었다. 아테네인은 민주제를 원했다. 결국 1년 후인 기원전 403년에는 민주제로 돌아올 수 있었다.

전쟁은 끝났지만 그리스 전역은 혼란스러웠다. 수많은 이가 목숨을 잃었고, 살아남은 자들은 이념과 이해관계로 대립했다. 사람들은 어떻게 살아야 하는지 고민했다. 삶의 의미는 무엇인지, 자신이 어디에서 와서 어디로 가는 존재인지 의문을 가졌다. 깊은 의문은 혼돈 속에서 철학을 탄생시켰고, 위대한 스승이 등장할 수 있는 토대를 마련했다. 이러한 환경 속에서 세상에서 가장 지혜로운 자, 소크라테스가 태어났다.

소크라테스의 생애와 사상

사유하는 인간

소크라테스는 기원전 469년에 태어나 기원전 399년, 71세의 나이로 죽음에 이르기까지 아테네에서 활동한 철학자다. 서양 철학에 어느 정도 관심이 있는 사람이라면 서양 철학에서 가장 중요한 인물로 플라톤을 꼽겠지만, 일반적으로는 소크라테스가 서양 철학을 대표하는 인물로 알려져 있다. 사실 그가 직접 남긴 저서는 없다. 우리가 소크라테스를 매우 위대한 철학자라고 알게 된 것은 모두 그의 제자인 플라톤의 저서에 소크라테스가 그렇게 등장하기 때문이다. 그래서 이것이 문제가 되기도 한다. 소크라테스의 말이 모두 플라톤의 글에서 나온다면 우리는 어디까지가 소크라테스의 진짜 생각이고 어디까지가 플라톤 자신의 목소리인지 구분할 수 없기 때문이다.

실제로 기원후 3세기의 전기 작가 디오게네스 라에르티오스의《유명 철학자들의 생애와 사상》에는 이에 대해 불평하는 소크라테스의 모습이 기록되어 있다. 소크라테스는 플라톤이 저술한 초기 대화편 〈뤼시스〉의 내용을 직접 듣고는 어린 플라톤이 자신이 결코 말한 적이 없는 내용을 너무 많이 썼다고 불평한다. 참고로 당시의 소크라테스는 60대였고 플라톤은 20대 청년이었다. 그래서 우리는 이 둘을 구분해야 한다. 역사적 사실로서의 소크라테스와 플라톤의 소크라테스를 말이다. 이 구분이 어렵다는 의미에서 사람들은 이를 '소크라테스의 문제'라고 불렀다.

소크라테스

　오늘날에는 일반적으로 플라톤의 초기 대화편은 그나마 스승의 가르침을 충실히 따르고 있고, 후기 대화편으로 갈수록 플라톤이 스승으로부터 벗어나 자신의 사유 체계를 전개했다고 본다. 그렇다고 걱정할 건 없다. 이것을 원본에 대한 왜곡으로 보거나 플라톤 저술의 신빙성을 의심하는 근거로 사용할 필요는 없다. 확실한 것은 소크라테스와 플라톤의 사유는 단절이 아니라 하나의 흐름이고 완성의 과정이라고 볼 수 있으니 말이다.

　이제부터 소크라테스의 사상을 살펴보자.

기원전 469년, 소크라테스는 아테네의 중산층 가정에서 태어났다. 아버지 소프로니코스는 조각가였고, 어머니 파이나레테는 산파였다. 소크라테스는 유년 시절에 못생긴 외모로 또래 사이에서 종종 놀림을 받았다고 한다. 그를 묘사한 조각상이나 회화에 잘 드러나 있듯, 그는 납작한 코에 튀어나온 눈, 불뚝 나온 배, 작은 키를 갖고 있었다. 다만 체력이 좋고 인내심이 강했으며 느긋한 성격을 가졌다고 전해진다. 젊은 시절에는 보통의 아테네 청년들처럼 철학, 기하학, 천문학 등을 공부했다. 악처의 대명사로 알려진 아내 크산티페와 세 아들이 있었다. 30대 후반부터 40대 사이에는 세 번에 걸쳐 펠로폰네소스 전쟁에 중보병으로 참전하기도 했다.

그는 남루한 옷차림으로 아테네 광장을 돌아다니며 다양한 사람들과 토론하는 것을 즐겼다. 거리에서 청년들을 모아놓고 논쟁하거나 철학적인 깨달음을 주기도 했다. 특히 정의, 용기, 절제, 경건 등 인간의 덕에 초점을 맞춘 가르침을 설했고, 수많은 젊은이가 그를 따랐다. 그러한 제자들 사이에는 젊은 플라톤도 있었다.

소크라테스와 관련된 일화 중에서 가장 널리 알려진 것은 그가 받은 신탁에 대한 것이다. 그의 친구이자 제자였던 카이레폰은 어느 날 델포이 신전에 가서 사제에게 신탁을 청했다. 질문은 "이 세상에 소크라테스보다 현명한 사람이 있는가?"였다. 신탁은 "없다"라고 나왔다. 당시 아테네에서 신의 지위는 오늘날의 일반적인 종교 정도가 아니었다. 신성 모독은 사형까지 가능한 죄였다. 물은 사람이나 그 대답을 들은 사람이나 신탁을 장난으로 혹은 실수로 생각할 수는 없었다. 카이레폰으로부터 이야기를 전해 들은 소크라테스는 이를 진지하게 생각하지 않을 수 없었다. 자신보다 현명한 사람이 없다니, 그것은 불가능한 일이었다. 당시 아테네에는 이름난 소피스트가 수없이 많았고, 권력이나 부 면에서 뛰어난 사람도 얼마든지 있었기 때문이다. 그래서 그는 지혜롭다고 소문난 사람들을 찾아다니며 자신이 지혜롭지 않음을 증명하려 했다. 정치인, 시인, 장인 등을 만나 그들과 대화했다. 그리고 결국 소크라테스는 알게 되었다. 자신이 그들보다는 그나마 덜 무지하다는 것을 말이다. 왜냐하면 그들은 실제로는 그렇지 못하면서도 자신이 무엇인가를 매우 잘 안다고 착각하고 있었다. 반면 소크라테스는 최소한 자신이 무엇인가를 잘 알지 못한다는 사실 정도는 알고 있었다. 이것을 '무지의 지(無知-知)'라고 한다. 진정한 현명함이란 자신의 무지를 자각하는 것에서 출발할 수 있음을 소크라테스는 알고 있었다.

소크라테스는 진리가 외부에 있는 것이 아니라 사람의 내면에 잠재하고 있다고 생각했다. 진리는 일방적인 가르침이나 학습을 통해 주입할 수 있는 것이 아니라, 적절한 질문과 대답을 통해 스스로 정립하는 것이라고 보았다. 그래서 소크라테스는 사람들에게 질문을 던지고 그들의 대답 속에서 모순점을 찾아 다시 질문하는 방법을 반복함으로써 사람들을 아포리아, 즉 막다른 길로 몰아넣었다. 이 과정에서 사람들이 스스로의 무지를 깨닫고 그 지점에서 진정한 의미의 철학을 시작할 수 있기를 바랐다. 소크라테스의 이러한 대화 방법을 산파술이라고 부른다. 산모가 혼자서 아이를 낳는 것이 아니라 산파가 자신의 경험을 토대로 산모의 출산을 돕는 것처럼, 소크라테스는 자신도 다른 사람이 진리를 잉태하고 출산할 수 있도록 다만 도울 뿐이라고 생각했다.

소크라테스는 아테네인이 진리에 닿을 수 있도록 평생을 도왔지만, 말년이 되어서는 멜레토스, 아니토스, 리콘 등에게 기소를 당했다. 죄목은 청년들을 타락시킨 죄와 신성을 모독한 죄였다. 기소자들은 소크라테스가 청년들에게 그릇된 가르침을 전파하고, 아테네의 신이 아닌 다른 신을 믿고 있다고 주장했다. 하지만 이것은 표면적인 이유였고, 실제 이유는 정치적인 것이었다.

당시의 아테네는 혼란스러웠다. 아테네가 펠로폰네소스 전쟁에서 스파르타에 패하고 몇 년이 지나지 않았을 때였다. 스파르타는 아테네가 민주제를 포기하고 30인 참주제를 받아들이는 조건으로 항복을 받아주었다. 공포정치가 시작되었고, 민주제를 주장하던 시민들은 학살되었다. 문제는 소크라테스의 제자들이 참주제와 연결되어 있다는 점이었다. 30인 참주제의 지도자 크리티아스가 소크라테스의 제자였고, 또 아끼는 제자 알키비아데스는 펠로폰네소스 전쟁 당시에 아테네의 최고 수뇌부였으나 정적들의 함정에 빠져 적국 스파르타로 망명했던 것이다. 사람들은 소크라테스가 스파르타와 연결되어 있다고 의심할 수밖에 없었다. 30인 참주제가 생각보다 빨리 무너지고 아테네에 다시 민주제가 시행되면서 소크라테스는 곤란한 상황에 놓였다. 스파르타에 의한 치욕적인 패배가 생생한 아테네인에게 소크라테스는 곱게 보이지 않았다. 그는 나라를 배신한 자들의 스승이었다. 그에게 아테네의 청년들을 타락시킨다는 혐의를 씌운 것은 어쩌면 너무도 당연한 일이었다.

500명의 배심원이 참여하는 재판에서 소크라테스는 변론의 기회를 가졌다. 그를 사랑하는 친구들과 제자들은 그가 아테네 시민에게 화해의 제스처를 보이기를 기대했다. 배심원들도 당연히 소크라테스가 그럴 것이라고 생각했다. 하지만 소크라테스는 당당했고, 누구에게도 애원하지 않았다. 그는 자신을 변호해야 할 자리에서 반대로 아테네인의 문제점과 앞으로 나아가야 할 방향에 대해 따갑게 충고했으며, 정의와 진리의 길에 대해 가르침을 설했다.

"나에게 숨이 붙어 있고 힘이 남은 한, 나는 철학을 그만두지 않을 것입니다. 나는 이리저리 돌아다니며 젊건 늙었건 여러분을 만나 설득하는 일을 계속할 것입니다. 마음이 선해지도록 노력해야 한다는 것을, 육체나 재화에 매달려서는 안 된다는 것을, 사람의 능력이란 돈에서 나오는 것이 아니라는 사실을 말입니다. (중략) 나를 사형에 처하고 나면 여러분은 나를 대체할 사람을 찾기 어려울 것입니다. 농담으로 들어서는 안 됩니다. 마치 크고 빼어난 말의 등에 앉은 쇠파리처럼 이 도시에 덧붙어 있는 나 같은 사람을 찾는 것은 쉽지 않을 것입니다. 너무 커서 약간은 둔해 보이는 준마는 등에 붙은 쇠파리의 자극이 필요합니다. 나는 신이 이 도시에 보낸 한 마리의 쇠파리입니다."

-플라톤, 《소크라테스의 변명》

용서를 애원하는 소크라테스의 모습을 기대했던 배심원들은 기분이 상했다. 배심원들은 그에게 사형을 언도했다. 소크라테스는 감금되었다. 그나마 다행인 것은 당시 아테네의 감금 시설 특성상 간수를 매수하면 쉽게 탈출할 수 있다는 것이었다. 소크라테스의 친구들이 충분히 돈을 준비할 수도 있었다. 하지만 소크라테스는 도망칠 마음이 없었다. 그를 사랑하는 사람들은 슬퍼했다. 소크라테스는 그런 친구들을 위로하고, 이성적 올바름이라는 자신의 신념에 따라 태연하게 독배를 받았다.

그런데 소크라테스는 왜 도망치지 않고 스스로 죽음을 선택했을까? '악법도 법'이기 때문일까? 한국에서는 실제로 이렇게 가르친 적이 있었다. 소크라테스가 아무리 불합리한 법이라도 법이기 때문에 지키려 한 것이라고 말이다. 나도 학생 시절에 그렇게 배웠던 기억이 난다. 하지만 '악법도 법이다'라는 말이 소크라테스의 말이 아니라는 사실은 이제 널리 알려져 있다. 소크라테스에게는 국가의 법이 아니라 내면의 법이 중요했다. 그는 아테네 시민에게 실제로 이렇게 말했다. "나는 여러분에게 복종하기보다 오히려 신에 복종할 것입니다. 즉, 나의 목숨이 붙어 있는 한 결코 지(知)를 사랑하는 일을 멈추지 않을 것입니다." 여기서의 '신'은 다이몬으로, 개인이 가지고 있는 '영적인 어떤 것'을 의미한다. '양심의 목소리' 정도로 번역하기도 한다. 즉, 그는 국가와 사회의 압력이 아니라 자기 내면의 목소리를 따르고자 했던 것이다. 독배를 받은 것은 이성적 올바름이라는 자신의 신념을 따른 행위였다.

독이 퍼지기까지는 시간이 걸렸다. 그는 감옥 안을 거닐며 사랑하는 친구들과 함께 진리에 대해 토론했다. 다리가 무거워지고 점차 굳어가자 그는 자리에 누웠다. 몸이 거의 다 식었을 때, 소크라테스는 마지막 말을 남겼다.

"오! 크리톤! 아스클레피오스에게 닭 한 마리를 빚졌네. 기억해두었다가 나 대신 꼭 갚아주게나."

크리톤이 다른 할 말은 없는지를 물었지만, 스승은 더 이상 아무 대답이 없었다. 기원전 399년, 소크라테스의 나이 71세 때의 일이다.

소크라테스의 마지막 말에 대해서는 크게 두 가지 해석이 있다. 여기서의 아스클레피오스는 의술의 신으로, 당시 아테네인은 그의 신전에서 치료를 받고 병이 나으면 그에 대한 감사의 표시로 닭을 바쳐야 했다. 첫 번째 해석은 말 그대로 파악한다. 소크라테스가 예전에 신전에서 치료를 받고 닭을 바치지 못한 것이 우연히 생각났다는 것이다. 두 번째 해석은 소크라테스의 언행을 기반으로 심층적 의미를 파악한다. 그것은 '이제 죽음에 이르니 인간이라는 질병에서 벗어난다'라는 의미라는 것이다. 무엇이 옳은 해석인지 우리는 알 수 없다. 다만 확실한 것은 실제로 소크라테스가 영혼 불멸을 믿었고 영혼이 윤회한다고 생각했다는 것이다. 플라톤의 중기 대화편 〈파이돈〉에는 육체와 영혼에 대한 소크라테스의 생각이 잘 드러나 있다.

> "철학자의 영혼은 이성을 따르고 참되고 신적인 것을 바르게 바라봄으로써, 쾌락과 고통에 얽매여 있는 감각들로부터 초연해야 하네. 또 철학자의 영혼은 살아 있는 동안에는 그렇게 살아야 하고, 그러다가 죽게 되면 자신의 본성과 같은 곳으로 가서 그곳에 이르러 인간적인 불행에서 벗어나게 될 것이라고 믿네."
>
> — 플라톤, 〈파이돈〉

서양 철학이라는 거대한 학문 체계에 기여한 측면에서 본다면 소크라테스보다는 플라톤이나 칸트, 헤겔, 하이데거 등을 꼽는 것이 더 합당할지 모른다. 다른 사상가들에 비하면 '소크라테스의 사상은 이것이다'라고 말할 만한 것이 없기 때문이다. 그는 특정 개념을 일관되게 설파하거나 자아와 우주에 대한 거대한 그림을 그려주지 않았다. 그럼에도 우리가 소크라테스를 철학의 모범으로 삼는 것은 그의 삶 때문이다. 그의 삶 전체가 철학자의 삶, 다시 말해 사유하는 인간의 전형을 보여준다. 자신의 철학과 삶을 일치시킨 모범이라는 면에서 소크라테스를 철학의 기원이라 말하기에 부족함이 없을 것이다.

플라톤과
이데아론

이원론의 시작

소크라테스가 독배를 들고 숨이 끊어졌을 때, 플라톤의 나이는 스물여
덟이었다. 아테네의 유력 귀족 가문에서 태어나 정치에 대한 꿈을 키워
오던 플라톤은 가장 지혜로운 인물인 소크라테스가 어리석은 민중에 의
해 죽음에 이르렀다는 생각에 정치적 야망을 꺾었다. 차갑게 굳어가는
스승의 모습을 보며 플라톤의 마음에는 슬픔과 분노가 차올랐다. 그는
두 가지를 가슴 깊이 새겼다. 첫째는 이성중심주의다. 이성적 판단과 진
리 추구는 현실적 한계를 초월하고 죽음까지도 넘어설 수 있음을 스승
을 통해 깨달았다. 둘째는 민주제에 대한 불신이다. 어리석은 다수에 의
해 우민화된 민주제는 아무리 명백하고 투명한 진리라 해도 알아보지
못하고 파멸시키고 만다. 플라톤은 진리를 알아볼 수 있는 소수의 훈련
된 엘리트가 지배하는 사회 체제를 꿈꿨고, 이를 철인정치라 불렀다. 물
론 이성중심주의와 철인정치는 다원화되고 민주화된 현대 사회에 이르

러 그 한계와 문제점을 신랄하게 비판받았다. 하지만 플라톤의 사상이 2천 년이 넘는 시간 동안 서구 사회에 막대한 영향을 미친 것은 사실이다. 서구 사상의 역사는 플라톤이라는 토대 위에 건설된 제국이다. 수학자이자 철학자였던 화이트헤드가 플라톤에 대해 평가한 말은 유명하다. "서양의 2천 년의 철학은 모두 플라톤의 각주에 불과하다." 서양 철학과 역사에 관심이 있는 독자라면 화이트헤드의 말이 과장이 아님을 쉽게 이해할 수 있을 것이다.

플라톤

그렇다면 그가 제시한 거대한 철학은 무엇인가? 그것은 이데아론이다. 이데아론은 플라톤 사상의 중심 개념으로, 핵심은 의외로 친숙하다. 그것은 '이데아 세계가 실재한다'는 것이다. 이데아 세계란 절대적이고 완벽한 불변의 이상 세계를 말한다. 현실의 모든 것은 낡고 늙고 병들어 간다. 시간이라는 필연 안에서 변하지 않는 것이란 없다. 반면에 플라톤은 변화하는 불완전한 현실과 구별되는 완벽한 이데아의 세계가 존재한다고 주장한다. 그에 따르면 이데아의 세계가 진짜 세계이고, 현실 세계는 단지 이데아 세계의 그림자 혹은 모사일 뿐이다.

절대적이고 불변하는 이데아의 세계가 있다고? 이런 생각을 한 번도 해보지 않은 사람에게는 매우 낯선 사유 방식이다. 플라톤은 이데아를 이해시키기 위해 〈국가론〉에서 그 유명한 '동굴의 비유'를 제시한다.

"이를테면, 지하의 넓은 동굴에서 어릴 적부터 사지와 목을 결박당한 상태로 있는 사람들을 상상해보게. 이들은 포박 때문에 머리를 돌릴 수 없고, 앞만 보도록 되어 있다네. 이들의 뒤쪽 멀리에서 횃불이 타오르고 있네. 그리고 이 횃불과 죄수들 사이에는 담이 세워져 있는 걸 상상해보게. 이 담을 따라서 사람들이 온갖 물품들, 돌이나 나무 또는 여러 재료로 만들어진 인물상들과 동물상들을 이 담 위로 쳐들고 지나가고 있네. 흡사 인형극을 공연하는 사람들의 경우처럼 말이야. 또 이것들을 쳐들고 지나가는 사람들 중에서 어떤 이들은 소리를 내고, 다른 이들은 잠자코 있기도 하네."

동굴의 비유

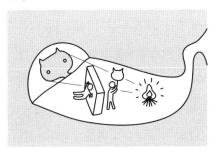

이 포박된 죄수들은 평생 동굴 벽에 드리운 그림자만을 보며 살고 있다. 그렇다면 죄수들은 눈앞의 그림자를 무엇이라 생각할까? 그것을 실체, 진짜라고 생각할 것이다. 플라톤은 인간이란 존재의 모습이 포박당한 죄수들과 동일하다고 말한다. 우리는 눈앞에 펼쳐진 세계가 실재한다고 믿지만, 그것은 동굴 벽에 드리운 그림자와 같은 환영일 뿐이다.

플라톤은 여기서 한발 더 나아간다. 만약 죄수 중 하나가 포박을 풀고 동굴 밖으로 나간다면 어떤 일이 벌어질까? 그의 눈이 점차 빛에 익숙해지고 세계의 실체, 진짜 모습을 보게 된다면 말이다. 분명히 그는 평생 자신이 진실이라 믿어왔던 것이 한낱 그림자이고 허상임을 깨닫게 될 것이다. 그는 진실을 알려줘야 한다는 생각에 다시 동굴로 돌아와 결박당한 동료들을 찾을 것이다. 하지만 그들에게서 돌아오는 것은 비난과 욕설일 뿐이다. 플라톤은 이에 대해 설명한다.

"이 사람은 동료 죄수들을 상기하고는 자신의 변화로 자신은 행복하다고 여기되, 그들을 불쌍히 여길 것이 아니겠는가? 그러면 이 점 또한 생각해 보게. 만약 그가 다시 동굴로 내려가 이전의 같은 자리에 앉는다면, 그가 갑작스레 햇빛에서 벗어났으므로 그의 눈은 어둠으로 가득 차지 않겠는가? 그 상황에서 그가 다른 죄수들과 함께 그림자들의 모습을 판별하는 경합을 벌여야 했다면, 그것도 눈이 제 기능을 회복하기 전의 시력으로 그런 요구를 받는다면, 그는 비웃음을 자초하게 되지 않겠는가? 사람들은 그가 위로 올라갔다 오더니 눈을 버리고 왔다고 하면서, 저 위로는 올라가려고 애쓸 가치조차 없다고 말하게 되지 않겠는가? 그래서 자신들을 풀어주고 동굴 밖으로 인도하려고 하는 자를 자신들의 손으로 붙잡아 죽일 수만 있다면, 그를 죽여버리려 하지 않겠는가?"

플라톤의 동굴의 비유는 진리로서의 이데아 세계가 무엇인지, 그것이 현실의 허상과는 어떻게 다른지를 보여준다. 그리고 동시에 사랑하는 스승 소크라테스의 죽음의 의미를 플라톤이 어떻게 이해했는지를 엿보게 한다. 그는 소크라테스의 죽음을 우연의 사고가 아니라 보편적인 구조로 이해한 것이다. 진리를 본 자가 현실 속에서 비난받고 결국 죽음에 이르게 되는 것을 말이다.

플라톤은 이데아론을 통해 진정한 철학자의 역할을 강조한다. 소피스트들처럼 언변이 뛰어나거나 잡다한 지식을 많이 알고 있다고 철학자가 되는 것이 아니다. 진정한 철학자라면 현실 너머를 탐구해야 한다. 불완전하고 변화하는 그림자가 아니라, 완벽한 원형적 세계인 이데아에 관심을 기울여야 한다.

그런데 궁금한 점이 생긴다. 이데아를 추구해야 한다는 건 알겠는데, 이데아가 현실 세계에서 찾을 수 있는 것이 아니라고 한다면, 도대체 이데아 세계가 존재하는지는 어떻게 알게 된 것인가? 우리가 관찰할 수 있는 현실의 모든 것은 불완전하고 변화하는데 말이다. 플라톤에 따르면 그에 대한 답은 인간의 내면에서 찾을 수 있다. 특히 인간의 이성적 특성을 살펴봄으로써 말이다. 예를 들어 삼각형에 대해 생각해보자. 우리는 삼각형이 무엇인지 안다. 수학 시간에 '평행하지 않는 세 개의 선분으로 둘러싸인 도형'이라고 배웠다. 이제 연습장에 연필로 삼각형을 그려보자. 실제로 삼각형을 그릴 수 있을까? 나름대로 만족스러운 삼각형을 그릴 수야 있겠지만, 이것은 엄밀한 의미의 삼각형이라 할 수 없다. 과학과 기술이 아무리 발전한다 해도 마찬가지다. 완벽한 직선이란 존재하지 않고, 따라서 완벽한 삼각형도 만들 수 없다. 현실에서 완벽한 무엇인가란 결코 존재하지 않는다.

하지만 흥미로운 것은 그럼에도 불구하고 우리가 삼각형이 무엇인지를 알고 있다는 점이다. 즉, 우리는 현실에서 관찰 가능한지와는 무관하게 이미 완벽한 삼각형을 머릿속에 갖고 있다. 삼각형뿐만이 아니다. 우리는 불완전한 현실에 발을 담그고 있으면서도 도덕적 선과 심미적 아름다움과 정의와 용기 혹은 기하학에 대해 너무나도 잘 알고 있다. 플라톤은 우리의 머릿속에 혹은 영혼 속에 절대적이고 완벽한 이성적 개념이 존재하고 있음을 지적한다. 그리고 우리의 내면에 이렇게 이데아의 흔적들이 남아 있는 이유를 다음과 같이 설명한다. 인간의 영혼은 원래 이데아의 세계에 있었지만 육체를 갖고 이를 망각한 상태로 지상에 태어나기 때문이다. 이를 상기론이라고 한다. 이에 따르면 지식은 현실의 경험에서 얻는 것이 아니다. 그것은 내면에 남아 있는 기억을 떠올림으로써 얻게 된다.

이데아론의 의미

플라톤의 이데아론은 이후 서양 사상의 토대가 되었다. 그것은 철학과 종교를 포함하여 학문, 사상, 문화의 형성에 깊은 영향을 미쳤다. 쉽게 말해서 플라톤 이후의 서양인은 다음과 같은 세계관을 갖게 된 것이다. '불완전한 현실 너머에 영원하고 불변하는 진리의 세계가 존재한다.' 이제 우리가 생각해봐야 하는 것은 이러한 세계관이 갖는 의미다. 이데아론이 갖는 진정한 의미는 무엇인가? 플라톤 이후의 서양인이 이데아론을 기본 세계관으로 가졌다는 것은 도대체 무엇을 의미하는가?

답은 다음과 같다. 세계의 분리. 서양인의 세계는 이제 둘로 나뉘었다. 하나는 영원한 진리의 세계다. 이 세계는 불변하고 완벽하며 정신적 활동을 통해서만 도달할 수 있는 진짜 세계다. 다른 하나는 현실의 세계다. 이 세계는 변화하고 불완전하며 우리의 오감에 의해서 경험되는 허상의 세계다. 이데아론은 세계를 이와 같이 둘로 분절한다는 의미에서 이원론적 세계관이 된다.

이원론 〈 이데아의 세계 / "현실 세계"

플라톤에 의해 나뉘진 이데아 세계와 현실 세계는 서로 독립되어 있으며, 결코 융합되거나 단일한 근원으로 환원되지 않는다. 플라톤의 이데아론이 서양 사상의 토대가 되었다는 말의 실제 의미는 서양 사상이 이원론의 형태를 띠게 되었음을 말한다. 종교, 철학, 학문, 사회, 문화, 정치에서 일상 생활에 이르기까지 서양인은 이원론적 분절로 세계를 이해한다. 사실 오늘날 우리도 마찬가지다. 서양 사상의 영향을 받고 자란 한국인도 세계를 이분화하는 데 익숙하다. 진리의 세계와 현실 세계, 세계와 자아, 신과 인간, 천국과 지옥, 선과 악, 빛과 어둠, 영혼과 육체, 이성과 감성, 마음과 몸, 서양과 동양, 백인과 유색인, 주인과 노예, 부자와 빈자, 남자와 여자, 정의와 부정의 등. 우리가 무엇인가를 이해하는 첫걸음은 그것을 분절하는 데서 시작한다.

세계의 분절

↙ good!

주체 : 이데아 천국 선 빛 영혼 이성 서양 문명 백인 부자 남성

대상 : 현실 지옥 악 어둠 육체 감성 동양 야만 유색인 빈자 여성

↖ bad!

이원론적 세계관은 2천 년 가까이 서양인의 근원적인 사유 체계로 작동해왔다. 이것은 긍정적인 면과 부정적인 면을 모두 갖고 있었다. 우선 긍정적인 면으로는 학문과 과학 기술의 발달, 그로 인한 물질적 풍요를

들 수 있다. 예를 들어 이원론에 의해 독립적인 존재로 분절된 자아와 세계는 각각 주체로서의 '인간'과 대상으로서의 '자연'으로 기능했다. 인간은 세상의 주인으로서 물질적 자연을 분석하며 이것의 기능과 원리를 빠르게 발견해냈다. 이에 더해 세계 자체도 둘로 나뉘었다. 문명의 상징이자 계몽의 주체로서의 '서양'과 야만의 상징이자 계몽의 대상으로서의 '동양'으로 이분화되었다. 이것은 유럽 제국주의의 아시아 침략을 정당화함으로써 서구에 의한 착취와 이에 따른 풍요를 합리화했다.

하지만 이러한 긍정적인 측면은 다만 주체의 관점일 뿐, 대상으로 규정된 존재의 억압과 폭력은 은폐되었다. 이것이 이원론의 부정적인 면이다. 산업화를 거치며 자연은 파괴되었고, 식민지 동양은 유린되었으며, 여성은 오랜 시간 억압받았고, 이성에 대비되는 감정과 욕망과 몸은 불결한 것으로 낙인찍혀 교화와 교정의 대상이 되었다. 너무나 오랜 시간 동안 서구 사회는 세계 절반의 고통에 무관심했다.

이원론이 분절된 절반의 세계의 가치만을 인정하고 필연적으로 나머지 절반의 세계에 폭력을 가하게 된다는 비극은 근현대에 이르러서야 비로소 서구 사회가 깨달은 실상이었다. 이것을 선명하게 지적했던 인물은 프리드리히 니체였다. 19세기 독일에서 활동했던 그는 유럽인이 병들었다고 진단했다. 그리고 그 원인이 플라톤주의, 즉 이원론과 주체중심주의였음을 날카롭게 밝혀냈다. 그래서 니체 이후의 서양 철학은 플라톤주의를 전복한다. 또한 플라톤이 가치 절하했던, 생성되고 사라지며 변화무쌍한 불완전한 것들을 복권해내는 데 집중한다. 이것이 포스트모더니즘이라 명명된 20세기의 사회, 문화, 정치, 경제, 학문, 예술 등 전 분야에서 일어난 사상적 흐름의 실체다.

동양의 세계관과
서양의 세계관

인류라는 거인의 우뇌와 좌뇌

동양과 서양의 세계관 차이를 일원론과 이원론에서 찾는 것은 매우 거시적인 관점이다. 우리가 이렇게 거시적인 관점을 알아야 하는 이유는 무엇일까? 그것은 거시적인 관점이 서로 관련 없어 보이고 흩어져 있는 역사적, 사상적 사건들을 큰 맥락으로 정리할 수 있게 해주기 때문이다. 이를 통해 우리는 인류의 사상이 어디에서 와서 어디를 향해 나아가고 있는지 그 거대한 방향을 가늠할 수 있게 될 것이다.

여기서는 앞서 다루었던 동양과 서양의 사상을 일원론과 이원론의 관점에서 정리해보려 한다. 그리고 한발 더 나아가 각각의 사상을 관념론과 실재론의 관점에서 생각해보려 한다.

이제 우리는 동양의 위대한 스승들이 일원론적 세계관을 전개했음을 안다. 《베다》, 도가, 불교의 사상이 '세계와 자아의 통합'으로 수렴한다는 것을 말이다. 그들은 세계와 자아가 그 근원에서 분리되지 않음을 깊이 이해하고 있었다. 이것이 위대한 스승들이 지혜롭게 말해준, 인류가 도달할 수 있는 최종 사유였다.

반면 서양은 플라톤 이후 이원론적 세계관을 토대로 발전했다. 크게 세 가지 측면에서 이분화가 이루어졌다. 세계와 세계의 분리, 자아와 자아의 분리, 그리고 세계와 자아의 분리. 우선 세계는 완벽한 이데아 세계와 불완전한 현실 세계로 나뉘었다. 다음으로 자아는 영원 불멸의 영혼과 감각적인 나약한 육체로 분리되었다. 마지막으로 세계와 자아는 각각 대상으로서의 자연과 주체로서의 인간으로 규정되었다.

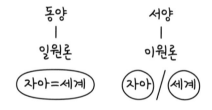

이 중에서 우리가 집중하고자 하는 것은 자아와 세계의 분리가 갖는 의미다. 서양의 이원론은 이 둘을 각각 독립된 실체로 파악한다. 쉽게 말해서 자아와 세계의 존재는 서로 영향을 주고받지 않는다. 내가 태어나기 전에도 세계는 이미 존재하고 있었고, 내가 죽고 나서도 세계는 그대로 있을 것이다. 매우 상식적이다. 그것은 세계가 실재하기 때문이다. 그래서 이러한 이원론적 관점은 실재론으로 이어진다. 앞서 예시로 들었던 세계를 상징하는 구를 다시 꺼내어 보자. 이것을 지구로 색칠하면 되겠다. 만약 실재론자가 세계를 탐구하고자 한다면 그는 지구 위의 대상들을 잘라보고 나눠보는 분석 과정을 거칠 것이다.

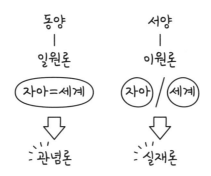

반면에 동양의 일원론은 자아와 세계를 분리하지 않기에 이 둘의 존재를 통합적으로 고려한다. 쉽게 말해서 자아와 세계의 존재는 서로 깊은 영향을 주고받는다. 나의 탄생과 함께 세계가 탄생하고, 나의 소멸과 함께 세계도 소멸한다. 그것은 세계의 실체가 자아라는 그릇에 담긴 무엇이기 때문이다. 내가 세계를 본다는 것은 사실 나의 마음을 스스로 보는 것과 같다. 그래서 이러한 일원론적 관점은 관념론으로 이어진다. 세계를 상징하는 구는 수정구슬이다. 만약 관념론자가 세계를 탐구하고자 한다면 그는 자신의 마음부터 탐색해야 한다. 마음의 구조와 형식과 특성을 파악하는 과정을 거쳐야만 하는 것이다.

우리는 이제 인류의 거대한 두 가지 관점을 알게 되었다. 일원론, 관념론으로 이어지는 동양의 관점과 이원론, 실재론으로 이어지는 서양의 관점, 이 두 관점은 인류라는 거인의 우뇌와 좌뇌와도 같다.

인류라는 거인

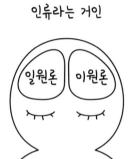

하지만 비극이 있었다. 균형은 깨어졌다. 근현대의 역사가 서양의 승리로 끝나면서 동양의 근현대는 서양을 배우고 모방하는 역사가 되었다. 우리의 역사와 사상은 초라해 보였고, 그래서 우리는 서양인이 되고자 했다. 그들의 철학과 사상, 기술과 문화를 빠르게 흡수했다. 결과적으로 오늘날 우리는 동양인으로 태어난 훌륭한 서양인이 되었다. 서양의 세계관 위에 당당히 발을 딛고 살아간다. 이원론과 실재론의 명칭은 낯설지만 그 내용은 매우 상식적으로 느껴지는 이유가 여기에 있다. 그만큼 우리는 서양의 세계관에 익숙하다. 반대로 동양의 일원론적 세계관은 너무도 낯설게 느껴진다. 위대한 스승들의 거대 사상은 이미 우리에게서 잊힌 것이다.

우리는 더 이상 기억하지 않게 된 위대한 스승들을 다시 불러낸 것도 사실은 서양인이었다. 18세기에 이르러 서양 철학은 관념론을 진지하게 탐구했고, 19세기 니체는 이원론의 한계를 냉철하게 지적했으며, 20세기 물리학의 발전은 세계가 우리의 의식과 독립되어 있지 않은 것처럼 보인다는 사실에 혼란을 느꼈다. 21세기에 들어서며 유럽에서는 서양의 물질 중심적 세계관의 대안으로 인도와 동양의 고전에 관심이 쏠리고 있다. 하지만 근대 서양의 세계관을 갖게 된 우리는 이러한 흐름이 도대체 무엇을 의미하는지 이해하기 어려워졌다.

이제는 우리의 세계관으로 자리 잡은 서양 사상에 대해 조금 더 이야기해볼 필요가 있겠다. 서양인이 어떻게 관념론을 진지하게 탐구하게 되었는지, 유럽의 18세기를 살펴보며 논의를 더 이어가 보자.

중간 정리

유럽의 역사는 고대 그리스에 뿌리를 둔다. 이 오래된 문명은 다섯 단계로 구분된다. 에게 문명, 암흑기, 고졸기, 고전기, 헬레니즘이 그것이다. 우리는 이 중에서 고전기까지의 역사를 살펴보았다. 일반적으로 고대 그리스라고 할 때 우리가 생각하는 시기가 바로 이 그리스 고전기다. 기원전 6세기부터 기원전 4세기까지의 이 짧은 기간을 전후로 수많은 도시국가가 발달했고, 특히 패권을 장악한 아테네와 스파르타가 협력과 대립을 반복하며 공존했다. 기원전 5세기 무렵의 페르시아 원정을 막아내는 과정에서 지중해의 패권을 장악한 아테네는 경제, 정치, 문화적으로 황금기를 맞이했다. 하지만 아테네의 성장에 위협을 느낀 스파르타가 펠로폰네소스 전쟁을 일으키며 아테네는 위기를 맞았다.

이러한 혼란 속에서 소크라테스가 탄생했다. 남루한 옷차림으로 아테네의 광장에서 사람들과 토론하는 것을 즐겼던 그는 사람들에게 진리를 일방적으로 전달하고 가르치려 하기보다는 적절한 질문과 대답을 통해 대화 상대자가 내면에서 스스로 진리를 정립할 수 있도록 도왔다. 하지만 그는 말년에 제자들이 스파르타와 연결되어 있다는 정치적 문제에 휘말려 재판을 받게 되었고, 자신의 이성적인 신념에 따라 독배를 비웠다.

소크라테스에게 깊은 영향을 받은 플라톤은 아테네의 정치에 환멸을 느끼고 정치에 대한 꿈을 접었다. 이후 아카데미아를 세워 후학을 양성했으며, 이데아 사상을 제시함으로써 2천 년 동안 서양 사상의 근본이 되는 토대를 마련했다. 이데아 사상은 절대적이고 완벽한 불변의 이상 세계인 이데아 세계가 실재한다는 세계관이다. 플라톤은 동굴의 비유를 통해 이데아 세계를 설명했는데, 그에 따르면 이데아 세계와 현실 세계의 관계는 사물과 그림자의 관계와도 같다. 즉, 플라톤에게 현실 세계는 단지 이데아 세계의 그림자일 뿐이다.

플라톤 이후의 서양 사상은 그의 세계관 안에서 성장했다. 서양인은 세계, 자아, 그리고 자아와 세계의 관계를 이해하는 데 플라톤의 사유 방식을 공유했다. 우선 세계는 두 가지 세계로 나뉘었다. 그것은 완전한 진리의 세계인 이데아 세계와 불완전한 현실 세계였다. 다음으로 자아는 두 가지 자아로 나뉘었다. 그것은 불멸의 영혼과 필멸의 육체였다. 마지막으로 자아와 세계의 관계 역시 둘로 나뉘었다. 이제 인간은 모든 것의 주인이자 인식의 주체가 되었고, 외부 세계로서의 자연은 주체에 의해 탐구되고 개발되는 대상이 되었다.

이것이 의미하는 것은 이원론적 세계관의 탄생이다. 이원론은 대립하고 독립되어 있는 두 항을 설정하는 태도로, 서양의 사상과 문화의 기본 틀이 되었다. 문제는 이러한 이원론이 단순히 세계를 분절하는 것을 넘어, 하나의 항이 다른 하나의 항에 폭력과 억압을 가하게 된다는 데 있었다.

이러한 문제점의 자각과 극복은 서양에서 18세기에 이르러서야 시작되었다. 특히 칸트의 관념론은 비범한 결론을 통해 이분화되어 있던 자아와 세계를 통합적으로 고려함으로써 이원론을 극복하고 일원론의 가능성을 보여주었다. 이제 그 비범한 결론이 무엇인지 알아볼 차례다.

관념론의 의미

눈앞의 세계는 진짜인가

관념론은 실재론과 대비되는 개념이다. 실재론이 상식적인 만큼 관념론은 상식과는 거리가 있어 보인다. 실제로 관념론을 처음 접하면 이게 도대체 무슨 말인가 하고 불편해지기도 한다. 관념론이 대단하고 어려운 개념이어서가 아니라 다만 익숙하지 않기 때문이다. 이는 자전거 타기와 유사하다. 처음에는 잘되지 않아 답답하지만, 한번 적응하고 나면 그다음부터는 쉽게 달리는 것처럼 말이다.

우선 실재론과 관념론을 다시 정리해볼 필요가 있겠다. 실재론은 인식되는 외부 세계가 이를 인식하는 주체와 무관하게 독립해서 존재한다는 입장을 말한다. 쉽게 말해 눈앞의 물질 세계가 허상이나 가상이 아니라 진짜 세계이고, 나라는 존재의 탄생이나 소멸과는 무관하게 그대로 존재한다는 관점이다. 반면 관념론은 실재론과는 반대다. 인식되는 외부 세계가 이를 인식하는 주체와 무관하게 독립해서 존재하지 않는다는 입장을 말한다. 쉽게 말해 눈앞의 물질 세계가 사실은 나의 내면 세계라고 이해하는 관점이다.

모든 대립되는 학문적 개념이나 관점은 각각 나름의 진실을 반영하고 있다. 실재론과 관념론도 마찬가지다. 사람은 대부분 실재론자로 태어나서 아무 문제 없이 살아가다가 실재론자로 죽는다. 다만 삶을 실용과 안락의 측면에서만이 아니라 진실과 깊은 이해의 측면에서 접근하고자 하는 사람이라면 결국 관념론의 목소리에 귀 기울일 수밖에 없다. 그것은 관념론이 실제 세계의 모습을 더 정확하게 반영하기 때문이다. 그렇지 않은가? 엄밀하게 생각해보면 내 눈앞에 펼쳐진 세계는 사실 모두 감각적인 것이다. 빛깔과 소리와 향기와 맛과 촉감. 이 외에는 나에게 드러나는 세계란 없다. 나에게 드러나는 세계는 온전히 감각의 세계다. 그런데 문제는 감각이라는 것이 나의 감각기관을 통해 발생한 주관일 뿐, 진짜 세계의 모습이 아니라는 점에 있다. 예를 들어보자.

눈앞에 빨갛게 잘 익은 사과가 있다. 나는 이 사과를 어떻게 보고 있는가? 본다는 과정은 생각보다 복잡한 단계를 거친다. 우선 광원이 있어야 한다. 태양이나 형광등이나 촛불이나 빛이 나오는 근원이 있어야 한다. 다음으로 이 광원에서 입자이자 파동인 광자가 쏟아져 나온다. 그리고 광자가 사과의 표면과 만나서 일부는 흡수되고 일부는 튕겨 나간다. 튕겨 나온 광자의 일부가 눈으로 들어오고 망막의 시각 세포를 자극한다. 시각 세포는 빛 에너지를 흡수한 뒤에 이를 전기적 신호로 바꾼다.

이 전기적 신호가 시신경을 따라 뇌까지 전달된다. 뇌는 눈도 없고 코도 없고 어떠한 감각기관도 없지만 신체의 각 부분에 연결된 시신경을 통해 전기적 신호를 받아들인다. 이 신호들은 종합과 해석의 과정을 거친다. 그리고 뇌가 해석한 이미지가 나의 내면에 드러난다. 우리는 이제 이렇게 느낀다. 눈앞에 잘 익은 빨간 사과가 있다.

인식 과정

빛 에너지

전기적 신호

해석된 이미지

흥미로운 것은 눈에서 시작되어 시신경을 따라 뇌까지 이어지는 과정에서 '빨간색'과 관련된 것은 전혀 없다는 것이다. 이 사이에는 그저 전기적 신호만이 있다. 빨간색이라는 것은 뇌가 만들어내는 것이다. 그렇다면 우리는 이렇게 물어야 한다. 빨간색은 지금 어디에 있는가? 내 신체 밖에 있는가, 아니면 내 안에 있는가? 우리가 합리적으로 생각할 때 후자라고 대답할 수밖에 없다면, 우리는 다시 이렇게 물어야 한다. 그렇다면 나의 눈앞에 다채로운 색깔들로 드러나는 외부 세계는 사실 나의 내면 세계가 아니겠는가? 우리는 외부 세계의 실체가 도대체 어떤 모습인지, 혹은 모습이라는 게 있기나 한 건지 도저히 알 길이 없다. 우리가 볼 수 있는 것이란 내 안에서 만들어지는 이미지가 전부니 말이다.

앞서 살펴보았듯 동양에서는 문명 초기에 이미 이러한 생각이 시작되었고 오랜 시간 많은 이에 의해 심도 깊게 탐구되었다. 하지만 서양은 소크라테스와 플라톤 이후로 이원론적 세계관이 뿌리 깊게 자리 잡았고, 이것은 자아와 세계를 분리된 존재로 파악하게 했으며, 이로 인해 외부 세계를 실재하는 세계로 받아들이게 했다. 외부 세계를 내면 세계의 반영으로 생각하는 입장은 근대 이전까지 등장하지 못했다. 그러다 17세기의 예비 단계를 거쳐 18세기 칸트에 이르러서야 비로소 진지하고 심도 있게 탐구되었다.

칸트의
생애와 사상

외부 세계를 내면 세계로

이름은 많이 들어봤고 유명하다는 것도 알겠는데 도대체 뭘 한 사람인지 말하기 어려운 독일의 철학자 임마누엘 칸트는 1724년, 프로이센의 상업 도시 쾨니히스베르크에서 태어났다. 이 작은 도시는 오늘날에는 러시아에 속해 있고, 지금은 칼리닌그라드라고 불린다. 그러니 칸트의 고향이 보고 싶거나 그의 묘가 보고 싶으면 독일이 아니라 러시아로 가야 한다. 지금은 러시아인으로 가득 찬 이곳을 당시의 칸트는 평생 단 한 번도 벗어나지 않았다.

어린 시절 그의 가정은 평범했다. 아버지는 말 기구를 제작하는 사람이었고 어머니는 독실한 기독교인이었다. 칸트는 열한 명의 형제 중 넷째로 태어나 엄숙하고 경건한 분위기 속에서 유년 시절을 보냈다. 그는 눈에 띄지 않는 소심하고 성실한 학생이었다. 17세가 되던 해에는 쾨니히스베르크대학에 입학해 6년간 철학, 수학, 물리학 등을 공부했다. 졸

업 후에는 귀족 가문의 가정교사, 대학 시간강사, 왕립도서관 사서 등으로 일하면서 철학 연구를 이어갔다. 몇 차례에 걸쳐 철학과 교수직에 지원했으나 임용되지 못했다. 프로이센 교육 당국이 칸트에게 철학부 교수직은 자리가 없으니 차라리 문학부 교수직을 해보지 않겠느냐고 제안했지만 칸트는 이를 거절했다. 그는 오직 철학을 탐구하는 데 관심이 있었다. 1770년, 그의 나이 47세가 되어서야 그렇게 원하던 쾨니히스베르크대학의 철학과 교수직을 얻게 되었다.

칸트

칸트의 삶은 대단히 단조롭고 규칙적이었다. 매일의 일과는 정확히 지켜졌다. 그는 새벽 4시 55분에 일어났고, 잠기운이 사라질 때까지 홍차를 마시고 담배를 피웠다. 이후 강의 준비를 하다가 오전 7시부터 9시까지 강의를 했다. 9시부터 12시 45분까지는 연구와 집필에 몰두했다. 점심은 오후 1시부터 3시 30분까지 손님들과 대화를 하며 천천히 먹었다. 오후 3시 30분부터는 그 유명한 산책 시간이었다. 비가 오든 눈이 오든 예외는 없었다. 잘 알려진 것처럼 마을 사람들이 칸트가 산책하는 모습을 보며 시간을 알았을 정도였다. 그가 산책 시간을 어긴 적은 단 두 번이었다고 한다. 한 번은 루소의 《에밀》을 읽다가, 다른 한 번은 프랑스혁명 소식에 대한 신문을 읽다가. 산책 후에는 가벼운 책을 읽으며 저녁 시간을 보냈다. 오후 10시가 되면 잠자리에 들었다.

칸트는 대부분의 천재들이 이른 나이에 놀라운 결과물을 만들어내고 불꽃같은 삶을 살다 간 것과는 달랐다. 그는 다른 사람들보다 늦었고, 삶은 화려하지 않았다. 하지만 천천히 오랜 시간 자기 삶의 규칙 속에서 꾸준히 나아갔다. 철학과 교수가 된 이후 그는 11년 동안 논문을 발표하지 못했다. 게을러서가 아니라 깊은 사유에 빠져 있었기 때문이다. 그리고 마침내 1781년, 58세의 나이에 《순수이성비판》을 출간했다.

물론 출간 직후에 사람들로부터 환영을 받았던 것은 아니다. 800페이지에 달하는 이 두꺼운 책은 해괴망측하고 도저히 이해할 수 없는 글이라는 혹평이 난무했다. 철학자 멘델스존은 이 책을 '신경을 쇠약하게 만드는 작품'이라고 폄하할 정도였다. 또 극도의 난해함으로 내용에 대한 많은 오해를 불러일으켰기에 칸트는 이를 일일이 해명해야만 했다. 하지만 시간이 지날수록 《순수이성비판》은 많은 사람에 의해 연구되었고, 오늘날 칸트를 가장 위대한 서양 철학자의 반열에 오르게 했다.

서양 철학을 공부하고자 하는 사람이라면 이 책을 건너뛸 수는 없다. 그것은 칸트 스스로 저서에서 밝힌 것처럼 이 책이 기존의 철학사에 코페르니쿠스적 전환을 가져왔기 때문이다. 코페르니쿠스가 우주의 중심을 지구가 아니라 태양으로 바꿈으로써 천문학의 대전환을 가져왔던 것처럼, 칸트는 물질적 대상의 위치를 외부 세계에서 내부 세계로 바꿈으로써 철학사의 대전환을 가져왔다.

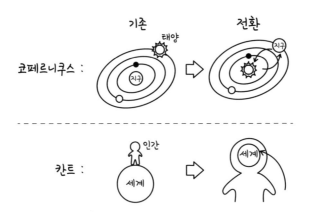

칸트의 사상은 서구 지성사에 거대한 영향을 미쳤고, 서양 철학의 흐름을 완전히 뒤바꿨으며, 이후 피히테, 셸링, 헤겔로 이어지는 독일 관념론을 꽃피우게 했다.

이후 칸트는 1788년에 《실천이성비판》, 1790년에 《판단력비판》을 출간하며 그의 대표적 비판서 3부를 완성했다. 이후에도 《도덕형이상학 원론》, 《이성의 한계 내에서의 종교》, 《영구평화론》 등을 출간하며 철학뿐 아니라 정치, 사회, 윤리, 예술의 문제까지 서구 사회 전반을 탐구했다.

칸트는 결혼하지 않았다. 다만 많은 이와 교류하고 검소한 생활을 하며 연구에 몰두한 삶을 살았다. 1799년부터는 크게 쇠약해졌다. 81세인 1804년 2월 12일, 병석에 누운 그는 평생을 함께 해온 늙은 하인 람페에게 포도주 한 잔을 청했다. 그리고 잔을 비운 다음 마지막 말을 남기고 숨을 거두었다. 그는 이렇게 말했다.

"좋다(Es ist gut)."

순수이성비판

칸트의 철학을 '비판철학'이라고도 부르는데, 그것은 그의 대표작인 《순수이성비판》, 《실천이성비판》, 《판단력비판》에서 기인한다. 이 책들은 각각 인식론, 윤리학, 미학을 다룬다. 쉽게 말하면 비판 시리즈는 다음과 같은 질문에 대한 각각의 대답이라고 할 수 있다. '나는 무엇을 어떻게 알 수 있는가?' '나는 어떻게 행위해야 하는가?' '나는 무엇을 바랄 수 있는가?' 우리는 이 중에서 칸트 철학의 정수라고 할 수 있는 《순수이성비판》에 대해 살펴보려 한다.

《순수이성비판》에서 비판이란 무엇인가를 비난하거나 문제점을 지적한다는 것이 아니라 한계를 제시한다는 뜻이다. 즉, 순수이성이라는 것이 무엇을 할 수 있고 또 무엇을 하지 못하는지, 그 경계를 명확히 하겠다는 의미다. 그런데 생각해보면 이러한 비판 활동 역시 이성적 활동이다. 그래서 순수이성 비판은 이성으로 이성의 한계를 명확히 한다는 의미를 담고 있다.

그렇다면 순수이성이란 무엇일까? 순수이성은 인간의 '선천적 인식 능력' 전체를 말한다. 갑자기 신경 쇠약증이 올 것 같지만 벌써 그러면 안 된다. 단어가 낯설어서 그렇지, 천천히 알아보면 생각보다 단순한 개념이다. 선천적 인식 능력이란 경험해서 얻은 것이 아니라 인간이 태어날 때부터 이미 선천적으로 갖고 있는 인식의 능력을 말한다고 보면 된다. 더 쉽게 말하면 정신의 디폴트값, 즉 컴퓨터를 포맷하고 방금 OS만 깐 상태라고 생각하면 된다. 이러한 인간의 순수이성은 다음의 세 가지 능력을 갖고 있다. 감성, 지성, (좁은 의미의) 이성. 각각에 대해 알아보자.

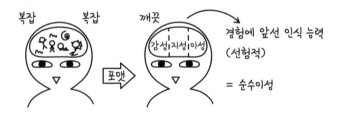

감성은 오감을 통해서 감각 자료를 받아들이는 능력이고, 지성은 개념화해서 판단하는 능력이며, (좁은 의미의) 이성은 추리하는 능력을 말한다. 정리하면, 순수이성 비판이란 인간의 인식 능력인 감성, 지성, 이성을 우리의 유일한 도구인 이성을 통해 점검하고 그 한계를 명료히 하는 작업이라고 할 수 있겠다.

그렇다면 칸트는 도대체 왜 이런 작업을 하는 걸까? 그것은 지금까지의 서양 철학, 사상, 종교 등 학문적 탐구 활동이 확실한 진리를 담보할 수 있었는지를 검토하기 위해서다. 모든 학문은 탐구 대상을 가지고 있다. 과학은 자연을, 철학은 개념을, 수학은 수학적 대상을, 종교는 형이상학적 대상을 탐구 대상으로 한다. 그런데 지금까지 사람들은 이러한 탐구 대상을 탐구하기 위해서 그것 자체만 들여다보려고 했다. 예를 들어 사과라는 대상을 탐구하기 위해서 우리는 사과를 관찰하고 잘라보고 냄새 맡아보는 등의 활동을 했다.

　　하지만 칸트는 그러한 탐구를 진행하기 전에, 우선 그 탐구 대상이 어떻게 우리에게 드러났는지를 검토해야 한다고 주장하는 것이다. 듣고 보니 맞는 말이다. 그렇지 않은가? 생각해보면 정말 이상한 것은 눈앞의 사과라는 대상이 어떻게 나에게 드러나게 되었는가 하는 것이다. 칸트는 상식적으로 접근한다. 자연을 탐구하기 전에 자연이 어떻게 우리에게 드러날 수 있었는지를, 개념을 탐구하기 전에 개념이 어떻게 우리에게 나타날 수 있었는지를 확인해야만 과학이든 철학이든 종교든 비로소 엄밀한 탐구를 시작할 수 있다고 말이다. 이러한 생각을 철학적인 언어로 정리하면 이렇게 말할 수 있다. 인식 대상을 문제 삼기 전에, 인식 주체의 인식 능력을 비판적으로 검토해야만 한다.

　　칸트의 작업은 이렇게 비유할 수 있다. 어느 화가가 평생 동안 최선을 다해서 그림을 그리고 있었는데, 어느 날 자신의 눈에 처음부터 색안경이 씌워져 있다는 것을 깨닫게 되었다. 문제는 이 안경이 빠지지 않는 안경이라는 것이다. 이제 그는 무엇을 해야 하는가? 안경의 상태를 점검해야만 한다. 도수와 색깔과 그 특징을 제대로 파악해야만 한다. 그래야만 그는 자신이 지금까지 그렸던 그림들이 자신의 의도대로 제대로 그려졌는지를 비로소 확신할 수 있을 것이다.

칸트의 빛나는 업적은 인류에게 이미 색안경과 같은 인식 능력이 이성에 내재해 있음을 밝혀냈다는 것, 그리고 그것의 특징을 체계적으로 설명했다는 데 있다.

철학사적
배경

인식론의 고민과 칸트의 답변

칸트의 자세한 설명을 듣기 전에, 그가 이러한 문제의식을 갖게 된 배경을 살펴볼 필요가 있다. 그래야 그의 대답도 이해할 수 있을 테니 말이다. 칸트 이전의 서양 철학의 흐름을 살펴보자.

칸트 이전의 유럽인은 인식의 기반이 무엇인지에 대해 탐구했다. 인식이라고 하면 일단 뭔가 어려워 보이는데, 사실은 우리에게 친숙한 개념이다. '인식'에서의 '인(認)'과 '식(識)' 모두 '알다'라는 뜻이므로, 쉽게 말해서 인식은 그저 알다 혹은 앎 정도의 뜻을 갖는다. 다만 조금 더 철학적인 측면에서 엄밀히 살펴보면, 여기서의 '식'은 우리가 앞서 알아본 대승불교 유식파의 '의식'에서의 '식'과 같은 단어다. 즉, 인식이란 다음과 같은 뜻이라고 할 수 있다. 외부의 사물을 정신적으로 받아들이는 그 과정 혹은 결과.

우리는 매 순간 인식의 과정에 있다. 예를 들어, 신호등이 파란불로 바뀌는 것을 보고 길을 건너는 행위에도 인식의 과정이 포함된다. 책을 펼치고 글자를 읽을 때도, TV의 채널을 돌릴 때도, 날아오는 야구공을 받아 치거나 음악을 듣거나 커피가 따뜻하다고 느끼거나 수학적 도형을 다룰 때에도 우리는 인식이라는 과정과 결과를 거친다. 외부의 현상들을 정신적으로 받아들이는 활동, 이것이 인식이다.

칸트 이전의 유럽인이 궁금해했던 것은 이러한 인식에서 참된 인식, 확실한 인식은 어떻게 얻을 수 있는가였다. 우선 당신에게 물어보자. 당신은 인간이 의심할 수 없는 앎, 즉 확실한 지식과 진리를 어떻게 얻을 수 있다고 생각하는가? 물론 이러한 질문은 현대인의 세련된 감성에는 너무도 고리타분해 보이는 것이 사실이다. 실제로 많은 사람이 질문 자체를 의심한다. 그들은 이렇게 생각한다. 확실한 것이란 애당초 없다. 이러한 입장을 회의주의나 불가지론이라고 하는데, 이는 질문 자체를 무력화한다. 회의주의나 불가지론은 뭔가 쿨해 보이는 면이 있다. 그리고 어려운 질문을 그럴싸하게 회피할 수 있게 해준다는 점에서 편하고 효율적인 입장이라고도 할 수 있다. 하지만 회의주의는 선택하기 쉽기 때문에 대부분의 사람들이 고민 없이 선택하는, 가장 무성의한 대답이기도 하다. 서양 철학이 오늘날까지도 학문의 기초가 되고 높게 평가되는 것은 무수히 많았던 회의주의적 대답 속에서 어렵게 진리의 토대를 쌓아온 역사를 갖고 있기 때문이다. 이제 다시 물어보자. 당신은 이 복잡하고 변화무쌍하며 믿을 거라곤 없어 보이는 세상 속에서 어떻게 확실하고 참된 인식을 얻을 수 있다고 생각하는가?

유럽인의 대답은 두 가지 입장으로 나뉘었다. 대륙의 합리론과 영국의 경험론이 그것이다. 이들은 회의주의나 허무주의를 뚫고 인류가 어떻게 확실하고 참된 지식을 얻을 수 있는지 발견하고자 애썼다. 각각의 입장을 살펴보자.

인식론

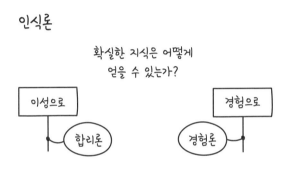

우선 합리론은 인간의 선천적인 '이성'에 기대를 걸었다. 그들은 논리, 인과, 필연을 중시했고 이를 기반으로 하는 수학과 논리학 같은 연역법에 기초한 지식만이 확실하고 참된 인식을 보장한다고 생각했다. 실제로 그렇지 않은가? 눈앞에 펼쳐진 감각적 세계는 너무도 비합리적이고 우연적이다. 시각, 청각, 후각, 미각, 촉각은 끊임없이 우리를 교란한다. 우리는 너무도 쉽게 긴 것을 짧게, 짧은 것을 길게 보고, 들리는 것을 듣지 못하고 들리지 않는 것을 들었다고 착각한다. 나의 감각에 의존하는 물질 세계에서 확실한 지식을 얻는다는 것은 불가능한 일이다. 합리론자들은 경험적 정보를 배제한 합리적 이성의 추구만이 절대적이고 보편적인 앎을 제공한다고 보았다. 대표적인 학자로는 데카르트, 스피노자, 라이프니츠 등이 있다. 독일과 프랑스 등 유럽 대륙에서 발달한 견해라는 점에서 대륙 합리론이라고 부른다.

다음으로 경험론은 합리론에 반대했다. 그들은 이성적 능력만으로는 유의미한 지식과 진리를 얻을 수 없다고 생각했다. 우리에게 유의미한 지식을 제공하는 것은 구체적인 세계에서의 실천적 '경험'뿐이다. 경험론자들은 관찰, 실험, 체험을 중시했고 이를 기반으로 하는 자연과학과 귀납법이 확실하고 참된 지식을 제공한다고 생각했다. 생각해보면 그렇기도 하다. 어린아이를 보면 알 수 있지 않은가? 선천적으로 가지고 있는 관념이나 지식은 없어 보인다. 그들은 직접 만져보고 반복적으로 체험하면서 지식을 쌓아간다. 수학이나 논리학 같은 이성 활동이라는 것도 실제로는 반복되는 교육과 학습을 통해 체득해가는 것일 뿐이다. 아무리 이성적 능력이 뛰어난 사람이라고 해도, 그에게 외부 정보를 주지 않는다면 그는 어떠한 진리도 탐구할 수 없을 것이다. 경험론자들은 이성이라는 독단을 배제한 경험적 지식이 유일하게 믿을 만하다고 보았다. 대표적인 학자로는 로크, 버틀리, 흄 등이 있다. 특히 영국에서 발달한 관점이라는 점에서 영국 경험론이라고 부른다.

우리의 질문은 이것이었다. 확실하고 참된 지식은 어떻게 얻을 수 있는가? 의심할 수 없는 인식의 기반은 무엇인가? 이러한 물음을 논하는 분야를 인식론이라 하고, 이에 대한 두 가지 대답이 합리론의 이성과 경험론의 경험이다. 당신은 어떻게 생각하는가? 둘 중 어떤 입장이 옳은 접근 방법이라고 생각하는가?

칸트도 이에 대해 고민했다. 이것은 쉬운 문제가 아니었다. 합리론과 경험론이 각각 너무도 분명한 한계를 지니고 있었기 때문이다. 합리론은 본유관념, 즉 태어날 때부터 갖고 있는 관념이 무엇인지에 대한 증거를 댈 수 없었고, 또 지식이 어떻게 확장하는지 설명하지 못했기에 독단으로 흐를 수밖에 없다는 문제가 있었다. 경험론 역시 자연을 관찰해서 종합하는 귀납적 명제만으로는 절대적이고 확실한 지식을 보장할 수 없으므로 결국 회의주의로 향하게 된다는 문제를 갖고 있었다. 두 입장의 한계를 피하면서 인식의 확실성을 얻을 수는 없는 것인가? 이것이 칸트의 고민이었다. 그리고 이러한 질문에 11년간 매달린 끝에 칸트는 답에 도달하게 되었다.

칸트의 대답

칸트는 어떻게 합리론과 경험론의 한계를 극복하고 이를 종합해낼 수 있었던 걸까? 답부터 말하면 칸트가 외부 세계를 내면 세계로 옮김으로써 가능했다. 차근차근 살펴보자.

우선은 인간이 세계를 인식하는 과정을 생각해보자. 우리는 세계를 어떻게 인식하는가? 보통은 이렇게 생각한다. 눈앞에 인식 대상인 사물이 있으면, 그 사물이 나의 감각기관을 자극하여 인식 주체인 나에게 드러난다. 쉽게 말해서 눈앞에 신호등이 있고 그것이 빨간불에서 파란불로 바뀌면 불빛이 나의 눈을 자극하여 인식 주체인 나에게 드러난다는 것이다. 이것은 매우 상식적인 견해다. 눈앞의 사물이 원인이고, 인식이 결과다. 즉, 실재론이 상식적이라고 생각한다.

반면에 칸트는 이러한 생각을 뒤집는다. 그는 원인과 결과가 뒤바뀌었음을 지적한다. 눈앞의 사물은 인식의 원인이 아니라 인식된 결과다. 즉, 인식 대상은 인식 주체의 외부에 존재하는 것이 아니라 이미 인식 주체의 내면에 있다. 지금 막 빨간불에서 파란불로 바뀐 저 신호등은 내 외부에 존재하는 사물이 아니라 이미 내 인식 과정을 통해 내 안에 그려진 심상(心像), 이미지인 것이다.

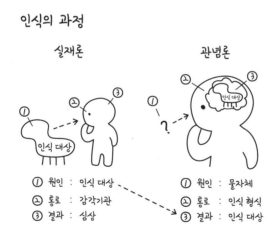

인식의 과정

실재론

① 원인 : 인식 대상
② 통로 : 감각기관
③ 결과 : 심상

관념론

① 원인 : 물자체
② 통로 : 인식 형식
③ 결과 : 인식 대상

칸트는 지금 무엇을 하고 있는가? 그는 기존의 사람들이 외부에 존재한다고 당연히 믿어왔던 인식 대상의 위치를 인식 주체의 내면으로 옮기고 있는 것이다. 지금 당신 눈앞에 펼쳐진 외부 세계는 당신 바깥에 존재하는 세계가 아니라, 이미 당신의 인식 과정을 통해 내면에 그려진 현상 세계다. 칸트의 철학은 그래서 '관념론'이 된다. 그는 실재론에서 벗어나 고대의 위대한 스승들처럼 눈앞의 세계가 그저 자아 내면의 현상임을 꿰뚫어 보고 있다.

그렇다고 칸트가 외부 세계가 존재하지 않는다고 단정 지었던 것은 아니다. 다만 그것은 우리에게 인식되지 않을 뿐이다. 우리는 외부에 무엇이 있는지 결코 알 수 없다. 그래서 칸트는 이 드러나지 않는 외부의 무엇을 물자체(物自體)라고 불렀다.

이러한 미지의 물자체는 어쨌거나 우리의 인식 작용을 촉발시켰을 것이다. 이때의 촉발은 인식 주체의 능력인 '인식 형식'의 통로를 지나게 된다. 칸트는 이 통로를 감성 형식과 지성 형식으로 나눈다. 여기서의 감성 형식은 '시간과 공간'을 말하고, 지성 형식은 '범주'를 말한다. 범주란 분량, 성질, 관계, 양상 등 사물의 카테고리다. 즉, 인식 형식이란 물자체를 이리저리 색깔을 입히고 다듬고 정리해서 시공간이라는 무대 위에 올려놓는 능력인 것이다. 이 결과물이 바로 눈앞에 펼쳐진 현상 세계의 실체다.

인식 형식

　　┌ 감성 형식 ─ 시간, 공간

　　└ 지성 형식 ─ 분량, 성질, 관계, 양상

　　　　　　　　／단일　／실재　／실체/속성　／가능/불가능
　　　　　　　　（다수　（부정　（원인/결과　（현존/부재
　　　　　　　　＼전체　＼제한　＼상호 작용　＼필연/우연

　　칸트의 관념론은 합리론과 경험론의 문제를 종합적으로 해결한다. 이제 그에게 인식론적인 질문을 던져보자. "확실하고 참된 지식은 어떻게 얻을 수 있습니까?" 칸트는 이렇게 대답한다. 우리는 인식된 대상이 아니라 인식하는 주체의 한계와 능력을 검토해야 한다. 그는 진리의 기준을 '외부의 대상 세계'에서 '내면의 주관 형식'으로 뒤집어 놓았다. 그래서 그는 스스로 이것을 코페르니쿠스적 전환이라고 말할 수 있었던 것이다.

칸트 이후의
현상학

이원론에서 일원론으로

칸트 이후의 서양 철학은 새로운 시대로 돌입했다. 철학의 관심은 외부의 대상 세계에서 내면의 주관 형식으로 돌아섰다. 칸트의 업적은 독일 관념론으로 계승되었다. 피히테, 셸링, 헤겔이 대표적이며, 특히 헤겔에 이르러 독일 관념론이 완성되었다. 이러한 과정을 유럽에서는 다음과 같은 비유로 설명하기도 한다. 대륙의 합리론과 영국의 경험론이라는 두 물줄기가, 칸트라는 하나의 호수로 모여들어서, 여기서 시작된 독일 관념론의 흐름이, 헤겔이라는 거대한 바다에 이르러 서구 형이상학이 완성되었다고 말이다.

헤겔은 일반적으로 근대의 마지막 철학자로 평가된다. 이후의 철학사는 헤겔을 기준으로 그를 비판적으로 계승하며 구분된다. 흔히 헤겔 좌파와 헤겔 우파로 나누는데, 헤겔 좌파는 헤겔의 관념론을 뒤집어 관념 대신 물질을 강조하는 유물론으로 나아간다. 대표적으로 포이어바

흐, 마르크스가 있다. 헤겔 우파는 헤겔의 거대한 절대정신을 비판하며 개체와 유한성을 강조하는 입장으로 나아간다. 키르케고르, 니체, 사르트르가 대표적이다.

서구 형이상학의 완성

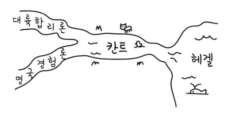

이 외에도 칸트로부터 출발한 관념론 철학은 20세기 현상학으로 이어지기도 했다. 현상학은 하나의 철학 운동이었다. 그들은 의식에 드러난 현상을 특정 이념이나 사상에 의한 선입견 없이 있는 그대로 포착하려고 했다. 이러한 과정을 통해 현상을 드러나게 하는 근원으로서 순수의식의 본질을 밝혀내고자 한 것이다. 이처럼 현상학이 의식에 대해 분석할 수 있었던 것은 칸트가 인간의 인식 과정을 탐구하는 과정에서 '초월적 자아'를 발견했기 때문이었다.

칸트가 '의식 일반'이라고 부르기도 한 초월적 자아는 인식 주체가 인식 활동에 의해 제약되지 않는다는 점에서 붙여진 이름이다. 이것은 매우 흥미로운 발견이다. 실제로 그렇지 않은가? 인식 주체는 자신의 인식 능력을 통해 인식 대상에 색깔을 입히고 정리함으로써 능동적으로 현상 세계를 그려낸다. 하지만 이러한 인식 활동이 그 활동의 주체에게까지 적용되지는 않는 것이다.

말이 어려운데, 쉽게 이해하기 위해 앞서 들었던 예를 다시 떠올려보자. 어느 날 자신의 눈에 처음부터 색안경이 씌워져 있다는 것을 깨닫게 된 화가는 이제 안경을 점검함으로써 안경의 도수와 색깔을 확인하게 될 것이다. 그리고 안경의 도수와 색깔에 의해 제약되었던 자신의 그림들을 점검할 수 있을 것이다. 그런데 이 과정에서 알게 되는 것이 있다. 그것은 안경으로 세상을 보고 있는 자기 자신은 안경의 도수와 색깔에 의해 제약되지 않는다는 것이다. 즉, 인식 주체는 인식 형식을 통해 세계를 제약할 뿐, 인식 형식에 제약당하지 않는 것이다.

칸트는 초월적 자아를 발견했다. 인식 주체는 매 순간 나에게 경험되는 사실이다. 하지만 이 인식 주체는 결코 나의 인식 활동에 포착되지 않는다. '세계를 보는 자'는 현상 세계에서 발견되지 않는다. 연극 무대의 제작자는 무대 위에 등장하지 않는 것처럼.

초월적 자아

인식 주체는
현상 세계에서
발견되지 않아

칸트는 우리의 인식 과정에 경험적인 요소뿐만 아니라 비경험적인 요소가 내재해 있음을 알게 된 것이다. 인식 주체는 내가 경험할 수 있는 자아가 아니라 경험을 초월한 자아라는 의미에서 칸트 철학은 초월적 관념론 혹은 초월 철학이라고도 불린다. 이것은 매우 날카로운 통찰이다. 나는 세상을 보지만, 그 보는 자는 나의 세상에서 발견되지 않는다.

칸트의 초월 철학은 에드문트 후설의 현상학으로 이어졌다. 후설은 두 가지 핵심 개념을 칸트로부터 계승했다. 하나는 현상, 다른 하나는 의식이다. 우선 현상에 대해서 후설은 "사물의 현상 그 자체로!"라는 현상학의 표어처럼 특정 사상이나 이념에 기반을 둔 선입견에서 벗어나, 현상을 있는 그대로 기술하고자 했다. 지금까지의 수많은 종교와 사상은 현상 너머에 존재하는 어떤 본질을 가정하고, 현상보다는 본질의 실체를 탐구하고자 노력해왔다. 하지만 그것은 칸트의 물자체처럼 우리에게 결코 드러나지 않기에 학문적 탐구 대상이 될 수 없다. 반대로 어떠한 전제나 선입견의 개입 없이 나의 눈앞에 드러난 현상 세계를 엄밀히 분석할 때 우리는 세계에 대한 더 순수한 지식을 얻게 될 것이다.

우리가 이 책을 시작하면서 준비 운동으로 이야기했던 후설의 판단중지 개념을 상기하자. 판단중지는 기존의 종교와 사상으로 생긴 우리의 선입견을 멈추고자 하는 현상학적 모토다. 하지만 단지 특정 종교와 사상의 개입을 멈추게 한다는 의미를 넘어선다. 판단중지의 실제 의미는 외부 세계가 인간의 의식과 무관하게 독립적으로 실재한다는 강력한 믿음까지도 중단할 것을 요구한다. 즉, 나의 눈앞의 세계가 실체 그 자체라고 생각하는 것도 하나의 선입견이다. 우리는 그러한 믿음에마저 괄호를 쳐야 한다.

다음으로 후설은 현상을 보는 주체인 의식에 대해서 심도 있게 분석했다. 그리고 의식의 근본 특성으로 '지향성'을 제시했다. 지향성이란 의식이 항상 '무엇인가에 대한 의식'임을 말한다. 바꿔 말하면 세상의 모든 의식 대상은 의식 안에 포함되어 있다. 언제나 무엇인가를 지향하는 의식과, 의식에 의해 드러나는 현상 세계. 이 두 가지 발견은 후설을 하나의 결론으로 향하게 했다. 그것은 의식과 현상으로서의 세계를 분리된 두 항으로 다룰 것이 아니라 지향성이라는 하나의 연관 속에서 통합적으로 다뤄야 한다는 것이다. 후설의 이러한 통찰은 이후 하이데거, 메를로퐁티 등의 철학자들로 이어졌고 현대 철학뿐만 아니라 정신의학, 사회학, 예술, 과학 연구에 폭넓은 영향을 미쳤다.

칸트부터 후설에 이르는 근현대의 서양 철학은 더 이상 자아와 세계를 독립적 실체로 다루지 않는다. 보는 자아와 보이는 세계가 나뉘지 않고 사실은 같은 근원의 다른 측면이라는 위대한 스승들의 거대 사상이 근현대의 서구 사상사에서 다시 태어나고 있는 것이다.

세계의
실체

상상하기 어려운 세계

관념론은 이해할수록 놀랍다. 하지만 아직도 관념론의 세계관을 받아들이는 것은 쉽지 않다. 평생을 실재론자로 안전하게 살아온 우리에게 어느 날 갑자기 코페르니쿠스적 전환을 요구하는 것이니 말이다. 또 관념론을 머리로는 이해했다고 해도 실재론을 포기하지 못하는 것은 백번 양보한다고 해도, 어쩐지 관념 너머의 배후에 무언가 단단한 물질적 기반이 나의 존재 유무와 무관하게 존재할 것이라는 생각을 포기할 수가 없기 때문이다. 물론 이제는 관념론에 어느 정도 익숙해졌기에 빛깔, 소리, 향기, 맛, 촉감 같은 건 실체가 아니라 현상이라는 것쯤은 이해할 수 있겠다. 그럼에도 불구하고 우리는 의심한다. 그래도 무언가 단단한 형태의 구조가 있지는 않겠는가? 어쩔 수 없다. 우리는 사실 대부분 뿌리 깊은 실재론자들이다.

하지만 그렇지 않다. 현상 세계 너머에는 우리가 기대하는 그런 종류의 세계가 존재하지 않는다. 형태라는 것은 실제로 단단한 그 무엇이 아니다. 우리가 사과를 단단하게 느끼는 것은 그것이 정말로 꽉 찬 무엇이기 때문이 아니라 단지 전자기력의 반발 때문이다. 우리의 손이 사과를 통과하지 못하는 것은 사과의 표면에 위치하는 원자들과 손의 표면에 위치하는 원자들이 전자기력으로 서로를 밀어내고 있기 때문이다. 사과의 표면이 매끄럽게 가득 채워진 것처럼 보이는 이유도 마찬가지다. 가시광선이 사과 표면 원자의 가장 바깥쪽에 위치한 전자에 의해서 튕겨나가기 때문이다.

현대에 이르러 인류는 원자가 텅 빈 무엇이라는 것을 잘 알게 되었다. 개별 원자를 이루는 원자핵과 전자를 제외하면 원자의 99.999퍼센트는 텅 빈 공간이다. 텅 빈 원자들이 모여 있는 빨간 사과도 99.999퍼센트는 텅 빈 공간이고, 우리의 신체도 이와 다르지 않다. 어떤 이들은 그럼에도 0.001퍼센트는 물질이니 원자도 가득 찬 물질로 봐야 한다고 말하기도 한다. 그런 사람이라면 과자 봉지 속에 질소를 채우고 과자를 0.001퍼센트만 넣어서 팔아도 고민 없이 구매해야 할 것이다.

현상 너머의 세계는 우리에게 결코 드러나지 않기에 단정적으로 말하기 어려운 세계지만, 적어도 그곳에는 빛깔도, 소리도, 향기도, 맛도, 촉각도 없을 뿐만 아니라, 단단한 형태와 구조가 있는 것도 아니고, 그저 소량의 물질과 에너지가 요동치는, 거의 비어 있는 세계라고 생각해야만 한다. 여기에 더해, 앞서 우리가 다중 우주에서 다루었던 것처럼 현실 너머의 세계를 3차원의 공간으로 상상하는 것도 적절하지 않다. 우주는 초차원의 무엇이며, 우리가 굳이 3차원의 틈을 비집고 눈뜬 것일 테니 말이다. 현상 너머 물자체의 세계. 그것은 우리의 상상을 한참이나 넘어서 있다.

우리는 이제 충분히 이해하게 되었다. 나의 세계 바깥은 내가 상상하는 세계가 아니다. 단단하고 안정적이며 총천연색으로 빛나는 이 아름다운 눈앞의 세계는 세계의 실체가 아니라 나의 의식 능력이 만들어낸 내 의식 안의 세계. 그러므로 나의 세계는 내가 눈뜬 것과 동시에 생성되어 내가 눈 감는 동시에 소멸한다. 나와 세계는 분리되지 않는다. 나는 내 안을 보는 자다. 우파니샤드의 범아일여, 노자의 도와 덕, 불교의 일체유심조, 칸트의 관념론. 인류의 오랜 역사 속에서 탄생한 위대한 스승들은 궁극에서 같은 메시지를 전달하고 있다.

현대 물리학도 이제 이러한 대열에 참여할 준비를 하고 있다. 20세기 양자역학의 등장은 기존까지 배제되었던 관찰자를 불러내고 있다. 양자역학의 근간을 이루는 불확정성 원리, 광자의 입자성과 파동성을 구분하기 위해 제시된 이중 슬릿 실험 등은 관찰자로서의 의식적 존재를 고려하게 하고, 의식이라는 것을 단지 뇌 활동의 부산물 정도가 아니라 세계 자체와 직접적으로 관계하는 무엇으로 파악하게 한다. 그리고 최근에 이루어지고 있는 양자얽힘과 관련된 실험은 사물과 사물, 혹은 사물과 의식이 더 높은 차원에서 연결되어 있다는 인상을 지울 수 없게 한다.

우리는 앞서 차원에 대해 다루면서 낮은 차원에서는 서로 다른 개체로 관측되는 존재들이 더 높은 차원에서는 통합된 존재의 다른 면일 수 있음을 알아보았다. 과학의 발전은 우리의 상상력을 자극한다. 과학과 기술이 충분히 발전한 면 미래의 후손들은 더 높은 단계에 이르러 이 모든 것을 상식으로 알게 되는 게 아닐까? 우리에게 분리되어 있는 자아와 세계가, 존재와 부재가, 삶과 죽음이, 나와 타자가, 신과 인간이, 빈 것과 가득 찬 것이, 보는 자와 보이는 것이, 이 모든 것이 하나의 실체의 다른 면이었다는 것을 말이다.

최
종
정리

여섯 번째 장이 끝났다. 우리는 거시적인 측면에서 동양과 서양의 사상적 차이를 살펴보았다. 동양의 사상은 고대에 시작된 일원론의 오랜 전통을 갖고 있었다. 《베다》와 도가와 불교는 자아와 세계의 분리되지 않는 깊은 관계성에 주목했다. 다만 근현대 이후 동양인은 이원론적 사고에 익숙해지기 시작했다. 그것은 사상사적 변화가 아니라 정치적 이유였다. 유럽의 제국주의는 인도와 동양을 식민지화했고, 우리는 강제적인 동시에 자발적으로 서양의 세계관을 받아들였다. 그렇게 우리는 동양인으로 태어난 모범적인 서양인이 되고자 했다. 여기서 우리가 그들의 세계관을 받아들였다는 말의 진정한 의미는 이원론적 사고를 받아들였다는 것이다. 오늘날 우리는 상식적으로 자아와 세계를 분리하고, 세계와 세계를 분리하며, 세계에 대한 실재론적 태도를 갖고 있다.

반면 서양 사상사의 방향은 동양과는 반대로 흘러갔다. 고대에 시작된 서양의 이원론적 세계관은 철학과 종교에 깊은 영향을 미치며 근대까지 이어졌다. 이원론과 로고스 중심주의로 정의할 수 있는 플라톤주의는 자아와 세계를 분할함으로써 주체가 대상을 교정하고 교화하는 것을 정당화했다. 하지만 이것은 역사의 비극이 되었다. 인간, 서양, 백인, 남성, 이성으로 상징되는 주체는 자연, 동양, 유색인, 여성, 신체로 상징되는 대상에 대한 억압과 착취를 진행한 것이다. 두 차례에 걸친 세계대전이 끝나고 20세기 중반에 이르러서야 인류는 플라톤주의의 근원적인 문제점에 적극적으로 대응하게 되었다. 그리고 이원론을 대신할 다원론의 세계로 나아가기 시작했다. 정치, 사회, 문화, 예술, 철학 등 각 분야에서는 억압되어왔던 대상들의 지위가 복원되고 있다. 이것은 탈근대, 포스트모더니즘이라 불리는 하나의 거대한 다원주의적 흐름으로 지금까지도 이어지고 있다.

하지만 언제나 그러하듯 실천적인 움직임에 앞서 사상적인 탐구는 이미 깊게 진행되고 있었다. 18세기, 칸트는 초월적 관념론을 제시함으로써 2천 년 동안 이어져오던 자아와 세계의 분리라는 이원론의 전통을 극복했다. 그는 코페르니쿠스적 전환을 통해 인식 주체를 세계의 중심에 세웠고, 세계를 인식 주체의 내면에 드러나는 현상으로 정립했다. 인식 주체는 수동적으로 외부의 대상을 받아들이는 존재가 아니라, 선천적인 인식 능력을 통해 인식 대상에 색을 입히고 정리하여 능동적으로 세계를 그려내는 존재였던 것이다. 칸트 이후 근현대의 서양 철학사는 이원론의 깊은 잠에서 깨어나 자아와 세계를 통합적으로 고려하는 길로 나아가게 되었다.

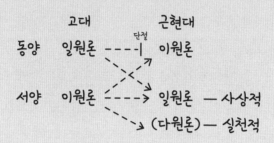

정리하면, 동양의 세계관은 고대의 일원론으로 시작해 근현대에 그것을 잃어버리고 서양의 이원론을 받아들인 반면, 서양의 세계관은 고대의 이원론으로 시작해 근현대에 이르러 일원론적인 탐구를 시작했다고 할 수 있다.

우리가 지금까지 다룬 일원론적 관점을 정리하면 다음과 같다.

	자아	세계		관계
		현상	실체	
베다	아트만	마야	브라흐만	범아일여
도가	덕	혼란	도	도덕일치
불교	의식	연기	공	일체유심조
철학	초월적 자아	현상	물자체	관념론

이제 남은 것은 철학과 함께 서양 사상의 양대 뿌리가 되는 기독교다. 우리는 이 마지막 장에서 기독교적 세계관에 대해 알아볼 것이다. 역사적 측면에서의 탄생 배경과, 사상적 특징으로서의 이원론, 그리고 이원론에 대한 대안이 기독교 교리 안에서 수용될 수 있는지를 함께 생각해 볼 것이다.

기독교

교리와 신비

서양 사상의
두 토대

어떻게 서로 다른 사상이 공존했는가

흔히 서양 사상은 두 가지 토대에 뿌리를 두고 있다고 말한다. 그것은 헬레니즘과 헤브라이즘이다. 헬레니즘은 그리스·로마의 정신을, 헤브라이즘은 《구약》 성서의 세계관을 말한다. 헬레니즘은 서양 철학의 기원이 되었고, 헤브라이즘은 기독교의 기원이 되었다. 이것은 언뜻 대립하는 사상처럼 보인다. 인간의 주체성을 강조하는 인본주의적 철학과 절대자에 대한 순종을 강조하는 신본주의적 종교. 하지만 대립하는 두 사상은 근원에서 같은 세계관을 공유한다. 그것은 이원론이다.

플라톤 이후의 서양 철학이 세계를 이데아와 현실로 나누고 세계와 자아를 양분해온 것처럼, 기독교는 세계를 천국과 지상으로 나누고 신과 인간을 양분해왔다. 이 유사성은 단순히 우연이 아니다. 실제로 기독교는 고대 그리스 철학으로부터 자양분을 얻어 논리적 체계화를 이루었다. 초기 기독교의 대표적인 교부 아우구스티누스는 4세기 무렵에 플라톤 철학을 기반으로 원시 신앙에 머물던 기독교를 체계화했고, 13세기 이탈리아의 신학자 토마스 아퀴나스는 아리스토텔레스 철학을 수용함으로써 종교와 철학의 통합을 시도했다. 유럽의 역사에서 철학과 기독교는 대립하고 갈등하며 화해할 수 없는 길로 나아간 것처럼 보이지만, 동시에 근원에서는 이원론의 세계관을 공유하며 상호 보완적인 관계를 맺었던 것이다.

하지만 서양 철학은 근현대에 이르러 이원론의 세계관을 극복하고자 했다. 칸트의 관념론부터 현대 물리학에 이르기까지 서양 사상은 의식의 문제를 진지하게 다루기 시작했고, 보는 자아와 보이는 세계의 유의미한 연결성을 탐구하는 길로 나아가고 있는 것이다. 물론 고대 인도와 동양의 거대 사상처럼 과감하게 '나와 세계는 하나다'라는 결론에 도달한 것은 아니지만 말이다. 독일 관념론의 탄생은 기껏해야 200년이 조금 넘었고, 양자역학의 탄생은 100년이 되지 않았으니, 서양의 철학과 과학이 앞으로 어떤 결론에 도달하게 될 것인지 흥미롭게 지켜볼 필요가 있겠다.

서양 철학에서 이원론의 그림자가 천천히 걷히고 있는 것과는 달리, 기독교의 세계관은 이원론을 벗어나지 않았다. 천국과 지상, 신과 인간의 분리는 결코 좁혀지지 않았고 교회의 오랜 전통 속에서 이어져왔다. 물론 이러한 절대적인 정통성이 타 종교에 대한 불관용과 이단에 대한 엄격한 규정을 통해 이루어진 면이 있지만, 그럼에도 2000년이 넘는 기간 동안 커다란 변화 없이 단일한 경전과 일관된 세계관을 유지한다는 것은 많은 이의 신념과 노력을 통한 결과였다.

이제 서양 사상의 또 다른 축인 기독교에 대해 알아볼 차례다. 이야기는 역사에서 시작한다. 기독교의 탄생 배경으로서 로마 제국의 역사를 살펴보고, 이러한 역사 속에서 등장한 위대한 스승으로서 예수 그리스도의 가르침을 알아볼 것이다. 또 사도 바울이 기독교 형성에 어떤 영향을 주었는지, 이후 기독교가 로마와의 관계 속에서 어떻게 세계 종교의 기틀을 다질 수 있었는지 확인할 것이다. 이 과정을 통해 우리는 기독교와 철학이 어떻게 서로 영향을 주고받으며 이원론적 세계를 건설할 수 있었는지를 이해하게 될 것이다. 마지막으로는 기독교 안에서 이원론을 극복하는 시도가 결코 불가능한 것인지, 중세 기독교 신비주의자 마이스터 에크하르트를 통해 함께 생각해볼 것이다.

다음이 마지막으로 다루는 시간의 범위다.

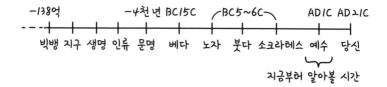

공간의 범위는 다음과 같다.

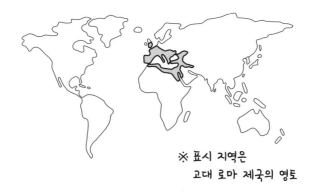

※ 표시 지역은
고대 로마 제국의 영토

역사적 배경

다시 등장하는 그리스인

앞서 고대 그리스 시대를 다섯 단계로 나누고 그중에서 네 시기를 알아보았다. ① 에게 문명부터 ④ 그리스 고전기까지. 이 기간 동안 페르시아의 그리스 원정이 있었고, 아테네와 스파르타 사이의 펠로폰네소스 전쟁이 있었다. 전쟁에서 패한 아테네는 정치적 혼란기를 맞이했고, 이 과정에서 소크라테스가 사형 선고를 받았다. 그리고 사랑하는 스승의 가르침에 영향을 받은 플라톤으로부터 서양 철학이 시작되었음을 살펴보았다. 우리의 이야기는 여기에서 다시 시작된다.

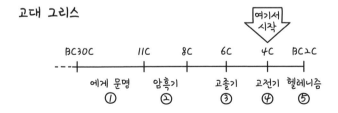

말년에 플라톤은 아테네에 사립 교육기관인 아카데미아를 세우고 후학을 양성하며 여생을 보냈다. 그에게 가르침을 받기 위해 그리스 전역에서 인재들이 몰려들었다. 이들 중에는 그리스 고전기 철학의 마지막을 장식하게 될 아리스토텔레스가 있었다. 그는 그리스 변방 도시인 마케도니아 출신의 이방인으로, 아카데미아에서 20년간 수학했다. 플라톤은 그를 '아카데미아의 정신'이라고 불렀다. 하지만 마케도니아와 아테네의 정치적 관계는 불안했다. 군사적 충돌이나 긴장이 있을 때마다 아리스토텔레스는 아테네인의 적대적 시선을 경험해야만 했다. 아테네인은 변방의 마케도니아인을 야만족이라는 뜻의 바빌로스라 불렀다. 결국 아리스토텔레스는 기원전 342년에 고향 마케도니아로 돌아갔다. 40대 초반이 되었을 무렵, 그는 왕세자의 가정교사가 되어 3년 가까이 가르쳤다. 왕세자는 스승으로부터 그리스의 정신과 철학에 대해 배웠다. 이 어린 왕세자는 후에 동양과 서양을 아우르는 거대한 헬레니즘 제국의 정복자가 될 알렉산드로스였다.

⑤ 헬레니즘은 시대의 이름인 동시에 문명의 이름이기도 하다. 그 뜻은 그리스 문화 혹은 그리스 정신을 의미하는데, 일반적으로 서양 문명과 동양 문명이 융합되며 탄생한 독특한 문화와 예술의 시대를 말한다. 헬레니즘의 시작과 끝에 대해서는 여러 견해가 있다. 대체로는 알렉산드로스가 페르시아를 정복한 기원전 330년부터 로마가 이집트를 병합한 기원전 30년까지 300년의 기간을 말한다. 쉽게 말해서 헬레니즘은

알렉산드로스부터 로마 제국 탄생 이전까지의 시대다.

알렉산드로스가 태어날 무렵의 그리스 전역은 혼란스러웠다. 이때는 펠로폰네소스 전쟁으로 스파르타가 패권을 장악한 시기였다. 하지만 다른 도시국가들의 도전이 계속되는 시기이기도 했다. 기원전 395년에는 아테네, 테베, 아르고스, 코린토스가 연합해 스파르타에 맞서 코린토스 전쟁을 일으켰고, 기원전 371년에는 힘을 키운 테베가 레우크트라 전투에서 크게 승리하며 스파르타를 휘청거리게 했다. 이를 계기로 그동안 스파르타의 지배 아래 있었던 많은 도시국가가 해방되었다. 스파르타가 몰락한 이후 패권은 테베에 있었지만 영향력은 제한적이었다. 오랜 전쟁으로 그리스 도시국가들은 지쳐 있었고, 전반적으로 국력이 약화되어 있었기 때문이었다.

이때 그리스 변방의 마케도니아가 역사의 중심으로 떠오르기 시작했다. 마케도니아는 혼란한 전쟁에 휘말리지 않고 힘을 비축할 수 있었기 때문이었다. 왕 필리포스 2세는 정복 전쟁을 직접 지휘하며 가까운 도시국가들을 하나씩 정복해나갔다. 마침내 기원전 338년에는 카이로네아 전투에서 아테네-테베 동맹을 꺾으며 스파르타를 제외한 그리스 전역을 지배했다. 기세를 잡은 필리포스는 페르시아 원정을 계획했다. 하지만 실현하지는 못했다. 그는 원정 준비가 거의 마무리되었을 무렵 자신의 친위대 중 한 명에게 살해되었다. 누가 그를 살해했는가에 대해서는 끝내 밝혀지지 않았다. 왕위를 경쟁하던 친척들, 적국 페르시아, 혹은 아내 올림피아스 왕비와 그의 아들 알렉산드로스 등 여러 설이 있으나 확실한 것은 없다.

왕위는 이제 막 스무 살이 된 청년 알렉산드로스가 이어받았다. 젊은 왕이 즉위하자 기회를 틈타 그리스 여러 지역에서 반란이 일어났다. 하지만 열여섯 살 때부터 크고 작은 전투에 참가해왔던 알렉산드로스는 빠른 시간 동안 반란 세력을 모두 제압해냈다. 그리고 2년 후인 기원전 334년, 아버지의 뜻을 계승하며 페르시아 원정에 나섰다. 당시의 페르시아는 오늘날의 터키와 파키스탄을 아우르는 거대한 제국이었지만, 내부의 정치적 문제로 혼란에 빠져 있었다. 알렉산드로스는 페르시아의 지배 아래 있던 여러 도시국가들을 해방하며 동쪽으로 진군했다. 많은 전투를 치르며 바빌론을 거쳐 수도 페르세폴리스에 도착한 알렉산드로스의 군대는 결국 페르시아를 함락했다.

페르시아를 얻었지만 알렉산드로스는 만족하지 못했다. 그는 자신을 신화의 영웅들과 동일시했고, 세계를 정복함으로써 그것을 증명해 보이겠노라 다짐했다. 당시 그리스인은 인도가 세계의 동쪽 끝이라고 생각했기에 알렉산드로스는 인도 원정을 계획했다. 그는 거침없이 진군하여 마침내 인더스강 유역에 이르렀다. 강만 건너면 세계의 끝에 도착한다. 하지만 군대는 더 나아가지 못했다. 10년 동안의 쉼 없는 전쟁에 군사들은 지쳐 있었다. 알렉산드로스의 독려도 소용이 없었다. 결국 그는 기원전 325년, 군대를 돌려 페르세폴리스로 돌아갔다.

알렉산드로스의 원정

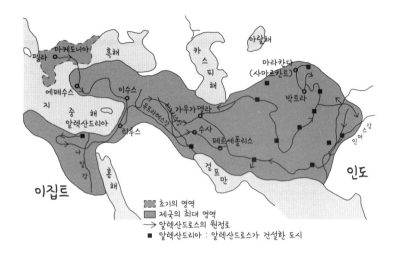

알렉산드로스가 꿈을 접은 건 아니었다. 그는 돌아오자마자 새로운 계획을 세웠다. 이번에는 세계의 서쪽 끝까지 진군하겠다고 선포했다. 그러나 허무하게도 그는 말라리아로 추정되는 열병에 걸려 죽게 되었다. 기원전 323년, 그의 나이는 33세였다.

알렉산드로스는 유럽과 이집트, 중동과 인도에 이르는 거대한 대제국을 건설했다. 그리스인은 제국의 길을 따라 수많은 정복 도시로 퍼져나갔다. 이 과정에서 서양과 동양의 인종, 문화, 예술, 기술이 자연스럽게 교류되며 섞였다. 변방이었던 그리스 문명이 오리엔트 문명과 뒤섞이며 헬레니즘이라는 광범위한 문명권을 형성한 것이다. 그러나 거대 제국은 오래가지 못했다. 알렉산드로스는 위대한 정복자였지만, 위대한 통치자가 될 기회는 갖지 못했다. 제국의 외연이 확장되는 것에 비해 정치적 안정은 따라가지 못했고, 왕위를 이어갈 후계자도 없었다. 제국은 쉽게 분열되었다. 알렉산드로스의 장군들은 제국을 나눠 가졌다. 이집트 지역에 세워진 프톨레마이오스 왕국, 메소포타미아 지역에 들어선 셀레우코스 왕국, 그리스 지역의 마케도니아 왕국으로 나뉘었다. 분열된 왕국들은 로마에 의해 정복될 때까지 300여 년 동안 존속했다.

로마
제국

역사상 가장 영향력 있는 나라

유럽의 시간이 고대 그리스에서 헬레니즘 시대까지 이어지는 동안 이탈리아반도의 작은 마을에서 로마라는 나라가 조금씩 성장하고 있었다. 아무도 주목하지 않던 이 작은 나라는 이후 세계 역사에서 가장 거대하고 영향력 있는 제국으로 성장하게 된다.

고대 로마

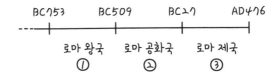

고대 로마 시대는 왕국이 건국된 기원전 753년부터 서로마 제국이 멸망하는 기원후 476년까지의 천 년이 넘는 기간이다. 이 시기는 크게

세 단계로 나뉘는데, 로마 왕국, 로마 공화국, 로마 제국이 그것이다. 각각의 시대를 살펴보자.

로마 왕국

전설에 의하면 로마 왕국은 늑대에게 키워진 로물루스와 레무스 형제에서 시작되었다. 형제는 성장하여 마을의 우두머리가 되었고, 점차 주변 지역을 점령해갔다. 하지만 형제는 다투었고, 형 로물루스가 동생 레무스를 죽이고 왕이 되었다. 로물루스는 자신의 이름을 딴 소규모의 도시국가를 건설했다. 'Roma'는 로물루스의 이름 'Romulus'에서 왔다.

초기 로마 왕국은 부족한 주민을 늘리기 위해 도망자와 망명자를 받아주었고, 부족한 여성들은 이웃나라로부터 납치하기도 했다. 이렇게 형성된 주민들은 일곱 개의 언덕이 있는 이 지역에서 농업과 목축을 하며 생활했다. 로물루스는 여러 부족 중 100명을 선출해서 원로원을 만들었고 이들의 조언을 참고하며 나라를 통치했다. 로물루스를 포함한 일곱 명의 왕이 250년 동안 차례로 로마를 다스렸다. 하지만 자신의 아버지를 살해하고 7대 왕이 된 타르퀴니우스는 원로원을 무시한 채 독재를 추진해 귀족들과 대립하게 되었다. 또 그의 아들이 유력 가문의 부인을 겁탈하는 등의 사건을 일으키자 귀족들과 시민들은 왕에게 저항했다. 결국 왕정은 무너지고 로마에는 공화정이 들어서게 되었다.

로마 공화국

기원전 509년에 시작된 공화정은 로마의 발전을 이끌었다. 정치기구는 집정관, 원로원, 민회로 구분되어 있었다. 우선 집정관은 두 명으로 임기는 1년이었다. 이들은 행정과 군대를 관할했다. 다음 원로원은 300명으로 늘어났다. 그들은 귀족 구성체로 권력의 중심이었고, 외교와 재정 그리고 집정관에 대한 자문을 담당했다. 마지막으로 민회는 보통의 시민으로 구성되었다. 이들은 입법, 사법, 관리 선출, 국가 주요 정책을 결정하는 역할을 했다. 모든 시대와 지역에서 그러하듯 기득권을 가진 소수의 집단과 평등을 요구하는 다수의 평민 간의 갈등은 로마에서도 예외가 아니었다. 시민은 자신들의 권리를 주장하기 위해 민회 의장인 호민관을 선출하여 원로원의 정책에 거부권을 행사할 수 있도록 했다.

비교적 안정된 정치 체제는 로마의 경제적, 군사적 발전을 이끌었다. 국력은 빠르게 신장되었다. 이탈리아반도 전체를 장악한 로마는 결국 지중해 서부의 패권을 두고 카르타고와 대결하게 되었다. 포에니 전쟁이라 불리는 이 전쟁은 기원전 3세기 중반부터 기원전 2세기 중반까지 100여 년에 이르는 치열한 싸움이었다. 오늘날의 튀니지 북부를 거점으로 하는 카르타고에는 명장 한니발이 있었다. 그는 놀라운 전략으로 로마를 거세게 몰아붙였다. 하지만 한 명의 명장만으로 대세를 거스를 수는 없었다. 결국 로마는 카르타고를 점령했다. 일개 도시국가였던 로마는 이제 지중해 서부 전체를 지배하는 패권국으로 성장하게 되었다.

문제는 전쟁 이후였다. 식민지가 늘어나고 귀족들의 부는 증가했지만, 오랜 전쟁으로 농토는 황폐해졌고 일반 평민의 삶은 어려워졌다. 빈부격차에 따른 귀족과 평민의 갈등은 점차 심화되어갔다. 평민의 강력한 지지를 바탕으로 사회 개혁을 주장하는 그라쿠스 형제가 호민관에 선출되었다. 그들은 귀족들의 토지 소유를 제한하는 개혁을 추진했다. 하지만 기득권을 가진 귀족들은 이를 인정할 수 없었다. 결국 그라쿠스 형제는 원로원과 귀족들에게 살해당했다. 개혁은 실패했다. 로마는 혼란스러웠다. 이 틈을 타 가이우스 율리우스 카이사르가 1인 독재를 꿈꾸며 로마 정치계에 등장했다. 로마 공화정 말기에 활약한 그는 결국 황제가 되지 못하고 암살되었지만 그의 이름인 카이사르는 황제를 뜻하는 영어 시저(Caesar), 독일어 카이저(kaiser), 러시아어 차르(czar)의 기원이 되었다. 이 단어들은 절대적인 힘과 권한을 갖는 황제를 뜻한다.

카이사르는 귀족 집안 출신으로 매력적인 외모와 뛰어난 언변뿐만 아니라 카리스마까지 갖춰 민중의 강력한 지지를 받았다. 그는 세 명의 실력자가 동맹하여 국가 권력을 독점하는 삼두정치를 제안하며 집정관이 됨으로써 로마 정치계의 중심에 들어갈 수 있었다. 이후에는 오늘날의 프랑스 지역인 갈리아의 총독이 되어 로마의 변방을 괴롭혀왔던 켈트족들을 복속시켰다. 카이사르는 자신의 업적을 〈갈리아 원정기〉로 기록했고, 이 책이 로마 시민에게 인기를 끌면서 폭넓은 지지기반을 만들 수 있었다. 하지만 7년간의 원정 동안 로마 본토에서는 정세 변화가 있었다. 삼두정치 체제의 한 명인 크라수스가 죽자 다른 한 명인 폼페이우스는 원로원과 손을 잡았다. 카이사르의 힘이 커지는 것을 경계해왔던 원로원은 카이사르에게 군대를 해산하고 로마로 돌아올 것을 명령했다. 카이사르는 자신이 홀로 로마로 돌아갈 경우 죽음에 이르게 될 것임을 알았다. 고심 끝에 그는 자신의 군대를 이끌고 로마로 진격했다. 로마의 경계인 이탈리아 북부의 루비콘강을 건너며 그는 이렇게 말했다. "주사위는 던져졌다."

이후 카이사르와 폼페이우스의 내전이 시작되었다. 카이사르의 전술에 폼페이우스는 대패했고 이집트로 도망쳤다. 하지만 전세가 이미 카이사르에게 기운 것을 알았던 이집트의 왕 프톨레마이오스 13세는 폼페이우스를 살해했다. 카이사르는 폼페이우스를 쫓아 이집트로 건너왔다가 운명의 여인 클레오파트라 7세를 만나게 되었다. 당시 프톨레마이오스와 클레오파트라는 권력을 다투고 있었다. 카이사르는 클레오파트라를 도와 프톨레마이오스를 몰아냈고, 그녀를 여왕의 자리에 앉혔다.

둘 사이에는 아들이 태어났다. 카이사르는 클레오파트라와 아들을 데리고 모든 정적이 사라진 로마로 돌아갔다.

카이사르는 스스로 종신 독재관이 되었다. 이후 정체되어 있던 민중의 권리를 대변하는 개혁들을 빠르게 진행했다. 그가 황제가 되려 한다는 우려가 원로원과 귀족들 사이에 퍼져나갔다. 그들은 암살 계획을 세워 실행에 옮겼다. 원로원 회의장으로 들어서는 카이사르를 열네 명의 귀족들이 둘러싸고 단도로 살해한 것이다. 그중에는 카이사르와 젊은 시절부터 전장을 함께 누비던 데시무스 브루투스가 포함되어 있었다. 죽어가면서도 총애하던 브루투스의 얼굴을 알아본 카이사르는 "브루투스 너마저"라고 외쳤다고 한다. 카이사르를 지지하던 민중은 분노했다. 결국 카이사르가 정치적 후계자로 예정했던 옥타비아누스가 내전 끝에 적들을 모두 처단하고 권력을 획득했다. 그리고 스스로 로마 제국의 황제로 등극했다. 그는 세상에서 가장 존엄한 자라는 뜻의 '아우구스투스'라는 칭호를 원로원으로부터 강제로 받아내었다.

카이사르의 죽음

로마 제국

기원전 27년, 옥타비아누스의 즉위와 함께 고대 로마 제국이 시작되었다. 이미 로마 제국은 지중해를 완전히 장악한 상태였다. 당시 사람들은 지중해를 로마의 호수라고 불렀다. 로마의 영향력은 지중해 서쪽의 스페인과 영국을 아울렀고, 동쪽으로는 헬레니즘 문화권, 이집트, 유대 지역에까지 이르렀다. 오늘날 각양각색의 인종과 언어, 지역과 문화의 차이에도 불구하고 유럽인이 스스로를 '유럽인'이라는 단일한 개념으로 묶어 사유하게 된 것은 로마 제국이라는 단일한 역사에서 기원한다.

로마 제국 초기에는 제3대 칼리굴라와 제5대 네로 같은 황제가 나타나 폭압적인 정책을 펼치기도 했다. 하지만 이후에 다섯 명의 어진 황제, 즉 오현제의 출현으로 로마는 전성기를 맞이했다. 오현제는 차례로 네르바, 트라야누스, 하드리아누스, 안토니누스 피우스, 마르쿠스 아우렐리우스다. 기원후 95년부터 180년까지 이어진 이 부유하고 평화로운 시기를 팍스 로마나라고 부른다. 당시 로마 제국의 면적은 오늘날 미국의 3분의 2에 이르렀고, 인구는 1억5천만 명을 넘어섰다.

로마가 이 거대한 제국을 오랜 시간 유지할 수 있었던 이유는 형식적인 측면과 내용적인 측면으로 생각해볼 수 있다. 우선 형식적인 측면으로는 그들이 도로와 항구를 발달시켰기 때문이었다. 교통로의 발달은 시간과 공간을 압축한 효과를 만들어냈고, 과거에는 불가능했던 거대지역을 단일한 문화권, 경제권으로 묶어낼 수 있었다. 내용적인 측면으로는 로마의 다문화, 다신교 정책 때문이었다. 로마는 정복지의 고유한 문화와 종교를 인정했고 그들의 자치도 허용했다. 여기에 더해 로마의 법과 의무를 준수할 경우에는 로마 시민이 될 수 있는 기회를 부여했다.

하지만 모든 이가 로마의 지배를 환영한 것은 아니었다. 자신들만의 역사, 종교, 문화, 인종을 지키고자 하는 지역은 로마 제국과 불편한 관계를 유지할 수밖에 없었다. 유대 지역도 그중 하나였다.

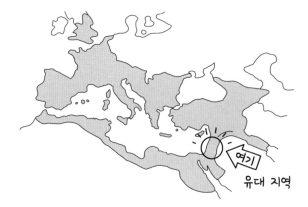

팍스 로마나

여기

유대 지역

로마 제국 변방의
유대 지역

유대인의 파란만장한 역사

로마 제국의 식민지 중에는 지중해 동쪽 끝에 위치한 유대 지역이 포함 되어 있었다. 이 지역은 고대부터 여러 제국에 점령되었던 곳으로, 오랜 시간 유대 민족이 거주하고 있었다.《구약》성서에 따르면 기원전 1030 년, 사울이 이 지역을 통일하고 이스라엘 왕국을 세웠다. 두 번째 왕 다 윗은 예루살렘을 수도로 정하고 치세를 이어갔다. 다윗의 아들 솔로몬 은 도시를 정비하고 외교를 통해 국내외를 안정시킴으로써 이스라엘의 전성기를 가져왔다. 하지만 솔로몬이 죽자 나라는 둘로 나뉘었다. 솔로 몬의 아들 르호보암은 열두 지파 중에서 유다 지파와 베냐민 지파를 거 느리고 남유다의 왕이 되었다. 남유다 왕국은 유대인의 뿌리가 되었다. 솔로몬의 신하였으나 후에 반란을 일으킨 여로보암은 나머지 열 개 지 파를 규합하여 북이스라엘을 건국했다. 북이스라엘은 기원전 8세기에 아시리아에 의해 먼저 멸망했다. 이 과정에서 북이스라엘인은 아시리아

인과 혼합되었고 후에 사마리아인으로 불렸다. 유대인은 혼혈인이라는
이유로 사마리아인을 천대했다.

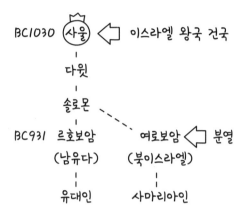

유다 왕국도 아시리아의 위협에 시달렸다. 혼란한 시대에 예언자 이
사야가 나타났다. 그는 아시리아의 침공과 이보다 더 큰 위협이 될 신바
빌로니아의 침입을 예언했다. 사람들의 부도덕을 꾸짖었고, 지금 당장
회개할 것과 오직 신에게만 의지할 것을 주장했다. 또 처녀가 잉태하여
아들을 낳을 것이고, 장차 메시아가 올 것이며, 비로소 신의 나라가 도래
할 것임을 예언했다. 기원전 6세기 신바빌로니아의 왕 느부갓네살 2세
가 침공을 감행하자 유다 왕국은 멸망했다.

왕국이 사라지고 유대인은 포로가 되어 바빌론으로 강제 이주되었
다. 기원전 597년부터 기원전 539년까지 4만여 명이 노예가 되거나 지
구라트 건설에 동원되었다. 이를 바빌론 유수라고 한다. 이 시기에 구세

주가 나타나서 우리를 구원해줄 것이라는 이사야의 메시아 사상이 유대인에게 깊게 자리 잡혀갔다.

남유다와 북이스라엘

바빌론 유수는 바빌론이 페르시아에 정복될 때까지 60년 동안 지속됐다. 기원전 539년에 페르시아는 유대 지역을 점령하고 유대인이 이곳에 돌아와 자신들의 성전을 다시 지을 수 있도록 허락했다. 하지만 유대인의 삶은 안정될 수 없었다. 전쟁과 혼란은 계속됐다. 페르시아는 알렉산드로스 대왕에게 멸망했고, 유대 지역은 알렉산드로스 사후에 그의 장군들에 의해 나눠졌던 세 국가 중 하나인 셀레우코스 왕국의 지배 아래 들어갔다. 이때가 기원전 4세기였다. 이후 기원전 63년에는 로마 제국이 이 지역을 점령했다. 유대인은 기원후 66년에 로마에 저항해보기도 했지만 실패했다. 이 지역에서의 분쟁은 이후에도 끊이지 않았다. 유다 왕국이 무너진 이후 유대인은 역사상 한 번도 통합된 국가를 갖지 못했다. 나라가 없는 유대인은 전 세계로 흩어져 떠돌았다. 그들이 다시 국가를 형성한 것은 현대에 이르러서였다. 1948년, 유대인은 이곳에 이스라엘을 건국했다.

유대 지역의 역사

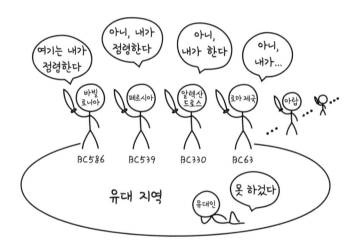

성경에는 이들 유대인을 지칭하는 단어가 여럿 나온다. 히브리인, 이스라엘인, 유다인 등이 그것이다. 우선 히브리는 《구약》에 등장하는 아브라함과 관련된 단어다. 아브라함은 잘 알려진 것처럼 유대교, 기독교,

이슬람교의 공통 조상이 되는 인물로, 그가 강을 건너 이주해 왔다는 뜻에서 '가로지르다', '건너가다'라는 의미의 하바루에서 이 단어가 기인한 것으로 본다. 또는 아브라함의 조상인 에벨의 이름에서 기인했다는 설도 있다. 어쨌거나 핵심은 히브리라는 단어에는 유대인의 민족적 뿌리에 대한 자부심이 내포되어 있다는 것이다.

다음으로 이스라엘은 아브라함의 손자인 야곱의 다른 이름이다.《구약》에 따르면 야곱은 얍복강의 나루터에서 천사와 밤새도록 씨름을 했고, 결국 '하나님과 겨루어 이기다' 혹은 '하느님이 주관하시다'라는 뜻의 이스라엘이라는 새로운 이름을 받았다. 이 단어 역시 조상과 민족의 뿌리에 대한 유대인의 소속감이 반영되어 있다.

마지막으로 유대 혹은 유다는 야곱의 열두 아들 중에 넷째 아들인 유다의 이름에서 기인했다. 열두 아들은 이후에 열두 지파의 기원이 되는데, 유다는 유다 지파의 조상이 되는 인물이다. 이 혈통은 다윗과 솔로몬으로 이어지고, 유다 왕국의 뿌리가 되었다. 유대인은 자신들이 혈통적으로 혹은 정신적으로 이 유다 왕국의 후손들이라고 생각한다. 그리고《신약》에서는 예수 그리스도의 혈통적 뿌리를 유다 왕국의 왕권에서 찾는다.

《구약》이 복잡하게 느껴지는 것은 사람 이름이 많이 등장해서인데, 사실 수천 년의 시간을 배경으로 한다는 점을 고려하면 딱히 많은 사람이 등장하는 것도 아니다. 우리가 언급했던 인물들을 시대별로 묶어서 생각해보면 기억하기 편리하다. 우리가 예수 그리스도를 2천 년 전의 옛날 사람으로 생각하는 것만큼 예수 그리스도는 다윗 왕이 1천 년 전의 옛날 사람이라고 생각했을 것이고, 다윗 왕은 800년 전에 살았던 아브라함이 옛날 사람이라고 생각했을 것이다. 혹시 아브라함이 〈길가메시 서사시〉를 알았다면 그가 500년 전의 옛날 사람이라고 생각했을 것이다.

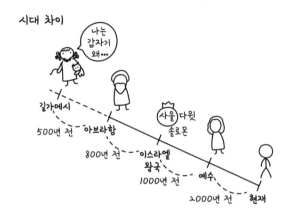

예수의
생애와 사상

출가와 죽음 그리고 부활

예수는 이스라엘 왕국 다윗 왕의 혈통과 이어지지만 마구간에서 태어났다. 사실 가난해서라기보다는 묵을 방이 없었던 것으로 보인다. 누가복음에서는 다음과 같이 전한다. '맏아들을 낳아 강보로 싸서 구유에 뉘었으니 이는 사관에 있을 곳이 없음이어라.(눅 2:7)' 만삭인 마리아와 요셉이 베들레헴의 마구간에 가 있었던 것은 호적 조사 때문이었다. 당시 카이사르의 죽음 이후 로마 제국 제1대 황제에 오른 아우구스투스는 과세 대상을 체계적으로 파악하기 위해 제국 전체에 대대적인 호적 조사를 지시했다. 유대 지역이라고 예외일 수는 없었다. 모든 이가 본적지에 가서 신고를 해야 했다. 요셉은 나사렛에서 목수 일을 하고 있었지만 본적은 170km 정도 떨어진 베들레헴에 있었기에 호적 신고를 하러 만삭인 마리아와 함께 이곳에 왔던 것이다. 요셉 외에도 호적 신고 때문에 이동해야 했던 이들이 많았을 것이다. 이를 고려하면 마리아와 요셉이 숙소를 잡기가 쉽지 않았을 것임을 이해할 수 있다. 예수의 탄생은 서력의 정의에 따라 당연히 1년이어야 하지만, 역사적인 측면을 고려하면 아마도 기원전 7년에서 기원전 4년 사이였을 것으로 보인다.

마리아는 예수를 잉태하기 전에 대천사 가브리엘에게서 아이가 태어날 것이란 사실을 고지 받았다. 이를 '수태고지(受胎告知)'라 한다. 그 후 마리아는 약혼자였던 요셉에게 성령으로 잉태했음을 알렸고, 요셉은 이를 쉽게 받아들이지 못했다. 그는 조용히 약혼을 파기하고자 했다. 하지만 꿈에서 가브리엘의 계시를 받고 결혼을 받아들였다. 아기 예수는 베들레헴에서 태어났지만 마리아, 요셉과 함께 나사렛으로 돌아가 그곳에서 자랐기 때문에 사람들은 그를 나사렛 예수라고 불렀다.

요셉이 목수였기에 예수는 어려서부터 목수 일을 배웠다. 청년이 되어서는 보통의 유대인처럼 유대교 회당 예배에 참석했다. 그곳에서 그는 사람들 앞에서 말할 수 있는 기회를 가진 적이 있었다. 이때 이사야의 예언서를 인용하여 자신이 고난받는 민중을 이끌 것이라고 설교했다. 하지만 사람들은 "저 사람은 목수 요셉의 아들이 아닌가?"라고 말하며 그의 변변치 못한 신분을 비웃었다.

예수

　때가 이르자 예수는 출가했다. 공적인 생애를 시작하기 전, 예수는 요한을 찾아갔다. 요한은 마리아의 사촌인 엘리사벳의 아들이었다. 그는 요단강에서 사람들에게 물로 세례를 주는 세례 운동을 하고 있었다. 그리스도가 오실 것과 죄를 회개해야 할 것을 외치며 다녔기에 그는 유대인 사이에 이미 널리 알려져 있었다. 사람들이 요한에게 어떻게 회개해야 하는지를 물은 적이 있었다. 요한은 이렇게 대답했다. "속옷 두 벌을 가진 사람은 한 벌을 없는 사람에게 주고, 먹을 것이 있는 사람도 이와 같이 남과 나누어 먹어야 한다."

요한이 사람들에게 세례를 베풀고 있을 때, 예수가 그에게로 다가갔다. 예수를 본 요한은 예수에게 물로 세례하며 이렇게 말했다. "내가 당신에게 세례를 받아야 할 터인데 왜 당신이 내게로 오셨습니까?" 예수는 이렇게 답했다. "우리가 이렇게 할 때 하느님께서 원하시는 모든 일이 이루어지리라." 그리고 예수는 공생애를 시작했다.

예수는 홀로 광야로 나아갔다. 척박하고 쓸쓸한 그곳에서 그는 40일 동안 금식하며 자신의 내면으로 깊게 침잠했다. 고행하는 예수에게 악마가 찾아와 그를 세 번 시험했다. 첫 번째로 악마는 돌을 들어 보이며, 당신이 하느님의 아들이라면 이 돌을 빵으로 만들어보라고 말했다. 예수는 《구약》 성서를 이용해 답했다. "사람은 빵으로만 사는 것이 아니라 하느님의 입에서 나오는 말씀으로 살 것이다.(신명기 8:3)" 두 번째로 악마는 예수를 예루살렘 성전 꼭대기로 데려가서는, 당신이 하느님의 아들이라면 천사들이 당신을 시중할 것이니 이곳에서 뛰어내려보라고 말했다. 예수는 이렇게 말했다. "주님이신 너의 하느님을 시험하지 말라.(신명기 6:16)" 세 번째로 악마는 높은 산으로 예수를 데리고 가서 세상의 화려함을 보여주며, 나에게 절하면 이 모든 것을 너에게 주겠노라고 말했다. 예수는 이 시험도 물리쳤다. "주님이신 너희 하느님을 경배하고 그분만을 섬겨라.(신명기 6:13)" 악마는 물러났다.

예수는 어부들과 가난한 자들을 제자로 삼고, 갈릴래아 지방을 중심으로 가르침을 전했다. 병에 걸린 사람들이나 마귀 들린 사람들을 고쳐

준다는 소문이 나자 각지에서 사람들이 몰려들었다. 많은 사람이 모이자 예수는 갈릴래아 호수 북쪽의 낮은 언덕 위에서 사람들을 향해 가르침을 설파했다. 이를 산상설교 혹은 산상수훈이라고 한다. 이것은 예수의 초기 가르침을 정리한 것으로 '어떻게 살아야 하는가'에 대한 도덕적 행위 지침이 잘 드러나 있다. 성서 중의 성서라고 일컬어지는 이 가르침의 첫 주제는 여덟 가지의 참된 행복이다. 이를 팔복이라 한다.

산상수훈

마음이 가난한 사람은 행복하다. 하늘나라가 그들의 것이다.

슬퍼하는 사람은 행복하다. 그들은 위로를 받을 것이다.

온유한 사람은 행복하다. 그들은 땅을 차지할 것이다.

옳은 일에 주리고 목마른 사람은 행복하다. 그들은 만족할 것이다.

자비를 베푸는 사람은 행복하다. 그들은 자비를 입을 것이다.

마음이 깨끗한 사람은 행복하다. 그들은 하느님을 뵙게 될 것이다.

평화를 위하여 일하는 사람은 행복하다. 그들은 하느님의 아들이 될 것이다.
옳은 일을 하다가 박해를 받는 사람은 행복하다. 하늘나라가 그들의 것이다.

- 공동번역 성서 〈마태오〉 5:1~10

기독교인이 중요하게 여기는 주기도문도 산상수훈의 가르침 중에 등
장한다. 주기도문은 이렇게 기도하라는 예수 그리스도의 가이드라인이
라고 볼 수 있다.

하늘에 계신 우리 아버지
온 세상이 아버지를 하느님으로 받들게 하시며
아버지의 나라가 오게 하시며
아버지의 뜻이 하늘에서와 같이 땅에서도 이루어지게 하소서.
오늘 우리에게 필요한 양식을 주시고
우리가 우리에게 잘못한 이를 용서하듯이
우리의 잘못을 용서하시고
우리를 유혹에 빠지지 않게 하시고
악에서 구하소서.

- 공동번역 성서 〈마태오〉 5:7~13

여기서 흥미로운 것은 일부 신학자들이 지적하는 것처럼 예수의 가
르침이 오늘날 일반적으로 알려진 기독교의 교리와는 어느 정도 차이가

있어 보인다는 점이다. 대표적으로 예수 그리스도는 하느님의 나라가 현실과 분리된 죽음 이후의 사후 세계가 아니라 지금 여기의 현실 세계에서 이루어진다고 말한다. 즉, 예수의 가르침은 단순히 착하게 살면 사후에 복을 받는다는 기복적인 믿음이 아니라 나의 삶과 현실을 개선하고자 하는 실천적이고 혁명적인 측면이 있다.

당시 유대인이 예수라는 젊고 낯선 인물을 따르게 된 것도 이러한 이유가 크다. 당시의 상황을 고려할 필요가 있다. 그들은 오랜 시간 여러 제국들의 지배를 받았고, 노예의 신분과 다를 것이 없었으며, 항상 착취의 대상이었다. 여기에 더해서 같은 민족임에도 불구하고 당시의 율법가나 제사장은 로마 제국과 결탁해서 자신들의 배만 불리고 일반 민중에게는 엄격한 종교적 규율만을 강요했다. 민중은 이사야의 예언이 실현되기를, 삶을 개선하고 민족을 해방해줄 메시아가 도래하기를 애타게 기다렸다. 그렇기에 예수의 등장은 유대인에게 단비와도 같았다. 예수는 당시의 부패한 기득권을 비판했고, 가난한 자들을 돌보았으며, 우리가 발붙이고 있는 고된 현실에 곧 하느님의 나라가 도래할 것임을 설파했던 것이다.

자신들의 치부를 들추고 민중에게 인기를 얻어가는 예수가 유대 율법가와 제사장들에게 좋게 보일 리가 없었다. 그들은 예수를 제거하기로 했다. 예수가 예루살렘에 도착했을 때 그를 지지하는 민중은 환호했다. 사람들은 겉옷을 벗어 길에 펼쳐놓았고, 승리를 상징하는 종려나무

가지를 꺾어 길에 뿌려놓았다. 많은 사람이 그를 정치적 혁명가로 생각했다.

예수는 최후의 만찬에서 제자들에게 빵과 포도주를 나눠주고 감사 기도를 했다. 그리고 자신의 죽음이 무엇을 뜻하는지 설명했다. 예수는 제자들에게 이 중에 한 명이 자신을 팔아넘길 것이라고 말했다. 잠시 후 유대 제사장들에게 매수당한 가리옷 유다가 자리에서 뛰쳐나가 예수를 고발했다. 제자들은 뿔뿔이 흩어졌고 예수는 체포되었다. 유대인의 자치기구인 산헤드린 의회에서 신성 모독, 로마에 대항한 반역자의 죄목으로 사형이 선고되었다. 당시는 로마 제국의 지배하에 있었기에 실제로 사형을 집행하려면 로마의 승인이 있어야 했다. 그래서 예수는 당시 로마의 유대 지역 집정관이었던 본디오 빌라도에게 넘겨졌다. 하지만 빌라도는 예수에게서 로마에 저항한 증거를 찾을 수 없었다. 그는 처형의 결정을 유대인에게 넘기기로 했다. 유대인의 명절 유월절에는 죄수 한 명을 풀어주는 전통이 있었다. 빌라도는 이때를 이용해 예수와 도둑 바라바 중에서 누굴 석방할지 유대인이 직접 선택하도록 했다. 유대인은 바라바를 원했다. 빌라도는 물에 손을 씻으며 말했다. "나는 이 사람의 피에 책임이 없다." 그러자 유대인이 말했다. "그 사람의 피에 대한 책임은 우리와 우리 자손들이 질 것이오." 빌라도는 바라바를 풀어주고, 예수를 매질하여 사형에 처하도록 했다. 역사가들은 유대인이 바라바를 선택한 것은 바라바가 유대 독립운동 집단인 열심당의 일원이었기 때문일 것으로 보고 있다.

십자가형은 로마가 식민지 죄인들을 처벌하는 방법이었다. 예수는 골고다언덕까지 자신이 매달릴 십자가의 가로대를 짊어지고 올랐다. 그리고 두 명의 도둑과 함께 십자가형에 처해졌다. 오후가 되었을 때 모든 것이 끝났음을 알고 예수는 이렇게 말했다.

"이제 다 이루었다."

"아버지, 제 영혼을 아버지 손에 맡깁니다."

십자가에서 내려진 예수의 주검은 유대인의 전통에 따라 동굴에 보관되었다. 하지만 이틀 후 예수의 시신은 사라졌고, 다시 살아난 모습으로 제자들 앞에 나타났으며, 그들이 보는 앞에서 하늘로 승천했다.

부활과 승천

중간 정리

서양 사상의 거대한 줄기를 이루는 기독교의 탄생을 살펴보기 위해, 세 가지 측면에서 역사를 알아보았다. 첫째 세계사적 배경에서 로마 제국의 역사, 둘째 이러한 전체 맥락 속에서 진행된 유대 지역의 역사, 셋째 이러한 배경에서 등장한 위대한 스승으로서 예수 그리스도의 일생.

이야기는 고대 로마에서 시작되었다. 로물루스에 의해 건국된 로마 왕국은 기원전 6세기 공화국 시대에 이르러 안정된 정치 체제를 기반으로 경제적, 군사적 발전을 이뤄냈다. 이후 기원전 3세기 포에니 전쟁에서 카르타고를 꺾고 지중해 서부를 장악한 로마는 거침없이 주변 지역을 점령하여 결국 오늘날의 유럽 전역을 지배하게 되었다. 공화국 말기에는 카이사르가 등장하여 1인 독재를 꿈꾸며 강력한 개혁 정책을 펼쳤지만, 귀족들의 반란으로 살해당했다. 이후 옥타비아누스가 카이사르에 반대했던 모든 반란 세력을 처단하고 스스로 황제에 등극함으로써 로마는 제국 시대를 맞이했다. 옥타비아누스는 기원전 27년부터 기원후 14년까지 재위했고, 이 시기에 로마 제국의 변방이었던 식민지 유대 지역에서 예수 그리스도가 탄생하게 되었다.

유대인은 오랜 시간 유대 지역에서 살았다. 기원전 11세기에 사울에 의해 건국된 이스라엘 왕국은 솔로몬 왕 이후에 남유다와 북이스라엘로 나뉘었다. 이 중에서 북이스라엘은 기원전 8세기에 아시리아에 멸망했고, 남유다 왕국은 기원전 6세기에 신바빌로니아의 침입으로 무너졌다. 이후 페르시아가 유대 지역을 점령하고 유대인의 자치를 허락하면서 그들은 바빌론의 노예 신분에서 벗어나 자신들의 땅으로 돌아올 수 있었다. 이후 기원전 63년이 되면 지중해를 빠르게 장악해나가던 로마 제국에 의해 이 지역은 또다시 점령되었다.

이러한 역사적 배경에서 예수 그리스도가 기원전 4년 전후로 탄생했다. 당시의 유대인은 오랜 시간 동안의 식민 지배와 노예 같은 삶을 견디며 고대부터 전해져온 메시아 사상을 마음 깊이 새기고 있었다. 그렇기에 사람들의 육체와 정신을 치유하며 이 땅에 도래할 신의 나라를 말하는 예수는 많은 유대인에게 메시아로 받아들여졌다.

우리가 생각해보아야 하는 것은 살아 있는 예수를 따르던 제자들과 당시 유대 민중의 관점이다. 로마 제국의 지배라는 지극히 현실적인 문제 속에서 일상의 고단함을 살아가는 그들에게 삼십 대의 젊은 예수는 어떤 인물로 비쳤을까? 갈릴래아 호수 북쪽의 낮은 언덕 위에서 어떻게 살아야 하는가에 대해 설파하는 그를 사람들은 어떻게 받아들였을까? 확실한 것은 그와 동시대를 살아갔던 사람들에게 예수 그리스도의 죽음이 갖는 의미는 그렇게 중요하지 않았을 것이라는 점이다. 그들에게 중요한 것은 살아 있는 예수의 입에서 나온 삶에 대한 가르침이었을 것이다. 반면 예수 그리스도의 죽음 이후에 태어난 사람들은 예수의 죽음과 부활의 의미에 더 큰 관심을 가졌다. 그의 죽음과 부활은 형이상학적으로 해석되었고, 이를 통해 그리스 철학과 연결되는 접점을 갖게 되었다. 지금부터는 이 과정을 조금 더 자세히 알아보려 한다.

예수의
두 가지 의미

역사로서의 예수, 초월로서의 예수

예수 그리스도의 죽음과 부활은 기독교의 핵심 사상으로, 신과 인간의 관계가 회복되었음을 알리는 사건으로 받아들여진다. 절대적 선으로서의 신이 죄로 가득한 인류와 관계 맺기 위해서는 죄 없이 태어난 자의 희생을 매개로 삼아야 한다는 것이다. 즉, 예수 그리스도는 희생을 위해 인류에게 왔고, 죽음으로써 그 뜻을 다 이루었다.

이와 같은 해석의 기원은 바울에게 있다. 바울은 그리스도의 의미에 대한 철학적 담론인 그리스도론의 토대를 마련한 인물이다. 그는 '그리스도의 선재'와 '그리스도의 큐리오스로서의 증명'을 통해 예수 그리스도에게 신적 지위를 부여했다. 여기서 그리스도의 선재란 그리스도가 예수라는 존재로 지상에 내려오기 전에 이미 하느님의 로고스로서 존재하고 있었다는 생각이다. 다음으로 그리스도의 큐리오스로서의 증명이란 예수 그리스도를 신적 존재로 보고 그가 곧 큐리오스(Kurios, 주님)임을 믿는 것이 그리스도인의 조건이라는 입장이다. 그리스도론은 삼위일체론과 함께 기독교 신학의 주요한 주제가 되어왔다.

여기서 흥미로운 것은 예수 그리스도의 신적 지위에 대한 해석이 예수 스스로나 혹은 그의 생전 제자들에 의해서가 아니라 온전히 바울에 의해 이루어졌다는 점이다. 물론 바울도 예수의 제자인 사도로 인정받았으나, 그가 실존하는 예수를 만난 것은 아니었다. 그는 다만 회심을 통해 예수 그리스도를 믿게 되었고, 이후 열정적으로 그리스도 사상을 전파했다.

두 가지 예수

바울의 열정 위에서 기독교라는 세계 종교가 탄생할 수 있었던 것은 모두가 인정하는 사실이다. 하지만 일부 신학자들은 바울의 그리스도론과 실제 존재했던 역사적 예수의 가르침에는 어느 정도 차이가 있을 수

있음을 지적한다. 실제로 예수는 생전에 자신이 신과 같은 위상을 갖는다고 밝힌 적이 없었고, 그의 가르침도 지상에서 하느님의 나라를 실현하는 것과 이를 준비하는 마음 자세를 가질 것에 초점이 맞춰져 있었다. 반면 바울은 예수의 생전 가르침보다는, 예수의 죽음과 부활이 하느님의 구원의 역사에서 어떤 의미를 갖고 예수가 어떤 지위를 갖는지에 집중했다. 말하자면 구체적 현실의 예수가 바울로 인해 초월적이고 형이상학적인 예수로 변모한 것이다.

물론 이러한 차이는 대립 혹은 참과 거짓의 문제가 아니다. 역사로서의 예수와 초월로서의 예수는 예수라는 존재의 두 가지 측면이자 상호보완적인 특성이다. 다만 문제가 되는 것은 하나의 관점만이 절대적으로 옳다고 믿는 도그마나, 하나의 관점만을 강조하는 편향된 이해 방식일 것이다. 이제부터 바울의 이야기를 들어보자.

바울

바울은 초기 기독교 신학의 체계를 정립한 인물로, 오늘날의 기독교를 존재하게 한 핵심이다. 개신교에서는 바울이라고 부르지만 가톨릭에서는 바오로, 공동번역 성서에서는 바울로라고 부른다. 혹은 파울로, 파울로스, 바우로 등으로도 부르는데, 각자 익숙한 이름으로 부르자.

예수 그리스도 사후 초기에는 유대교와 기독교가 엄밀하게 분리되지 않았다. 예수의 가르침을 따랐던 사람들은 자신들이 독립된 종교를 믿는다는 정체성이 분명하지 않았고, 예수라는 인물도 그저 유대교 전통 안에서 탄생한 주요 인물들 중 하나로 여겨졌다. 하지만 바울의 생각은 달랐다. 그는 《구약》 성서를 기반으로 예수가 왜 그리스도, 즉 메시아인지 설명했고, 이를 토대로 유대교와는 다른 기독교만의 정체성을 확립했다. 또 그는 로마부터 그리스, 소아시아에 이르는 넓은 지역으로 여러 차례에 걸쳐 선교 여행을 떠나 비유대인에게도 그리스도의 복음을 전파했다. 그는 신학자이자 전도자였다. 그의 사상과 열정은 《신약》 성서의 열세 편에 달하는 〈서신서〉에 잘 드러나 있다. 기독교를 종교와 신앙이 아니라 역사와 사상의 측면에서 본다면, 기독교는 예수가 아니라 바울에 의해 세워졌다고 보는 것이 옳다.

바울

바울의 출생 시기는 명확하지 않다. 대략 기원후 10년 무렵에 태어난 것으로 보인다. 오늘날 터키의 도시 타르수스의 엄격한 유대교 가정에서 태어났다. 그의 본명은 사울이다. 바울이라는 이름은 당시의 해외 거주 유대인이 유대 이름과 로마 이름을 모두 사용했기에, 로마식 이름으로 사용한 것이다. 아마도 로마 제국 시민권이 있었던 것으로 보인다. 그는 어려서부터 엄격한 율법주의 분파인 바리새파의 일원으로 교육받았다. 청년이 되어서는 유대교 신학을 체계적으로 공부했으며, 타협하지 않는 신앙 생활을 했다고 전해진다. 그는 올곧고 고집스러운 성격으로, 유대 율법에 소홀한 초기 기독교인을 박해하는 데 앞장섰다. 바울은 실력과 야망을 겸비한 젊은 지도층 인사로 받아들여졌다. 그러던 어느 날 그가 회심하는 사건이 발생했다.

기원후 34년 무렵, 대제사장의 공문을 받아 다마스쿠스의 기독교인들을 체포하기 위해 길을 가고 있을 때였다. 그는 놀랍게도 밝은 대낮의 길 위에서 부활한 예수 그리스도를 만나게 되었다. 밝은 빛 때문에 바울은 순간적으로 시력을 잃었다. 눈이 먼 상태에서 음성이 들려왔다. "나는 네가 박해하는 예수다. 너는 일어나 시내로 들어가라. 그러면 네가 해야 할 일을 일러줄 사람이 있을 것이다.(행 9:5~6)"

바울의 회심

눈이 먼 상태로 다마스쿠스에 도착한 바울은 거기 살고 있던 예수의 제자 아나니아를 만났다. 아나니아의 세례를 받은 후에야 그는 시력을 회복할 수 있었다. 이후 심경의 변화를 겪은 바울은 깊게 회심했고, 열정적으로 예수의 복음을 전파하는 사도가 되었다.

그러나 그를 사도로 볼 것인가에 대한 논쟁이 있었다. 사도란 '특정 임무를 위해 앞서 보낸다'는 뜻으로, 당시에는 예수의 가르침을 직접 듣고 배운 제자들을 가리키는 용어로 사용되었기 때문이었다. 바울은 생전의 예수를 만난 적이 없었다. 그는 자신이 빛으로서의 예수를 만나 사명을 부여받았음을 강조했지만, 다른 사도들은 이를 받아들이지 않았다. 이후 시리아 교회의 지도자 바르나바가 그의 사도권을 보증한 후에야 자격을 인정받았다.

바울은 열정적인 사람이었다. 그는 다른 사도들로부터 전해 들은 예수의 탄생과 부활에 대한 이야기를 토대로, 유대인이 그토록 기다리던 그리스도가 바로 예수임을 사람들에게 알렸다. 41년부터 58년까지는 세 차례에 걸쳐 기나긴 선교 여행을 떠났다. 소아시아와 그리스 전역을 떠돌며 적극적으로 선교 활동을 펼쳤다. 이 고된 과정은 그전까지 유대교의 작은 종파로만 여겨지던 기독교가 국제적인 거대 종교로 거듭나는 계기가 되었다. 이후에 바울은 예루살렘에서 체포되어 2년간 옥살이를 했다. 하지만 석방되자마자 다시 로마와 스페인으로 건너가 선교 활동을 펼쳤다. 그가 돌아다닌 거리는 대략 3만2천km에 달했다. 지구 둘레의 길이가 4만km이고, 서울에서 파리까지의 직선 거리가 9천km인 것을 생각해보면 놀라운 열정이라 할 수 있다.

하지만 열정적인 바울도 멈춰 설 수밖에 없었다. 그것은 64년에 발생한 로마 대화재 때문이었다. 로마 시내 14개 구역 중에서 10개 구역을 잿더미로 만든, 로마 역사상 가장 처참한 화재였다. 당시의 황제였던 네로는 화재를 수습하기 위해 애썼다. 난민 수용소를 만들고 인근 도시에서 식량을 운송해 왔다. 그럼에도 민심은 극도로 나빠지고 있었다. 네로가 자기 이름을 붙인 새로운 도시를 만들기 위해 스스로 방화를 저질렀다는 소문 때문이었다. 네로는 자신의 어머니를 암살한 일, 선심성 정책으로 재정을 파탄낸 일 등 기존의 실책들로 이미 민심을 잃은 상황이었다. 이런 상황에서 네로가 방화를 저질렀다는 소문은 황제의 권위에 큰 위협이 될 수 있었다. 네로와 지배층은 민심을 돌리기 위한 희생양이 필요했다. 때마침 빠르게 성장하고 있는 신흥 종교인 기독교가 눈에 들어왔다. 당시 로마인에게 기독교는 로마 제국에 의해 처형된 자를 믿는 이상한 집단처럼 보였다. 네로는 이를 이용하기로 했다. 화재의 원인을 기독교인의 방화로 돌려 300여 명을 화형에 처하거나 맹수의 밥이 되게 한 것이다. 이러한 기독교 박해에 휩쓸려 베드로와 바울도 순교하게 되었다.

사형이 집행되던 날, 바울은 이미 늙어 허리가 굽고 그동안의 감옥살이로 병색이 짙어 있었다. 하지만 씩씩하게 사형장으로 걸어갔고, 그렇게 형장의 이슬로 사라졌다. 생전에 바울은 이렇게 말한 적이 있었다. "이는 내게 사는 것이 그리스도니, 죽는 것도 유익함이라."(빌 1:21)

기독교의
탄생

세계 종교가 된 이유

바울이 기독교 역사에서 갖는 의미는 크다. 그는 유대교의 작은 종파로 여겨지던 기독교를 세계적인 종교로 성장하게 하는 토대를 마련했다. 바울이 초기 기독교 역사에서 갖는 의미는 형식적인 측면과 내용적인 측면으로 이해할 수 있다.

우선 형식적인 측면에서 그는 기독교의 외연을 확장하는 역할을 했다. 로마 제국의 각 지역에서 기독교를 열정적으로 전도함으로써, 할례를 받은 유대인의 종교가 아니라 할례를 받지 않은 비유대인의 종교로 규모를 넓혔다. 이 과정에서 바울은 베드로를 비롯한 다른 사도들과 충돌하기도 했다. 당시의 다른 사도들은 자신들이 유대교의 전통 안에 있는 하나의 종파라고 인식했고, 이에 따라 유대 율법과 전통을 따르는 것을 중요시했다. 반면 바울은 유대 율법과 전통에서 벗어나고자 했다. 그의 선교 지역이 비유대 지역이었고 그곳의 사람들은 각자 다른 문화와 전통을 갖고 있었기 때문이다. 바울이 보기에 신앙에서 중요한 것은 유대 전통을 따르느냐 그러지 않느냐가 아니라, 그리스도에 대한 믿음이었다. 그는 믿음만이 신과의 관계를 회복하는 유일한 길이라 여겼다. 이러한 인식의 차이는 바울과 베드로를 대립하게 만들었다. 하지만 점차 그들은 자신들의 역할을 이해했고 서로를 존중하게 되었다. 베드로가 예루살렘 교회를 중심으로 하는 유대 기독교인을 이끄는 지도자라면, 바울은 타 지역의 이방 기독교인을 이끄는 지도자임을 서로 인정했던 것이다.

바울의 역할

┌─ 형식적 측면 : 기독교의 외연 확장
│   (유대 종교 → 보편 종교)
└─ 내용적 측면 : 교리의 형이상학적 체계화

다음으로 내용적인 측면에서 바울은 십자가형과 부활이라는 신비주의적 신앙을 신에 의한 구원의 역사라는 형이상학적 체계로 격상시켰다. 여기서의 내용적 측면은 형식적 측면과 불가분의 관계를 맺는다. 즉, 유대 율법과 전통에 관심이 없는 외국인을 전도하기 위해서는 단순히 예수라는 유대인의 가르침만으로는 부족했던 것이다. 다양한 문화를 가진 사람들이 받아들일 수 있는 보편적인 교리와 심도 있는 철학 체계가 필요했다. 그리고 바울은 이 역할을 충실히 수행해냈다. 바울에게 예수 그리스도의 의미가 그의 생전 가르침보다는 죽음과 부활의 초월적 의미에 집중되었던 것은 이 때문이다. 하지만 어떤 면에서 이것은 바울의 한계 때문이었을 수도 있다. 그는 살아 있는 예수의 직접적이고 지극히 현실적인 가르침을 듣지 못했으니 말이다. 바울의 말대로 그는 신적인 현현으로서의 예수를 만났고, 사도들로부터 부활의 기적을 전해 들었다. 그런 면에서 생활을 함께했던 사도들의 예수와, 초월적 존재로서의 바울의 예수는 당사자들에게 서로 다른 이미지일 수밖에 없었다.

초월적 예수는 바울의 입을 통해 로마 제국의 각 지역으로 빠르게 퍼져나갔다. 이스라엘 출신의 유대 사학자 요셉 클라우스너는 이렇게 평가한다. "예수 없이는 바울도 없었겠지만, 바울이 없었다면 기독교 세계 또한 없었을 것이다. 그런 의미로 볼 때, 이방인의 사도 바울은 이방인들 사이에 퍼져간 기독교의 개창자였다."

바울이 기독교 역사에서 갖는 의미를 살펴보았으니, 이제 바울이 뿌린 씨앗이 어떠한 과정을 거쳐 로마 제국에서 싹을 틔우게 되었는지 알아볼 차례다. 구체적인 역사를 살펴보자.

사도들이 순교한 이후, 기독교는 꾸준히 탄압의 대상이 되었지만 민중 사이로 천천히 스며들고 있었다. 로마의 박해는 300년간 계속되었다. 이 기간 동안 로마에서는 정치적 혼란이 지속되고 있었다. 대략 50년간 18명의 황제가 쿠데타와 암살로 나타났다 사라지기를 반복했다. 평균 재임 기간은 2년 남짓이었다. 이 시기를 군인 황제 시대라고 한다.

이 혼란을 끝낸 인물은 디오클레티아누스 황제였다. 농민 출신으로 군인을 거쳐 황제까지 오른 입지전적인 인물이었다. 그가 일단 정치적 혼란을 멈추긴 했지만 로마는 경제적, 안보적 측면에서 복잡한 문제 상황에 놓여 있었다. 급격하게 증가하는 인구 때문에 거대한 영토가 필요했고, 이러한 거대 영토는 필연적으로 산발적인 이민족의 침입에 노출되었다. 디오클레티아누스는 군인 출신이었기에 게르만족이나 고트족 등의 이민족이 얼마나 골칫거리인지 잘 알고 있었다. 그는 거대해진 제국의 변방 문제를 중앙에서 모두 해결하기는 어렵다고 판단했다. 그래서 혁신적인 제도를 도입했다. 그것은 한 명의 황제를 더 임명하고 두 황제가 각각 한 명씩의 부황제를 임명하여 제국을 사분할 통치하는 체제였다. 네 명의 황제가 각각의 지역을 통치하고 변방의 문제를 스스로 해결하게 했다. 이 제도는 단기간에 단일 왕권의 역량 부족 문제를 해결하는 최선의 방법이었다. 하지만 쉽게 예상할 수 있듯, 오래지 않아 통치권의 불안을 가져왔다.

네 명의 황제 중 한 명인 콘스탄티우스 1세가 306년에 죽자 그의 아들 콘스탄티누스가 서로마의 후계자로 임명되었다. 하지만 다른 세 황제는 이제 막 서른세 살이 된 젊은 황제를 인정하지 않았다. 이에 맞서 콘스탄티누스는 군대를 일으켰다. 군사, 정치 등 모든 측면에서 풍부한 경험과 자신감을 가졌던 그는 다른 황제들을 차례로 제압해갔다. 결국 324년, 제국은 다시 통일되었다. 콘스탄티누스는 단독 황제에 올랐다.

콘스탄티누스 대제. 그의 이름은 한 번쯤 들어봤을 것이다. 그는 서구 역사에서 매우 중요하게 다뤄지는 인물이다. 그것은 그가 박해를 멈추고 기독교를 로마 제국의 국교 중 하나로 인정했기 때문이다. 그는 313년 밀라노 칙령을 통해 기독교인의 종교 자유와 권리를 인정했고, 몰수했던 교회의 재산을 돌려주었다. 325년에는 예수 사후 300년 만에 첫 번째 공의회를 열어 기독교의 교리를 정리하게 했다. 이때 주된 논의 주제는 예수 그리스도의 신성을 부정하는 아리우스파의 교리에 대한 평가였다. 결과적으로 아리우스파의 견해는 부정되었고, 나누어졌던 교회의 입장이 통합되었다. 이를 제1차 니케아 공의회라고 한다.

로마 제국의 분열

서로마

동로마
(비잔틴 제국)

통일된 로마 제국은 오래가지 못했다. 395년, 로마 제국은 다시 분열되었다. 서로마 제국은 지금의 이탈리아, 영국, 프랑스, 스페인, 북아프리카 지역을 포함했고, 비잔틴 제국이라 불리게 된 동로마 제국은 지금의 그리스, 터키, 이집트, 팔레스타인 지역을 포함했다. 하지만 서로마 제국은 이민족의 침략을 막아내지 못하고 476년에 멸망하고 말았다. 이후 이 지역은 게르만족의 여러 독립 국가로 갈라지며 오늘날 서유럽의 기원이 되었다. 일반적으로 서로마 제국의 멸망까지를 고대 로마 제국의 시대로 본다. 물론 로마 제국 자체가 사라진 것은 아니었다. 동로마 비잔틴 제국은 중세까지 이어져 1453년까지 존속했다. 이 외에도 서유럽 지역에 프랑크 왕국과 신성 로마 제국 등 로마의 후계자임을 자처하는 국가들이 나타나며 로마의 정신은 계승되었다.

콘스탄티누스의 역할이 중요했던 이유가 여기에 있다. 그는 로마가 분열되기 직전의 통일된 시기에 기독교를 공인함으로써 로마 제국 분열 이후에도 기독교가 유럽 전역에서 세력을 확장할 수 있는 토대를 마련하는 역할을 했던 것이다.

그리스 철학과
기독교의 융합

세계관의 공유

서양 세계관의 두 축인 헬레니즘과 헤브라이즘은 이러한 로마 제국의 역사 속에서 만날 수 있었다. 하지만 역사적 배경만으로는 너무도 이질적인 두 사상 체계의 공존을 이해하기 어렵다. 실제로 그리스 철학과 기독교는 역사뿐 아니라 사상적 배경까지 공유함으로써 2천 년간 공존할 수 있었다. 특히 기독교는 그리스 철학의 이원론적 세계관을 교리 안에 녹여냄으로써 사상 체계를 세련되게 정립하는 동시에 이원론적 세계관에 익숙한 유럽인에게 거부감 없이 수용될 수 있었다.

그리스 철학과 기독교 사상의 접목은 오랜 시간에 걸쳐 천천히 이루어졌다. 특히 교회의 아버지라는 뜻의 교부 철학자들의 역할이 컸다. 교부 철학자들은 초기 기독교 사상을 체계화한 존경받는 교회의 어른들이었다. 그중에서도 4세기에 활동한 아우구스티누스는 기독교 교리에 플라톤 철학을 직접적으로 녹여냄으로써 신앙으로서의 종교와 이성으로서의 철학이 융합될 수 있는 길을 제시했다. 그의 이야기를 잠시 들어 보자.

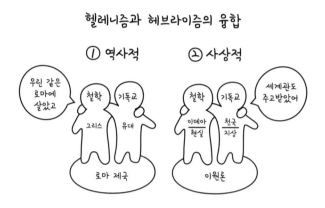

헬레니즘과 헤브라이즘의 융합

① 역사적   ② 사상적

아우구스티누스는 고대의 끝에 태어나 유럽의 중세를 탄생시킨 위대한 사상가로 평가된다. 그는 354년, 오늘날 알제리의 북동쪽에 위치한 도시 수크아라스에서 태어났다. 아버지는 로마의 시민이었지만 가난했고, 어머니는 기독교인이었다. 그의 부모는 어려움 속에서도 자식의 교육에 헌신적이었다. 부모의 노력으로 아우구스티누스는 대학에서 공부하며 지적인 열정을 발산할 수 있었다. 카르타고로 유학을 갔지만 로마 제국 말기의 어수선한 분위기에 휩쓸려 방탕한 생활을 하기도 했다. 열아홉 살이 되어서는 고대 그리스의 정치가 키케로의 《철학의 권유》를 읽고 불멸의 지혜에 대한 열정에 사로잡혔다. 하지만 키케로의 사상은 그를 충족시키기에 부족했다. 방황하던 그는 당시에 확산되고 있던 마니교에 심취하기도 했다. 페르시아에서 시작된 마니교는 선악 이원론의 단순한 교리를 바탕으로 엄격한 계율을 강조하는 종교였다. 이후 문학과 철학을 공부하며 마니교와 멀어졌고 신플라톤주의에 빠졌다가 결국에 기독교를 받아들였다. 아우구스티누스의 자서전《참회록》에는 그의 지적 여정이 잘 그려져 있다. 이후 그는 사제가 되었고, 395년에는 지금의 알제리인 북아프리카 히포 지역의 주교가 되었다.

당시 로마 제국의 분위기는 흉흉했다. 번영은 사라졌다. 그것은 게르만족이 훈족의 침입을 피해 빠르게 남하하며 민족 대이동이 시작되었기 때문이었다. 서로마 제국의 북쪽 지역부터 게르만족의 정착지가 점차 확장되고 있었다. 많은 로마인이 위기와 혼란의 원인을 기독교에서 찾았다. 그들은 기독교인 때문에 로마의 신들이 화가 났다고 생각했다. 이러한 분위기에서 기독교인의 삶은 언제나 위태로웠다. 아우구스티누스는《신국론》을 저술하여 기독교를 변호했다.

그는 이 방대한 역사철학서에서 세계를 둘로 나누었다. 우선 '이교도의 신들'과 '기독교의 신'을 나눴다. 그리고 각각의 신에 대해 설명했다. 아우구스티누스에 따르면 로마의 신들에 대한 예배는 인간을 현세적이고 쾌락 추구적인 부정적 성향으로 이끈다. 이것이 로마인이 도덕적으로 타락한 이유이고, 현재 로마를 위기로 이끈 실제 원인이라는 것이다. 반면 기독교의 신은 이데아에 따라 세상을 창조한 신으로, 은총을 통해 인간을 구원하고자 하는 영원한 생명의 신이다.

다음으로 아우구스티누스는 신의 구분을 국가의 구분으로 연결했다.

그것은 '인간의 나라'와 '신의 나라'다. 이교도의 신들을 믿는 인간의 나라는 자신에 대한 자만과 자애를 기반으로 하는 이기적인 국가이고, 기독교의 하느님을 믿는 신의 나라는 자신을 낮추고 신에 대한 사랑을 기반으로 하는 숭고한 국가다. 로마 제국이 몰락한 것은 기독교 때문이 아니라, 반대로 기독교가 가르치는 삶의 방식을 실천하지 않았기 때문이라는 것이 아우구스티누스의 해석이었다. 그는 이렇게 결론짓는다. 두 세계의 운명은 결국 유일자이자 절대자인 하느님의 섭리에 의해 멸망과 승리의 모습으로 나타날 것이다.

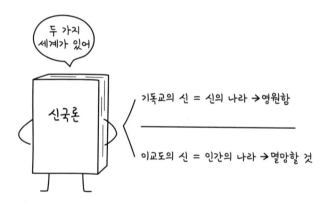

우리가 알아보고자 하는 것은 아우구스티누스의 주장이 사실이냐 아니냐가 아니다. 이에 대한 판단은 개인의 주관적인 신앙의 문제일 것이다. 우리는 대신 아우구스티누스의 세계관을 확인하고자 한다. 그리고 결론적으로 신과 인간, 기독교와 이교도에 대한 그의 구분 속에서 뚜렷하게 드러나는 이원론적 관점을 확인할 수 있었다. 젊은 시절부터 체계적으로 그리스 철학을 교육받았고 특히 플라톤 사상에 익숙했던 아우구스티누스에게 기독교를 플라톤적 이원론으로 설명하는 것은 오히려 자연스러운 일이었다.

아우구스티누스 이후에도 기독교는 그리스 철학을 자양분으로 교리를 체계화하고 이론적 논의를 섬세하게 다듬어갔다. 이러한 점진적 과정 속에서 헬레니즘과 헤브라이즘의 통합은 유럽 사회에서 실현되어갔다.

정리해보자. 우리는 어떻게 일견 대립되어 보이는 헬레니즘과 헤브라이즘이 서구 사회의 근간을 이룰 수 있었는지를 살펴보았다. 그것은 세 단계를 통해 가능했다. 첫 번째 단계는 바울에 의해 예수 그리스도의 죽음과 부활의 의미가 신에 의한 인간 구원의 역사라는 추상적 개념으로 정리된 것이다. 두 번째 단계는 이러한 개념적 일반화를 통해 기독교가 유대인의 종교를 넘어 다양한 문화권, 특히 로마 제국에 수용될 가능성을 갖게 된 것이다. 세 번째 단계는 기독교 교리가 아우구스티누스에 의해 플라톤의 이데아 사상으로 다듬어지고 접목된 것이다.

이후 서양의 철학과 종교는 플라톤의 이원론적 세계관을 공유하며 고대를 넘어 중세와 근대로 이어졌다. 1500년의 시간 동안 서양인은 드넓은 이원론의 세계관 위에서 태어나고 성장하고 눈을 감았다. 그들은 자연스럽게 세계와 세계를 나누고 세계와 자아를 나누는 이원론자가 되었고, 이데아와 이성, 천국과 영혼, 본질과 금욕을 추구하는 로고스 중심주의자가 되었으며, 눈앞의 세계를 실체라고 믿는 실재론자가 되었다.

하지만 이원론을 공유하던 철학과 종교는 근대에 이르러 서로 다른 길로 나아갔다. 철학은 18세기에 이르러 독일 관념론을 탄생시키며 이원론의 한계를 극복하는 방향으로 나아갔다. 반면 기독교는 이원론적 세계관을 유지했다. 그것은 절대적인 신의 지위를 지켜내기 위한 기독교인의 노력의 결과였다. 전지전능하고 완전무결한 신의 개념을 불완전한 인간으로부터 보호하는 최선의 방법은 이 둘을 엄격히 분리하는 것이었다. 기독교는 2천 년 가까이 이원론적 세계관을 지켰다.

물론 기독교 내에서 이원론의 한계를 극복하려는 움직임이 전무했던 것은 아니다. 대표적으로 독일 기독교 신비주의는 자아의 내면에서 전체이자 궁극으로서의 신을 만나고자 했다는 점에서 고대의 위대한 스승들의 일원론적 세계관과 이어지고 있다. 이 독특한 기독교적 견해를 마지막으로 간략히 살펴보려 한다.

마이스터
에크하르트

일원론의 가능성

우리가 이 책 전체에서 살펴보았던 것처럼 일원론이 시대와 지역을 초월해서 보편적으로 등장하는 위대한 스승들의 거대 사상이라면, 이것이 유독 기독교에서만 등장하지 않는다는 것은 차라리 이상한 일일 것이다. 실제로 기독교 사상의 주류를 형성하지는 못했지만, 일원론적 관점은 신비주의라는 이름으로 그 명맥을 이어왔다. 그리고 그 중심에는 독일 기독교 신비주의를 대표하는 인물인 마이스터 에크하르트가 있다. 그는 13세기 중세 유럽에서 활동한 사상가로, 도미니크회의 수도사이자 신학자였다. 토마스 아퀴나스를 이은 뛰어난 스콜라 철학자로 평가되며, 독일 신비주의의 창시자로 알려져 있다.

에크하르트는 1260년 무렵 독일 튀링겐의 귀족 가문에서 태어났다. 10대 시절에 도미니크 수도원에 들어가서 토마스 아퀴나스의 저작들을 공부했다. 이후 파리 대학에서 수학했고 그곳에서 신학박사가 되었다.

그는 오랜 시간 공부했고 신학을 가르쳤으며 에어푸르트 수도원의 원장 직책을 수행했다. 1302년에는 '거룩한 신학의 스승'이라는 의미로 '마이스터'라는 호칭을 받게 되었다. 이때부터 그는 원래 이름인 요한네스 에크하르트 대신 마이스터 에크하르트로 불리게 되었다.

마이스터 에크하르트

교회는 그에게 많은 역할을 맡겼다. 1304년, 40대 중반이 되었을 때 그는 독일 작센 지방의 도미니크회 관구장이 되어 47개에 이르는 수도원을 관리했고, 주교 총대리직을 수행하거나 교회의 임명이 있을 때 신학자들을 가르치는 등 헌신적으로 활동했다. 50세를 넘긴 1311년부터는 저명한 설교자로 대중 사이에서 유명해지기 시작했다. 그는 파리, 슈트라스부르크, 프랑크푸르트, 쾰른 등지에서 라틴어 대신 모국어인 독일어로 대중을 가르쳤고, 특히 수도사들을 교육하며 신비 체험에 대해서 설교했다.

그는 마음에 신이 내재하고 있음을 가르쳤다. 또한 문자로서의 교리보다 신실한 체험을 강조했다. 깊은 침묵 속에서 내면의 심연으로 내려갈 때, 우리는 신의 실재를 체험할 수 있다. 그가 이렇게 설교할 수 있었던 것은 스스로가 자신의 내면 안에서 광활한 세계를 보았고, 인간의 영혼과 신의 궁극적 합일을 직접 경험했기 때문이다.

에크하르트의 가르침에 많은 이가 호응했던 이유는 시대적인 상황과 무관하지 않았다. 당시 중세 유럽은 종교의 그림자에서 벗어나 점차 근대 이성의 시기로 나아가고 있었다. 학계는 아리스토텔레스를 재발견함으로써 고대 그리스의 인본주의와 이성중심주의를 사회적 담론으로 끌어올렸다. 민중은 권위적이고 부패한 교회를 통하지 않고 신의 말씀에 직접적으로 닿고자 하는 열망을 갖고 있었다. 이렇게 교회의 권위와 기독교의 의미가 쇠락하는 상황에서 에크하르트는 기독교 신앙을 새롭게 정립하고자 했다. 그가 설교하는 자기 내면에서의 신과의 합일은 이러한 시대적 상황에 처한 많은 이에게 단비와도 같았다.

하지만 당시는 이단 재판과 화형이 끊이지 않던 시대였다. 1326년, 에크하르트의 나이가 67세가 되었을 때 도미니크회와 대립하던 프란치스코회 소속의 쾰른 대주교는 에크하르트가 이단의 가르침을 전파한다며 그를 고발했다. 그리고 쾰른에서의 종교 재판에서 에크하르트는 유죄 선고를 받았다. 죄목은 그가 사람들에게 범신론을 가르친다는 것이었다. 범신론이란 세계 밖의 초월적 인격신을 인정하지 않고, 세계와 신을 동일시하는 사고방식을 말한다. 이는 당시 무신론적 철학자들이 말하던 세계관이었다. 에크하르트는 교황에게 항소했다. 하지만 노쇠한 그는 최후의 판결을 기다리는 과정에서 고요히 영면에 들었다.

그가 죽고 2년이 지났을 때, 교황 요한 22세는 그의 글과 강의에서 발췌한 28개 명제를 평가해서 일부는 이단이고 일부는 위험하다고 판결했다. 사실 교회가 이런 판결을 내렸던 것은 에크하르트의 신비주의가 교회의 역할을 축소할 수 있다는 위기감 때문이기도 했다. 중간에 교회의 권위를 매개하지 않고 신과 개인을 직접 연결하는 사상을 교회는 인정할 수 없었다. 그의 저작물은 배포가 금지되었고, 공개적 논의도 불가능해졌다. 이 때문에 그의 저작의 많은 부분이 유실되어 오늘날까지 남은 것은 많지 않다. 하지만 유죄 판결에도 불구하고 그의 사상은 요하네스 타울러, 하인리히 소이제, 헨리코 수소 등의 뛰어난 제자들에게 이어졌다. 그리고 교회의 권위로부터 벗어나 자기 안에서 신을 만나고자 하는 많은 신앙인에 의해 활발히 연구되었다. 에크하르트의 사상은 결과적으로 유럽의 철학과 기독교 사상에 심오한 영향을 미쳤다.

에크하르트의 사상

에크하르트는 신과 자아의 일체성을 인식하고자 했다. 이것이 그의 신비주의의 핵심이라 할 수 있다. 우선 그에게 신이란 기독교의 삼위격을 초월한 근원적 신성(神性)으로서의 존재를 말한다. 근원적 신성은 인간의 이성이나 감각으로 파악할 수 없고, 언어로도 표현할 수 없는 규정 불가능한 것이다. 이것은 무한(無限)인 동시에 무(無)라고 표현할 수밖에 없다. 우리가 어떠한 노력을 기울여 언어로 묘사하려고 시도한다고 해도 그것은 신 자체와 멀어지는 행위에 지나지 않는다. 그래서 에크하르트는 신은 이것이라고도 저것이라고도 말할 수 없다고 한다.

흥미로운 것은 이러한 설명이《베다》나 도교 혹은 불교에서의 설명과 맥락을 같이한다는 것이다.《베다》는 궁극적 존재로서의 브라흐만을 인간의 제한된 언어로 표현하지 못하는 까닭에 'neti neti', 즉 '아니다, 아니다'로 부정할 수밖에 없다고 말한다. 마찬가지로 〈도덕경〉 첫 장의 도가도비상도(道可道非常道)는 '도를 도라고 하더라도 항상 그러한 도가 아니다', 다시 말해 '도라고 할 수 있는 도는 도가 아니다'를 말하며 궁극적인 존재가 언어로 표현할 수 있는 대상이 아님을 설명하였다. 이것은 불교의 불립문자(不立文字)나 칸트의 물자체에 대해 말할 수 없음과도 연결된다고 하겠다. 시대와 장소를 넘어 궁극적 존재에 닿고자 하는 모든 이는 어쩔 수 없이 인간 사유의 유일한 도구인 언어의 한계에 닿을 수밖에 없었던 것인지도 모른다. 에크하르트는 말한다. "신의 본질과 합일되기 위해서는 신의 개념도 떨쳐내야 한다."

다음으로 에크하르트는 자아에 대해 설명하고, 동시에 자아 안에서의 신의 발견에 대해 이야기한다. 그는 영혼 혹은 마음의 깊은 곳에 '영혼의 불꽃'이 있음을 말한다. 내면으로의 깊은 침잠과 탐색을 통해 발견하게 되는 이 빛은 신 자체의 힘이고, 신이 인간 속에서 작용하는 그 무엇이다. 우리는 세계 전체로서의 신을 자신의 내면에서 발견함으로써 합일의 극치를 경험하는 것이다. 내면의 영혼의 불꽃과 전체로서의 신의 합일. 에크하르트는 이를 "인간의 마음속에서 신이 탄생한다"라고 표현한다. 에크하르트는 다음과 같이 말한다.

"많은 단순한 이가 신은 저기에 있고 자신들은 여기에 있는 것처럼 신을 보아야 한다고 착각한다. 그러나 사실은 그렇지 않다. 신과 나, 우리는 하나다. 인식을 통해 나는 신을 내 속으로 들어오게 하고, 사랑을 통해 나는 신 안으로 들어선다."

만약 우리가 [베다] 편에서 시작해서 [기독교] 편에 이르는 이 방대한 과정을 거치지 않고 에크하르트의 글을 읽었다면 그의 이야기가 무슨 말인지 이해하지 못했을 것이다. 혹은 단순히 몽상가로, 심하게는 정

신이상자로 볼지도 모를 일이다. 실제로 그는 당시 사람들에게 많은 오해를 받았다. 하지만 위대한 스승들의 거대 사상을 따라오며 우리는 이해할 수 있게 되었다. 에크하르트의 사상과 체험은 독특한 무엇이 아니라, 인류 역사의 모든 지역과 모든 시대에서 자기 내면의 심연으로 들어간 사람들이 체험하게 되는 보편적 깨달음이라는 사실을 말이다. 에크하르트는 범아일여, 도와 덕의 일치, 일체유심조, 관념론 등과 동일한 맥락으로 자아와 세계의 관계에서의 일원론을 설명하고 있는 것이다.

마지막으로 그는 이러한 상태에 이르기 위한 방법을 제시한다. 그것은 침묵 속에서 신의 임재를 기다리는 '관상기도(觀想祈禱)'에서 출발한다. 자기 자신을 비우고 자아에서 벗어나는 '그냥 내맡겨 두고 있음'의 상태에 도달할 때, 우리는 완전한 무의 경지에 이르게 되고, 이때 그 안에서 완전한 무로서 하느님을 만날 수 있다는 것이다. 우리가 이러한 초월적 경지에 이르러서야 비로소 진정한 자유의 상태가 된다고 에크하르트는 말한다.

진정한 자유. 이 말은 세속의 화려함과 분주함에 마음을 빼앗긴 우리에겐 너무나도 먼 이야기처럼 들린다. 하지만 우리 일생 전체가 자본주의적 노동과 소비만으로 채워져 있지는 않을 것이다. 언젠가 때가 되고 우리가 준비되었을 때, 우리는 각자의 심연으로 침잠할 기회를 갖게 될 것이다. 그리고 그때에 이르러 우리는 비로소 에크하르트의 말을 이해하게 될지 모른다. 그는 이렇게 말했다.

"만약 당신이 내 마음을 인식할 수 있다면, 내가 말하는 것을 이해하게 될 것입니다. 왜냐하면 내가 말하고 있는 것은 진실이고, 진리가 이를 스스로 말하고 있기 때문입니다."

최종 정리

일곱 번째 장이 끝났다. 서양의 사상은 헬레니즘과 헤브라이즘, 즉 철학과 기독교를 근본 뿌리로 한다. 이 두 사상은 일반적으로 대립한다고 알려져 있으나, 그 본질에서는 이원론의 세계관을 공유한다는 점에서 2천 년의 역사 동안 상호 보완적인 관계를 맺어올 수 있었다. 이번 장에서는 어떠한 역사적 배경 속에서 이것이 가능할 수 있었는지에 대해 집중해 보았다.

첫 단계는 예수 그리스도의 의미를 추상화하는 것에서 시작한다. 열정적인 사도였던 바울의 사유 속에서 예수 그리스도의 죽음과 부활은 절대자와 관계 맺기 위한 필연이라는 보편적 의미를 획득하게 되었다. 흥미로운 것은 이러한 바울의 역할이 400년 전 플라톤의 역할과 유사하다는 점이다. 플라톤의 사유 속에서 스승 소크라테스의 죽음이 단지 우연적 사건이 아니라 진리와 관계 맺은 자가 처하게 되는 보편적인 사건으로 다시 태어난 것처럼 말이다.

바울의 추상화와 일반화는 장점과 단점을 모두 가졌다. 장점은 예수 그리스도의 존재론적 지위가 구체적 개인에서 초월적 보편으로 격상되었다는 점이다. 로마 제국의 작은 식민지 유대 지역에서 활동한 예수는 바울을 통해 지역적 한계를 넘어 인류 보편의 존재로 확장될 가능성을 갖게 되었다. 반면 단점은 그러한 해석으로 현실에 발 딛고 살아 숨 쉬는 가르침을 설파했던 예수의 혁명적 목소리가 상대적으로 가려졌다는 점이다.

교회는 바울의 사상을 토대로 성장했다. 이제 예수 그리스도는 신과의 관계를 매개하는 보편자가 되었다. 반대로 인간은 신과 직접적으로 관계 맺을 수 없는 존재가 되었다. 신과 인간은 분리되었고, 천국과 지상도 분리되었으며, 영혼과 신체, 선과 악, 금욕과 쾌락도 마찬가지로 분리되었다. 이러한 기독교 교리는 4세기에 아우구스티누스를 통해 플라톤의 이원론과 만나며 체계화되고 세련되어졌다. 이원론의 세계관 안에서 종교와 철학은 접점을 찾았다.

이원론은 오랜 시간 서양을 지배했다. 특히 서양 철학이 근대에 이르러 일원론의 가능성을 탐구했던 것과는 달리 기독교는 이원론을 유지했다. 이를 통해 신의 완전무결함은 불완전한 인간으로부터 분리되어 절대적으로 보전될 수 있었다.

하지만 기독교 역사 속에서도 일원론적 측면에 대한 탐구가 있었다.

우리는 마이스터 에크하르트의 기독교 신비주의를 통해 그것이 어떻게 가능했는지를 살펴보았다. 이로써 일원론의 사유가 특정 지역과 시대의 산물이 아니라, 인류 역사상의 모든 지역과 시대를 포괄하는 보편적 사유 방식임을 다시금 확인할 수 있었다.

	자아	세계		관계
		현상	실체	
베다	아트만	마야	브라흐만	범아일여
도가	덕	혼란	도	도덕일치
불교	의식	연기	공	일체유심조
철학	초월적 자아	현상	물자체	관념론
기독교	영혼의 불꽃	지상	신성	내면의 신

이제 우리는 결론의 문 앞에 섰다.

에필로그

이 책이 다룬 것

이 책의 주제와 결론은 명확하다. 주제는 위대한 스승들의 거대 사상이고, 결론은 세계와 자아의 합일이다. 이 거대한 결론에 도달하기 위해 우리는 7개의 대륙을 가로질렀다. 우선 [1장]과 [2장]에서 세계의 실체에 대해 살펴보았다. 다중 우주의 가능성과 우리 우주의 시작, 지구와 인류의 탄생, 문명의 발생을 시간의 흐름에 따라 빠르게 여행했다.

우리가 멈춘 시간은 기원전 5세기 무렵이었다. 여기서 우리의 여행은 공간적으로 확장되었다. 지구 곳곳의 여러 문명에서 등장한 위대한 스승들을 만나보며 그들이 자아와 세계에 대해 탐구한 결과물을 살펴보았다. [3장]부터 [5장]까지는 인도와 동양의 스승들을 만났다. 《베다》를 간직했던 고대 인도인과, 동아시아의 노자와 공자, 그리고 인도와 동양의 연결고리가 된 붓다와 그의 분파들을 만나보았다. 이들은 세속과 탈속의 균형을 이루며 자신의 내면으로 침잠할 것을 제안했다. 그 깊고 고독한 심연에서 우리가 만나게 될 것은 나의 투명한 의식이자 동시에 우주 전체의 본질이었다. 나의 눈앞에 드러난 세계의 실체는 나의 마음이고, 나의 마음속에서 세계의 실체는 열린다. 이러한 자아와 세계의 통합이라는 거대한 신비를 위대한 스승들은 꿰뚫어 보았고, 이를 범아일여, 도와 덕, 일체유심조로 언어화했다.

[6장]과 [7장]에서는 서양의 위대한 스승들을 만났다. 서양 사상의 양대 산맥인 철학과 기독교를 알아보며, 서양 사상이 동양의 일원론과는 달리 이원론으로 시작되었음을 확인했다. 우선 철학은 소크라테스의 제자 플라톤에 의해 이데아 사상이 제시된 이후로 2천 년 가까이 이원론 철학을 이어갔다. 기독교는 사도 바울에 의해 예수의 죽음과 부활이 추상화 되었고, 여기에 아우구스티누스가 플라톤의 사상을 직접 적용함으로써 신과 인간, 천국과 지상이라는 엄격한 이원론의 세계관을 정립했다. 다만 철학에서는 칸트 관념론이 등장하고 기독교에서는 마이스터 에크하르트의 신비주의가 등장하며 서양 사상 안에서도 일원론의 가능성이 진지하게 탐구되었다.

우리는 이렇게 물을 수 있다. 왜인가? 21세기 기술문명의 최전선에서 우리는 왜 이토록 오래된 고대의 지혜를 들춰보아야만 하는가? 우리는 왜 일원론의 세계관을 알아야만 하는가?

우선 실용적인 이유부터 생각해볼 수 있다. 그것은 바로 당신이 고전을 읽어내지 못하기 때문이다. 마음을 다잡고 동서양의 고전을 펼친다 해도 그 안으로 들어갈 수 없는 것은 원래 고전이 어렵기 때문도 아니고, 학창 시절에 공부를 하지 않았기 때문도 아니며, 철학과 인문학에 익숙하지 않기 때문도 아니다. 실제 이유는 우리가 반쪽의 세계밖에 모른다는 데 있다. 인류의 사유를 출발시킨 위대한 스승들은 일원론을 말해왔는데, 우리는 이원론의 세계에서 태어나 그 밖으로는 한걸음도 나가보지 않았기 때문이다. 현대인은 외국을 여행하며 이것저것 경험해보기 위해 시간과 비용을 들이면서도, 자기 내면의 가려진 영역으로 나아갈 생각은 하지 않는다. 우리는 이원론이라는 비좁은 섬 안에 머물고 있지만 인류의 위대한 고전들은 대부분 일원론의 거대한 대륙 위에서 탄생했다. 당신이 고전을 펼치고 그 안을 자유롭게 여행하며 내면 세계의 영토를 넓히기 위해서는 일원론이 무엇인지 알아야만 한다. 이것이 당신이 일원론을 이해해야 하는 실용적인 이유다.

다음으로는 당신 인생에 대한 존재론적인 이유를 들 수 있다. 많은 사람이 '세계관'이라는 것을 대수롭지 않게 여긴다. 심지어 어떤 이들은 자신에게는 세계관 같은 것은 없다고 말하기도 한다. 하지만 이것은 매우 슬픈 말이다. 왜냐하면 그는 자신이 수감자라는 것을 모르는 수감자와도 같기 때문이다. 어떤 면에서 세계관은 감옥이다. 감옥 안에 있는 자에게는 감옥 밖의 한 줌의 공간도 결코 허락되지 않는다. 세계관도 마찬가지다. 세계관은 당신 내면의 감옥이다. 우리는 누구나 특정 세계관 안에서 탄생하고 성장하며 죽는다. 그 바깥으로는 나가지 않고, 심지어 그 바깥이 있는지조차 상상하지 못한다. 어떤 이들은 기독교적 세계관에서 태어나서 기독교인으로 성장하고 기독교도로 죽는다. 그는 한 번도 불교의 세계관에, 이슬람의 세계관에, 유물론의 세계관에 발을 디뎌보지 않고 자신의 세계가 전부라고 믿으며 눈을 감는다. 어떤 이들은 불교의 세계관에서 태어나 불교인으로 성장하고 불교도로 죽는다. 그는 한 번도 다른 세계관에 발을 디뎌보지 않고 눈을 감는다. 어떤 이들은 유물론자로 태어나서 유물론자로 죽고, 어떤 이들은 실용주의자로, 어떤 이들은 허무주의자로, 어떤 이들은 과학주의자로 태어나고 성장했으면서도 자신에게는 세계관 같은 건 없다고 믿으며 눈을 감는다.

세상 모든 이가 각자 발 딛고 있는 수많은 세계관을 가장 근원적인 기준으로 나눈 것이 일원론과 이원론이다. 어떤 이들은 자아와 세계의 동일성을 보고, 세계가 자기 내면의 반영임을 매 순간 느끼며 성장하다가 죽는다. 어떤 이들은 자아와 세계가 분리되어 있다고 생각하고, 자신이 이미 존재하는 세계 위를 걸어 다니는 존재라고 매 순간 인지하며 성장하다가 죽는다. 그리고 오늘날 대부분의 한국인은 이원론의 세계관 위에 서 있다. 우리는 여기서 태어나, 여기서 죽을 것이다. 그 바깥으로 나가지 않고 심지어 그 바깥이 있는지 생각조차 하지 못할 것이다.

문제는 우리에게 일상적으로 일어나는 갖가지 느낌과 상념이 사실은 우리가 이원론의 세계관 위에 발 딛고 있기에 필연적으로 갖게 된 것들이라는 점이다. 우리가 눈앞의 세계가 실재한다고 믿는 것도, 그래서 마음이나 정신은 소홀히 하고 눈앞의 물질 세계에 마음을 빼앗기는 것도, 세계와 자아를 독립된 실체로 느끼며 자신이 소멸한 이후에도 세계가 존속할 것이라고 믿는 것도, 그러니 나의 인생이라는 것은 덧없고 허무하다고 느끼는 것도, 나의 내면은 보이지 않으니 그 안을 들여다볼 생각은 하지 못하고 타인의 말에 휘둘리게 되는 것도 모두 우리가 자아와 세계를 나누는 이원론에 기반을 두었기 때문에 갖게 된 사유의 흔적들이다.

내면의 바다

우리가 이원론을 넘어 일원론의 세계로 나아가야 하는 이유, 한 발을 내디디며 익숙하지 않은 미지의 세계로 들어서야 하는 이유가 여기에 있다. 잃어버린 절반의 세계인 일원론의 세계, 그곳의 주인이 원래 당신이기 때문이고, 당신이 들어서기 전까지 그곳은 깊은 어둠 속에 버려져 있기 때문이다. 눈을 감고 외부의 폭풍을 가라앉히고 내가 가진 모든 선입견을 판단중지 한 후, 내면의 가려진 대륙을 향해 발을 내디뎌 보자. 고대의 위대한 스승들이 그 깊은 곳에 출구가 있다고, 그 출구는 우주와 연결되어 있다고 말해주고 있으니.

무엇을 할 것인가?

이 책은 끝에 이르렀다. 우리는 다시 삶을 이어가야 한다. 그렇다면 이제 무엇을 해야 하는가? 내면의 좁은 섬을 떠나 위대한 스승들의 거대한 대륙으로 항해하기 위해서 우리는 당장 무엇을 시작해야 하는가?

당신은 광활한 바다 앞에 섰고 사방은 열려 있기에 정해진 길을 말할 수는 없다. 우리가 나아가는 모든 방향이 길이 될 것이다. 다만 바다 수영을 하기 위해서는 굳은 몸도 풀어주고 가득 찬 배 속도 비워줘야 하기에, 거대 사상의 바다로 나아갈 당신을 위해서 준비 운동을 준비했다. 이 준비 운동은 당신을 멈춰 세우는 것에서 시작한다.

첫째, 세상의 목소리를 의심해야 한다. 가족, 학교, 사회, 국가, 종교, 미디어가 모두 당신을 위한 것이라며 당신을 주저앉히려 할 때, 당당히 '아니요'라고 말하고 그것에 마음 빼앗기지 말아야 한다.

둘째, 시간을 만들어야 한다. 당신의 하루 중에서 버려지고 흩어져 있는 시간을 모아 남는 시간을 만들어야 한다. TV를 끄고, SNS를 닫고, 당신이 당신의 방을 청소하듯 당신의 모든 시간을 분주하게 만드는 떠들썩한 목소리를 가라앉히고 당신의 시간을 만들어야 한다.

셋째, 이제 남는 시간을 이용해 내면의 시간을 가져야 한다. 눈과 귀를 닫고, 호흡을 가다듬고, 평온히 내면에 머물며, 끝없이 일어나고 사라지는 잡다한 생각이 잠잠해질 때까지 여유롭게 기다려야 한다.

넷째, 마음이 가라앉았다면, 깊은 정적 속에서 자기 자신과도 대화하지 않는 침묵의 순간을 경험해야 한다. 그 속에서 무언가를 얻으려고 하지 말고, 불안해하지도 말고, 편안하게 앉아 있기만 하면 된다.

다섯째, 많은 날이 지나고 충분한 시간이 흘러 마음을 가라앉히는 데 익숙해졌다면, 그것이 당신의 즐거움이 되었다면, 이제는 현실로 나아가야 한다. 책을 읽고, 영화를 보고, 사람들을 만나고, 그들의 생각을 경청하고, 말을 줄이고, 그 안에서 배우고, 너그러워져야 한다.

여섯째, 계획을 세워야 한다. 몸도 마음도 평온한 어느 날에, 책상 앞에 앉아 자신의 삶이 다하게 될 날을 헤아려보고 남은 삶 전체의 거시적인 계획을 세워야 한다. 고대의 인도인처럼, 삶의 시간 중 언제 자아를 찾는 시간을 가질 것인지, 언제 내면을 향한 여행을 시작할 것인지, 팽개쳐 두었던 나의 삶을 다시 펼치고 먼지를 떨어내고 다림질해야 한다.

일곱째, 천천히 나아가야 한다. 당신이 계획한 깨달음을 향해 열린 길을 따라 항해해야 한다. 곁의 사랑하는 이들의 손을 잡고, 자신의 내면을 들여다보며 진중하게 나아가야 한다. 그렇게 마지막에 이르렀을 때, 비로소 알게 될 것이다. 세계가 나의 마음이라는 말의 실제 의미를.

우리는 이 책을 통해 138억 년에 이르는 시간을 여행했다. 인간이 가진 추상화의 능력은 138억 년이라는 까마득한 시간도 서너 음절의 단어로 표현해버리지만, 이 숫자가 담고 있는 실제 의미는 가늠할 수 없다. 만약 우주를 초월한 관찰자가 존재하고 그가 우주의 시작부터 지금에 이르기까지를 한 순간도 놓치지 않고 주시하고 있었다면 그의 마음은 어떨까? 우리는 우주의 시간에 비하면 찰나라고 해도 부족한 이 짧은 생의 한 순간에 지구 위의 작은 공간에 앉아 우주의 시작부터 끝에 이르는 이야기를 방금 읽어냈다. 당신의 마음은 어떤가? 우주를 초월한 존재가 느낀 마음이 혹시 지금 당신의 마음과 동일한 것은 아닐까?

우주의 창조와 소멸을 말하고 물질의 탄생과 생명의 의미와 모든 존재하는 것의 가치를 논하는 자. 이렇게 놀라운 초월적 존재는 다른 무엇이 아니라 당신이다. 당신이 세상을 보는 유일한 자이고, 세상의 의미와 가치를 부여하는 최후의 존재다.

인류의 역사 속에서 등장한 수많은 지혜로운 스승도 이를 알고 있었다. 세계 속에 당신이 있는 것처럼 느껴지지만 사실은 당신 속에 세계가 있다는 진실, 세계의 마음과 당신의 마음이 다르지 않다는 진실. 위대한 스승들은 이 깊은 합일의 진리를 알고 있었고, 그것을 다른 이들에게도 알려주고자 했다.

이제 당신이 알려줄 차례다. 자신의 마음속으로 들어가 출구를 찾아야 한다. 그곳에서 찬란히 빛나는 우주의 본질과 마주해야 한다. 그리고 다시 현실로 돌아와 당신이 깨달은 진실을 당신의 입으로 다른 이들에게 전해줘야 한다. 위대한 스승들이 당신에게 그러했듯이.

당신이 언젠가 당신의 내면 안에서 찬란히 빛나는 세계의 실체와 마주하게 되기를 바란다.

참고도서

○ **우주**

《과학철학의 이해》, 제임스 래디먼 저/박영태 역, 이학사, 2003

《맥스 테그마크의 유니버스》, 맥스 테그마크 저/김남우 역, 동아시아, 2017

《모든 것의 기원》, 데이비드 버코비치 저/박병철 역, 책세상, 2017

《부분과 전체》, 하이젠베르크 저/김용준 역, 지식산업사, 2005

《숨겨진 우주》, 리사 랜들 저/김연중·이민재 공역, 사이언스북스, 2008

《시간의 역사》, 스티븐 호킹 저/김동광 역, 까치, 1998

《평행우주》, 미치오 카쿠 저/박병철 역, 김영사, 2006

《혼돈으로부터의 질서》, 일리야 프리고진·이사벨 스텐저스 저/신국조 역, 자유아카데미,
2011

○ **인류**

《동물 철학》, 장 바티스트 라마르크 저/이정희 역, 지만지, 2009

《먹고 마시는 것들의 자연사》, 조너선 실버타운 저/노승영 역, 서해문집, 2019

《모든 순간의 물리학》, 카를로 로벨리 저/김현주 역, 쌤앤파커스, 2016

《생명 최초의 30억 년》, 앤드류 놀 저/김명주 역, 뿌리와이파리, 2007

《종의 기원》, 찰스 다윈 저/장대익 역, 사이언스북스, 2019

《최종이론의 꿈》, 스티븐 와인버그 저/이종필 역, 사이언스북스, 2007

《최초의 3분》, 스티븐 와인버그 저/신상진 역, 양문, 2005

○ **베다**

《과학에서 신으로》, 피터 러셀 저/김유미 역, 해나무, 2007

《마하바라타》, R.K. 나라얀 저/김석희 역, 아시아, 2014

《바가바드기타》, 길희성 저, 서울대학교출판문화원, 2013

《베다》, 박지명 역, 동문선, 2010

《베다》, 이명권 저, 한길사, 2013

《베다 입문》, 데이비드 프롤리 저/김병채 역, 슈리크리슈나다스아쉬람, 2004

《신화가 만든 문명 앙코르 와트》, 서규석 저, 리북, 2006

《우파니샤드》, 이재숙 역, 한길사, 1996

《인도 철학사》, 길희성 저, 소나무, 2019

《인도의 종교와 종교문화》, 류경희 저, 서울대학교출판부, 2013

《축의 시대》, 카렌 암스트롱 저/정영목 역, 교양인, 2010

○ **도가**

《김병환교수의 신유학 강의》, 김병환 저, 휴먼북스, 2018

《노자와 도가사상》, 김학주 저, 명문당, 2007

《논어》, 공자 저/김형찬 역, 홍익출판사, 2016

《도덕경》, 노자 저/오강남 평역, 현암사, 1999

《사마천 사기》, 이성규 편역, 서울대학교출판부, 2007

《유학사상》, 성균관대학교 유학주임교수실 저, 성균관대학교출판부, 2001

《장자》, 장자 저/오강남 평역, 현암사, 1999

《종교철학》, 헤겔 저/최신한 역, 지식산업사, 1999

○ **불교**

《근본중송》, 나가르주나 저/이태승 역, 지식을만드는지식, 2012

《디가니까야》, 각묵스님 역주, 초기불전연구원, 2006

《맛지마니까야》, 전재성 역주, 한국빠알리성전협회, 2009

《반야심경 이야기》, 법륜 저, 정토출판, 1995

《불교의 이해》, 케네스 첸 저/길희성·윤영해 공역, 분도출판사, 1994

《불교철학》, 데이비드 칼루파하나 저/나성 역, 이학사, 2019

《상윳따니까야》, 각묵스님 역주, 초기불전연구원, 2009

《인도불교의 역사》, 아키라 히라카와 저/이호근 역, 민족사, 2004

《인도불교사》, 사사끼 외 공저/권오민 역, 경서원, 2006

○ 철학

《그리스 철학자 열전》, 디오게네스 라에르티오스 저/전양범 역, 동서문화사, 2008

《서양철학사》, 버트런드 러셀/서상복 역, 을유문화사, 2019

《소크라테스에서 사르트르까지》, T.Z.래빈 저/문현병·이부현·이찬훈 역, 동녘, 1996

《소크라테스의 변론/크리톤/파이돈》, 플라톤 저/천병희 역, 숲, 2017

《순수이성비판 1, 2》, 임마누엘 칸트 저/백종현 역, 아카넷, 2006

《역사》, 헤로도토스 저/천병희 역, 숲, 2009

《존재와 시간》, 마르틴 하이데거 저/이기상 역, 까치, 1998

《현상학의 이념 엄밀한 학으로서의 철학》, 에드문드 훗설 저/이영호·이종훈 공역, 서광사, 1988

○ 기독교

《공동번역 성서》, 대한성서공회, 2015

《그리스도론》, 디트리히 본회퍼 저/유석성 역, 대한기독교서회, 2010

《그리스도론》, 칼 라너·빌헬름 튀징 공저/조규만·조규홍 공역, 가톨릭출판사, 2016

《리비우스 로마사》, 티투스 리비우스 저/이종인 역, 현대지성, 2018

《마이스터 에크하르트》, 부크하르트 모이지쉬 저/이상섭 역, 서강대학교출판 부, 2010

《마이스터 에크하르트 선집》, 이부현 편역, 누멘, 2009

《복음서해석》, 서중석 저, 대한기독교서회, 1999

《신국론》, 아우구스티누스 저/성염 역, 분도출판사, 2004

《어거스틴의 참회록》, 성 어거스틴 저/조은화 역, 생명의말씀사, 2014

《초기 기독교 이야기》, 진원숙 저, 살림출판사, 2007